普通高等教育"十三五"创新创业教育系列教材

大学生创业基础

主　编　张晓蕊　马晓娣　岳志春
副主编　李　新　安　玥　刘雪梅
　　　　冯立刚　王颂萍　牛清娜
　　　　邓建兴

编　委：（按姓氏笔画为序）
　　　　马晓娣　王颂萍　牛清娜
　　　　冯立刚　刘雪梅　安　玥
　　　　李　新　张晓蕊　岳志春

北京理工大学出版社
BEIJING INSTITUTE OF TECHNOLOGY PRESS

内容简介

本书立足高校实际,依据创业教育的内涵与目的,借鉴国内外创业教育的先进理论和经验,结合多年创业教育教学的经验,将理论教学和实践教学紧密结合,对大学生创新创业的基本知识、基本理论、实务操作进行了系统分析和全面讲解。

全书共分十章,在内容编排上,注重系统性、全面性和实用性。具体内容包括创业与创业环境、创业者与创业团队、创业机会、商业模式、创业资源与创业融资、新企业的创办、初创企业的管理、初创企业财务管理、创业风险管理、创业计划与路演等内容。

本书可作为高校创新创业教育基础理论教材,也可作为创业者的自学参考书。

版权专有 侵权必究

图书在版编目(CIP)数据

大学生创业基础/张晓蕊,马晓娣,岳志春主编. —北京:北京理工大学出版社,2019.7(2019.8重印)

ISBN 978-7-5682-7311-4

Ⅰ. ①大… Ⅱ. ①张… ②马… ③岳… Ⅲ. ①大学生-创业-高等学校-教材 Ⅳ. ①G647.38

中国版本图书馆 CIP 数据核字(2019)第 150776 号

出版发行 / 北京理工大学出版社有限责任公司
社　　址 / 北京市海淀区中关村南大街5号
邮　　编 / 100081
电　　话 /（010）68914775（总编室）
　　　　　（010）82562903（教材售后服务热线）
　　　　　（010）68948351（其他图书服务热线）
网　　址 / http://www.bitpress.com.cn
经　　销 / 全国各地新华书店
印　　刷 / 北京国马印刷厂
开　　本 / 787毫米×1092毫米　1/16
印　　张 / 20
字　　数 / 470千字
版　　次 / 2019年7月第1版　2019年8月第2次印刷
定　　价 / 48.00元

责任编辑 / 王晓莉
文案编辑 / 王晓莉
责任校对 / 周瑞红
责任印制 / 李志强

图书出现印装质量问题,请拨打售后服务热线,本社负责调换

前言

2014年9月,国务院总理李克强在夏季达沃斯论坛上首次提出"大众创业、万众创新",掀起了"大众创业""草根创业"的新浪潮,形成"万众创新""人人创新"的新势态。2015年《国务院办公厅关于深化高等学校创新创业教育改革的实施意见》发布,激发了大学生的创新创业热情,大批众创空间如雨后春笋般出现,大学生创业蔚然成风。党的十八大实施创新驱动发展战略的重大部署,将"大众创业、万众创新"作为经济发展的新引擎,对创新创业教育提出了以创新引领创业、以创业带动就业,培养创新创业人才,全面提高人才培养质量的明确要求。新形势、新要求,为高校深化创新创业教育提供了良好的机遇,也提出了严峻挑战。

在新形势下,高校作为创业教育的制高点,加强大学生创新精神和创业能力的培养,推进高等学校创新创业教育和大学生创业实践,是贯彻落实党的十八大提出的"做好以高校毕业生为重点的青年就业工作""鼓励青年创业""推动实现更高质量的就业"发展战略的重要举措。这些关系到高等教育培养的人才是否具有主动适应复杂多变的周边环境和积极应对未来世界挑战的能力,是否能够适应社会经济发展需要,是否能够承担振兴民族的大业。

创业教育是对创业精神的激发与塑造,是对青年大学生创业能力的锻炼与培养。大力开展大学生创新创业教育,目的就在于培养创业意识,传授创业知识,培养创新创业所必需的能力和素养,从而为可能的创业行为打好基础,发挥好高等教育在创新型、创业型人才培养的主阵地作用。

创业教育课程是由理论、实践、感受、学习、体验等行为构成的,在教学方式和内容中应注重创业能力的培养和创业精神的激发,注重对学生的创业意识指导以及在创业计划、创业筹备、经营管理等方面的"体验"。创业学研究学者杰弗里·A·蒂蒙斯认为,创业教育从根本上改变了传统的教育体系和模式,把以传授知识为主的教授方式变成以思想碰撞为主的互动式教学模式,可以避免传统教育模式带来的同质性弊端,从而培养出创新型、创业型的人才。本书立足高校实际,依据创业教育的内涵与目的,借鉴国内外创业教育的先进理论和经验,结合多年创业教育教学的经验,将理论教学和实践教学紧密结合,对大学生创新创业的基本知识、基本理论、实务操作进行了系统分析和全面讲解。全书收入了大量的案例,并在每一章设置了实践活动环节,既有理论概括,又有案例分析和实践实训环节,融理论、知识、趣味和思维创新于一体，以便学生自主地参与课程学习和实践，把提高创新意识和创业能力的目标贯穿于学习全过程，体现了创业课程的实践性和以学生为主体的指导思想。

全书共分十章，在内容编排上注重系统性、全面性和实用性。具体内容包括创业与创业环境、创业者与创业团队、创业机会、商业模式、创业资源与创业融资、新企业的创办、初创企业的管理、初创企业财务管理、创业风险管理、创业计划与路演等内容。其中第一章第一节和第二节、第三章第一节由张晓蕊编写，第二章由马晓娣编写，第一章第三节、第三章第二节和第三节由牛清娜编写，第四章由王颂萍、邓建兴编写，第五章由刘雪梅编写，第六章由李新编写，第七章、第十章由岳志春编写，第八章由安玥编写，第九章由冯立刚编写。全书由张晓蕊、马晓娣、岳志春统稿和审稿。

本书可作为高校创新创业教育基础理论教材，也可作为创业者的自学参考书。本书在编写过程中得到了学院领导和教学同行的大力支持与帮助，在此表示衷心感谢！教材编写过程中参考了相关文献与论文，在此一并表示感谢！

由于编者水平有限，书中难免有疏漏及不当之处，敬请批评指正。

编　者

2019 年 3 月

目录

第一章　创业与创业环境 …………………………………………（1）
第一节　创业概述 ………………………………………………（4）
一、创业的含义与特征 …………………………………………（4）
二、创业的要素 …………………………………………………（7）
三、创业的过程 …………………………………………………（9）
四、创新与创业 …………………………………………………（10）

第二节　创业环境 ………………………………………………（12）
一、创业环境的含义及创业时代 ………………………………（12）
二、创业教育 ……………………………………………………（14）
三、"互联网+"与创业 …………………………………………（17）
四、创业的价值与意义 …………………………………………（18）

第三节　大学生创业 ……………………………………………（20）
一、大学生创业的动机 …………………………………………（20）
二、大学生创业模式 ……………………………………………（21）
三、大学生创业应做的准备及影响因素 ………………………（23）

第二章　创业者与创业团队 ………………………………………（25）
第一节　创业者 …………………………………………………（28）
一、创业者的含义及类型 ………………………………………（28）
二、创业者的特质与成功素质 …………………………………（30）

第二节　创业团队 ………………………………………………（31）
一、创业团队的定义及特征 ……………………………………（31）
二、创业团队的组建 ……………………………………………（35）
三、创业团队的管理 ……………………………………………（40）

第三节　创业精神 ………………………………………………（47）
一、创业精神的含义及特征 ……………………………………（47）

二、大学生创业精神的培养 ………………………………………………（50）
　　三、大学生创业的价值与社会责任 ………………………………………（53）

第三章　创业机会 ……………………………………………………………（58）
第一节　创业机会概述 …………………………………………………………（60）
　　一、创业机会的含义 ………………………………………………………（60）
　　二、创业机会的特征 ………………………………………………………（61）
　　三、创业机会的类型 ………………………………………………………（62）
第二节　创业机会的发掘 ………………………………………………………（64）
　　一、创意的产生 ……………………………………………………………（64）
　　二、创业机会的来源 ………………………………………………………（66）
　　三、创业机会的识别 ………………………………………………………（68）
第三节　创业机会的评价 ………………………………………………………（72）
　　一、蒂蒙斯创业机会评价指标 ……………………………………………（72）
　　二、创业机会评价的定性、定量评价方法 ………………………………（78）

第四章　商业模式 ……………………………………………………………（82）
第一节　商业模式的含义与作用 ………………………………………………（84）
　　一、商业模式的含义 ………………………………………………………（84）
　　二、商业模式的特征和作用 ………………………………………………（85）
　　三、新兴的商业模式 ………………………………………………………（86）
第二节　商业模式构成要素 ……………………………………………………（89）
　　一、核心战略 ………………………………………………………………（89）
　　二、战略资源 ………………………………………………………………（90）
　　三、伙伴网络 ………………………………………………………………（90）
　　四、顾客界面 ………………………………………………………………（91）
第三节　商业模式的创新与设计 ………………………………………………（93）
　　一、商业模式的创新 ………………………………………………………（93）
　　二、商业模式的设计 ………………………………………………………（96）
　　三、商业模式的设计方法 …………………………………………………（99）
　　四、商业模式画布 …………………………………………………………（105）

第五章　创业资源与创业融资 ………………………………………………（108）
第一节　创业资源及其作用 ……………………………………………………（110）
　　一、创业资源的概念 ………………………………………………………（110）
　　二、创业资源的作用 ………………………………………………………（111）
第二节　创业资源整合 …………………………………………………………（113）
　　一、创业资源的识别与分类 ………………………………………………（113）
　　二、创业资源获取途径与技巧 ……………………………………………（116）
　　三、创业资源管理与开发 …………………………………………………（117）

四、创业资源整合策略 ………………………………………………… (118)
　第三节　创业融资 …………………………………………………………… (121)
　　一、创业融资的含义 …………………………………………………… (121)
　　二、创业融资渠道与方式 ……………………………………………… (121)
　　三、创业融资技巧 ……………………………………………………… (126)
　第四节　创业融资策略 ……………………………………………………… (129)
　　一、种子阶段 …………………………………………………………… (129)
　　二、创建阶段 …………………………………………………………… (130)
　　三、成长阶段 …………………………………………………………… (130)
　　四、扩张阶段 …………………………………………………………… (130)
　　五、获利阶段 …………………………………………………………… (131)

第六章　新企业的创办 ……………………………………………………… (132)
　第一节　新企业的设立 ……………………………………………………… (134)
　　一、企业的含义 ………………………………………………………… (134)
　　二、企业组织形式的选择 ……………………………………………… (134)
　　三、企业设立的方式 …………………………………………………… (140)
　　四、企业登记注册的流程 ……………………………………………… (144)
　　五、企业的变更 ………………………………………………………… (147)
　第二节　新企业的选址 ……………………………………………………… (149)
　　一、企业选址的重要性 ………………………………………………… (149)
　　二、影响企业选址的因素 ……………………………………………… (150)
　　三、与企业类型相关的选址因素 ……………………………………… (151)
　　四、企业选址的策略与技巧 …………………………………………… (152)
　　五、选址在企业孵化器中 ……………………………………………… (152)
　第三节　创办新企业的关键问题 …………………………………………… (152)
　　一、新企业的命名问题 ………………………………………………… (153)
　　二、企业注册文件的编写问题 ………………………………………… (154)
　　三、创办新企业的法律问题 …………………………………………… (155)
　　四、创办新企业的伦理问题 …………………………………………… (157)

第七章　初创企业的管理 …………………………………………………… (159)
　第一节　初创企业管理概述 ………………………………………………… (162)
　　一、初创企业管理的含义与特点 ……………………………………… (162)
　　二、初创企业管理的原则与重点 ……………………………………… (165)
　　三、初创企业的生存法则 ……………………………………………… (167)
　第二节　初创企业的组织设计 ……………………………………………… (170)
　　一、组织与组织设计 …………………………………………………… (170)
　　二、初创企业组织形式的选择 ………………………………………… (173)

第三节 生命周期与管理 ……………………………………………………… (178)
　一、企业生命周期与管理 ………………………………………………… (178)
　二、初创企业生命周期与管理 …………………………………………… (179)
第四节 初创企业的战略管理 ……………………………………………… (182)
　一、战略与战略管理 ……………………………………………………… (182)
　二、初创企业的战略制定 ………………………………………………… (186)
　三、初创企业的战略选择 ………………………………………………… (195)
第五节 初创企业的营销管理 ……………………………………………… (197)
　一、市场营销调研与预测 ………………………………………………… (197)
　二、目标市场战略 ………………………………………………………… (205)
　三、4P营销组合策略 ……………………………………………………… (213)

第八章 初创企业财务管理 ……………………………………………… (222)

第一节 财务管理概述 ……………………………………………………… (225)
　一、财务管理的基本内容 ………………………………………………… (225)
　二、财务管理的基本环节 ………………………………………………… (228)
　三、财务管理的基本要素 ………………………………………………… (231)
　四、财务管理的常见误区 ………………………………………………… (236)
　五、财务工作组织 ………………………………………………………… (236)
第二节 资产管理 …………………………………………………………… (237)
　一、资金管理 ……………………………………………………………… (237)
　二、应收账款管理 ………………………………………………………… (238)
　三、存货管理 ……………………………………………………………… (240)
　四、固定资产管理 ………………………………………………………… (241)
第三节 财务报表与财务分析 ……………………………………………… (242)
　一、财务报表的组成与阅读 ……………………………………………… (242)
　二、财务报表分析 ………………………………………………………… (252)
第四节 税务管理 …………………………………………………………… (253)
　一、主要税种及其计算 …………………………………………………… (253)
　二、税务筹划 ……………………………………………………………… (255)
　三、涉税管理应注意的问题 ……………………………………………… (255)

第九章 创业风险管理 …………………………………………………… (257)

第一节 创业风险概述 ……………………………………………………… (258)
　一、创业风险的概念与特点 ……………………………………………… (259)
　二、创业风险的类型 ……………………………………………………… (260)
　三、创业风险的来源与构成要素 ………………………………………… (261)
第二节 创业风险的管理与应对 …………………………………………… (264)
　一、创业风险管理的内涵 ………………………………………………… (264)

二、创业风险的识别与防范 …………………………………………………（264）
　　三、创业风险的评估与应对 …………………………………………………（266）
　　四、创业者风险承担能力评估 ………………………………………………（271）
　第三节　创业退出 ………………………………………………………………（273）
　　一、创业退出的类型及原因 …………………………………………………（273）
　　二、创业退出的时机与方式 …………………………………………………（274）

第十章　创业计划与路演 …………………………………………………（277）
　第一节　创业计划 ………………………………………………………………（278）
　　一、创业计划的含义 …………………………………………………………（278）
　　二、创业计划的作用 …………………………………………………………（280）
　第二节　创业计划书的撰写 ……………………………………………………（282）
　　一、创业计划书的基本构成与核心内容 ……………………………………（282）
　　二、制订创业计划的过程 ……………………………………………………（290）
　　三、撰写创业计划书的原则与注意事项 ……………………………………（291）
　第三节　创业路演 ………………………………………………………………（295）
　　一、创业路演的准备 …………………………………………………………（295）
　　二、创业路演的思路与技巧 …………………………………………………（297）

参考文献 ……………………………………………………………………………（300）

创业与创业环境

我们正处在一场悄悄的大变革中——它是全世界人类创造力和创造精神的胜利。我相信它对21世纪的影响将等同或超过19世纪和20世纪的工业革命!

——杰弗里·A·蒂蒙斯

本章内容框架

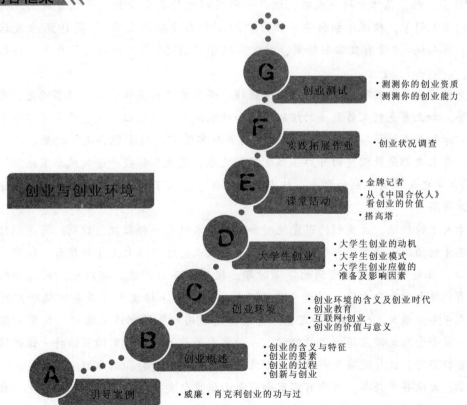

引导案例

威廉·肖克利创业的功与过

硅谷第一公民

HP无疑是硅谷最早的电子公司。这家成立于20世纪30年代的著名公司成了硅谷历史的源头。但是真正点燃硅谷之火,使这块土地燃起壮观的电子之光的还是20世纪50年代另一位大名鼎鼎的人物——威廉·肖克利,是他非凡的商业眼光,成就了硅谷,也是他拙劣的企业管理才能创造了硅谷。他是当之无愧的硅谷第一公民。

成长历程

1910年肖克利生于英国伦敦,后迁往美国加州。他考入了麻省理工学院(MIT),获固体物理学博士学位后留校任教。不久,肖克利离职就任位于新泽西州的贝尔实验室。

1947年,肖克利的两位同事沃尔特·布兰坦和约翰·巴丁,用几条金箔片、一片半导体材料和一个弯纸架制成一个小模型,可以传导、放大和开关电流。他们把这一发明称为"点接晶体管放大器"(Point-Contact Transistor Amplifier)。这就是后来引发一场电子革命的"晶体管"。

1949年,肖克利提出一种性能更好的结型晶体管的设想,通过控制中间一层很薄的基极上的电流,实现放大作用。

1950年,结型晶体管研制成功,这是一种用以代替真空管的电子信号放大元件,是电子专业的强大引擎,被媒体和科学界称为"20世纪最重要的发明",获1956年度诺贝尔物理学奖。有人说:"没有贝尔实验室,就没有硅谷。"1955年,用硅晶片生产的晶体管收音机问世。

肖克利讨厌贝尔实验室拿他的发明来赚钱,而且生产的晶体管性能极不稳定,有损发明人的声誉。加上肖克利有着天生的组织能力和咄咄逼人的进取心,又想成为百万富翁。1955年他回到老家圣克拉拉谷(硅谷),建立了肖克利实验室股份有限公司。这里无论是气候还是环境,看上去都是最理想的开办晶体管工厂之地,是展开科技竞争的风水宝地。

"晶体管之父"肖克利的到来,标志着"硅谷"迎来了电子产业的新时代。

人才济济

对于人才的挑选,肖克利的眼光绝对和他的技术眼光一样敏锐、独到。肖克利作为一名慧眼识英才的伯乐,聘用了八位优秀人才。这是从未有过的伟大天才的集合,所有的人都在30岁以下,正处于他们才能喷涌的顶峰时期,极具战斗力。琼·赫尔尼,来自加州理工学院,拥有剑桥大学和日内瓦大学两个博士头衔;维克多·格里尼克是斯坦福研究所的研究员;八人中年龄最大、仅29岁的尤金·克莱顿是通用电气的制造工程师;戈登·摩尔来自约翰斯·霍普金斯大学应用物理试验室;一心要成为最著名科学家的罗伯特·诺伊斯来自菲尔科-福特公司;此外还有朱利叶斯·布兰克、杰伊·拉斯特和谢尔顿·罗伯茨,他们都是不凡之辈。大伙异常兴奋,因为有哪家公司是由诺贝尔奖得主领导的呢?他们觉得自己已到了改变整个世界的时候。如果没有肖克利,这些人才就不会出现在加州。

天才与废物

肖克利既是20世纪最具才华的人物之一，也是最让人难以捉摸的人物之一。

大伙都是慕肖克利的大名而来，摩拳擦掌要干一番大事。然而这位在研讨会和讲演中令年轻人十分钦佩和仰慕的伟大科学家，却是最不好的老板。

这位大人物的市场学问十分零碎，而雄心又太大。对管理技巧一窍不通，甚至跟其他人打交道的能力也没有，却十分自以为是。一位非常了解肖克利的硅谷经理人员说他是"一位天才，又是一位十足的废物"。

肖克利日趋傲慢，唯我独尊，逐渐把自己孤立起来。漫无目标的管理，使肖克利实验室没有产品问世。在其后的两年中，也只推出了一种相对简单的装置——二极管，而没有推出晶体管。他的下属们提议研究集成电路，用扩散方法将数个硅晶体管的电路放在一个晶体管大小的位置上，但肖克利拒绝了他们的建议。

八个人很快向肖克利递上辞职书。肖克利大为震惊，继而大发雷霆，把他们称作叛徒，时称"叛逆八人帮"。

1960年，肖克利实验室卖给了克莱维特实验室，1965年又转卖给了AT&T。1968年，它永远地关闭了。

1963年，肖克利正式离开自己创办的半导体公司，到斯坦福大学做了一位教授。肖克利的家长制作风，使他发明了晶体管，却没能创造出晶体管。他想成为硅谷的主宰，却只能成为匆匆过客，在历史上，只留下仓促的一笔。

肖克利触发了形成硅谷半导体工业的创业连锁反应。这八人中的诺伊斯与摩尔于1957年一起离开肖克利并创办了仙童公司，后两人又合作于1968年创办了英特尔。罗伯茨·克莱顿、拉斯特和赫尔尼于1961年离开仙童，创办了另一家Anelc半导体公司。赫尔尼后来又于1964年离去，创办了联碳电子公司，并于1967年创办了Intersil公司。

在肖克利之后，原先由HP创立的标准，一个衡量高科技公司品质、职业道德的标准从此走向消亡，人们都想按照HP的模式建造自己的公司，但硅谷的悲剧在于这些尝试都不同程度地失败了。而肖克利留下的东西弥漫在硅谷上空，无所不在。从此是肖克利，而不是休利特或帕卡德成为硅谷的典型经理人员；是肖克利把公司变成了纯粹赚钱的机器；是肖克利在干旱的峡谷底部建立了公司，而不是在帕洛阿尔托（Palo Alto）绿色的山丘中；是肖克利经营的公司，开始全然不顾雇员的需要。有人将肖克利实验室的特征归结为：贪婪、天才、忠诚瓦解、雄心、悲剧和突然的毁灭，正是这些构成了未来硅谷周期性的特征。

（资料来源：https://baike.baidu.com/item/肖克利/6692046?fr=aladdin.）

【讨论】
1. 肖克利的创业始于哪一年？
2. 如何看待肖克利的创业过程？肖克利创业是成功还是失败？
3. 如何面对创业的环境？
4. 创业带给世界的是什么？
5. 从肖克利创业故事中，我们学到了什么？

第一节 创业概述

创业是一个跨学科的、复杂的现象和活动,涉及变革、创新、环境的变化、新产品开发、企业与企业管理、创业者与创业团队、产业发展等诸多问题。近年来,技术进步、社会转型和经济变革掀起了社会的创业热潮,也唤起了学术界对创业研究的重视,本章从创业的概念与特征入手,对创业的过程、创业的价值、创业环境、大学生创业等问题进行阐述和研究,使学生初步掌握创业的基本情况。

一、创业的含义与特征

(一) 创业的含义

提到创业,我们想到的首先是创办企业,想到的是像马云、乔布斯这样的企业家创办的伟大企业。实际上,关于创业的含义有两种理解,即广义和狭义两种。

1. 广义的创业

"创业"在英文中有两种表达方式:Entrepreneurship 和 Enterprise,一般趋向于使用前者。从词源上看,Entrepreneurship 来源于法语 Entreprendre 和德语 Unternehmen,意思是"从事(Undertake)",具有动词的含义,是指从事一项活动的过程。此外,Entrepreneurship 还可译为"企业家精神",具有名词的含义,是一种精神。创新和冒险是企业家精神的核心,其中创新是企业家精神的灵魂,冒险是企业家精神的天性。所以,创业是用创新和冒险的精神从事一种活动的过程。从这个角度理解创业,创业是一种思考、推理和行动的方法(巴布森学院);创业是一种思考、推理和行为方式(杰弗里·蒂蒙斯);创业不仅是创建组织或开展新业务,更是一个创新的过程(彼得·德鲁克);创业就是创造新事物(谢恩和维卡塔拉曼)。

《辞海》中将创业解释为开创基业,《现代汉语词典》对创业的解释是创办事业,《新华字典》对创业的解释是开创事业。而"事业"是指人所从事的,具有一定目标、规模和系统并对社会发展有影响的经济活动。《辞海》对创业的解释是:创立基业。基业是指事业的基础。此外,《孟子·梁惠王下》中的"君子创业垂统,为可继也",诸葛亮《出师表》中的"先帝创业未半,而中道崩殂"等都是广义的创业。

所以,广义的创业泛指人类一切带有开拓意义的社会变革活动,是指创业者创立基业、开创新事业的过程。它涉及的领域非常广阔,无论政治、经济、军事、文化艺术事业,只要人们从事的是前无古人的事业,都可称为创业。因此,开创事业、创立基业是广义创业的本质。

在这里,创业者是指具有创业精神的主体。创业精神代表一种以创新为基础的做事与思考方式,具体包括创新创业意识、合作(或团队)意识、进取意识、风险意识、创业动机等。就创业者的外延而言,无论什么身份,无论什么职业,只要他们利用手中的有限资源成功地发现、评价并利用了机会,他们就是创业者。

2. 狭义的创业

国内外学者以其特定的研究视角,对狭义的创业进行了不同的界定。

杰弗里·A·蒂蒙斯认为:"创业是一种思考、推理和行为方式,这种行为方式是机会驱动、注重方法和与领导相平衡。创业导致价值的产生、增加、实现和更新,不只是为所有者,也为所有参与者和利益相关者。"

霍华德·H·史蒂文斯认为:"创业是一种管理方式,是对机会的追踪和捕获的过程,这一过程与其当时控制的资源无关。"并且进一步指出:"创业可由七个方面的企业经营活动来理解:发现机会、战略导向、致力于机会、资源配置过程、资源控制的概念、管理的概念和回报政策。"

此外,罗伯特·伦斯特认为创业是一个创造增长财富的动态过程;科尔认为创业是发起和创建以营利为目的的企业活动;奈特认为创业是承受不确定性和风险而获取利润;斯蒂文森和罗伯茨认为创业是一个人,不管是独立的还是在一个组织内部,追踪和捕获机会的过程;维斯珀认为创业就是商业进入,不管该方式是通过创建新企业还是收购,也不管该行为是独立的还是发生在现有企业内部;加特纳认为创办新企业主要包含个人、组织、环境以及创业过程四个方面,涵盖创业者、创立何种新企业、影响新企业的因素以及个人在创业中所采取的行动四个方面的内容;克里斯蒂安认为创业本质上是一种新价值的创造活动,创业的焦点应该放在创业者与新价值之间的互动上;全球创业监测项目组将创业定义为依靠个人、团队或一个企业,来建立一个新企业的过程。

精细管理工程创始人刘先明认为,"创业是指某个人发现某种信息、资源、机会或掌握某种技术,利用或借用相应的平台或载体,将其发现的信息、资源、机会或掌握的技术,以一定的方式,转化、创造出更多的财富、价值,并实现某种追求或目标的过程"。郁义鸿、李志能在《创业学》一书中指出:"创业是一个发现和捕捉机会并由此创造出新颖的产品或服务,实现其潜在价值的过程。"刘建钧认为,创业是一种创建企业的过程,或者说是创建企业的活动,他指出创业活动必然涉及创新,但创新不一定是创业活动。罗天虎认为创业是个人或群体为了改变现状、造福后人,努力创造和积累财富的艰苦奋斗过程,具有开拓性、自主性和功利性等基本特征。

概而言之,上述研究者都认同创业是一个过程(或活动),而且是一个价值创造的过程(或活动),是各种要素交互、动态均衡的过程;都要通过一定的方式(或组织形式)来实现价值创造;强调机会的驱动,机会的发现、识别和利用。

因此,如果从狭义的层面来理解创业,可以这样来定义:创业是不拘泥于当前资源约束、发现和捕获机会而进行价值创造的行为过程。如柳传志创办联想集团、张朝阳创建搜狐网站、俞敏洪创建新东方,都属于狭义上的创业。创业管理学研究的就是这种狭义上的创业活动。创业的概念可以从以下方面加以理解。

① 创业的主体是个人或团队。创业者的身份是资源(知识、能力、社会资本等)所有者和资源(资金、技术、人员、机会等)配置者。

② 创业的实质是一种行为过程,是一个创造性的过程。

③ 创业的前提是要打破规则和资源约束,创业的本质是创新,是一个先破后立的过程。

④ 创业需要创业者创造性地整合资源来达到创业目标。创业资源是指创业企业在创造

价值的过程中需要的特定资产，包括有形资产与无形资产，它是创业企业创立和运营的必要条件，主要表现形式为人才、资本、创业机会、技术和管理等。创业者获取创业资源的最终目的是组织这些资源来开发创业机会。如果没有足够的创业资源，即使出现了良好的创业机会，创业者也难以迅速抓住这个机会，而有价值的机会往往是转瞬即逝的。优秀的创业者需要了解创业资源的重要作用，不断开发和积累创业资源。同时，创业者还需要善于借助资源整合工具对各种创业资源进行组织和整合，这样才能实现机会的有效开发以及战略的有效执行。

⑤ 创业活动是以机会为导向的。创业者在创业前要努力识别商业机会，商业机会的发掘与把握是产生创业活动的前提。创业活动的开展往往是因为创业者发现了有价值的机会，简单地说，创业活动实质上就是识别机会、开发和利用机会、实现机会的价值的过程。

⑥ 创业的目的是为顾客提供具有价值的产品或服务，创业的过程就是价值创造的过程。创业必然伴随着新价值的产生，新价值的创造是创业的结果。价值创造强调对社会和经济发展的贡献，强调对物质和精神生活的丰富。创造价值包括创造社会价值、商业价值和个人价值。社会价值是指创业者要具有社会责任感和职业道德，其所创办的企业不能给社会及其消费者带来危害，要符合社会的需要，促进社会、经济的健康发展。商业价值也就是经济价值，创业要带来社会财富的增加、企业财富的增加、个人收入的增加。个人价值是指创业者在创业的过程中能够实现自身的价值，实现人生的目标。创业价值的实现以提供的产品和服务为载体。

（二）创业的特征

创业是由创业者及创业团队、组织、资源、环境、机会、网络等要素构成的一个有机的、不可分割的整体或过程。各要素之间互相支持又互相影响，每个要素在系统中都处于一定的位置，起着特定的作用。

创业是一个各个要素动态交互的过程。机会视角的创业理论认为创业是机会发现、机会识别、机会开发的过程，资源视角的创业理论认为创业是一个资源识别、资源获取、资源整合和资源利用的过程。加特纳（1985）强调创业者、组织、环境和过程这四个变量交互研究的重要性；蒂蒙斯（1999）强调团队、机会与资源三者之间的动态平衡；克里斯琴（2003）肯定了创业者和新创价值的互动过程受环境的影响，是在动态的内外部变化中发生的；布森尼兹（2003）等人响应了加特纳将变量进行交互研究的提议，进一步建议研究者在动态的环境中考察创业机会、创业者与组织模式之间的关系；蔡莉等（2007）将生命周期理论引入创业研究，从流程的视角研究创业，同样认为创业是一个动态、变化的过程。创业者是创业的主观因素，创业环境是创业的客观因素，创业机会开发是创业者通过组织创业资源来创造出新颖的产品、服务或实现其潜在价值。因此，从这种意义上来理解，创业是一种社会行为，创业是创业者与创业环境动态交互的过程和结果。

因此，创业具有自觉性、风险性、创新性、利益性和曲折性五方面特性，如图1-1所示。

自觉性：创业必须是创业者自觉做出的选择，是其能动性的表现，是创业者愿冒风险、苦拼搏、以勇于创新的精神去开拓事业。被动创业不能称为创业。

风险性：创业面临着很多风险，诸如政策风险、市场风险、扩张风险、决策风险等。创业过程中充满成功和失败。创业成功给创业者带来的是喜悦，创业失败带来的不仅是沮丧，还有财产的损失、信心的丧失。

创新性：创业的过程是一个不断创新的过程。创办一个企业对社会来讲不是一件新鲜事，但对创业者来讲则是一个创新过程。创业者若没有创新意识，不改变自己长期形成的思维模式，就难以捕捉良好的创意并进行创业机会识别。企业靠创新而立，靠创新而发展，创业企业在创新中成长。只有创新才有竞争力，只有创新才能使企业获得实质性的发展，这已经被众多创业企业的创新与发展的实践所证明。

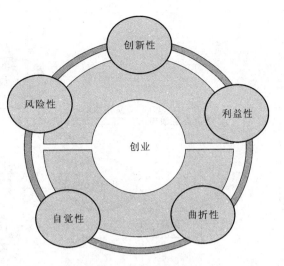

图1-1 创业的特点

利益性：创业者创业也许有多种目的，但根本的目的和动力是获利、创造财富。没有利益驱动，人们就不会冒着风险去创业。有突出价值创造的创业活动才有生命力，才有助于其生存和发展。一般而言，利益与风险成正比。创业过程中获利的多少，也是人们衡量创业者创业成功与否的重要标志。

曲折性：任何一个人在创业过程中，都会体验到创业的艰难，尤其是白手起家的创业者，往往需要经过很多年的艰苦奋斗，倾注大量的心血，创业才能成功。所以创业者要有吃苦的思想准备，创业往往挫折重重，只有百折不挠才会成功。

总之，创业是创新的过程，是艰苦奋斗的过程，是勇于冒险的过程，也是财富的创造过程。

二、创业的要素

（一）创业三大核心要素

创业过程拥有一些关键要素，它们是创业过程的推动力量，抓住这些要素，有利于从更高层次厘清创业过程的发展特征，推进创业过程。迄今为止，人们对创业要素的认知和分析，最为典型和公认的为蒂蒙斯创业要素模型，如图1-2所示。

蒂蒙斯创业要素模型提炼出了创业的三大关键要素，即创业机会、创业者、创业资源。一般认为，这三个核心要素是创业活动中不可或缺的。

1. 创业者

创业者包括创业个人和创业团队。创业者是创业活动的主体、主导者，机会的发掘和利用、资源的整合都离不开人的主导作用。创业活动的复杂性、曲折性、风险性、创新性，决定了创业不可能由一个创业者独自完成，有必要通过组建分工明确的创业团队来完成。创业团队的优劣，基本上决定了创业是否成功。

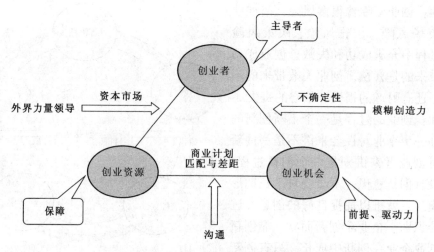

图 1-2 蒂蒙斯创业要素模型

2. 创业机会

创业机会是创业活动的前提，是创业的驱动力。创业始于对某一个富有价值的创业机会的发现，没有机会或者不能把握机会，创业也就无从谈起。面对众多看似有价值的机会，如何从中发现真正具有商业价值和市场潜力的机会，进而寻找与机会匹配的发展模式，需要审慎而独到的眼光，这是创业成功的基本保证。

3. 创业资源

创业资源是创业活动的保障。创业的开展需要足够的资源作为保证，这些资源包括有形资源和无形资源，其中有形资源包括人才、物资、资金、场地等，无形资源包括技术、知识产权等。创业者获取创业资源的最终目的是组织这些资源来开发创业机会。在创业过程中，如果没有足够的创业资源，即使出现了大好的创业机会，创业者也难以迅速抓住这个机会。而有价值的机会往往是转瞬即逝的，为此，创业者要将资源进行有效的整合，合理利用和控制资源，以发挥资源的最大作用和效益。

除了创业的三大核心要素，创业的顺利进行还需要其他的一些要素，比如组织、制度、产品服务、营销策略、战略规划、组织文化等，这些因素可以有效整合资源，所以要充分发挥三大核心要素的作用。

（二）创业核心要素之间的关系

蒂蒙斯认为，创业过程是创业机会、创业资源和创业者三个关键要素之间的一种高度动态平衡过程，是创业者、创业机会和创业资源三者之间的有效链接，是三种要素由不平衡向平衡发展的过程。

创业机会是创业过程的核心要素，如果没有机会，创业活动就难以创造真正的价值。创业资源是创业过程的必要支持，是开发商业机会谋求收益的基础。创业者是创业的主导因素，是机会的识别利用与资源获取组合得以实现的驱动者。创业过程实质上是发现与开发创业机会的过程。如果没有创业者及其创业团队的主观努力，创业活动是不可能发生的；创业者及其创业团队把握住合适的机会后，还需要有相应的资金、设备等资源。如果没有必要的资源，机会也就难以被开发和实现。创业者必须不断寻求更大的商业机会，并合理使用和整合资源，以保证企业平衡发展。

由于时空的变化、机会的模糊性、市场的不确定性、资本市场的风险以及内外部环境的变化等因素对创业活动的冲击，创业过程充满风险与不确定性，创业机会、创业者和创业资源三要素也会因相对地位的变化而产生失衡现象，此时，需要及时做出创业三要素的动态调整，其中创业者扮演着调整活动重心，以获得创业机会和资源相对平衡的核心决策者角色。创业初期机会挖掘与选择是关键，创业团队的决策重心在于迅速整合资源以抓住创业机会。随着新企业的创立与成长，资源日渐丰富，企业面临更为复杂的竞争环境与市场环境，创业团队的决策重心转向合理配置资源以提高资源使用效率，构建规范管理体系以及抵抗外部竞争与不确定性等活动。

三、创业的过程

创业是一个过程，是一个在非均衡的、动态的环境中来发现机会、识别机会、利用机会以创造事业的过程。

欧盟委员会2003年发布的《欧洲创业绿皮书》将创业视为一个"在新的或现存组织内利用有效的管理将风险、创造和创新相融合，建立和开发经济活动的思维过程"。库洛特克等在《创业学：理论、流程与实践》（*Entrepreneurship: Theory Process and Practice*）一书中指出，创业是充满远见、变革和创造力的动态的过程，它需要把新的想法和创造性解决问题的方法付诸实施的精神和热情。丘吉尔在《创业艺术》（*The State of Art of Entrepreneurship*）一书中将创业看作一个"通过创新发现和利用能够创造价值的机会的过程"。张玉利在《创业管理》一书中将创业过程分解为六个阶段：产生创业动机、识别创业机会、整合资源、创建新企业或新事业、实现机会价值和收获回报。

本书将创业的过程划分为八个阶段。

1. 产生创业动机

创业动机的产生是创业活动的开始。创业动机的产生有两种情况：一种是冲动型的，一种是深思熟虑型的。创业动机的产生直接受三方面因素的影响：一是个人特质，每个人都具有创业精神，但其强度不同；二是创业机会，创业机会的增多会形成巨大的利益驱动，促使更多的人创业；三是创业的意愿。

2. 组建团队

良好的创业团队是创建新企业的基本前提。创业活动的复杂性，决定了所有的事物不可能由创业者个人全面包揽，而要通过组建分工明确的创业团队来完成。创业团队的优劣，基本上决定了创业是否成功。团队成员的能力总和决定了创业团队的整体能力和发展潜力。（详细内容见第二章"创业者与创业团队"）

3. 发现和识别创业机会

创业机会的发现和识别是创业活动中具有关键意义的一个阶段。国家产业政策的调整、新技术的出现、人口和家庭结构的变化、人的物质和精神需要的变化、流行时尚等都可能形成商业机会。机会的发现，是创业者信息存量与环境中产生的机会相关信息交互作用的过程与结果。创业者的认识结果往往表现为各种商业念头想法，我们称之为创意。创意只是人们认识创业机会的阶段成果或创业机会的雏形，创意并不一定都能形成创业机会，只有那些既能满足顾客需求又能够提供或开发满足需求的方式的创意才可能发展成为创业机会。如果创业者意识到某一创意可能是潜在的商业机会，具有潜在的发展价值，就将进入机会识别的下一阶段。（详细内容见第三章"创业机会"）

4. 评估创业机会

机会评价往往伴随于机会识别的过程中，但机会评价相对机会识别比较正式，要对市场的需求、所需的资源、各项财务指标、创业团队的构成等各项内容进行规范化评估，集中考察这些资源的特定组合是否能够创造出足够的商业价值。通过机会的评价，创业者断定这个机会值得考虑或是进一步深入开发，决定是否正式吸引投资、组建企业。（详细内容见第三章"创业机会"）

5. 制作创业计划书

创业计划书不仅是一种业务构思策划、信息披露和吸引投资者的宣传书，更是以后企业运行的指导书。创业计划书既是一项新创业活动前期工作的总结，也是一项创业活动新的开始。创业计划对创业者、潜在的投资者甚至新员工都很有价值，他们通过创业计划来了解创业企业的目标、战略、具体策略和计划。（详细内容见第十章"创业计划与路演"）

6. 整合资源

整合资源是创业过程最为关键的阶段之一，是创业者开发机会的重要手段，是创业者如何在适当的时机获得适当的内外部资源，并通过整合相关资源来实现自己的创业理想。创业者需要整合的资源包括基本信息（有关市场、环境和法律问题）、人力资源（合作者、最初的雇员个人知识、技能）、社会资源（外部关系与网络）、物质资源、技术资源和组织资源（内部结构和关系）和财务资源等。（详细内容见第五章"创业资源与创业融资"）

7. 组建企业

企业是从事生产、流通和服务等活动的独立的经济核算单位。企业的设立，是指企业的创办人为使企业具备生产经营的资格而实施的一系列法律行为的总称。企业设立须按照法律规定的条件和程序来进行。企业设立成功意味着企业成立，即企业依法取得了生产经营的主体资格。企业成立是指企业经过设立程序，具备了法律规定的条件，经注册登记后，取得营业执照的事实或状态。（详细内容见第六章"新企业的创办"）

8. 初创企业管理

企业成立之后，涉及的就是初创企业的管理问题。初创企业管理是创业者把握机会并创造新价值的行为过程，创业者通过一系列管理活动使企业正式运转并进入良性循环，其中包括了组织管理、人员管理、资金管理、风险管理、营销策划、战略决策等内容。初创企业管理是"以生存为目标"的管理。（详细内容见第七章"初创企业的管理"）

四、创新与创业

（一）创新的概念

"创新"（Innovation）概念涉及经济学、社会学、管理学等多个领域，分类众多。在英文中，"创新"一词起源于拉丁语，原意有三层含义：更新、创造新的东西、改变。《现代汉语词典》把"创新"解释为破除旧的，确立新的。创新作为人类特有的认识能力和实践能力，是人类主观能动性的高级表现形式，是推动民族进步和社会发展的不竭动力。一个民族要想走在时代前列,就一刻也不能没有创新思维,一刻也不能停止各种创新。创新在经济、技术、社会学以及建筑学等领域的研究中举足轻重。

创新作为一种理论形成于 20 世纪,美籍奥地利经济学家熊彼特在 1912 年第一次把创新引入了经济领域。按照熊彼特的观点,所谓"创新"就是"建立一种新的生产函数",也就是说,把一种从来没有过的关于生产要素和生产条件的"新组合"引入生产体系。它包括以下五种情况:①引进新产品;②引用新技术,即新的生产方法;③开辟新市场;④控制原材料的新供应来源;⑤实现企业的新组织。可以说,熊彼特从企业管理的角度提出了创新的五个方面,即产品创新、工艺创新、市场开拓创新、要素创新、制度创新。管理学大师德鲁克在《创新与企业家精神》一书中发展了熊彼特的创新理论,他认为创新是赋予资源以新的创造财富能力的行为。

创新是指为满足社会需求,以现有的思维模式提出有别于常规或常人思路的见解,在特定的环境中,利用现有的条件,不断改进或创造新的事物、方法、元素、路径、环境,拓展和改变对客观世界(包括人类)的认知与行为,并能获得一定有益效果的动态活动。创新既是一个过程,也是一个结果。

从定义中可以看出:①创新的目的是满足人类自身或社会的需要;②创新的主体是人类,包含个人、团体、组织;③创新的客体是客观世界,包括自然界、人类社会以及人本身的思维规律;④创新的核心是思维的创新,是人类大脑不断向有益于人类的方向动态化地思考改变的过程;⑤创新的本质是做出朝着有益于人类的方向发展的正向变化;⑥创新的过程是不断拓展和改变对客观世界(包括人类)认知与行为的动态活动本身;⑦创新的结果有两种,一种是物质的创新,如蒸汽机、电脑;一种是非物质的创新,如新思想、新理论、新经验等;⑧创新具有目的明确性、价值取向性、超前变革性、高风险高回报性等特点。

(二) 创新与创业的关系

创新和创业是不可分割的。清华大学雷家骕认为创业是创新的特殊形态,创新是创业的基础源泉和前提,甚至是核心和本质,其价值也在创业。而创业是创新的载体和外在表现形式,是创新的目的与归宿,反过来也会推动创新。

①创新是成功创业的前提条件。成功的创业离不开创新,脱离创新的创业,不能称之为创业。每个成功的创业者都注重创新,他们可能开发出新的产品和服务,也可能找到了新的商业模式,或是探索出新的制度和管理方式,从而获得成功。正如微软开发了 Windows 操作系统平台,极大地方便了计算机的使用者,改变了计算机只能由少数人操作的局面;英特尔公司开发了 CPU,极大地加快了计算机的计算速度,也成就了微软、英特尔创业的成功。

②创新是企业发展的关键因素。面对新世纪经济全球化、信息化和高新技术迅猛发展的局面,企业的持续发展能力取决于企业的创新能力,而企业的创新能力不仅取决于企业的创新意识,也取决于企业在制度层面、管理层面和技术层面的创新作为。一个较为完整的创新体系是由观念创新、技术创新、制度创新、市场创新和管理创新组成的,各个部分在创新体系中发挥不同的作用。而正是这个完整的创新体系,为创业提供了一个强有力的支撑体系。不管是产品(服务)创新,还是营销模式创新或企业组织制度的创新,对于一个企业的创业阶段、发展成长阶段或二次创业阶段都起着至关重要的作用。故而,创新是企业改善市场

环境的重要手段，创新是企业全方位提高企业素质的最有效方式之一，创新是提高企业竞争力的根本途径，创新是企业稳定与发展的重要力量。

尽管创新与创业密切相关，但两者也有着一定的区别。从两者的含义上看，创新与创业有各自明确的研究边界，两者不可等同。创新是建立一种新的生产函数、引进生产要素的"新组合"，而创业则是这种"新组合"的市场化或产业化的实现过程。

总之，从企业生存和发展的实践来看，创新具有非常重要的理论和现实意义，创业企业需要不断加强管理创新的探索和实践，帮助企业拥有持续的竞争优势。

第二节 创业环境

一、创业环境的含义及创业时代

（一）创业环境的含义

创业环境是指创业者在创业的过程中，围绕创业企业成长而变化、影响创业企业成长的各种要素及其要素所组成的系统。它包括政治、经济、法律、科技、社会、自然等方面的因素，这些因素相互作用、相互制约，构成一个有机整体。

依据创业环境要素的归属，创业环境分为一般环境和特殊环境，如图1-3所示。一般环境包括政治与法律环境、经济与技术环境、社会与文化环境、自然环境等要素。特殊环境包括产业环境、融资环境、市场环境、利益相关者等要素。

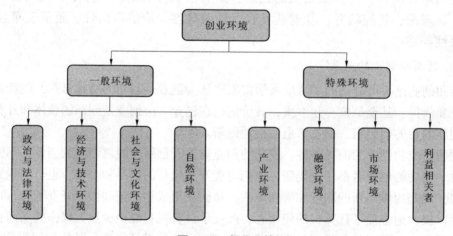

图1-3 创业环境

政治与法律环境包括国家政治制度、政治的稳定性、政府对创业者的态度、法律政策、政府政策、政府项目等。政治与法律环境涉及创业行为的难易程度及其安全性，从而直接或间接地影响着创业活动，因而是创业者决定创业方向的重要评价因素。

经济与技术环境包括经济体制和经济政策、经济发展水平及其发展潜力、市场规模及其准入程度、科技发展水平、金融支持、研究开发转移、商业环境、社会基础设施等因素。创业者的创业动机虽然有着很大的差异，但基本上是以追求经济利益为基本前提的。因此，经济因素是影响创业的直接因素。一个国家和地区的经济是否发达，市场是否成熟，技术是否先进，社会设施是否完善对创业起着决定性的作用。

社会与文化环境包括的内容非常广泛，如宗教、语言、教育体制、培训等。创业者在选择创业地点时要关注创业所在地区的人们的处事态度、价值取向、道德行为准则、教育程度、风俗习惯等构成的环境因素。社会文化因素与政治因素不同，政治因素一般带有强制性，而文化因素则带有习惯性。

自然环境同样也是创业者需要考虑的重要因素。创业者在选择创业项目时，要考虑到对周围环境的影响，提倡绿色环保，坚持可持续发展。目前我国对一些排放超标的项目是禁止创业的。

特殊环境属于创业的微观环境，微观环境涉及创业者选择的产业状况、是否是国家支持行业、行业进入壁垒、融资的难易程度、市场竞争力的大小、相关利益者的态度与利益等，和企业密切相关，直接影响到创业企业战略的选择、策略的制定以及创业的成功与否。

此外，依据创业环境因素的性质，创业环境还可分为硬环境和软环境。硬环境是指有形的环境要素，包括物质环境和区位环境，如基础设施、交通条件等；软环境是指无形的环境要素，如政治法律环境、经济环境、文化环境等。

（二）创业时代

知识经济时代已经来临，时代呼唤着高素质的创新与创业人才；随着全球一体化进程的快速发展，全球竞争加剧，创新创业已经成为21世纪经济发展的原动力和"发动机"，是当代科技进步的"助推器"，是一国经济繁荣的驱动力。

党的十七大提出要改善就业结构促进以创业带动就业，使更多劳动者成为创业者。党的十八大要求政府贯彻促进就业和鼓励创业的方针，做好高校毕业生为重点的青年就业工作，提升劳动者就业创业能力。2014年9月，在夏季达沃斯论坛上，国务院总理李克强首次提出了"大众创业、万众创新"的理念。2015年国务院常务会议的内容，又再次把目光聚焦在创新创业上。2015年，李克强出席首届"全国大众创业万众创新活动周"，发表即席讲话并考察了主题展区。李克强强调，大众创业、万众创新首要在"创"，核心在"众"。互联网时代，无论是"草根"还是"精英"，都可以投身创新创业，一展才能。政府要做创新创业者的"后台服务器"，通过不断完善所需的公共产品和服务，不断清除制约"双创"的障碍，不断织牢民生保障之网，增强创新创业者试错的底气和勇气。在中国，任何历史时期都没有比现在更加需要推崇创新创业精神，全国范围内掀起了创新创业的热潮。

大学生创新创业教育是时代发展的要求、国家发展的需要、经济发展和转型的强大动力，同时又是高等教育教学改革的重要内容。各级政府也纷纷将大学生创新创业作为工作重点，出台一系列鼓励大学生创业的优惠政策。各高校也逐渐意识到激发大学生创业意识、培养大学生创业精神与创业能力的重要性。1998年5月，清华大学成功主办了第一届大学生创新创业计划大赛之后，全国"挑战杯"大学生创业计划竞赛、全国大学生电子商务"创新、创意及创业"挑战赛、"互联网+"大学生创新创业大赛等创新创业类竞赛极大地激发了大学生创新创业的热情。2012年8月1日，教育部办公厅关于印发《普通本科学校创业教育教学基本要求（试行）》的通知，鼓励普通高等学校开展创业教育，各高校纷纷响应文件精神，结合自身实际情况，积极探索大学生创新创业教育，将创新创业教育纳入教学培养体系，成立创业园、开设创业课程。"十三五"规划建议中提出，要全力激发创新创业活力，推动大众创业、万众创新，有效地落实高校毕业生就业促进和创业引领计划，带动大学生就业创业。

在"大众创业，万众创新"浪潮的推动下，国家及各级政府都在不断加大创业政策支持力度，从金融支持、政府政策、项目、教育和培训、研究开发转移、商业环境及专业基础设施、市场开放程度、有形基础设施、文化及社会规范等方面推动我国社会创业环境的优化。如果说十年前的中国大学生是受比尔·盖茨等人的影响去创业的话，十年后的今天，一个中国大学生义无反顾地投入创业热潮，除了带有对马云、张朝阳等中国式创业神话的崇拜外，更多地还是因为对当前创业环境和自身所具备的创业能力的信心。

二、创业教育

（一）创业教育的内涵

创业教育（Enterprise Education）最早是由联合国教科文组织在1989年"面向21世纪教育发展趋势研讨会"上提出的。大会指出创业教育从广义上讲是为了培养具有开拓性的个人。美国考夫曼基金会（Kauffman Foundation）曾经把创业教育定义为："为个体提供创业知识、培养创业技能，以期能够识别他人所忽视的机会，并在他人犹疑之时具有采取行动的远见和自信。"杨爱杰认为，创业教育就是指培养学生创业意识、素质和创业技能的教育活动，以及教会学生适应社会生存、提高能力和自我创业的方法和途径。世界经合组织专家柯林·博尔在《学会关心：世纪的教育圆桌会议报告》中提出，创业教育通过开发、提高学生创业的基本素质和能力，使学生具备从事创业实践活动必需的知识、精神、能力和心理品质，是未来的人除了学术性和职业性的"教育护照"之外应该掌握的第三本"教育护照"。

从上述关于创业教育的界定中，可以看出创业教育的目的是首创精神、冒险精神、创业意识的培养，创新创业能力与综合素质的提升。创业教育更多的是从理论和实践的角度向学生传授创业精神、创建经营企业的知识与技能以及在企业中工作的技能、态度和价值观等。

因此，创业教育是指以创造性和创新性为基本内涵，以课程教学与实践活动为主要载体，以开发和提高受教育者综合素质为终极目标，培养其未来从事创业实践活动所必备的意识、知识、能力的素质教育。创业教育的核心在于创业精神和创业能力的培养。创业教育的目标不是使每一个接受创业教育的人都成为企业家，而是使他们具有创业精神和创业能力。创业教育要为个人潜能的释放、自我价值的实现带来机会，使个人为经济和社会的发展做出独特的创造性贡献。

（二）创业教育的发展脉络

1947年，美国哈佛大学商学院教授迈尔斯·梅斯开办新创业管理课程，该课程被认为是大学里首次开办的创业教育课程。

1968年，美国百森商学院第一个在本科教育中设创业方向。

1973年，美国东北大学开设了美国第一个本科创业学专业。

2002年4月，中华人民共和国教育部确定清华大学、中国人民大学等9所高校作为"创业教育"改革试点，鼓励试点学校通过不同方式对创业教育的理论与实践进行探索。

2010年5月，教育部成立高等学校创业教育指导委员会，颁发《关于大力推进高等学校创新创业教育和大学生自主创业工作的意见》，要求高等学校创新创业教育要面向全体学生，融入人才培养全过程。

2012年，教育部颁发《普通本科学校创业教育教学基本要求（试行）》，明确规定在普通高等学校开展创业教育。

(三) 国外高校创业教育

1. 美国高校创业教育

1947年，哈佛大学商学院首次在美国开设创业课程，主要目的是通过为第二次世界大战退伍老兵提供创业教育，解决他们的就业问题。目前形成了完善的创业教育支撑体系，系列化创业政策也为创业教育营造了良好的创业氛围。20世纪80年代，美国政府出台了一系列以《贝多法案》（*Bayh Dole Act*）为代表的、旨在促进实验室发明向市场转化的公共政策，这些政策逐渐成为美国高科技创业的重要支撑。同时，美国的中小企业政策也有利于大学生将创意进行转化。美国试图为创业者提供成熟的资本市场，其风险投资体系发达，各种咨询服务机构一应俱全，提高大学生创业的可行性与成功率。

美国高校建立了比较完善的创业教育体系，全校性创业教育已成为美国高校创业教育的主流。有些高校通过多种形式推进各学科的创业教育，将创业精神融入课程计划，培养未来的创业型人才。例如，密歇根州立大学为工程学院的高年级学生开设工程创业（Engineering Entrepreneurship）课程。有些高校依托商学院或管理学院，构建完整的创业教育体系。例如麻省理工学院斯隆管理学院成立创业中心，以培养学生从事高科技创业为目标，其创业教育促进了科技与创业、创新与发明、新理念与新产品的充分整合。有些高校跨校整合优势资源，共建创业教育项目，如佐治亚理工学院和埃默里大学从2002年开始跨校合作，推出"技术创新产生经济效益"项目，通过整合佐治亚理工学院的技术和专业优势及埃默里大学的法学优势，促使创业精神与技术创新、法律相融合。

2. 英国高校创业教育

英国创业教育者协会（Enterprise Educators UK，EEUK）是英国高校创业教育的主要管理机构。英国创业教育者协会将一些大学组织起来，开展创业教育，为大学的学术创业（包括知识转化和技术转化）提供强有力的支持，建立起一个大学之间的交流网络。早在2004年，英国就成立了全国大学生创业委员会（National Council for Graduate Entrepreneurship，NCGE），引导创业教育发展，开展创业教育理论研究和实践推广工作，组织创业教育会议、创业指导咨询、创业计划大赛等各种活动。该委员会重视国际交流与合作，如与美国考夫曼基金会合作建立了全国大学生创业委员会－考夫曼基金会创业伙伴计划（NCGE－Kauffman Entrepreneurship Fellows Scheme）。

英国高校创业教育形成了课堂教学、课外活动、创业实践和创业指导于一体的模式。很多高校将创业教育融入专业学科之中，开发出具有特色的创业课程和教学模式。有的高校将创业教育明确纳入大学的发展规划和政策之中，为创业教育的开展创造良好的制度环境。有的高校鼓励师生的创业活动，为师生创办企业提供相关知识和技术支持，尽量减少创业所带来的风险。有些高校制定明晰的奖励制度，支持科研成果的转化和衍生企业的创办，对在创业教育方面做出贡献和成绩的教师给予奖励和学术发展的机会。

此外，随着新技术的发展，互联网正成为英国大学生创业的一个重要渠道。互联网的发展催生了新的商机，使一些不可能成为可能。

（四）中国高校的创业教育

中国高校创业教育模式大致属于政府驱动型发展模式，中央和地方各级政府的创业教育政策对中国创业教育的发展起着举足轻重的作用。从整体上看，中国创业教育政策不断增多，尤其是在2014年国务院总理李克强在夏季达沃斯论坛上提出"大众创业，万众创新"之后，中国创业教育政策呈现爆发式增长的态势。推动创新创业教育，旨在培养学生的创新精神，激发人的创造力，尤其是激发青年的创造力，造就规模宏大、富有创新精神、敢于承担风险的创新创业青年人才。

2014年5月，《人力资源社会保障部等九部门关于实施大学生创业引领计划的通知》提出普及创业教育。2015年，《国务院办公厅关于深化高等学校创新创业教育改革的实施意见》提出"从2015年起全面深化高校创新创业教育改革。2017年取得重要进展，形成科学先进、广泛认同、具有中国特色的创新创业教育理念"和"普及创新创业教育"，明确提出完善人才培养质量标准、创新人才培养机制、健全创新创业教育课程体系、改革教学方法和考核方式、强化创新创业实践、改革教学和学籍管理制度、加强教师创新创业教育教学能力建设、改进学生创业指导服务、完善创新创业资金支持和政策保障体系等重要举措。2015年8月，《国务院关于加快发展民族教育的决定》再次强调要"加强普通高校、职业院校毕业生就业创业指导。开设就业指导课程，普及创业教育，引导学生树立正确的择业观，增强创业意识和创业能力"。

在联合国教科文组织亚太教育局、中国联合国教科文组织全国委员会的指导与推动下，2014年11月，联合国教科文组织中国创业教育联盟（UNESCO Entrepreneurship Education Network National Chapter in China）在杭州成立。旨在加强与国际组织、国内外学校、文化机构、企业的交流与合作，共同打造中国创业教育合作平台，大力推动中国创业教育、创业群体可持续发展。联盟成立以后，与国际组织、国外大学积极合作，通过学术研讨等一系列活动，推动了中外创业教育的交流与合作。此外，国际劳工组织（International Labour Organization，ILO）等国际组织积极参与中国大学生创业教育活动，对推动中国高校创业教育发挥了积极作用。

我国创业教育改革有四大发展目标，分别是构建创新创业教育体系、普及创业教育、创业教育纳入国民教育体系、创业教育融入人才培养。经过几年的发展，我国的创业教育不仅作为一种培养学生创业能力的工具，更成为一种全新的教育理念，并与国际组织联合实施了创业教育（中国）项目（Know About Business，KAB）和中国青年创业国际计划（Youth Business China，YBC）项目，取得显著成绩。

三、"互联网+"与创业

随着互联网技术的发展,传统行业和产业不断转型升级,创新创业同样不能避免受到影响。

"互联网+"是对创新2.0时代新一代信息技术与创新2.0相互作用共同演化推进经济社会发展新形态的高度概括。在2012年11月14日的易观第五届交通移动互联网博览会上,易观国际董事长兼首席执行官于扬先生首次提出"互联网+"理念。他认为,所有的传统的产品和服务都应该被互联网改变。创业公司必须找到自己所在行业的"互联网+",在为用户创造价值的同时成就公司价值。在未来,"互联网+"应该是我们所在的行业目前的产品和服务在与我们未来看到的多屏全网跨平台用户场景结合之后产生的一种化学公式。

"互联网+"的实质是信息化和工业化的相互融合,用信息化带动工业化。互联网作为核心和引擎,促进工业、农业、服务业各方面进行创新发展,是现代社会经济发展的主流模式。北京邮电大学金永生教授指出"互联网+"的实质含义就是将以互联网尤其是移动互联网为主的一整套信息技术(包括互联网、移动互联网、大数据、云计算技术等)作为基础,把这一整套技术在政治、经济、社会生活等所有部门进行扩散和应用,进而不断展示和释放出数据流动性的过程。"互联网+"的模式不仅是和传统产业相结合,同时也是资源共享和发展成果。它以信息技术为基础,将生产资料、生产技术、生产成果有效地结合起来,为所有需要的人所用,极大地提高了生产效率,给人们的生活带来更新、更有意义的变化。对创业者来说,如何掌握这一路径,将自己的创业理想和"互联网+"联系起来显得至关重要。

2015年7月,国务院印发了《关于积极推进"互联网+"行动的指导意见》,明确了未来三年以及十年的发展目标,明确推进"互联网+"、促进创业创新、协同制造、现代农业、智慧能源、普惠金融、公共服务、高效物流、电子商务、便捷交通、绿色生态、人工智能等若干能形成新产业模式的重点领域发展目标任务,并确定了相关支持措施。到2018年,互联网与经济社会各领域的融合发展进一步深化,基于互联网的新业态成为新的经济增长动力,互联网支撑大众创业、万众创新的作用进一步增强,互联网成为提供公共服务的重要手段,网络经济与实体经济协同互动的发展格局基本形成。

在"互联网+"的时代,创业变成了一项高技术、高水平、高发展的系统工程。自从互联网兴起以来,以前所未有的速度掀开了创业的变革。互联网解决了地域问题,解决了沟通交流问题,解决了信息差问题,解决了经营成本问题,解决了企业形象和宣传推广难题,而这些都大大降低了创业企业的经营成本。马云、李彦宏、马化腾等互联网大咖,都是把握了互联网发展机遇,从而崛起并引领一个时代的发展。近几年崛起的年轻人,大多也是借助了互联网的力量。过去可能需要几十年甚至上百年才能打造出的商业巨头,在现在依托互联网可能只需要几年的时间。共享经济中的共享单车、滴滴、美团等也是依托互联网崛起的,想要在互联网行业成功创业,最重要的是想法和抢占先机。所以,越来越多的大学生选择让互联网作为技术平台,通过对传统行业的互联网"升级",让互联网介入相关产品和服务,在产品说明、价值呈现、服务介绍、技术应用等方面向客户提供服务,从而赚取利润。

经济新常态下,坚持就业优先、以创业带动就业不仅是解决大学生就业的有效途径,而且是实现大众创业、万众创新,带动中国新一轮发展的新引擎。目前互联网技术深深融入社会经济发展的方方面面,大学生应充分利用互联网,将自己在信息技术方面的优势转化为创新创业优势,以"互联网+"思维带动成功创业。

当然,互联网时代创业也并非轻而易举。互联网时代进行创新创业,需要具备"互联网思维",互联网思维是实事求是的,也是跳跃式的思维。互联网时代进行创新创业,只有具有逆反式的创新思维,才能够洞悉瞬息万变的商机,以便适应不断变化的市场环境。互联网时代进行创新创业,并不是完全抛弃传统产业与技术技能,而是要借助互联网,在传统产业上能有所突破。互联网时代进行创新创业,要对创业的目标进行明确的细分,选择一个自己熟悉的细分行业才有足够的优势。互联网时代,一个强调个性化的消费时代,创新创业者要专注地做一件事,形成技术优势,才能实现创业成功。互联网时代进行创新创业,在埋头奋斗的同时,也要关心国家的方针政策,选择对自己最有利的创新创业社会经济环境。

四、创业的价值与意义

当今是一个全球化的、充满变化和不确定性的时代,每个人都将不断面临新的选择。要想在21世纪的经济竞争中获胜,个体必须具备创新和创业精神。在现代工业史上,曾有过两次比较重要的个人创业浪潮。第一次个人创业浪潮发生在19世纪60至80年代的工业革命时期,创业的特征是大规模生产、有组织的劳动和一批跨国公司的兴起。这次创业浪潮波及地域极其有限,只集中在北美和西北欧。第二次个人创业浪潮的高峰是在1910年至1929年,但随后爆发的世界经济危机将创业的进程打断。21世纪平民创业成为各国增强经济实力的重要力量。今天,创业已不再是遥不可及的梦想,不再是少数人的专利。接受了高等教育,拥有智力资本,具备创业知识、创业技能和创业精神的大学生将成为创业的主体。

(一)创业的社会价值和意义

近几十年创业者所创造出的新行业,诸如个人电脑、生物技术、智能电视、电脑软件、办公自动化、手机服务、电子商务、移动互联网、虚拟技术、人工智能等,巨大地改变了世界的发展进程和人们的生活、工作和学习方式。

创业是社会发展与变革的推动力。创业可以实现先进技术转化,促进生产力提高和科技创新;创业不仅可以解决自身就业的问题,还可以提供就业岗位,缓解社会就业压力,保障了民生,稳定了社会秩序;创业可以激发整个社会的创新意识和创业精神,有利于观念的转变,促进社会的繁荣与发展。

创业可以助力具有创业精神的社会文化建设。创新与创业精神是国家富强的不竭之源。知识经济时代,高科技产业的发展状况是一个国家国际竞争力的主要决定因素,中华民族要在世界竞争中立于不败之地,必须培养具有开创精神的个体和群体,建构和塑造整个民族的开创性性格,以适应多变的国际环境和应对未来事业的挑战。创新是一个民族的灵魂,是一个国家兴旺发达的不竭动力。

年青一代,尤其是大学生是中国最具活力的群体,如果他们失去了创造的冲动和欲望,仅仅安于现状和墨守成规,那么中华民族终将失去发展的不竭动力。培养学生的创新精神和创业意识不仅是大学生创业所应具备的基本特征，还是他们所必需的基本素质。高校必须把培养具有创新精神、创业意识、创业心理、创业能力的创业型人才放在首位。

（二）创业的经济价值和意义

创业的过程是价值创造的过程，是创造财富的过程。根据《创意阶层的崛起》（The Rise of Creative Class）的作者理查德·佛罗里达（R. Florida）的观点，没有新产品、新技术、新产业的巨大浪潮，国家经济就不可能繁荣。保持经济的繁荣要靠"创造性破坏"和"非破坏的创造性"两种形式的变革，正是不断创造和满足新需求的创业活动，才使得经济保持运转。大众创业、万众创新蕴藏着无穷创意和无限财富，创业可以增加社会财富，促进经济发展和繁荣。

创业拉动了市场需求，促进了科技成果转化，满足了人民生活的需要，丰富了市场，促进了社会经济繁荣。创业还改变了传统的产业格局，催生了很多崭新的行业，加速了经济结构的调整。在创业的过程中，社会资源得到优化配置，市场体系不断得到完善，市场竞争活力得以保持。因此，创业对于保护国家经济活力和经济需求有着重要的贡献，是经济增长的主要推动力。当前，新一轮创业热潮已经形成，通过创业创新培育新的经济增长点，将成为稳定中国经济增长、推动产业转型升级、推动经济增长的强大动力。

（三）创业的个人价值和意义

创业是一个艰辛的过程，是一个精彩的大舞台，也是一笔人生财富，有利于最大限度地发挥个人潜能。创业起步可高可低，创业的发展空间无限。通过创业，能有效实现人生价值，把握人生航向。

创业可以激发创业者极大的兴趣。创业者选择创业项目，通常都会从个人感兴趣的领域着手，将其与自己的知识技能、专业特长等结合起来。

创业可以使个人从挑战和风险中得到别样的享受。创业充满挑战和风险，同时也充满克服种种挑战的无穷乐趣。在创业过程中，可以感受到无穷的变化、挑战和机遇，这是一个令人兴奋的过程。创业者可以通过征服创业过程中的重重困难来丰富自己的人生体验。

创业是一种有价值的人生锻炼。在创业过程中，创业者能够培养勤奋工作、不断学习、敢于承担责任、勇于创新等优良品质。即便创业失败，这种创业经历也是人生中一次宝贵的学习机会，使创业者学会更好地应对失败和挑战，变得更加成熟。很多创业失败的年轻人后来又回到公司工作，依托公司的各种平台、资源，把工作做得更为出色。所以说，创业是对人非常有价值的一种训练，它对人才培养的意义比课堂教育更为直观。

创业是实现自我价值的重要途径之一。实现自我价值是个体最高层次的需求，企业家最突出的动机是实现自我价值，即充分发挥企业家精神。企业家精神表现为坚强的意志、对成功的渴望、建立私人王国的愿望以及享受创造的快乐、施展个人能力和智谋的欢乐。创业可以主宰自己，摆脱种种羁绊，充分发挥自己的才干，发挥最大潜能，使自己的人生价值得到更好的体现；还可以使个人有机会和实力回馈社会，提高成就感，使个人能够从事喜欢的事业并从中获得乐趣。

总之，创业是实现人生理想和价值、获得自身全面发展的有效途径，创业对于创业者具有重要的意义。

第三节　大学生创业

一、大学生创业的动机

（一）创业动机的定义

创业动机是指引起和维持个体从事创业活动，并使活动朝向某些目标的内部动力。它是鼓励和引导个体为实现创业成功而行动的内在动力。简单地说，就是创业的原因和目的，即为什么要创业。行为心理学认为："需要产生动机，进而导致行为。"创业的直接动机就是需要。

创业动机是推动个体或群体从事创业实践活动的内部动因，是使主体处于积极心理状态的一种内驱力，具有较强的选择性、倾向性和主观能动性。

创业动机是个体在创业认知调节因素的整合作用下，将内在需要与外在创业诱因整合而形成的激发和维持创业行为的动力体系。马斯洛需要理论把人的需要分为生理、安全、社交、尊重和自我实现，层次依次由低到高。创业者的创业动机也不例外，大学生的知识、技能、生活的环境等不同，创业动机就会有差异。

（二）创业动机的分类

每一个创业者走上创业之路的原因很多，早期的创业家，很大一部分原因是生活所需才走上创业之路的。不过当经济和社会环境不断发展变化，创业成为人们职业生涯规划中的一项选择时，创业动机就成为影响人们是否进行创业活动的重要因素。

我们为什么要创业？创业到底是为什么？创业者徐小平在谈创业动机时说，第一为金钱。创业就是为了创造财富，为了钱，虽然在创业过程中很少有人旗帜鲜明地说他创业是为了钱，为了创造财富。中国人的思维里面，李嘉诚说过一句话："创业，财富只是一个成绩单，你做好你的作业，创业就是做好你的事，而财富只是一个成绩单。而我们做作业不就是为了有个好的成绩单吗？"第二为自我实现。自我实现是创业者最高境界的人生奋斗。马斯洛需要理论的最高层次是自我实现，什么是自我实现？创业是为了实现自己的梦想，苹果创始人乔布斯坚信"疯狂的人往往是推动世界改变的人"，尽管他已经不在人世，但是他创造的东西和我们在一起，他获得了永生。第三为自由。这是创业最伟大的东西。创业者的世界里面，创业者是最高的权威，可以不听从于任何人，做自己的事，按照自己的意愿，按照团队的利益，按照社会的价值去追求，这可以说是创业的最高境界，也是这个时代创业的一个重要的探索价值。

较早的一种创业动机分类为生存型创业动机和机会型创业动机。生存型创业动机是为了生存而进行创业，是为了获取个人财富、增加个人收入的创业，从事创业活动是一种被动的创业行为。机会型创业动机是通过识别和抓住商业机会，从而实现个人价值，此种创业活动是一种积极主动的创业行为。归纳起来，我们把大学生创业动机分为四类。

1. 生存的需要

许多家庭无法支付学生昂贵的学费，虽然有国家贷款、奖学金等，部分家庭困难的学生还是利用课余时间兼职打工来维持正常的学习和生活。在打工的过程中，不断积累知识和经验，当碰到好的商业机会时就抓住时机进行创业。

2. 环境影响的需要

有创业成功的家人或朋友会对大学生产生较大的影响，另外国家对大学生创新创业比较支持，具有良好的创业环境，是激励大学生产生创业动机的主要因素。近几年，国家高度关注大学生创业问题，出台了一系列政策来鼓励大学生创业，2016年两会上李克强提出：实施好大学生创业引领计划，支持到新兴产业创业，继续简政放权形成新创业浪潮，推进机制，为创业提供便利。"十三五"期间的主要目标任务之一即持续推动大众创业、万众创新，以创业带动就业，加强对在校大学生的就业指导和创业教育，为大学生创业营造良好环境。高校也不断推进创业教育，加大对创业工作的指导，支持大学生创业。在这种热情高涨的创业环境中，大学生创业带有服务国家、社会的责任感。在"大众创业、万众创新"时代背景下，创新创业是大学生的历史使命。

3. 自我实现的需要

大学生发挥个人专业知识与经验，并将拥有的专长、技术转化成为一项新企业。另外，大学生通过创业可以实现自己的人生目标。大学生作为一群最朝气蓬勃的群体，有理想、有知识，通过创业提升自己的能力，达到自我实现的目的是大学生创业的最高动机。

4. 就业的需要

当前，我国的大学生就业形势相当严峻，一方面表现为需求不足，另外一方面表现为大学毕业生的工资待遇降低。在这种情况之下，一部分大学生开始创业。

二、大学生创业模式

创业模式（Entrepreneurial Mode or Patterns of Entrepreneurship）是创业者为保障自身的创业理想与权益，而对各种创业要素的合理搭配。创业的组织形式、创业的方式、创业的行业选择组成了创业模式。创业模式的选择与创业动机、创业者能够承担风险的能力密切相关，对于大学生来说，创业模式的选择也不可忽视。

（一）按照大学生参与创业的时间分类

按照大学生参与创业的时间，创业模式可以划分为四种。

1. 兼职创业

兼职创业指大学生在进行正常教学活动的情况下利用课余时间所进行的一种创业活动。这种创业模式因为要兼顾学业和创业，创业者需要付出更多的时间和精力，需要合理安排学业和创业的时间，做好平衡，不能顾此失彼。

2. 休学创业

休学创业是大学生为了进行创业而申请休学的一种创业模式。2014年12月10日，教育部发布《关于做好2015年全国高等学校毕业生就业创业工作的通知》，要求各高校建立弹性学制，允许在校生休学创业。2015年印发的《国务院办公厅关于深化高等学校创新创业教育改革的实施意见》也明确提出："实施弹性学制，放宽学生修业年限，允许调整学业进程、保留学籍休学创新创业。"休学创业使大学生有更多的时间和精力投入创业活动中去，即使创业失败了，也可以返回学校继续学习。创业活动为大学生提供更多的实践经验。

3. 退学创业

此种创业模式是大学生中断学业进行的一种创业活动。一般不鼓励退学创业,退学创业相比其他几种创业模式,创业风险更高。大学生一旦创业失败,不但失去了上学的机会,也失去了技能学习的机会,打击更大。

4. 毕业后创业

这种创业模式是大学生毕业之后进行的创业活动。大学生毕业后自身的专业知识水平和实践能力都得到了很大的提高,创办企业的组织形式、经营模式相对比较稳定,这都对创业成功起到很大的作用。从大学生的创业意义角度来讲,这种模式的大学生创业对于社会经济发展和缓解大学生就业压力的作用都非同一般。因此,这种模式应该是我国大力提倡和引导的。

(二)按照大学生开展创业的类型分类

按照大学生开展创业的类型可以分为五类。

1. 知识技术型创业模式

这种创业模式主要依赖于创业者的知识技能。创业者以自己创新、使用或者开发的有价值的技术、专利等来创办自己的企业。此种创业模式关键在于创业者的技术水平以及该创新技术的创新点和可持续发展的能力,对技术含量和社会经验要求较高,适合在相关领域有一定实践经验的创业者。知识技术型创业模式的技术创新性很强,如果创业成功,能在市场中创造不可预估的价值,但是因为技术投资的不确定因素较多,风险也相对增大。

2. "互联网+"创业模式

随着网络的普及,网络创业不断出现,网络创业主要有网站和网店、互联网金融等一些电子商务类创业活动。这种创业模式不受时间和空间的限制,交易可以随时随地进行,"互联网+"创业模式突破了传统经营方式,减少了创业成本,使经营和管理更加便捷。

3. 模拟孵化模式

模拟孵化模式是大学生在参加各种创新创业大赛以及各个高校所建立的创新创业基地和创业孵化园的影响和资助下而产生的创业模式。"全国大学生创新创业大赛"等各类创业大赛,学校和政府部门都鼓励大学生参与申报,大学生在参加比赛的过程中学习了创业知识,通过与社会的接触,积累了创业经验。学校建立的创业基地及孵化园为优秀的创业项目提供场地甚至一定的资金资助,为大学生创业提供指导和服务工作。模拟孵化模式具有较强的创新性,缺点就是没有到真正的社会环境中,对竞争对手和市场行情了解不够深入,一旦脱离校园很容易在竞争中失败。

4. 概念创业模式

概念创业模式是指大学生仅凭一个创意或者一个想法所进行的创业活动。概念创业模式为大学生创业的重要模式。大学生虽然缺少社会实践经验,资金也比较匮乏,但是由于接受了系统的知识教育,思维比较活跃,在不断的学习过程中养成了勤于观察、善于思考的习惯,而且凭借其批判性的思维容易发现被别人忽视的商机。

5. 代理销售创业模式

代理销售创业模式是大学校园里很常见的一种创业模式。此种创业模式不需要学生提供创意、开发产品,只需要关注市场销售情况。代理不需要预付保证金或货款,只是替厂家销售产品，产品的销售价格由厂家来定，代理商无权决定销售价格，也不用承担产品销售不出去的风险。对于没有社会实践经验和资金缺乏的大学生来说，代理销售创业模式是最无风险、压力最小的创业模式。

三、大学生创业应做的准备及影响因素

（一）大学生创业应做的准备

1. 认清自我，准确定位

要想创业成功，创业者首先需要了解自己的创业意向，分析自己的职业心理特征，明确自己的创业目标，深入了解自己具备哪些创业条件、有什么可用的资源，进行创业项目的选定、创业类型的选择、企业的发展定位等工作，这些都是需要在创业之前深入思考的问题。创业涉及很多方面的问题，大学生在创业之前一定要认清自我，找准定位。在分析自身条件和了解创业机会的基础上，大学生可以对创业项目做初步的选择。一个好的创业项目对创业的成功起着决定性的作用。

2. 丰富创业知识，积累创业经验

创业知识包括专业知识、管理知识、税务知识、营销知识、法律法规知识等，丰富的创业知识为大学生开展创业活动提供雄厚的基础。大学生在学习期间一定要积极参加一些社团活动、社会实践等，获取一定的市场信息并扩大社会关系圈，多与创业成功的人士交流，学习他们创业成功的经验和做法，熟悉创业所需要的知识和技能，提高对创业机会的识别能力和敏感性。大学生还应充分利用校园资源，全面提升个人能力，为创业打下夯实的知识基础。

3. 了解创业政策

国家对大学生创业有很多的优惠政策，一定要在创业前全面了解国家的创业政策，比如税费减免、场地扶持、融资服务、专家指导等。利用社会和国家对大学生创业提供的优惠与扶持政策，全方面地为自身创业提供资源。

4. 创业资金筹措

资金是创业初始最重要的一个环节，至少要准备好三个月或者预测盈利之前的资金。大学生自身资金有限，可以通过家庭资助、自己存钱取得资金，还可以和同学筹措资金合伙创业，或者通过大学生创业项目获取资金。如果创业项目比较好，还可以通过风险投资的方式获得更多的资金，或利用国家对大学生自主创业的扶持资金。

5. 心理准备

大学生创业是一条艰苦的道路，在创业的过程中会遇到很多意想不到的困难和障碍，一定要做好艰苦创业的心理准备。创业还要面对很多的问题，如资金的风险等，需要创业者有良好的心理抗压能力。对于大学生创业来说，创业最大的风险就是创业失败，一旦创业失败，学生的积极性和自信心将受到极大的打击，因此要在平时的生活和学习中培养敢于冒险、勇于拼搏、百折不挠、坚持不懈的创业精神。

（二）大学生创业的影响因素

1. 自身因素

在自身因素中，如性别、家庭所在地、所学专业、学习成绩等都对大学生创业的积极性

有一定的影响。创业是一件非常具有挑战性的社会活动，创业的复杂性对大学生的创业精神、创业知识和能力都提出了更高的要求。一般具有冒险精神、创业意识强、目标坚定、成就动机比较高的大学生创业意识往往比较强，如果社会实践较少，缺乏创业经验及缺乏创业竞争力，缺乏商业和市场知识，就会导致核心项目或产品不理想。另外，大学生人际关系比较单一，创业资金也在一定程度上受到限制。

2. 家庭因素

家庭环境对大学生自主创业有很重要的影响。社会学理论强调环境能通过观察性学习对个人个性的发展施加影响，父母不仅影响子女的个性发展，而且影响子女的职业偏好。不同家庭环境的大学生的人生观、世界观和性格、能力等存在着明显的差异，大学生的创业资金、实践经验和人脉关系等也存在着明显的差异，因此，家庭的经济状况、父母的职业关系、社会地位以及是否给予支持等都会对大学生创业有直接的影响。父母的鼓励与支持会增强大学生创业的信心，如果家庭比较富裕，学生在选择创业时会更加勇于冒险和开拓；相反，如果父母反对或家庭经济状况不是很好，大学生在选择创业时就会顾虑重重。如果父母是企业家或者是有过创业经历的，受家庭的影响，大学生的创业意愿也比较强。正如一位创业者所言："我父亲是那么执着于他所开创的企业，这为我树立了一个印象深刻的榜样，我从来就没有考虑过为其他人工作。"

3. 学校因素

学校因素也就是教育因素，教育对创业者的创业及创业成功起着非常重要的作用。学校因素主要有创业氛围、创业教育和帮扶措施。学校开设创新创业课，经常举办创业讲座、创业比赛等会为学生提供浓厚的创业氛围，使学生得到极好的创业教育，提高学生的创业知识、创业技能。通过创业比赛、创业实践，学生的创业素质也得到提高。学校的创业基地和创业孵化园为学生提供场地、技术指导甚至是资金支持，对学生的创业意向都有极大的影响。总之，学校对大学生创业意识的培养越重视，学生参与性越高。

4. 社会因素

社会因素主要有社会环境因素和政策因素。社会环境主要是指国家经济稳定、持续发展为大学生进行创新创业活动提供了前提条件。如果大学生比较想参与的创业行业稳定发展，大学生创业的参与意识就比较强。政策因素方面，尽管国家和地方政府为大力推动大学生创新创业，先后出台了一系列的大学生创业优惠政策和措施，如创业补贴、税费减免、小额担保贷款等，都会促进大学生积极创业，但是如果大学生对这些政策的全面了解度不高，或者个别地方对政策的执行力度不高，就会导致创业环境创业氛围不佳，使大学生创业面临很多困难，影响大学生创业的积极性。为了推动大学生积极创业，国家和政府还需要为大学生创业创造更好的创业条件。

课堂活动、测试活动及实践拓展作业

第二章

创业者与创业团队

企业发展就是要发展一批狼。狼有三大特性：一是敏锐的嗅觉；二是不屈不挠奋不顾身的进攻精神；三是群体奋斗的意识。

——任正非

本章内容框架

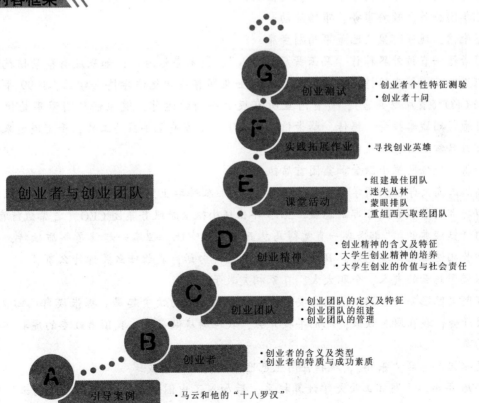

- 创业者与创业团队
  - A 引导案例：马云和他的"十八罗汉"
  - B 创业者
    - 创业者的含义及类型
    - 创业者的特质与成功素质
  - C 创业团队
    - 创业团队的定义及特征
    - 创业团队的组建
    - 创业团队的管理
  - D 创业精神
    - 创业精神的含义及特征
    - 大学生创业精神的培养
    - 大学生创业的价值与社会责任
  - E 课堂活动
    - 组建最佳团队
    - 迷失丛林
    - 蒙眼排队
    - 重组西天取经团队
  - F 实践拓展作业：寻找创业英雄
  - G 创业测试
    - 创业者个性特征测验
    - 创业者十问

引导案例

马云和他的"十八罗汉"

1999年大年初五，在一个叫湖畔花园的小区，16栋3层，十八个人聚在一起开会。屋里几乎家徒四壁，只有一个破沙发摆在一边，大部分人席地而坐，听马云慷慨陈词："从现在起，我们要做一件伟大的事情，我们的B2B将为互联网服务模式带来一次革命……"马云讲了整整两个小时，目的是"忽悠"大家一起来创业。今天，马云和当年的"十八罗汉"怎样了呢？

马云，花名"风清扬"，现任阿里巴巴董事局主席。

从当年的毛头英语老师，到如今的霸道总裁，关于马云的"传说"已经足够多了。"今天很残酷，后天很美好，大部分人死在今天晚上，永远不要忘记自己第一天的梦想。"

孙彤宇，花名"财神"，前淘宝网总裁。

1996年加盟中国黄页，2003年率领淘宝创业团队进行新的创业，2008年卸任淘宝网总裁，并前往包括伦敦商学院在内的海内外著名商学院学习。2008年5月投资博卡思教育软件。

金建杭，现任阿里巴巴集团资深副总裁。

复旦大学新闻学院的高才生，在加盟阿里巴巴之前，曾经在浙江日报社、国际商报社、外经贸部中国国际电子商务中心等机构任职，于1999年11月加入阿里巴巴集团，现负责阿里巴巴集团公关、政府事务、市场活动。

蔡崇信，现任阿里巴巴董事局副主席。

蔡崇信一直被外界称作"马云背后的男人"，毫不夸张地说，如果没有蔡崇信就没有今天的阿里巴巴。蔡崇信持有耶鲁大学经济学士及耶鲁法学院法学博士学位，1999年加入阿里出任CFO（首席财务官），负责阿里所有投资并购的运作，现担任集团董事局执行副主席，负责集团战略投资。据传，蔡崇信当年放下七十万美元年薪的工作，千里迢迢来投奔马云，每月只拿五百元人民币的薪水。

彭蕾，现任阿里小微金融集团首席执行官。

浙江工商大学杭州商学院企业管理系1994年本科毕业，历任阿里巴巴人力资源部副总裁、市场部副总裁和服务部副总裁。2013年出任小微金融服务集团CEO（首席执行官）。彭蕾有句话挺经典的："都怪我一直觉得马总五官虽不咋地，但凑一起就是气质独特，很有范儿。但长相这事吧，美也好，丑也罢，说到底就一句话，我长什么关你什么事。"

张瑛，马云的夫人，全职太太，在家相夫教子。

在阿里巴巴创业初期，张瑛主要负责团队小伙伴们的饮食起居。据张瑛自己回忆，"他们白天开会，我在厨房做饭；他们半夜开会，我在厨房做夜宵，我顶着政委的虚职，干着勤杂工的事"。

吴泳铭，花名"东邪"，现担任阿里巴巴集团资深副总裁。

1996年毕业于浙江工业大学计算机系，后加入了中国黄页；1997年跟随马云进京，做当时外经贸部的网站，一人负责网站技术开发；1999年跟随马云回杭州创办阿里巴巴，第一代程序员。中国最有钱的程序员之一。

盛一飞，花名"蓬莱大仙"，现任支付宝用户体验部的总监。

1996年，他成为中国黄页的第一个设计师，后一直跟随马云到现在。阿里巴巴Logo出自他手。估计当时在设计Logo的时候，他自己也没想到，阿里巴巴这个橘黄色的Logo有朝一日可以像苹果、Google、微软那样屹立于世界的舞台。

楼文胜，依旧在阿里集团任职。

马云的大学校友，同时也是马云的忠实追随者。最早的时候负责阿里巴巴网站的策划文案，后担任阿里集团B2B中国市场运营部核心产品部产品规划师，以及江苏阿里巴巴销售团队的管理。据传，楼文胜本性颇为善良，且能为手下考虑，其部下都亲切地称呼其为"老楼"。

麻长炜，花名"二当家"，淘宝网产品技术中心用户体验设计总监。

韩敏，花名"任盈盈"，现任小微金服集团人力资源部上海分公司总经理。

谢世煌，现担任阿里资本部门的副总裁。

戴珊，花名"苏荃"，现担任阿里巴巴集团首席客户服务官。

金媛影，阿里学院高级专家。

蒋芳，花名"蒋方"，现任阿里巴巴集团廉正部和人力资源部副总裁。

周悦虹，花名"一指"，Java架构师，技术精湛，为人低调，是一个典型的Geek（电脑迷），现已辞职，近况不详。

师昱峰，花名"虚竹"，"管理部"资深总监。

饶彤彤，阿里基础运维部。

阿里创业团队，至今只有3人离职，其中包括马云夫人张瑛。阿里不仅创造了电子商务的神话，也创造了团队合作的神话，成为业内美谈。从杭州到北京，再从北京到杭州的二次创业，虽然只能拿到500元的收入，但"十八罗汉"一直不离不弃。财经作家郑作时为此感慨，"这一团队和马云之间建立了超越利益之上的联系，既然几万元的月薪都可以放弃，那还有什么力量可以让他们分开"。

从创业一开始，马云团队就定下了一些原则，从某种意义上说，这些原则是马云团队最终并肩走得足够远的保证。

这些原则中，与团队有关的最重要的一条是解决矛盾的原则。从一开始，马云和他的创业伙伴就定下原则——团队中任何两个人发生矛盾，必须由他们自己互相面对面地解决。只有在双方都认为对方无法说服自己的情况下，才引入第三者作为评判者。

简单、开放议事原则的提出和确立，对于阿里巴巴的团队建设至关重要。它使阿里巴巴杜绝了"办公室政治"，大大减少了交流沟通成本，减少了内耗，大大增强了团队的凝聚力和战斗力。如果没有这个原则存在，没有这个原则长期坚持而自然形成的简单开放的价值观，阿里巴巴的"十八罗汉"打天下的故事很有可能不会圆满。

（所有资料均整理自网络上的公开资料。http://tech.163.com/14/0920/09/A6IULT2000094ODU_all.html.）

【讨论】

1. 从马云身上看到了什么特质？

2. 是什么让马云的"十八罗汉"不离不弃？
3. 一个成功的创业团队有什么特点？
4. 如何组建创业团队？
5. 如何提升团队的竞争力？

第一节 创 业 者

一、创业者的含义及类型

（一）创业者的含义

在英文中，创业者和企业家是同一个词，即"Entrepreneur"。从管理学的视角来说，创业者与企业家的内涵是一致的。创业精神通常被人们称为企业家精神。

法国经济学家萨伊在《政治经济学概论》一书中指出，创业者是将劳动、资本、土地这三项生产要素结合起来进行生产的第四项要素，是把经济资源从生产效率较低、产量较少的领域转移到生产率较高、产量更大的领域的人。

管理大师彼得·德鲁克给创业者所下的定义是"创业也就是赋予资源以生产财富能力的人"。创业者善于创造或发现商机，然后抓住商机，并创办起有高度发展潜力的企业，其思想和行为与众不同。

卡兰德通过对相关文献的管理和分析得出创业者的概念：创业者以追求利润和成长为目标，创办和管理企业，其最重要的特征是创新性，并在经营企业的过程中善于利用管理策略。

所以，创业者是指通过个人或者团体的力量，运用手中有限的资源发现、评价、利用创业机会，并创造价值的人。创业者是创业的主体，既是新创企业的意志主体，又是行为主体。创业者既可以是一个单独的个体，也可以是一个团队。创业者也分为广义的创业者和狭义的创业者。广义的创业者是指创造事业、基业、企业的人；狭义的创业者仅仅是指创办企业的人。创业者是以创造价值为目标的。

人们通常把创业者与职业经理人作为对比加以区分。创业者是指一种开办或经营自己企业的人，他们对经营企业的成功与失败负责；职业经理人通常不是他们所管理公司的所有者，而是被雇来管理公司日常运作的人。所以，创业者不同于管理者，创业者的活动包含了管理者活动，但并不局限于管理者的活动。在加特纳提出的创办新企业的概念框架中，创业者要素的内涵包括可用的创业资金、控制资源、风险承担倾向、工作满意度、先前的工作经验、家庭背景、个人年龄和受教育程度等因素。蒂蒙斯提出的创业管理框架中，创业者要素的内涵包括创业的领导者、团队的质量等因素，其中，创业的领导者方面包括学习快速、优良、处理困境有弹性、团队健全、可靠、诚实、建立创业的文化与组织等内容；团队的质量方面包括相关经验与过去记录，积极合理的动机，承诺、决心、坚持，容忍风险、模棱两可与疑惑的能力，富有创造力，控制团队焦点，可塑性强等内容。

（二）创业者的类型

创业者可以从几种不同的角度进行分类。

从在创业过程中所处的角色和所发挥的作用来看,创业者可分为独立创业者、主导创业者和跟随创业者(参与创业者)三种类型;从创业的背景和动机来看,创业者基本上也可分为生存型创业者、变现型创业者和主动型创业者三种类型。还有一些其他的分类方法,因为创业者涉及各行各业,所以按创业内容划分,可以分为生产型创业者、管理型创业者、市场型创业者、科技型创业者和金融型创业者;此外,按照创业者的人格特质、创业的内容、创业的主体也可以进行不同的分类。

1. 独立创业者、主导创业者与跟随创业者

同为创业者也有不同的角色和地位。有一定的资金、独立性极强的人适合独立创业,缺少独立性、优柔寡断或者不愿承担风险的人不适合独立创业;容易与人相处、具有团队合作意识的人适合合伙创业,不善于与人相处、听不进别人的意见、不懂得合作的人不适合合伙创业;在合伙创业中,有人适合做领导人,有人只适合做跟随创业者。

(1)独立创业者

独立创业者是指独自创业、没有合伙人的创业者,即自己出资、自己管理。独立创业充满挑战和机遇,可以充分发挥创业者的想象力、创造力,自由展示创业者的主观能动性、聪明才智和创新能力;可以主宰自己的工作和生活,按照个人意愿追求自身价值,实现创业的理想和抱负。但是,独立创业的难度和风险较大,创业者可能会因缺乏管理经验、资金、技术、社会资源、客户资源等某一方面或某几个方面的问题,而面临较大的压力。

(2)主导创业者与跟随创业者

主导创业者与跟随创业者是联结为一体的,同属于一个创业团队。主导创业者是一个创业团队中带领创业的人,是一个团队的核心人物和灵魂人物,是一个团队的管理者和决策者。跟随创业者也叫参与创业者,是创业团队中除主导创业者之外的其他成员。一个好的创业团队,应该是一个优势互补的团队,既要有善于开发技术的人,也要有善于开拓市场的人;既要有善于日常运行管理的人,也要有擅长财务管理的人。整个团队中,必须有主导创业者,但不能都是主导创业者,一个创业团队通常只能有一个主导创业者,跟随创业者可以有若干个,这样才能有效运作。

2. 生存型创业者、变现型创业者与主动型创业者

(1)生存型创业者

生存型创业者是中国数量最大的创业人群,大多为待就业人员或因为种种原因不愿困守乡村的农民以及刚刚毕业的大学生等。他们中的许多人是为生活所迫,出于生计而走上创业之路,一般创业范围大多数局限于商业贸易,少数从事实业的也基本是小打小闹的加工业。当然,也有因为机遇成长为大中型企业的,像刘永好兄弟、鲁冠球、南存辉等创业者。

(2)变现型创业者

变现型创业者就是过去在某单位就职,积累了大量经验、资金、知识等资源的人,在机会适当的时候,自己出来开公司办企业,将无形资源变现。和生存型创业者相比,他们的资金、技术、经验等都比较丰富,创业成功的概率远远大于生存型创业者,创业起步较高,成功率较高,企业发展也比较迅速,具有一定的优势。

（3）主动型创业者

主动型创业者又可以分为两种情况：一种是盲动型创业者；一种是冷静型创业者。盲动型创业者大多极为自信，做事冲动，常常带有赌博的心理。这样的创业者很容易失败，然而一旦成功，往往也能成就一番大事业。冷静型创业者是创业者的精华，其特点是谋定而后动，不打无准备之仗。他们或是掌握资源，或是拥有技术，一旦创业，成功率通常很高。还有一种特殊的创业者，他们没有明确的目标，就是喜欢创业。他们不计较自己能做什么，会做什么，可能今天在做这样一件事，明天又去做另一件事，他们做的事情可以完全不相干。其中的一些人，甚至连对赚钱都没有明显的兴趣，他们不考虑自己创业的成本得失，只是想做自己喜欢的事。

二、创业者的特质与成功素质

（一）创业者的特质

创业者人格特质的视角侧重对创业者所具有的共同特质进行研究和描述。

盖博列出了创业者所具有的一些共同特质，如主动性、善于沟通的能力、灵活性、创新性、问题解决的意识、成就需求、适度冒险的精神、自我掌握命运的信念、领导力和勤奋等。并认为这些人格特质对创业、对个人从事其他活动都很重要。

贝尔等人认为创业者所共有的人格特质主要包括承担风险的意愿，创新倾向，突破困难、获取成功的本心。

威尔斯和怀特认为，创业者的人格特质表现为冒险、丰富的想象力、自信、期望控制个人经济命脉、勤奋工作的意愿、耐挫力强。

莫瑞森提出企业家具有以下人格特质：①对机会的警觉；②富有创造力；③不墨守成规；④具有远见与愿景；⑤独立；⑥内在控制；⑦渴望领导他人；⑧成就需求；⑨主动承担风险；⑩自信；⑪自我鞭策；⑫渴望自我实现；⑬灵活变通。

美国学者杰弗里·A·蒂蒙斯教授是被公认的创业学领域学术权威。他在《创业创造》（New Venture Creation）一书中指出，创业是一种思考、推理结合运气的行为方式，它为运气带来的机会所驱动，需要在方法上全盘考虑并拥有和谐的领导能力。在《创业学》中他指出，创业是一种思考、推理和行动的方法，不仅受到机会的制约，还要求创业者有完整缜密的实施方法和讲求高度平衡的领导艺术。他还通过对进入百森商学院杰出创业者学会的学员跟踪研究，总结出企业家的"六大主题"：责任承诺和决心；领导力量；商机敏感；对风险、模糊性和不确定性的容纳度；创造、自我依赖和适应能力；胜出的动机。

综上所述，创业活动是由创业者主导和组织的商业冒险活动，要成功创业，不仅需要创业者富有开创新事业的激情和冒险精神，面对挫折、失败的勇气和坚忍，以及各种优良的品质素养，还需要具备解决创业活动中各种问题的知识和能力。主要体现在三个方面。

1. 性格、品格

创业者性格品质方面的特质主要体现在：自信、坚持、乐观、积极、主动、坚忍、求异、勇气、亲切、成熟、稳重、幽默感、责任感、诚实正直。

2. 习惯、态度及意愿

创业者习惯、态度及意愿方面的特质主要体现在：成就需求、勤奋、高度的成功欲望、强烈的进取心、权力感、独立性、竞争意识、敢于承担风险、控制内生观念、奉献及投入、对地位和权力的较低需求、相信员工。

3. 能力

创业者能力方面的特质主要体现在：创新能力、智谋、通才、创造能力、影响力、充沛精力、社交能力、决断能力、灵活性、聪颖、专注、快速反应力、问题解决能力、高效率、快速决策的能力、远见、合作能力、学习能力、洞察力、想象力、能忍受不确定情境、市场判断力。

除此之外，创业者还需要拥有健康的体魄和良好的品质。健康的体魄包括健康的身体和健康的心理，健康的体魄是创业的有利条件，有助于增大创业者的承受力，有利于增强创业者的创造力，有助于增强创业者的自信心。松下幸之助曾经说过："一个经营者不一定是万能的，但至少应该是一位品格高尚的人。"富兰克林也曾说："失足，你可能马上站立；失信，你也许永难挽回。"创业者要想在激烈的竞争中脱颖而出、获得优势，除了依靠信息、质量、价格和服务优势外，必须引入竞争的道德因子，所以良好的品质非常重要。良好的道德品质要求创业者重视诚信和企业信用，具有奉献精神、敬业精神、责任感、使命感，为人公道正派。

第二节　创业团队

创业需要多种多样的资源和机会，单靠个人很难满足这些条件。越来越多的证据证明，成功的创业活动越来越多地基于一个创业团队而非一个单独的创业个体。美国的一项研究表明，83.3%的高成长企业是由团队建立的，团队创业型企业的成长性明显优于独自创业型企业。

案例　　羚羊、狮子、大象的故事

在非洲的草原上有各种各样的动物，狮子很强大，大象更强大，弱肉强食，强大的动物吃弱小的动物，形成一个食物链。羚羊吃草，狮子吃羚羊，而大象比狮子还强大。所以，在非洲的草原上，如果羚羊在奔跑，那一定是狮子来了；如果狮子在躲避，那一定是象群来了；如果狮子和大象一起在逃，那是什么来了？是蚂蚁军团来了。一只蚂蚁很不起眼，但是数不清的蚂蚁蜂拥而至，这个力量无比强大。又如，苍蝇和大象相比，是苍蝇强大还是大象强大？但一头大象可能会被一群苍蝇叮死。因此，强和弱的关系有时候很难用个体来说明，团队的力量很重要。

一、创业团队的定义及特征

（一）创业团队的定义

团队的英文是"Team"，其中"T"——起（Together），"E"—每一个人（Everybody），

"A"——获得的成就（Achieve），"M"——更多的（More），所以"Team"的内涵就是"每一个人结合在一起可以获得更多的成就"（Together Each Achieve More）。路易斯认为，团队是由一群认同并致力于达成一个共同目标的人组成的，这一群人相处愉快并乐于在一起工作，共同为达成高品质的结果而努力。盖兹贝克和史密斯认为，团队是由少数技能互补的人组成的，他们认同一个共同目标和一个彼此担负责任的过程。利昂·施乔特认为，创业团队由两个或两个以上的人组成，他们对企业的将来负责，拥有共同的财务或其他方面的义务，他们在完成共同目标的工作中相互依赖。他们对创业团队和企业负责，在创业的初期阶段（包括企业成立时和成立前）处于执行层的位置，并实行企业的主要执行工作。著名管理学大师彼得·德鲁克认为，"团队"就是平凡的人做不平凡的事。可见，团队是由一群技能互补的人组成的，他们认同一个共同目标，并乐于在一起工作，共同为实现目标而努力。

人们经常混淆三个概念，即人群、群体和团队，人群指的是结合在一起的、没有共同目标的人员；群体指的是为共同的目标结合在一起做事的一伙人；而团队指的是比较优秀的群体。三者在目标、责任、协作和技能上存在明显的差异，如表2-1所示。

表2-1 人群、群体和团队的区别

项目	人群	群体	团队
领导	无领导	应该有明确领导人	不一定有明确领导人
目标	无目标	必须跟组织一致	还可产生自己的目标
协作	低协作	中等程度	齐心协力
责任	无人负责	领导者要负很大责任	成员也要负责
成员技能	随机的或不同的	随机的或不同的	角色互补、有效组合
结果	低绩效或无绩效	个体绩效相加之和	共同合作完成的产品

创业团队是一个特殊群体，指在创业初期（包括企业成立前和成立早期），由一群才能互补、分工明确、责任共担、愿为共同的创业目标而奋斗，并能做到利益让渡的人所组成的特殊群体。创业团队中的成员具有相同的团队目标、相互利益关系，彼此通过行动承担共同的集体责任和分享所有权，各成员间形成互补关系，为实现团队目标而齐心协力。例如，一个旅行团是一个群体，但不是团队，而一个足球队就是团队。相对于组织群体，创业团队形成的关键可用一个字——"共"来概括，即风险共担、利益共享、相互合作。创业团队不是几个人的简单集合，而是一个有共同价值观的利益共同体，成员为了实现共同的创业目标而组合在一起，各自发挥不同的作用。

（二）创业团队的作用

著名管理学家安德鲁·卡内基曾说："带走我的员工，把我的工厂留下，不久后工厂就会长满杂草；拿走我的工厂，把我的员工留下，不久后我们还会有个更好的工厂。"在创业资源整合的过程中，团队和工厂到底哪个更重要？显然，团队更重要。著名教育家郑晓沧曾说过一句话："一个人的精力无论如何，总数有限。二人合作，如调剂得宜，其新生的力量,必不止两个人力量的总和。二人同心,其利断金。人数愈多,力量愈大,两种比例的递进,是如算术级数之于几何级数。"个体的力量相对微弱,但一旦构成团队形成合力后,往往比一个强大个体的力量要强得多,具有难以想象的力量。

团队和个体相比较而言,也是如此。叔本华曾说:"单个的人是软弱无力的,就像漂流的鲁滨逊一样,只有同别人在一起,他才能完成许多事业。"团队努力的结果使团队绩效远远大于个体绩效之和。在创业的过程中,没有团队的创业并不一定会失败,但要创建一个没有团队而具有高成长性的企业却极其困难。因此,一个好的创业团队对企业的成功起着举足轻重的作用:团队能把互补的技能和经验组织到一起,超过了个人叠加的总和;团队对待变化中的事物和需求更加灵活而敏感;团队能力为加强组织发展和管理工作提供强有力的支持;团队有利于营造更轻松愉快、积极向上的心理环境。

(三)优秀创业团队的特征

在优胜劣汰的现实社会,竞争必然导致弱肉强食,只有优秀创业团队才能够从中胜出并发展壮大。优秀创业团队主要有七个特征:共同的创业理念、可行的创业目标、执着的价值追求、互补的技能、良好的沟通配合、相互的责任、合理的利益分配,这七个特征可归纳为三个层面:顶层特征、中层特征和结果特征,如图2-1所示。如果某个特征缺乏或者薄弱,则会影响创业团队的效率。

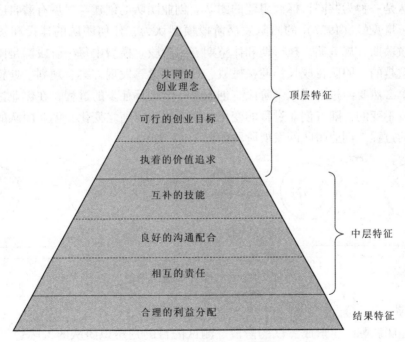

图2-1 优秀创业团队的特征

1. 顶层特征

优秀创业团队的顶层特征体现在团队具有共同的创业理念、可行的创业目标和执着的价值追求,这三个问题奠定了创业团队的基础,也构成了整个团队的文化。创业理念是组建团队的基本准则,决定着创业团队的性质、宗旨和如何获取创业回报,关系到创业的目标和行为准则，影响着团队成员如何工作和如何取得成功。从某种意义上讲，创业理念是创业机会识别、创业计划制订、创业融资等环节的指挥棒。创业目标是创业团队想要达到的发展状况，是具体的、可行的。创业目标可以从经济维度（如市场占有率及盈利水平）、社会维度、环境维度、自身实力等多方面综合考虑。目标的制定要符合实际，不能过低，也忌讳好高骛远，不考虑自己的经济实力，将摊子铺得过大，盲目扩张。价值反映了创业团队的价值观、社会责任感、道德观，是创业团队坚持的理想和价值准则，决定了企业的发展路径。

2. 中层特征

优秀创业团队的中层特征体现在团队具有互补的技能、良好的沟通配合、相互的责任。互补的技能既可以使团队成员在技能方面形成一定的交叉，又可以避免过多的重叠，降低团队合作的成本。伴随着创业过程，创业团队成员之间不可能没有分歧、矛盾和摩擦，会出现各种各样的问题，良好的沟通及配合、明确相互之间的责任，可以使创业团队进行充分的沟通和交流，齐心协力，形成高度的凝聚力，从而避免分裂。

3. 结果特征

优秀创业团队的结果特征体现为回报，即合理的利益分配。确立合理的利益分配制度是高绩效创业团队的重要保障，制定合理的分配制度要坚持合理、透明、公平原则。

（四）创业团队的发展阶段

创业团队是一种为共同目标而组建的团队，创业团队的创建与发展有着自己的过程和阶段，布鲁斯·塔克曼（1977）的团队发展阶段模型认为，任何团队的建设和发展都需要经历组建期、激荡期、规范期、执行期和休整期五个阶段。模型中每一阶段都是团队成长所必需的、不可逾越的，团队在成长、迎接挑战、处理问题、发现方案、规划、处置结果等一系列经历过程中必然要经过上述五个阶段。创业是一个循环往复的过程，在创业过程中创业团队也不是一成不变的，随着创业过程的变化，创业团队也随之变化，创业团队的组建也是一个循环往复的过程。创业团队的发展阶段如图2-2所示。

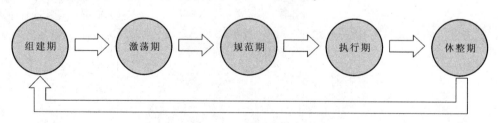

图2-2 创业团队的发展阶段

1. 组建期

该阶段是团队酝酿，形成测试的阶段。测试的目的是辨识团队的人际边界以及任务边界。通过测试，建立起团队成员的相互关系、团队成员与团队领导之间的关系，以及各项团队标准等。这一时期团队成员普遍缺乏团队目的、活动的相关信息。部分团队成员还有可能表现出不稳定、忧虑的特征。团队领导在带领团队的过程中，要确保团队成员之间建立起一种互信的工作关系，在团队管理过程中应采用指挥或"告知"式领导，与团队成员分享团队发展阶段的概念，达成共识。

2. 激荡期

在这一阶段，创业团队会获取团队发展的信心，但是存在人际冲突、分化的问题。团队成员面对其他成员的观点、见解，更想要展现个人性格特征，表露出对团队目标、期望、角色以及责任的不满和挫折感。团队领导指引团队度过激荡转型期。在团队管理过程中应采用教练式领导，强调团队成员的差异，相互包容。

3. 规范期

在这一阶段，团队效能不断提高，团队开始形成自己的身份识别。团队成员调适自己的行为，以使团队发展更加自然、流畅；有意识地解决问题，实现组织和谐、动机水平提升。因此，团队领导应该允许团队有更大的自治性，在团队管理过程中应采用参与式领导。

4. 执行期

在这一阶段，团队完全成为一个整体。顺利、高效地完成任务，不需要外部监督。团队成员对于任务层面的工作职责有清晰的理解，自治性强，即便在没有监督的情况下自己也能做出决策，随处可见"我能做"的积极工作态度，协作性优良。团队领导让团队成员自己执行必要的决策，在团队管理过程中应采用委任式领导。

5. 休整期

有些学者将本阶段描述为"哀痛期"，反映了团队成员的一种失落感。团队成员动机水平下降，关于团队未来的不确定性开始回升，团队进行整顿或解散。

二、创业团队的组建

案例　　　　　　　　　　**大 雁 法 则**

有研究者对大雁高空列队远飞进行研究发现，大雁具有很强的团体意识，从中可以看出一个团队合作的关键。

第一，每只大雁在飞行中挥动翅膀，以便为跟随其后的同伴创造有利的上升气流，这种团队合作的结果使集体的飞行效率提高了70%。

第二，所有的大雁都愿意接受团队的飞行要求，而且都实际协助队形的建立。如果有一只大雁落在队伍外面，它很快就会感到自己越来越落后，由于害怕落单，它便会奋力追赶。

第三，大雁的领导工作是由群体共同分担的，虽然有一只比较大胆的大雁会出来整队，但当这只领头雁疲倦时，它便会自动后退到队伍之中，然后几乎是在难以察觉的情况下，另一只大雁马上替补领导的位置。

第四，队伍后边的大雁不断发出鸣叫，目的是给前方的伙伴打气、加油。如果大雁之间存在激烈的竞争，就难以相互激励。

第五，不管群体遭遇的情况是好是坏，同伴们总会相互帮助。如果有一只大雁生病或被猎人击伤，雁群中就会有两只大雁脱离队伍，靠近这只遇到困难的同伴，协助它降落在地面上，然后一直等到这只大雁能够重回群体，或是不幸死亡，它们才会离开。

(一)创业团队组建的原则

组建创业团队应把握四大原则,即目标明确合理、成员互补、精简高效和动态开放。

1. 目标明确合理的原则

创业目标必须明确,这样才能使团队成员清楚地看到共同的奋斗方向。与此同时,创业目标也必须是合理的、可分解的,这样才能把目标分解成若干个阶段目标,增加目标的切实可行性,真正发挥目标的导向作用。创业团队具有共同的目标、价值观,这是组建创业团队的前提。创业团队必须为统一目标而奋斗,并有一致的价值观,这样的团队才有战斗力。

2. 成员互补的原则

成员互补指的是能力互补、性格互补等,创业者之所以寻求合作伙伴,目的就在于弥补创业目标与自身能力间的差距。只有当团队成员在知识、技能、角色等方面实现互补时,才有可能通过相互协作发挥出"1+1>2"的协同效应。团队成员互补原则的具体内容如表2-2所示。

表2-2 团队成员互补原则

认知互补	成员之间的不同认知风格,可以使团队从不同角度看待问题、分析问题、解决问题
任务互补	当整个团队有复杂、艰巨的任务时,任务互补可以确保将任务分解并分配给不同的人,形成团队成员之间的有效分工与合作
专长互补(技能互补)	不同的成员有不同的技能和专长,可以使各成员各司其职,扬长避短,各尽所长
角色互补	成员的性格、气质类型不同,处事的方式和风格也不相同,适合担任不同的角色,使团队成为和谐运作的有机团队

3. 精减高效的原则

为了减少创业期的运作成本,最大限度地分享成果,创业团队人员构成应在保证企业高效运作的前提下尽量精减,一般可以遵守"315"原则,团队人数三到五人为佳,其中一人为成员领导。

4. 动态开放的原则

创业过程是一个充满了不确定性的过程,团队成员可能因能力、观念、利益等多种原因而离开,同时也不断有人要求加入。因此,在组建创业团队时,应注意保持团队的动态性和开放性,使真正匹配的人员能被吸纳到创业团队中来。

(二)创业团队的构成要素

创业团队的构成要素包括目标(Purpose)、定位(Place)、计划(Plan)、职权(Power)和成员(People),如图2-3所示,简称为"5P"要素。五个要素相互作用,构成了创业团队的网络结构。

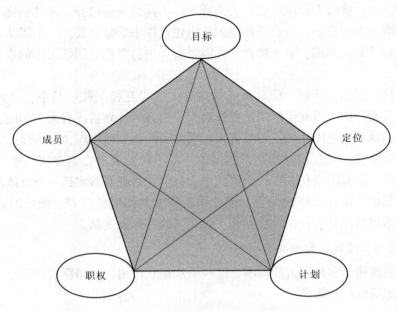

图 2-3 创业团队的"5P"要素

1. 目标

创业团队应该有一个既定的共同目标,没有目标的团队就没有存在的价值,是一盘散沙,很难在创业的舞台上获得成功。在新创企业的管理中,团队目标往往以企业的远景、战略的形式体现,一个清晰的目标是创业团队发展的基础。

2. 定位

定位包括两方面:一方面是创业团队的定位,即创业团队在企业中处于什么位置,创业团队最终由谁负责、对谁负责,创业团队采取什么方式激励下属;另一方面是创业者的定位,即创业者在创业团队中扮演什么角色,是负责制订计划,还是负责计划的具体实施或评估;如果是几人共同出资,是委派某个人管理,还是聘请第三方(职业经理人)管理。这些都可以从创业实体的组织形式看出。

3. 计划

确定了团队的职责和权限后,就要把这些职责和权限具体分配给团队成员,这就需要通过计划来指导各个团队成员。在实现团队目标的过程中,计划有长远的,也有近期的,类型包括财务计划、营销计划、生产计划等。

4. 职权

职权就是团队成员担负的责任和享有的权限,即团队的工作范围和在其范围内决策的自主程度。创业团队中领导人的权力大小与其团队的发展阶段和创业实体所在行业相关。一般来说,创业团队越成熟,领导者所拥有的权力就越小;而在创业团队发展的初期,领导权相对比较集中。

5. 成员

人是构成团队的最核心力量。每一个成员应该清楚自己在团队中扮演什么角色。在一个创业团队中,人力资源是所有创业资源中最活跃、最重要的资源,因此应充分调动团队成员的各种资源和能力,将人力资源转化为人力资本。不同的人通过分工来共同完成创业团队的目标。目标是由人来实现的,人员选择在团队组建过程中非常重要。一个团队需要有人出主意,有人订计划,有人实施,有人协调,还需要有人去监督创业团队工作的进展,评价创业团队的贡献。

团队的目标、定位、计划、职权及成员这五大要素互相关联。其中,"人"是核心目标,计划是由人制订的,因此组建团队要选对人。再好的计划若没有人去实施,也是一纸空文。人选对后,就要确定团队的主要负责人,明确团队该如何组织,采用什么方式激励下属等,这就是团队定位。与此相对的是个体定位,即不同的成员在创业团队中各自扮演的角色、承担的责任、享有的权利。在一个团队中,每个计划都要落实到一个具体的人,确定每个人在这个计划中扮演什么样的角色。创业团队拥有共同的价值观、统一的目标和行为准则,团队成员承担共同的责任,合作互补,为共同的目标做贡献。

(三)组建创业团队的影响要素

创业团队的组建受多种因素的影响,这些因素相互作用,共同影响着组建过程并进一步影响着团队建成后的运行效率。

1. 创业者

创业者的能力和思想意识从根本上决定了是否要组建创业团队、团队组建的时间表以及由哪些人组成团队。创业者只有在意识到组建团队可以弥补自身能力与创业目标之间存在的差距后,才有可能考虑是否需要组建创业团队,以及对什么时候需要引进什么样的人员做出准确判断。

2. 团队目标与价值观

共同的价值观、统一的目标是组建创业团队的前提,团队成员若不认可团队目标,就不可能全心全意为此目标的实现而与其他团队成员相互合作、共同奋斗。而不同的价值观将直接导致团队成员在创业过程中脱离团队,进而削弱创业团队作用的发挥。没有一致的目标和共同的价值观,创业团队即使组建起来,也无法有效发挥协同作用,缺乏战斗力。

3. 商机

不同类型的商机需要构建不同类型的创业团队。创业者应根据创业者与商机间的匹配程度,决定是否要组建团队以及何时、如何组建团队。

4. 团队的核心成员及团队成员

团队核心成员的能力和思想意识从根本上决定了是否要组建创业团队、团队组建的时间表以及由哪些人组成团队。创业团队成员能力的总和决定了创业团队的整体能力和发展潜力。创业团队成员的才能互补是组建创业团队的必要条件。而团队成员间的互信是形成团队的基础,互信的缺乏将直接导致团队成员间的协作障碍。

5. 外部环境

创业团队的生存和发展直接受到了制度性环境、基础设施服务、经济环境、社会环境、市场环境、资源环境等多种外部要素的影响。这些外部环境要素从宏观上间接地影响着创业团队组建类型。

(四)创业团队组建的程序

创业团队的组建不是一个简单的过程,不同的创业项目需要组建不同的创业团队,组建的程序也略有不同。一般而言，组建创业团队的程序大致分为六个步骤，即明确目标、制订计划、招募人员、职责划分、构建制度、调整融合，如图2-4所示。

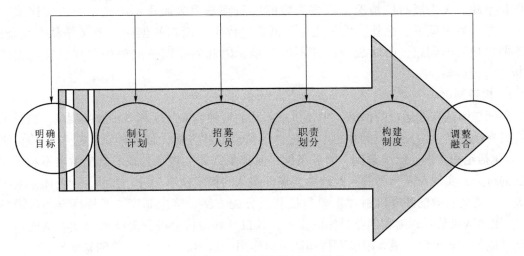

图2-4　创业团队的组建程序

1. 明确目标

在组建创业团队时，明确创业目标是选择团队成员的前提和基础。创业团队的总目标就是要通过完成创业阶段的技术、市场、规划、组织、管理等各项工作，实现企业从无到有、从起步到成熟。总目标确定之后，将总目标加以分解，设定若干可行的、阶段性的子目标，以推动团队最终实现创业目标。没有明确的总目标和子目标，就很难从整体上把握团队构建过程中主要成员的构成方式。也就是说，创业团队成员的选拔是根据目标来确定的，有什么样的目标就有与此相适应的团队构建过程。

2. 制订计划

总目标和子目标确定后，就需要制订周密的创业计划以实现这些目标。创业计划是在对创业目标进行具体分解的基础上以团队为整体来考虑的计划。创业计划确定了在不同的创业阶段需要完成的阶段性任务，通过逐步实现这些阶段性目标来最终实现创业目标。制订计划时应注重科学性、有效性，并将其贯穿于领导、组织、协调、控制等创业管理中。

3. 招募人员

招募合适的人员是创业团队组建最关键的一步。关于创业团队成员的招募，主要应考虑两个方面：一是考虑互补性，即考虑其能否与其他成员在能力或技术上形成互补。这种互补性的形成既有助于强化团队成员间彼此的合作，又能保证整个团队的战斗力，更好地发挥团队的作用。一般而言，创业团队至少需要管理、技术和营销三个方面的人才。只有这三个方面的人才形成良好的沟通协作关系后，创业团队才可能实现稳定高效。二是考虑适度规模，适度的团队规模是保证团队高效运转的重要条件。如果目标很小，却构建了一个很庞大的团队，就会造成机构臃肿、人浮于事、交流障碍而效率低下，甚至削弱团队的凝聚力；相反，团队会因为人员太少而不足以支撑大规模发展，无法实现自身的功能和优势。

4. 职责划分

人员招募完成之后，就要划分团队成员相应的职责，以保证团队成员有序执行创业计划、顺利开展各项工作。划分职责就是依据创业计划的需要，具体确定每个团队成员所要担负的责任。团队成员间职责的划分必须明确、到位，既要避免重叠与交叉，又要避免职位空缺、无人履行的情况。许多失败的团队都是因为职责不明晰，一人多岗或一岗多人，导致效率低下。此外，由于还处于创业过程中，面临的创业环境又是动态复杂的，会不断出现新的问题，团队成员可能不断更换，因此创业团队成员的职权也应根据需要不断地进行调整。

5. 构建制度

制度是团队有效运行的保障，主要包括团队的各种约束制度和各种激励制度。合理的制度应具有动态性、激励性、约束性、文化性等特点。一方面，创业团队通过各种约束制度（主要包括纪律条例、组织条例、财务条例、保密条例等）指导其成员避免做出不利于团队发展的行为，实现对其行为的有效约束，保证团队的稳定秩序。另一方面，创业团队要实现高效运作需要有效的激励机制（主要包括利益分配方案、奖惩制度、考核标准、激励措施等），使团队成员看到随着创业目标的实现，其自身利益将会得到怎样的改变，从而达到充分调动成员的积极性、最大限度发挥团队成员作用的目的。要实现有效的激励首先就必须把成员的收益模式界定清楚，尤其是关于股权、奖惩等与团队成员利益密切相关的事宜。需要注意的是，创业团队的制度体系应以规范化的书面形式确定下来，以免带来不必要的混乱。

6. 调整融合

任何一个团队都是在变化、发展中运行的，不存在静止状态的团队。完美组合的创业团队并非创业一开始就能建立起来的，它是随着初创企业的发展逐步形成的。随着团队运作的深入，人员匹配、制度设计、职权划分等方面的不合理之处会逐渐暴露出来。因此，创业团队必须考虑如何进行动态调整，如何融合各种因素，使团队形成一种良好的发展态势，具有较强的市场竞争力。

三、创业团队的管理

创业团队是由处在创业企业高层管理位置的人共同组建的有效群体。它是高层管理团队的基础和基本组织形式。它的工作绩效大于所有成员工作绩效的总和。创业并非个人的行为表现，没有团队的企业也许并不注定会失败，但要建立一个没有团队而具有高潜力的企业却极为困难。库珀和戴利曾经这样总结，创业团队是一个新创企业的核心，因为建立在创业团队基础上的企业绩效往往要好于单个创业者所创办的企业。创业团队对创业的成功起着至关重要的作用，所以，创业团队的管理也就非常重要。

（一）创业团队管理面临的问题

创业之初，凭借对梦想的追求，凭借激情和勇气，创业团队各成员可能彼此都有高度的承诺与无悔的付出，但随着时间流逝和事业的成长，矛盾、认知差距、利益冲突等各种问题就会出现。创业团队的管理常常面临四个问题。

1. 团队核心领导的确定

一个成功创业团队必须有一个核心的领导。作为一同创业的所有创业者，谁应该是主导者，谁来做最后的决策，当发生冲突或彼此意见不一致时由谁来仲裁决定，这些问题都指向了唯一的权威团队主管。在创业企业中，团队的领导人是至关重要的，他必须有创业者的胸怀和品质，有素养和能力来组建团队和发挥团队的作用，并在企业的发展过程中随时做好团队成员间的协调工作，使团队的整体水平不断提高，以适应企业发展的需要。

2. 信任问题

互信是形成团队的基础，也是创业团队长期存在的必要保证，许多创业团队之所以失败主要的原因就是创业团队成员之间没有建立起充分的信任。随着社会的发展，创业者的队伍在不断壮大，合伙创业的青年也越来越多。在创业初期，他们往往能够取得优异的成绩，但是随着企业的发展，在取得一定的成绩后，他们之间便出现许多不合作的情形，导致彼此间关系疏离，最终使创立的企业做不大甚至走向破产。因此，管理团队时，既要重视培养和发展团队中人与人之间的信任，又要建立正常的监督约束机制，以避免产生用错人的风险。

3. 日常冲突问题

创业团队成员经常会执着于创业构想，极力维护自己的主张，但又同时逃避自己的失误，这往往会使团队难以追求问题的最佳解决方案，有的团队成员会非常在意自己的地位与利益，将自己凌驾于团队之上，将感性凌驾于理性之上。尤其是初期就参加创业的成员，很难接纳比自己更为优秀的新成员加入团队，因此必须有善于倾听意见、善于概括总结正确意见的领导者来解决这些冲突和矛盾。创业者在组织团队和领导团队时，应体现出高超的领导能力和协调能力。

4. 团队成员间的利益分配问题

创业团队成员的股权分配是一个敏感、困难但又十分重要的问题。创业之初，经常会采取平均分配股权的方式，但是因为成员之间能力与动机的差异，贡献程度必然不一，这种平均主义会带来许多负面后果。所以股权结构问题是一个关键问题，股权分配是在创建团队时必须首先解决的问题。此外，在企业发展过程中，还需要及时调整股权，使新进入企业的主要技术骨干和高级管理人员也能得到合理的股权。

（二）创业团队的管理思路

在创业初期，由于创业团队的不成熟，创业成员之间处于磨合期，抵御和防御风险的能力小，如果这种创业团队内部风险得不到及时的、有效的控制和化解，它就会阻碍创业企业的进一步成长，也可能导致创业团队土崩瓦解。所以，对于创业者而言，如何组织、发展、凝聚团队，是一项必要且非常重要的管理工作。

1. 人员的管理

（1）创业团队成员的选择

在创业初期由于规模和人数的限制，创业团队在成员选择方面考虑不够全面，过于随意和偶然，甚至只是因为碰巧谈到创业问题而一拍即合，缺少必要的了解，创业团队成员的构成并不合理。

选择合适的团队成员是团队管理的第一步，作为创业者首先要考虑自己是否真的需要合伙人，明确选择合伙人的目的，是为了获取精神上的支持，还是资金的支持，抑或是弥补自己知识和能力的欠缺。

创业团队成员的选择，主要应考虑四个方面。

一是考虑互补性。要组建一个优势互补的团队，不仅仅要考虑相互之间的关系，更重要的是考虑成员之间的知识、资源、能力、市场、销售或技术上的互补性，充分发挥个人的知识和经验优势。纯粹的技术人员组成的公司容易形成技术为王、产品导向的情况，从而使产品的研发与市场脱节；全部是市场和销售人员组成的创业团队缺乏对技术的领悟力与敏感性，也容易迷失方向。互补性既有助于强化团队成员间彼此的合作，又能保证整个团队的战斗力，更好地发挥团队的作用。

二是考虑适度规模。适度的团队规模是保证团队高效运转的重要条件。团队成员太少则无法实现团队的功能和优势，而过多又可能会产生交流的障碍，团队很可能会分裂成许多较小的团体，进而大大削弱团队的凝聚力。

三是考虑对于未来的事业，合伙人是否有相同的预期，并且被它所吸引，这样团队才能一起努力实现团队的目标。

四是要考虑合伙人的品格。这比评估合伙人的能力困难得多，但也重要得多。合伙人的品格第一是可信，就是合作伙伴必须是一个诚实正直、有责任感、有担当的人；第二是可服，就是说合作伙伴必须具备较高的合作能力，具备过硬的创业素质或者拥有充足的技术条件和资金实力，能够令人认可、佩服；第三是可用，就是说所选择的合作伙伴要与自己配合默契，成为"亲密搭档"；第四是团队成员性格以及看问题的角度也应各不相同。一般而言，如果团队里总能有一个提出建设性、可信性建议的成员和一个不断发现问题的批判性成员，这对创业取得成功是大有裨益的。

（2）团队核心领导的确定

一个团队要想获得战斗力，必须由一个核心人物凭其人格魅力与个人威严去领导团队。这个核心人物是团队、企业发展的核心支柱，是重大战略最后实施的决策者。就像阿里巴巴的马云、腾讯的马化腾、联想的柳传志、新东方的俞敏洪一样，他们影响并带动着整个团队。

核心人物凭借其团队里的威信和主导作用，能及时协调、平衡团队成员之间的分歧，从而让企业的一些重大问题较容易达成共识，一些重大决策能够很快确定并付诸行动。更重要的是，核心领导人的凝聚力更好地保证了紧密的组织结构和较强的向心力，他既能够保证团队成员的能力都可以适应公司未来发展的要求，又可以让全体成员的愿景一致，能明确指出团队将要努力的目标和方向；同时还能创建共同的行动纲领和行为准则，从而使团队协作具备高效能和战斗力。这位核心人物应该"以企业为重，以个人为轻"，让自己成为团队服务的人，切忌把个人利益摆在团队利益之上，或凌驾于企业制度之上，同时也应该做到不炫耀自己、不贪功归己，与团队一起分享荣誉，谦虚独慎。

（3）创业团队的角色定位

创业团队的核心人物确定之后，就是对相关人员的角色进行划定，具体确定每个团队成员所要担负的职责以及相应所享有的权限。团队成员间角色的划分必须明确，既要避免职权的重叠和交叉，也要避免无人承担造成工作上的疏漏。

英国学者贝尔宾曾经考察1 000多支团队，研究理想创业团队的构成，他认为具有特定性格特征和能力的成员在团队中的表现能为团队做出贡献。1981年，贝尔宾首次提出团队中存在八种角色，即主席（Chairman）、推进者（Shaper）、创新者（Plant）、监督者（Monitor Evaluator）、信息者（Resource Investigator）、公司工人（Company Worker）、凝聚者（Team Worker）、完成者（Completer Finisher）。1993年，他又添加了一个新的角色：专家

（Specialist），并改动了两个角色名称：用协调者（Co-ordinator）代替了主席（Chairman），用实干家（Implementer）代替了公司工人（Company Worker），从而形成了"九种角色"论，九种角色的详细描述如表2-3所示。

表2-3 创业团队角色描述

角色名称	主要特征
协调者 （Co-ordinator）	1. 成熟，办事有条理，自信并信任他人 2. 清楚地知道团队其他成员的长处和不足，并能在完成团队任务时加以恰当地利用，同时能看到工作中的漏洞，并及时采取措施弥补 3. 时刻想着目标，能激发团队成员对共同目标的忠诚和热情 4. 不借助权威而使人信服，是宽松和谐氛围中的支配者 5. 民主，能客观听取各种意见 6. 智力和创造力一般，但很有眼光，视野宽广
推进者 （Shaper）	1. 性格开朗，感性，充满活力，任性且急躁 2. 任务型的团队成员，善于把团队的工作任务具体化，并做出计划和方案，然后付诸行动 3. 喜欢带头并推动别人去行动，容不得低效率，是团队的推进器和火车头 4. 能在压力很大的时候产生动力，引领团队，特别是当团队处于复杂的环境中、工作难以进展时，会义无反顾地将事情向前推进 5. 对赢有强烈的渴望，为此有时可能与其他团队成员发生争执，伤害到别人的感情，另外，还给团队内部的成员一种被驱使的不适感
创新者 （Plant）	1. 智力超群，知识渊博，是团队基本思想、建议的源泉，并善于解决困难棘手的问题 2. 为团队带来突破性思想和见解，解决团队所面临的主要问题 3. 有创造力和想象力，不受习惯或传统的约束，喜欢与团队的其他成员保持一定的距离而运用自己的想象力单独开展工作 4. 人际沟通技巧欠佳，很难接受别人的批评 5. 过于关注创新，有时想法可能比较激进，不大顾及团队的需要和目标 6. 忽略细节和礼节
监督者 （Monitor Evaluator）	1. 头脑冷静，不易激动，有很强的思维和分析能力，能冷静、慎重地对问题进行分析 2. 善于解释、评价、分析大量复杂的情况和评估其他人的意见，善于对方案进行利弊分析，从而确保决策制定的均衡，避免团队误入歧途 3. 稳重、可靠，判断几乎很少失误，很少从众 4. 缺乏热情和想象力，过于具有批判精神，不能也不想激励他人
信息者 （Resource Investigator）	1. 外向，充满活力，善于与各类人进行沟通 2. 能够把组织外的思想信息带回到组织之中，是团队对外建立联系的最好人选 3. 善于发现新的机会，具有创新精神，为团队提供新的思想，使团队不至于停滞、僵化 4. 过于乐观，"三分钟"热情，新鲜感过后，容易对工作失去兴趣

续表

角色名称	主要特征
实干家 (Implementer)	1. 守纪律、可靠、有责任感 2. 工作的实际组织者,将各种决定、决策和想法变成明确的、易于管理的具体任务,并将之转变为实际的步骤去执行 3. 组织能力强,具有自我约束和控制能力,能有计划、系统地解决问题 4. 对团队十分忠诚,总是把工作放在第一位,个人利益放在后面 5. 保守,缺乏变通和灵活性,出现新机遇时反应慢
凝聚者 (Team Worker)	1. 喜欢社交,性情温和,具有很强的灵活性 2. 团队中最敏感的人,温和且善解人意,是团队内部信息的积极沟通者,是团队的黏合剂 3. 善于沟通,喜欢倾听,是团结与和谐的促进者,防止和抵消了由监督者、推进者和专家偶尔引起的矛盾与摩擦 4. 能鼓舞士气,培养团队合作精神,提升团队士气 5. 在关键时刻缺乏果断决策能力,容易受别人影响
完成者 (Completer Finisher)	1. 勤恳,有条理,小心谨慎 2. 努力工作,尽职尽责,确保所有工作都按计划完成,并维护工作秩序 3. 严格按日程办事,遵守规则、纪律和时间 4. 经常担心的是可能会出什么差错,善于寻找错误和疏漏 5. 坚持高标准,是能坚持到底的完美主义者 6. 没有耐心,也不能容忍团队中那些漫不经心和稀里糊涂的成员
专家 (Specialist)	1. 做事专一投入 2. 解决技术问题,提出专业意见 3. 依赖技术,能提供稀缺的知识和技术 4. 只对本领域的知识感兴趣,具有知识局限性

从上述的特征分析可以看出,各角色在团队中发挥着不同的作用。协调者是团队的领导和控制者,将团队目标分解并进行角色职责与义务的分配;实干家是高效的组织者,将思想语言转化为行动;监督者分析问题,强调任务的时效性,确保决策和团队方向的正确性,并评估别人的贡献;创新者提出创新观点,为团队带来突破性的观点和思想,并做出决策;完成者务实,制订计划,确保团队工作的秩序;推进者将计划和方案转化为具体的行动进行落实,促进决策的实施;信息者联系外部、与外部谈判,为团队带来新的信息;凝聚者协调内部,给予个人支持并帮助他人,维护团队和谐;专家拥有专业技能和知识,为团队提供智力支持。由此可见,一个角色多元化和平衡的团队将会是很高效的。

2. 精神的培育

团队精神是个人与集体在目标一致基础上的融合,是个体能量以及由个体能量相乘所形成的整体能量的超水平释放,形成整体大于部分之和的裂变效应。

(1) 加强团队目标的引领

创业企业只有在目标的认同上凝聚在一起,才能形成坚强的团队,以激励团队成员团结奋进。因此,要有导向明确、科学合理的目标,把经营目标、战略、经营观念融入每个员工头脑中，成为员工的共识。同时，把目标进行分解，使每个部门、每个人都知道自己承担的责任和应做出的贡献，把每个部门、每个人的工作与组织总目标紧密结合在一起。

（2）培育共同的企业价值观

价值观是一种激励，也是一种约束。团队的核心领导需要正确的价值观，并不断把企业价值观向员工灌输，实现价值观的内化，使团队成员拥有和谐一致的价值观，从而增加团队成员的认可度和凝聚力。

（3）提升团队领导者自身的影响力

团队的核心领导是团队的核心人物、灵魂人物，决定了团队的精神。一个富有魅力和威望的领导者，自然会把全体成员紧紧团结在自己的周围，使团队成为一个有战斗力的团队。领导者的影响力取决于他的人格、品德和思想修养，取决于他的知识、经验、胆略、才干和能力，取决于他是否严于律己、率先垂范、以身作则、全身心地投入事业中去，更取决于他能否公平、公正待人，与员工同甘共苦、同舟共济等。

（4）激发团队成员的参与热情

奥运精神强调"重在参与"，同样创业团队精神的形成也有赖于团队成员的积极参与。只有全方位参与创业活动，把个人的命运与集体的未来捆绑在一起，创业团队才能成为一个利益共同体、命运共同体。为了激发成员的参与热情，既要明确团队成员的责任，又要给予全体成员以管理建议权和一定的自主决策权。

（5）培养共同的危机和忧患意识

危机和忧患意识是团队精神形成的外在客观环境。不管我们承认与否，没有压力的企业是不存在的，世界500强每年排名的变化就说明了这一点。"我们的公司离破产只有18个月"，这是世界著名的微软公司总裁发出的声音。所以，创业团队必须拥有危机和忧患意识。

（6）建立良好的协调和经常性的沟通机制

沟通主要是通过信息和思想上的交流达到认识上的一致，协调是取得行动的一致，两者都是形成团队的必要条件。团队成员需要在信任的基础上，通过各种正式或非正式的渠道，进行充分的沟通，实现信息的有效传递，尤其是当团队成员面临意见不一致、矛盾冲突的时候，更应该建立良好的协调沟通机制，从而达成一致，促进团队目标的实现。

3. 制度的管理

创业团队建立完善的制度体系可以实现创业团队对成员的控制和激励能力，主要包括了团队的各种约束制度和各种激励制度。创业团队的制度管理主要可以从三个方面进行。

（1）创业者的产权安排制度

对于创业团队成员而言，在团队组建之初，就严格按照相关法律的规定，建立明确的产权制度，可以对利益进行明确合理的分配，明确各自之间的权益，有效避免冲突的发生，是非常必要的。产权包括财产的所有权、占有权、支配权、使用权、收益权和处置权，是经济所有制关系的法律表现形式。在市场经济条件下，产权的属性主要表现在三个方面：产权具有经济实体性、产权具有可分离性、产权流动具有独立性。产权的功能包括：激励功能、约束功能、资源配置功能、协调功能。以法权形式体现所有制关系的产权制度，是用来巩固和规范商品经济中财产关系，约束人的经济行为，维护商品经济秩序，保证商品经济顺利运行的法权工具。

(2) 创业团队的绩效评估

为了确保创业团队能够卓有成效地开展工作，创业团队有必要制定适用于团队模式的评估体系和激励机制。制定的评估体系和激励机制必须是针对整个团队而不是个人的，只有如此，才能体现团队的价值。在制定评估体系时，要明确评估的目的是促进团队工作业绩，让成员了解工作进展情况以及明确要做的工作，鼓励成员提高能力，不断进步，促进成员之间的交流，纠正行动上的偏差，培养成员的责任感与担当。根据这一目的，创业团队可制定如下评估体系。①团队内部成员互相评议体系。每个成员的贡献由其他成员来进行评议，这些评议反映成员对团队所做的贡献，并在此基础上进行充分的讨论、沟通，达成新的共识，以利于下一步采取更有效的行动。一方面是自我评估，由团队成员评估团队的表现以及团队成员之间相互评估；另一方面是团队负责人评估，由团队负责人评估每一个成员。在这个过程中，团队负责人要注意的是以平等交往而不是上下级的关系与成员进行沟通。②用户满意程度。由外部用户对创业团队进行评估。③员工层评估。由创业企业的员工对创业团队的工作业绩进行评估。

(3) 创业团队的报酬合理分配

报酬分配制度往往会在企业发展的第一阶段就被制定出来并加以实施，不过这还应该按个人在企业整个周期内的业绩来定。创业团队可以综合采用月薪、股票期权、红利和额外福利等措施，反映业绩变化。但是运用上述手段的能力，在一定程度上取决于企业发展的程度。①形成分享财富的理念，树立大格局。创业团队核心领导要建立起一个氛围，让每一个团队成员都觉得自己的付出应该对得起所得的报酬。每一个关键团队成员都必须致力于寻找有关合理制定报酬制度的最佳方案，使它能够尽可能公平地反映每位团队成员的责任、风险和相对贡献。②综合考虑企业目标、团队目标与个人目标。正确判断团队成员的"利益需求"是有效激励的前提。实际上，不同类型的人员对于利益的需求并不完全一样，有些成员将物质追求放在第一位，而有些成员则希望能够获得荣誉、发展机会、提高能力等其他利益。因此，创业团队的领导者必须加强与团队成员的交流，针对各成员的情况采取合理的激励措施。③规范制定报酬制度的程序，实施合理分配方案，同时，综合考虑分配时机和手段。创业团队的利润分配体系必须体现出个人贡献价值的差异。而且要以团队成员在整个创业过程中的表现为依据，而不仅是某一阶段的业绩。其具体分配方式要具有灵活性，既包括诸如股权、工资、奖金等物质利益，也包括个人成长机会和相关技能培训等内容，并且能够根据团队成员的期望进行适时调整。

4. 团队的调整融合

完美组合的创业团队并非创业一开始就能建立起来的，很多时候是在企业创立一定时间后随着企业的发展逐步形成的。随着团队的运作，团队组建时在人员匹配、制度设计、职权划分等方面的不合理之处会逐渐暴露出来，这时就需要对团队进行调整融合。由于问题的暴露需要一个过程，因此团队调整融合也应是一个动态持续的过程。团队调整融合工作专门针对团队和企业运行中出现的问题，不断对团队进行调整直至满足实践需要为止。在进行团队调整融合的过程中，最为重要的是要保证团队成员间经常有效的沟通与协调，培养强化团队精神，提升团队士气。

第三节 创业精神

一、创业精神的含义及特征

(一) 精神的内涵

"精神"一词来源于拉丁文 Spiritus,意思是轻薄的空气、轻微的流动、气息。在中国古代,有思想家把精神理解为精灵之气及其变化。汉语中"精神"有两种解释,一种解释是指人的意识、思维活动和一般心理状态,另一种解释是指表现出来的活力。精神有时也作为实质、本质的同义语。精神有不同的表现形式。从对物质的关系来说,任何形式的精神都是由物质派生的,是第二性的。马克思主义哲学认为精神是高度组织起来的物质,即人脑的产物,是人们在改造世界的社会实践活动中通过人脑产生的观念、思想上的成果。人们的社会精神生活即社会意识,是人们的社会物质生活即社会存在的反映。但是,精神又具有极大的能动性,通过改造世界的社会实践活动,精神的东西可以转化为物质的东西。

所以,精神表现为人的一种心理过程和心理特征。人在实践活动和生活活动中,和周围的环境发生交互作用,必然产生这样或那样的主观活动和行为表现,这就是人的心理活动,或称为心理。心理特征是指一个人身上经常、稳定地表现出来的心理特点。具体地讲,外界事物或体内的变化作用于人的机体或感官,经过神经系统和大脑的信息加工 (Information Processing),引起人们感觉和知觉周围事物,注意环境的变化,记忆发生的事情,思考各类不同的问题、想象等,这就是人的认知 (Cognition) 或认识 (Knowing) 过程;人有喜、怒、哀、乐、爱、恶、惧等对周围环境的态度体验,这是人的情感过程;人根据既定目的,克服困难,做出努力,并通过行为去处理和变革客观的现实,这就是人的意志过程。这三个过程简称知、情、意,是人的心理过程。同时,对待某个事件,不同的人表现出不同的能力、气质、性格、兴趣、动机和价值观等差异,这种差异既与个人的先天素质有关,也与后天的经验和学习有关,这就是人格 (Personality),又称个性。

(二) 创业精神的含义

创业分为广义创业和狭义创业,同样,创业精神也可以从广义和狭义两方面加以理解。

广义的创业精神是指创业者在创立基业、开创新事业的过程中所具有的心理过程和心理特征。在这里,创业精神代表了一种以创新为基础的做事与思考方式,具体可以包括创新创业意识、创新精神、合作(或团队)意识、进取意识、风险意识、创业动机等。

狭义的创业精神就是企业家精神,不同的专家学者对狭义的创业精神做了不同的阐述。

熊彼特认为,企业家精神是一种经济首创精神,即创新精神;企业家精神就是做别人没做过的事或是以别人没用过的方式做事的组合。

桑巴特认为企业家精神是一种不可遏制的、动态的力量,是一种世界性的追求和积极的精神,包括重视核算、注意效益。

柯兹纳认为企业家精神就是抢先抓住新机会的能力。认识到机会并抓住机会可以"矫正"市场,把市场带回平衡状态。

舒尔茨认为企业家精神是处理非均衡的能力。

蒂蒙斯认为企业家精神是一种思考、推理和行动模式，是一种追求机会、整体权衡、具有领导能力的行为。

米尼斯认为企业家精神就是个人和团队通过资源的投入和机会的利用来创造价值的过程。它可能发生在任何组织环境下，可能产生多种可能的结果，包括新企业、新产品、新服务、新流程、新市场和新技术的产生。

夏尔马和克里斯曼认为企业家精神包括组织的创建、重组，或是组织内部及外部的革新行为。

杜拉克认为企业家精神就是一种创新行为，这种行为为现有资源赋予了新的创造财富的能力。他把企业家精神明确界定为社会创新精神，并把这种精神系统地提高到社会进步杠杆作用的地位。

加特纳认为企业家精神就是组织的创造，是新组织产生的过程。

马歇尔认为企业家精神是一种心理特征，包括果断、机智、谨慎、坚定、自力更生、坚强、敏捷并富有进取心，对优越性具有强烈的愿望。

奈特认为企业家精神是在不可靠的情况中，以最能动的、最富有创造性的活动去开辟道路的创造精神和勇于承担风险的精神。

米莱首次对创业精神进行了定义。他认为创业精神不仅可以指创业者的个性特征，也可以指企业的行为特征。他认为创业精神应该包括产品市场创新（Product Market Innovation）、冒险（Risktaking）和领先行动（Proactiveness）三个方面。这个概念被学术界普遍接受，许多学者将其引入各自的研究当中。后续研究者通常将其简化概括为创新、风险承担、行动领先三个方面。

熊彼特认为，企业家的行动，是创新和经济发展这些"重要现象的动力"。获取创新产生的超额经济利润，是企业家进行创新的原动力之一。同时，他又认为，除利润动机外，创新和经济发展最主要的动力是企业家精神。企业家精神主要包括：创造性和首创精神；强烈的成功追求欲望和"事业成功至上"的价值观；甘冒风险、以冒险和战胜艰难困苦为乐的精神；强烈的事业心。在精神的推动下才实现创新和发展，因此，企业家精神是经济发展的最主要动力，是创新的灵魂。

虽然论述不尽相同，但是基本思想大致一致。狭义的创业精神就是企业家精神，是指创业者创办企业的过程中所具有的心理过程和心理特征。它是创业者在市场竞争中不断开拓进取创造新价值的精神，是人们在创业实践活动中通过人脑产生的观念和思想成果，是通过其创业行为（或行为特征）表现出的心理过程和心理特点。

创业精神的内涵可以从以下三个方面理解。

其一，创业精神表现为一种心理过程或心理特征。在创业实践中，创业者心理过程往往表现出创新、冒险、领先行动等心理特征或行为特征。

其二，创业精神的形成是一个动态的由量变到质变的过程，是一个由不明确、不稳定到明确、稳定的内化过程。创业者在创业文化环境的影响下，不断积累创业相关的知识和经验，认知和意志不断变化，实现创业精神从量的积累到质的变化，将不明确、不稳定的创业精神内化为明确的、稳定的创业精神。

其三，创业精神的形成可能与创业者的天赋有关，但更多的是与创业者的后天知识和经验相关。创业者先天具有的诸如对创业机会的洞察力和敏感性等天赋，对创业精神的形成有着一定的影响，但是创业精神更多的是通过后天的教育和实践，随着创业者认知水平的提高及其在实践活动中相关经验的积累，不断内化而形成的。

（三）创业精神的特征

《企业家》杂志扉页的一段话，说明了创业精神："我是不会选择去做一个普通人的。如果我能够做到的话，我有权成为一位不寻常的人。我寻找机会，但我不寻求安稳。我不希望在国家的照顾下成为一名有保障的公民，那将被人瞧不起而使我感到痛苦万分。我要做有意义的冒险。我要梦想，我要创造，我要失败，我也要成功。"所以，创业精神具有创新性、冒险性、领先行动、长期性、合作性、社会责任等特征。

1. 创新性

创新性是指创业者以强烈的创新愿望、动机和意图，在创业过程中持有强烈的事业心和成就欲，具有战略眼光，致力于开拓进取，力图创造出新的、不同的价值或把现有的资源组合成新的更具生产力的形态。创新性是创新精神的内在本质。熊彼特提出了创造性破坏理论，也是率先提出业务创新对公司具有重要性的人物之一。无论是引进新的产品和新的生产方法、开拓新的市场、追求新资源，还是开发和执行新主意或新行为、创造新组织、创造新财富都是创新的体现。创业者把"变"看成一种准则，把变化作为一个可供开发的机会，寻求变化并对其做出反应。

2. 冒险性

冒险性之所以被包括在创业精神中，来源于创业型企业家与工人的比较。卡米伦曾提到，区别企业家与工人的最主要因素是冒险性。从主体角度看，创业者的冒险是向创新结果的不确定性挑战，并在挑战中得到高峰体验的心理特质；从客观过程看，创业者的冒险活动是以尽可能多的信息为基础，进行谨慎周密判断，独具慧眼，去发现别人还没有发现的获利机会，或抓住别人虽已发现但还不敢决断的获利机会；从概率上讲，创业者所冒的风险，是与创新活动相伴而生的无法克服的偶然性。任何一项创新活动，不可能自始至终保持一帆风顺。在某种程度上，不敢冒险，就不会有创新；怕犯错误，只能因循守旧、墨守成规。失败是成功之母，只有从失败中爬起来的创业者，才有可能取得成功。但又必须指出的是，创业者的冒险与那种盲目的、无方向和无目的的胆大妄为有着根本的区别。

3. 领先行动

创业型企业家的领先行动，即发现、运用新机会和参与刚刚出现的市场机会，对公司的成长起着很大的作用，是公司保持竞争优势以获取稳定高收益的最好战略。毫无疑问，获得利润、实现利润最大化是创业者的直接目的，但创业者不只是把利润的多寡作为检验自己成功与否的外在尺度，其根本动机在于通过盈利多少来衡量自己贡献于社会的多少和作为人的价值的大小，去体验生命的意义。

4. 长期性

长期性是创业精神的基本元素，它使个体具有主动性而不仅仅等待问题的发生，更多地考虑将来和长期的工作效率。创业精神既不是上司要求的，也不是岗位职责中规定的，是主动的、自发的心理特征和行为过程，具有明显的坚定性特点，一旦形成，便会长期存在。

5. 合作性

单枪匹马可以成就一番事业，但是团结任何有利于成功的力量，成功的概率当然会更大。在创业精神中个人英雄主义并不能占到主导地位，反而团队意识、合作精神是其价值核心，个人在创业活动中经常要通过团队的资源去实现价值创造的过程。将不同的人组合到一起，开发各自的优势资源从而达到利益最大化的合作过程是创业精神的一个重要体现。

6. 社会责任

伟大的创业者不是完全为了实现个人的财富梦想，而是为了帮助普通人实现梦想，创业精神中也包括创业者必须承担社会责任以及甘于奉献的精神。一个人创业所做的事业，应该把实现社会价值和赚取阳光财富结合起来，成功的创业者应该是一个有社会责任感的人。随着"80后""90后"创业人士的涌现，年青一代创业最重要的变化就是他们对精神层面的追求更为纯粹，社会责任成为他们构建新的商业模式时主动考虑的重要组成部分。未来，中国最好的企业家都会以"社会企业家"的姿态出现。

二、大学生创业精神的培养

中国就业促进会副会长陈宇说过，创业不一定是自己真的去办一个什么企业或者公司。创业是一种人生，是一种态度，是一种经历，是一种精神。只要你有了这样一种精神，在任何环境下，通过众多可能的形式或方式，你总能在这个世界上闯出一片展现你独特个性、人格、能力和魅力的新天地。

（一）大学生应具备的创业精神

1. 创新创业意识与创业激情

创新创业意识是大学生创业的一个重要素质，在瞬息万变的环境中推陈出新是培养大学生创业精神的重要环节。创业的激情不是一时冲动，而是持久的追求与不懈的努力，是支持大学生创业的内在驱动力。创业是一个长期努力奋斗的过程。立竿见影、迅速见效的事是极少的。创业需要百折不挠、坚持不懈的意志。大学生在方向目标确定后，就要朝着既定的目标一步步迈进，纵有千难万险、迂回挫折，也不轻易改变、半途而废。培养创新创业意识，保持创业的激情，是大学生创业成功的关键因素之一。

2. 坚定的创业信念

坚定的创业信念表现为自信、自强、自主、自立的创业精神。自信就是对自己充满信心。自信心能赋予人主动积极的人生态度和进取精神，不依赖、不等待。要成为一名成功的创业者，必须坚持信仰、信念，拥有使命感和责任感。自强就是在自信的基础上，不贪图眼前的利益，不依恋平淡的生活，敢于实践，不断增长自己各方面的能力与才干，勇于使自己成为生活与事业的强者。自主就是具有独立的人格，具有独立思考能力，不受传统和世俗偏见的束缚，不受舆论和环境的影响，能自己选择自己的道路，善于设计和规划自己的未来，并采取相应的行动。自主还要有远见、有敢为人先的胆略和实事求是的科学态度，能把握住自己的航向，直至达到成功的彼岸。自立就是凭借自己的头脑和双手，凭借自己的智慧和才能，凭借自己的努力和奋斗，造就壮丽的创业人生。

3. 一定的创业知识素养

创业知识是进行大学生创业的基本要素。创业需要专业技术知识、经营管理知识和综合性知识三类知识。创业实践证明，良好的知识结构对于成功创业具有决定性的作用，创业者不仅要具备必要的专业知识，更要掌握综合性知识和管理科学知识。

4. 鲜明的创业个性

大凡创业成功者，一般都有鲜明独特的个性品质。创业者的个性品质是大学生创业的原动力和精神内核。创业是开创性的事业，尤其在困难和不利的情况下，个性品质的魅力在关键时刻往往具有决定性的作用。在创业人格品质中，使命责任、创新冒险、创业意志、正直诚信等意识品质与创业成败息息相关。

（1）使命责任

创业活动是社会性活动，是各种利益相关者协同运作的系统。培养大学生的使命感和责任感并担当创业重任，上为国家做贡献，下为自己谋出路，才能创业成功，才能推进社会进步。

（2）创新冒险

创新意味着打破常规，冒险意味着能够承担各种不确定性，能够承受潜在的风险和失败。创新和冒险是创业精神的核心要素，亦是创业的内在要求。对于大学生创业者而言，创新冒险是他们内在动力的源泉，只有勇于创新，敢于承担一定的风险，才能够做别人没有做过的事情，才能在挫折中前行。

（3）创业意志

创业是对人的意志力的挑战。创业意志指创业者能百折不挠地把创业行动坚持到底，以达到目的的心理品质。创业意志包括：一是创业目的明确，二是决断果敢，三是具有恒心和毅力。面对险境、身处逆境时要有永不言败的创业精神，坚持信念，承受压力，坚持到底，才能取得创业的成功。

（4）正直诚信

讲信誉，守诺言，言行一致，身体力行，胸襟广阔，厚人薄己，敢于承担责任，勇于自我否定，尊重人才，以人为本，倡导团队合作和学习，帮助团队成员获得成就感，坚持顾客价值、公司价值和社会价值的创造等品质无不体现了当代大学生的精神风貌、人格魅力和综合素质。

5. 积极的创业心态

积极的创业心态能发现潜能、激发潜能、拓展潜能并实现潜能，进而获得事业上的成就。积极的创业心态应包括：一是拥有巨大的创业热情；二是要清除内心障碍；三是要努力克服困难、创造条件，变不可能为可能。苏轼曾说："古之成大事者，不惟有超世之才，亦必有坚忍不拔之志。"创业过程中，机会与风险共存。只要创业，就必然会有风险，事业的范围和规模越大，伴随的风险也就越大。没有承担风险的意愿与能力，创业时就会缩手缩脚，裹足不前，创业的理想也就会成为空谈。愿意并且能够承担风险，具有非常强的心理调控能力，能够持续保持一种积极、处变不惊、沉稳的心态，即有良好的创业心理品质是大学生创业者必有的一种积极的心理状态。

6. 经营管理能力

创办一个企业，不仅需要处理大量的事务性问题，还要为企业建章立制、整合团队乃至企业的资源、协调内外部环境,因此,大学生创业者还需要具备一定的经营管理能力和领导与决策能力,以保证及时处理所遇到的一切问题。

(二) 大学生创业精神的培养

教育是使人的身心得到发展的最主要途径,人们总是在教育中成长,在成长中受教育。创业精神的形成可能与个体的天赋有关,但更多的与后天的学习或经验相关。所以,我们认为创业者的创业精神和能力是可以通过系统或非系统的创业教育活动加以培育的。

创业精神的培养过程是一项非常系统或复杂的工作。就大学生创业精神的培养途径而言,可以是家庭教育、学校教育、社会教育,但创业精神的培养更多的是三个系统共同作用的结果。个体创业精神培养的内在过程和路径可以简化为下面的表达式,如图2-5所示。

图2-5 大学生创业精神的培养

创业教育的目标,对于个体而言,就是培养创业者的创业精神或者培养创业者"以创业精神为核心"的创业综合素质,最终形成和提高创业能力。通过创业教育的反复实施或者个体不断的学习或实践,人们领会、掌握相关的知识、技能和经验;随着个体知识、经验的不断累积,由量变到质变,内化为个体的创业精神;具备创业精神的主体和创业环境互动,使创业动机转变为一种创业行为。创业行为的结果反过来又强化其机,促使创业者不断去掌握、领会相关知识技能和经验,推进创业教育的开展,对创业精神的培养发挥积极的作用。

对于大学生而言,从自身角度出发,可以从三个角度提升自己的创业精神。

第一,通过知识和技能学习来培育。人们将能力分为知识、技能和特质。没有主动、持续的学习,很难获得有效、实用的知识和技能。树立正确的学习观,运用合理的学习方法,养成主动学习、持续学习的习惯,有助于大学生获取知识和技能,培育创业精神。一是通过学科教学渗透,将创业意识、创业能力的培养渗透于知识学习、技能训练之中,既避免了空洞说教,又找到了依托和载体。同时,增强学生学习的针对性和实用感。如以文科类为载体渗透创业意识培养,以理科和工科类为载体渗透创业技能、能力的训练。二是开设创业教育类课程,如创业知识和创业技能训练课、创业教育学、创造技能与方法等。

第二,通过实践和实训活动来培育。创业精神是一些高度行为特征的集合,而行为特征需要在行为多次、反复的强化中才能形成。任何实践活动以及与创业相关的实训活动都需要参与者付出实际行动来完成。良好的创业精神品质的形成重在实践训练,积极的实践能带来及时的反馈和成就感,也能带来节节成功的喜悦,磨炼出坚强的创业心理品质。所以,大学生在课余时间要主动参与创业实践,熟悉各种职业特点和自己的能力特点,积累创业经验,增长创业才干,减少将来创业的盲目性。大学生应多参与各种社会实践、校园活动、创新训练、沟通训练、拓展训练、创业实训、创业大赛、创业讲堂、创业社团等实践活动,强化自身的行为特征,培育创业精神。

第三，通过承继前人精神来培育。精神是物质的最高产物，与物质相比，它有承续性、超越性、广泛性、不可磨灭性等特点。当代的创业精神已经构成一个精神体系，涉及创业意识、创业观念、创业责任、创业态度、创业激情、创业思维、诚信精神、人与自然和谐的精神以及社会利益、集体利益、公众利益高于个人利益的精神等方面。所有的创业精神都是人们宝贵的财富，应当好好学习，好好应用并发扬光大。

三、大学生创业的价值与社会责任

（一）大学生创业与就业

大学生创业是以在校大学生和毕业大学生为创业主体的创业过程，是指大学生在学校期间创办企业或毕业后不选择就业而直接创业，是大学生主动参与社会竞争的一种尝试。大学生创业的方式主要表现为：大学生利用自己的知识和技能，以自筹资金、技术入股、寻求合作等方式创办企业，面向市场，面向社会，为社会创造价值的同时，自己的人生价值亦得到充分体现。

就业与创业，是大学生选择出路的两种完全不同的方式，主要有四个方面的差别。

1. 担当的角色差异

就业与创业在企业中的地位、肩负的责任和使命均有较大差异。大学生创业初期常面临很大的挑战，在初创企业中，承担责任也比较重，对企业的大小事务均需要亲力亲为，还要面对市场的各种风险，压力很大。而就业者只需要承担自己职责内的工作任务，不需要对企业的成长负责，只需要做好本职工作就可以了，责任较小，压力也小。

2. 要求的技能差异

创业者通常身兼多职，既要有敏锐的洞察力和战略眼光，也要有具体的经营管理技能，从而要求其具备相当全面的知识和技能；就业者通常具备一项专业技能即可开展自己的工作。

3. 收益与风险差异

大学生创业需要投入一定的人力、物力和资金等成本，而且受益和风险成正比，一旦创业成功，将会获得较大的收益回报；但是，一旦创业失败，所有的成本都难以收回，风险很大。而就业则没有太多成本投入，也没有太大风险，收入稳定，但只能获得约定的工资、奖金。

4. 成功依赖因素的差异

大学生就业后，成功感的获得很大程度上来自组织提供的机遇和平台，加上自身优势的发挥；而创业者更多的是依靠自身的综合能力，通过资源整合、组建企业、领导团队等来实现自身的价值，同时，创业者可以为社会提供一定的就业岗位，带动影响一批人，其成就感往往大于就业者。

（二）时代呼唤大学生创业

1. 社会环境与大学生创业

21世纪是一个不断发展、不断变革的时代，是高科技革命的时代，也是世界经济一体化的时代，是高速度、快节奏、个性化、开放、竞争、自主的时代，也是一个充满诱惑和挑战的全新时代。当今社会是一个倡导创新创业的社会,鼓励创造和创新的精神,鼓励大学生创业,鼓励大学生通过个人努力取得成功。创业是时代的产物,是解决就业问题最好、最积极的方式之一。创业已成为当代大学生的历史使命,正以越来越强劲的姿态改变着大学生的思维方式。只有适应时代的要求,响应社会变革的召唤,才有望实现自己的人生价值。促进大学生创业,不仅有利于缓解大学生就业问题,更是经济社会发展的趋势。

2. 经济环境与大学生创业

首先,我国社会经济的稳步发展,资源得到优化配置,为大学生创业者提供了广阔的发展空间和史无前例的优越条件。其次,随着高科技的发展,通信、IT和互联网的发展,大量的新兴行业不断涌现,知识经济为大学生提供了巨大的创业舞台。此外,我国资本市场日趋健全和活跃,在融资方面,银行贷款、金融支持、融资担保、风险投资、产权交易等更多的业务不断推陈出新。这一切都为大学生创业提供了强有力的支持。

3. 政策环境与大学生创业

近年来,我国创业的法律、政策环境持续改善。为了鼓励和支持大学生自主创业,国家和地方各级政府纷纷出台相关创业政策,包括对创业活动和初创企业的规定、就业的规定、环境和安全的规定、企业组织形式的规定、税收的规定等,鼓励支持大学生创业。创业政策对大学生的创业意识、创业机会、创业质量都有显著影响,有关政策甚至直接影响到创业企业的生死存亡。目前,我国创业的政策环境主要可以归结为三点。

第一,创业门槛不断降低。行政审批制度改革不断推进,为创业开辟了快速通道,更多的行业领域许可民营进入,一些经营手续办理程序得到简化,企业自主的经营范围更为宽泛和自由。

第二,国家和地方各级政府的人力资源和社会保障、财政、金融、工商、税务等机构,纷纷推出各类政策促进就业;为解决创业过程中融资难的问题,有关机构还启动了为创业者提供开业贷款担保和贴息的业务。

第三,创业载体和创业服务机构发展加快。创业载体,如各类企业孵化器、园区建设、社区建设、企业服务中心、指导机构等不断新增。风险投资机构、担保服务机构、信用评级机构、顾问咨询等创业服务机构也得到发展,更有利于创业的启动与发展。

4. 教育环境与大学生创业

创业教育是开发和提高学生创业基本素质的教育,是一种培养学生的事业心、进取心、开拓精神、创新精神和创业技能的教育。创业教育虽已提出多年,但从来没有像今天这样受到重视。对我国来说,创业教育不仅是当前我国市场经济发展与经济结构战略性调整的需要,对于构建创新型国家、培养大批拔尖创新型人才和千百万创新创业型专门人才具有重要战略意义,而且对于深化我国高等教育改革和高等学校人才培养模式改革也具有十分重要的作用。

(三)创业铸就辉煌人生

1. 大学生创业的 SWOT 分析

大学生有着较为丰富的知识储备和丰富的创造力,是创业的主要人群。但因为大学生这个群体社会实践经验与能力欠缺,与创业的成功要素不匹配,大部分大学生在创业初期就夭折。大学生创业有优势也有劣势，有机会也面临挑战，大学生可以运用SWOT工具进行自我分析，分析自己的优势、劣势、面临的发展机会、威胁，冷静客观分析并对待自己的创业。在SWOT分析基础上，根据自己的情况，发挥优势，弥补劣势，克服威胁，规避风险，抓住机会，迎接挑战，使创业更为实际可行，更多一分胜算。

（1）大学生自身的优势

大学生的知识层次较高，是一个知识和智力都相对密集的群体，具有较强的专业能力，适合从事技术含量高的创业项目；大学生年轻有活力，勇于拼搏，敢于冒险试错，敢于尝试各种新鲜事物、探索新的创业领域；大学生对事物较有领悟力，接受新鲜事物快，自主学习能力强，自信心较足。这些都为大学生创业提供了有力的支持。

（2）大学生创业的劣势

缺乏经验和创业资金是大学生创业的最大劣势。除此之外，有些大学生眼高手低，好高骛远，喜欢纸上谈兵；有的大学生创业设想大胆，对市场预测过于乐观；有的急于求成，缺乏市场意识；有的心理承受能力较差，遇到挫折易于放弃；自我意识强，社会化程度低，缺少团队合作能力等，这些也是大学生创业的劣势。

（3）大学生创业的机会

大众创业、万众创新，国家明确鼓励大学生创业，提出以创业带动就业的思想，国家的社会环境、经济环境、政策环境、教育环境为大学生创业提供了千载难逢的机遇。

（4）大学生创业面临的威胁

我国市场机制还不完善，国家宏观调控也存在触及不到的地方，创业风险较大，这对于刚走出校门还没有太多社会经验的大学生来说是最大的创业威胁。同时，融资难、市场竞争激烈、市场机会的不确定性、环境的多变性等，也都是制约大学生创业的不利因素。

2. 大学生创业与生涯发展

2017年我国大学生在校人数为2 695.8万人，中国人民大学发布的《2017年中国大学生创业报告》显示，中国大学生的创业意愿持续高涨，近9成大学生考虑过创业，其中26%的大学生有强烈或较强的创业意愿，大学生创业主要聚焦"消费电商""餐饮住宿"领域。数据显示，"赚钱"并非大学生创业的第一驱动力，更多的创业者是为了追求自由的工作生活方式。

对于立志创业的人来说，创业规划和生涯发展规划在本质上是一致的。创业者在确定自己的创业方向时，创业的目标须与自己的生涯发展定位以及人生目标相一致。若是急功近利地把创业等同于谋业、谋生或谋财，而不考虑自己长远的职业目标和人生目标，不把创业真正当作自己的事业，其结果必然因小失大。

目前，世界正处于知识经济时代，在这个时代，新的产业部门将取代传统的产业部门，新的就业方式和财富增长方式也必将出现，伴随而来的是社会转型和结构调整的日益加快。在这种形势下，时代对创业素质和能力的要求并不限于自主创业者，而是对未来劳动者的共同要求，因为即使就业，也会面临原有企业的内部创业，更有自己的职业转换。因而，当代大学生必须具有从业和创业的双重能力，具备多方位的职业转换能力和自主创业能力，才能适应未来的社会经济环境。这既是社会进步对人的要求，也是人们自身发展的必然趋势。

3. 大学生创业的意义

（1）大学生创业的社会意义

征服世界的将是这样一群人，开始的时候，他们试图找到梦想中的乐园，最终，当他们无法找到时，就亲自创造它。这就是创业的意义所在。

① 大学生创业有利于缓解其就业压力。创业能力是一个人在创业实践活动中的自我生存、自我发展的能力。大学力的创业能力有利于解决其就业难的问题。一个创业能力很强的大学毕业生不但不会给社会增加就业压力，相反还能通过自主创业活动来增加就业岗位，以缓解社会的就业压力。为此，国家各级党政部门，纷纷把"鼓励和支持高校毕业生自主创业"作为解决当前社会就业难问题的主要政策之一。

② 大学生创业是国家兴旺发达的动力源泉。当今时代，创新决定着一个国家和民族的综合实力和竞争力。创新是一个民族进步的灵魂，是国家兴旺发达的不竭动力。接受了系统科学素养和人文精神熏陶的大学生，思维活跃、灵感丰富、敢于标新立异、具有创新精神，无疑是国家最宝贵的人力资源和科技资源，是新思想、新观念、新技术、新工艺的发源地，更应是许多高新技术产业和新兴行业的带头人。大学生创业必将更加有效地推动科技创新，推动新发明、新产品的出现，有力促进市场体系的完善和市场竞争主体结构的合理化，它对企业创新能力和企业核心竞争力的提高乃至我国国际竞争力的提升都有着非常重要的作用。

③ 大学生创业是新时期创造性就业的主动选择。国际劳工组织认为，在未来30亿人的劳动力中，将有25%到30%的劳动力不能完全就业，需要通过创业和自我谋职来达到就业的目的。面对高校毕业生严峻的就业形势，大学生正面临着人生道路的重要选择。是怨天尤人还是奋发图强，是消极等待还是积极进取，不同的选择会使每个人的人生具有不同的意义，创造出不同的价值。只有那些对生活充满热爱、对前途充满信心的人，才能成为"第一个吃螃蟹的勇士"，在当今激烈的市场竞争当中，凭着自己的知识和智慧，创出一条属于自己的人生道路。

（2）大学生创业的个人意义

① 有利于大学生自我价值的实现。大学毕业生通过自主创业，可以把自己的兴趣与职业紧密结合，做自己最感兴趣、最愿意做、最值得做的事情。当前社会鼓励大学生创业，从大学生自身来说，其创业的主要动力则在于谋求自我价值的实现。提高大学生创业的比例，才能有助于整个社会形成创业的风气。我国社会为大学生创业提供了相对宽松的环境，思想活跃、敢想敢干、精力充沛、没有束缚的大学生，通过"自主创业"将会尽快实现自我的人生价值。创业能够提升人生意义，提高生活质量，创业成功所带来的满意感、幸福感是非常大的。

② 有利于培养大学生的创新精神。创新是一个民族的灵魂，是一个国家兴旺发达的不竭动力。青年大学生作为中国最具活力的群体，如果失去了创造的冲动和欲望，那么中华民族最终将失去发展的不竭动力。大学生的创业活动，有利于培养他们勇于开拓创新的精神，把就业压力转化为创业动力，培养出越来越多的各行各业的创业者。

③ 有利于培养大学生的创业意识。创业意识是指在创业实践活动中对创业者起动力作

用的个性意识倾向。创业意识是人们从事创业活动的出发点与内驱力,是创业思维和创业行为的前提。创业意识是创业的先导,它构成创业者的创业动力,由创业需要、动机、意志、志愿、抱负、信念、价值观、世界观等组成,是人进行创业活动的能动性源泉,激励着人以某种方式进行活动,向自己提出的目标前进,并力图达到和实现它。

④ 有利于大学生自身素质的提高。通过创业与创业实践,大学生可以充分调动自己的主观能动性,改变自身就业心态,自主学习,独立思考,并学会自我调节与控制。也只有这样,大学生创业才能成功。对于一个能自我学习、懂得如何管理自己的时间与财务、善于拓展人脉关系、能够主动调适工作心态,并能积极适应社会的大学生,其就业将不存在任何问题。

课堂活动、测试活动及实践拓展作业

创业机会

幸运之神会光顾世界上的每一个人,但如果她发现这个人并没有准备好要迎接她时,她就会从大门里走进来,然后从窗子里飞出去。

——比尔·盖茨

本章内容框架

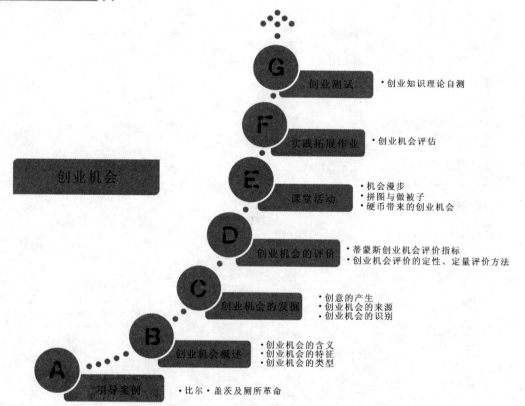

引导案例

比尔·盖茨及厕所革命

2018年11月6日，在北京举办的新世代厕所博览会上，比尔·盖茨带着一罐粪便上台，为无须连接下水道即能实现排泄物的降解灭菌并产出清洁的水和固态物质的新一代厕所技术"代言"。

一坨粪便被微软公司创始人比尔·盖茨举在手里展示于聚光灯下，可谓"屎"无前例。

"我们预计，到2030年，仅仅是第一代的新世代厕所，每年就能在全球范围创造出60亿美元的商机。"比尔·盖茨表示。

"97%的粪便未获安全处置"

日本"寄生虫博士"藤田纮一郎在2008年风靡一时的绘本《大便书》中曾估计，全世界一天大概会产生120万吨粪便。

在大城市里，卫生基础设施较完善，而每次冲洗粪便要用掉多少水资源，吸粪车或排水管道通向哪里，这么多粪便到底如何处理等问题，却极少有人关心。

"有些未经处理的粪便在没有下水道连接的粪坑里长期存放，对居住地周围的地下水造成污染。有些被人工或抽粪车运走，被倾倒进附近的田地或水体中。还有一些虽然被收集到下水道系统中，却没有得到安全处理。"比尔·盖茨说，在发展中国家，未获安全管理的粪便比例约为62%，而在南非的一座城市，这一比例高达97%。"旱厕""露天排便"带来的病菌接触可能是致命的，各种病原体引发的腹泻、霍乱、伤寒等疾病，每年导致近五十万名五岁以下儿童死亡。

按照盖茨基金会的估算，全世界每10个人里就有6个人没有安全的如厕卫生设施和解决方案，中国仍有相当大数量的农村居民未能用上清洁厕所。

无下水道的"厕所革命"

"过去两百多年来，我们在厕所的解决方案方面并没有出现颠覆性的创新。"比尔及梅琳达·盖茨基金会（以下简称"盖茨基金会"）水源、卫生与清洁项目副主任杜拉叶·克乃博士说。

"一个'成熟'的马桶，该学会自己杀灭病原体，更机智地处理粪便了。"厕所革命的新技术正在迎来契机。

从2011年开始，盖茨基金会启动了"全球厕所创新大赛"，目前已投入2亿美元。2018年的首届博览会是对成果的一次集中展示，包括可用于家庭、学校、旅游景点、污水处理厂等各类场景的产品。

技术多种多样，有"干式燃烧型"，将排泄物在压力下加热到160摄氏度，产生的水可再次冲洗厕所，大幅减少了冲厕用水；有"电化学型"，利用固体的厌氧消化和电解系统，将废物转化为水、氢和固体肥料。

而这些厕所带来的核心改变只有一个：无下水道的安全卫生系统。即不需要经过排水、管道、电力或污水处理厂，也能将废物转化为不含病原体的物质。更妙的是，粪土也能变为"黄金"，化学能量将被转化出来，用来发电或施肥。

"从业人员不用再像淘粪工人一样去每家收粪便，技术工人只需对卫生系统进行必要的维护和维修，比如定期更换滤芯或电机等，原来脏兮兮、臭烘烘的工作会变得非常有尊严。"杜拉叶·克乃说。

市场是巨大的，但仅掌握技术还不够，颠覆传统仍需漫长的过程。目前大多数"新世代厕所"仍处于研发、试点阶段，目前尚难估计量产后的定价，估计单个马桶的价格将在3 000元以上。

"所以人们都还在观望，需要进一步了解这些产品的可靠性、质量、去味效果，以及在成本较高的情况下，这些产品的哪些特征会促进市场的繁荣。但我们认为每一年都会有所进步，商机会越来越大。"杜拉叶·克乃说。

【讨论】
1. 比尔·盖茨的创业机会属于哪种类型？
2. 你认为比尔·盖茨的创业机会有哪些特点？
3. 从这里，你还看到了哪些相关的创业机会？
4. 请对比尔·盖茨的创业项目进行评价。
5. 透过这个案例，你还有什么更好的创业机会？

第一节　创业机会概述

要想创业，首先要把握好创业机会。把握好创业机会，就等于成功了一半。当今的社会是一个变化的社会，变化体现在政治、经济、技术、自然、环境等各个方面，尤其是随着互联网、信息技术、大数据、云计算、智能科学的发展，人们的生活发生着巨大的变化，人们的需求也在不断变化。变化带来需求，需求带来机会。

一、创业机会的含义

创业机会是从机会概念延伸而来的，是创业和机会的组合，理解创业机会首先要明白什么是机会。

在汉语里，机会与机遇、时机具有相似的含义。《三国志》中将机会定义为事物的关键；《辞海》中将机会定义为一些情景条件。所以，从这个角度，机会可理解为从事某项活动的有效途径或恰当时机。

我们知道，创业分为广义的创业和狭义的创业，同样，创业机会也分为广义的创业机会和狭义的创业机会。广义的创业机会是指一种未来可能开创新事业、新基业、新企业并创造价值的恰当时机。而更多的专家学者从狭义的角度对创业机会进行了阐述。

学者卡森认为，创业机会是指在新的生产方式、新的产出或新的生产方式与产出之间的关系形成过程中，引进新的产品、服务、原材料和组织方式，得到比生产成本更高价值的情形。换言之，创业机会就是通过把资源创造性地结合起来，迎合市场需求并传递价值的可能性。经济学家科兹纳认为，机会的最初状态是"未精确定义的市场需求或未得到利用或充分利用的资源和能力"，创业机会代表着一种通过资源整合、满足市场需求以实现市场价值的可能性。约瑟夫·熊彼特则认为创业机会是通过把资源创造性地结合起来，满足市场的需要,创造价值的一种可能性。

所以,狭义的创业机会也就是我们通常所说的市场机会、商业机会,是一种未来可能开创新企业并创造价值的恰当时机,主要是指具有较强吸引力的、较为持久的有利于创业的商业活动空间,最终表现在能够为消费者或客户创造价值或增加价值的产品或服务之中,并同时使创业者自身获益。

此外,创业机会也可以从静态和动态两个方面加以理解。

从静态角度来看,创业机会是客观存在的,是消费者的一种潜在需求,是未明确的市场需求或未得到充分利用的资源或能力,是一组有利于创造新产品、新服务或新需求的环境因素,是各种通过创造性地整合资源来满足市场需求并创造价值的可能性。因此,静态创业机会的识别是个体有意识地系统收集、处理并识别信息的过程,创业者具有卓越的信息处理能力。

从动态角度来看,创业机会是可创造的,是一个不断被发现或创造的动态发展过程,是创业者主动创造出来的一种满足消费者需求的手段和方式。创业机会是在新的市场、新的产品或者两者关系的形成过程中,通过创造性地整合资源来满足市场需求并传递价值的一个过程,创业机会不但需要创业者去发现,也需要创业者的参与、改进和不断创造。因此,动态创业机会的识别靠的是创业者偶然发现新的信息并根据信息创造出新的需求,从而创造出新的机会。

二、创业机会的特征

蒂蒙斯认为创业机会的特征是具有吸引力、持久性和适时性,且伴随着可以为购买者或者使用者创造或增加使用价值的产品或服务。蒂蒙斯指出了创业机会的四个本质特征,即吸引力、持久性、时效性、依附于为用户创造或增加价值的产品和服务。总体而言,创业机会具有七个基本特征。

1. 吸引力

创业机会体现为对创业者的吸引力,是一种消费者渴望的未来状态。吸引力主要针对潜在消费者而言。没有吸引力的活动即使具有活跃的表现形态,也很难引起创业者的兴趣。

2. 隐蔽性

社会充满了机会,机会每天都在撞击着我们的大门。但是,机会并非一目了然,很多人意识不到机会的存在,这就需要创业者拥有一定的知识和技能,同时也要有相关领域的实际经验。因此,这也为创业机会的识别和评价造成了一定的难度。

3. 持久性

创业机会会持续一定的时间,使得创业者发现、评价和开发利用。如果这种机会、活动不能持久,转瞬即逝,创业者就很难实现价值创造的过程。

4. 易逝性

易逝性和持久性是创业机会的矛盾性存在。创业机会往往是社会共有的,人们都在寻找,在激烈的竞争中,稍有迟疑,机会就会被他人抢走,自己永久地失去这个机会。

5. 时效性

把握适当的时机,在这个过程中实现产品或者服务的创造。创业机会是一个非常态、不确定的时间表现形式。创业机会必须在有效的时间内加以开发利用，如果没有及时地把握住，一旦时过境迁，原有市场不复存在，或者已经有其他创业者抢先一步占据市场先机、原先具有巨大价值的创业机会就会沦为无价值的一条市场信息。因此，在创业机会的识别上，创业者应当做好准备，一旦发现有价值的创业机会，就及时行动。所谓"机不可失，时不再来"就是这个道理。

6. 时代性

当今时代是一个变化的时代，变化为创业提供了更多的机会。创业机会的时代性是指一定的时代有一定的时代特征，不可避免地会为创业打上时代的烙印，赋予创业以时代的色彩。政治制度、国家政策、产业发展、文化生活等都会影响到创业。

7. 价值创造性

价值创造是创业的根本目的，创业者追逐创业机会的根本目的是基于创业机会组建企业，进而获得财富，创造价值。创业机会的价值创造性借助于为用户创造或增加价值的产品和服务而得以实现。此外，创业机会的价值创造具备很强的不确定性，而且并非即刻就可实现。在实际创业中，其价值大小会随着创业者的具体经营措施和战略规划而发生变动。如果创业者的战略方案与创业机会的特征相匹配，创业机会的价值就能够得到很大的提升，创业活动也能够获得较好的效果。如果相关战略规划与创业机会特征不匹配，甚至具有严重的失误，那么即使创业机会的潜在价值很强，也无法得到最有效开发，甚至引起创业失败。

三、创业机会的类型

根据不同的标准，创业机会有不同的分类。

（一）从创业机会来源的角度进行分类

从创业机会来源的角度，创业机会可分为问题型机会、趋势型机会、组合型机会三种类型。

1. 问题型机会

问题就是痛点，问题型机会指的是由现实中存在的、未被解决的问题所产生的一类机会。问题型机会在人们的日常生活和企业实践中大量存在。比如，消费者的不便、顾客的抱怨等，在这些问题的解决中会存在价值或大或小的创业机会，需要用心去发掘。好利来投资有限公司董事长罗红先生当年就是因为买不到表达自己对母亲挚爱的生日蛋糕，萌生了自己开一家蛋糕店的想法。于是，从雅安的第一家蛋糕房，到兰州，到沈阳，再到全国，罗红的蛋糕事业越做越大，成为中国最大的烘焙食品企业。

2. 趋势型机会

趋势型机会就是在变化中看到未来的发展方向，预测到将来的潜力和机会。这种机会一般出现在经济变革、政治变革、人口变化、社会制度变革、文化习俗变革等多个方面，一旦被人们认可，它产生的影响将是持久的，带来的利益也是巨大的。美国米勒啤酒公司开发生产淡啤就是一个很好的例子。20世纪70年代，美国出现的全国性健康热潮和由于美国生育高峰的到来造成的年轻人比重提高的两个趋势，形成了一个巨大的、越来越注重健康的人群。意识到这种趋势的发生，米勒公司于1975年推出淡啤，将其作为年轻、有男子气概、更注重健康的男人的选择，随着淡啤的成功推出，人们的消费习惯因此发生了巨大的变化，

1975 年淡啤只占美国啤酒销售量的 1%，到 1994 年占到美国国内销售的 35%，销售量达到 160 亿美元。

3. 组合型机会

组合型机会就是将现有的两项以上的技术、产品、服务等因素组合起来，实现新的用途和价值而获得的创业机会。这种机会好比"嫁接"，对已经存在的多种因素重新组合往往能实现与过去功能不同或者效果倍增的局面（1＋1＞2）。如芭比娃娃就是将婴儿喜欢的娃娃与少男少女形象结合起来，形成了一个新组合，满足了脱离儿童期但还未成年的人群的需求，最终获得了创业上的巨大成功。

（二）从市场的角度进行分类

从市场的角度，创业机会可分为识别型机会、发现型机会和创造型机会三种类型。在商业实践中，识别型、发现型和创造型三种类型的创业机会可能同时存在。

1. 识别型机会

这是创业者面向现有市场的创业机会，市场属于供需尚未均衡的市场，创新程度较低。市场已经有企业在经营，而且往往是一些成熟的大企业，创业者并不需要太繁杂的辨别过程，通过有效的创新手段，拥有较多的资源，营造新的经营模式，就可以较快进入市场获利。迈克尔·戴尔想要进军个人计算机行业，当时个人计算机产业已经开始飞速发展，很多著名的个人计算机厂商在这一市场上激烈竞争。戴尔开创了一个全新的个人计算机经营模式——向客户直销，绕过了分销商这个中间环节。戴尔从消费者那里直接拿到订单，然后购买配件组装计算机。因此，戴尔计算机公司无须车间和设备生产配件，也无须在研发上投入资金。这样，戴尔通过为消费者消除中间环节获得了大量财富。

2. 发现型机会

这是面向空白市场的创业机会，也是目前最为常见的机会。空白市场属于现有行业范围内尚未被开发的市场。这一市场可能是缝隙市场，尚未被现有的大型企业关注，但如果经营得当，也可能创造出可观的价值。比如，过去农村零售业一直被认为是一个空白市场，许多大型的连锁超市往往致力于开发城市市场，一直忽略农村的市场。而在农村，已有的商业体系则只是一些日渐退化的供销社、杂货铺、集市等。面对这一空白，一些发展较为良好的农资连锁品牌包括"农家福""惠多利"等出现了，并表现出强大的生命力。

3. 创造型机会

这是面向全新市场的创业机会。这一市场上的创业机会不属于任何已经存在的行业，创业者将要进入的是一个全新的市场，市场上暂时没有任何竞争对手，也没有现成的经营模式可循。在这种情况下，需要警惕的是这一全新的市场是否具备高度成长的可能。创造型机会的把握比较困难，需要创业者的创造性整合资源能力和敏锐的洞察力，同时还必须承担巨大的风险。

（三）按创业机会的创新程度进行分类

按创业机会的创新程度，霍尔库姆将创业机会分为两类，即创新活动产生的创业机会和从市场中发现的创业机会。

创新活动产生的创业机会主要是针对创新者，因为其他人很难发现这样的机会。例如

IT企业，作为创新者，有机会从其创新活动中抓住创业机会。

从市场中发现的创业机会，针对所有人，因为人们可以通过获得信息来挖掘没有开发的市场。这种机会也许仅仅是依靠在某些地方买低卖高或结合新的生产过程，卖一个新产品来获得利益。

（四）按创业机会的来源和发展进行分类

阿迪维力（Ardichvili）按创业机会的来源和发展情况对创业机会进行了分类。在他的创业机会矩阵中，通过两个维度，即探寻到的价值（机会的潜在市场价值）和创造价值的能力，将创业机会分为四种类型。横轴以探寻到的价值为坐标，这一维度代表着创业机会的潜在价值是否已经较为明确。纵轴以创造价值的能力为坐标，创造价值的能力包括通常的人力资本、财务能力以及各种必要的有形资产等，这一维度代表着创业者是否能够有效开发并利用这一创业机会，如图3-1所示。

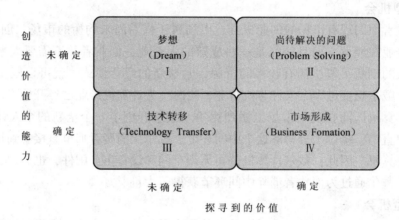

图3-1 阿迪维力创业机会矩阵

图3-1中，左上角的第一象限中，机会的价值并不确定，创业者是否拥有实现这一价值的能力也不确定，因此这种机会称为梦想（Dream），其创业成功的可能性最低。右上角第二象限中，机会的价值已经较为明确，但如何实现这种价值的能力尚未确定，因此称为尚待解决的问题（Problem Solving）。左下角第三象限中机会的价值尚未明确，而创造价值的能力已经较为确定，因此称为技术转移（Technology Transfer）。右下角第四象限中，机会的价值和创造价值的能力都已经确定，因此称为市场形成（Business Formation），其创业成功的可能性最大。

第二节 创业机会的发掘

一、创意的产生

创意是指产生新思想、发现和创造新事物的能力。或者说，创意是具有一定创造性的思想、想法或概念，但其是否具有商业价值存在不确定性。有的创业者认为自己有很好的创意，就可以开展创业，很多创业失败者就是认为拥有一个好的创意就可以创业成功，把创意当成了商业机会。创意对创业固然重要，但并不是每一个创意都能成为商业机会。对于创业者来说，有了创意还需要对市场进行研究，对市场机会进行辨识和筛选。

一个成功的新创企业，创业之初提供最基本的产品和服务，而产品和服务的创意可以通过各种技术从内部和外部获得。新创意可能来自消费者的评论、现有的企业、企业的分销渠道、政府机构以及企业的研究与开发活动等。另外，通过一些特别的方式、方法或技术，也可以激发人们的创造力，产生好的创意。

那么创意是如何产生的呢？创意的产生方式有很多种，表 3-1 列出了几条基本的创意产生的方法。

表 3-1 创意产生的方法

1. 头脑风暴法（Brainstorming Method）	2. 聚点小组法（Focus Group Method）
3. 反向头脑风暴法（Reverse Brainstorming Method）	4. 综合法（Synectics Method）
5. 戈登法（Gordon Method）	6. 列举清单法（Checklist Method）
7. 自由联想法（Free Association Method）	8. 强迫关系法（Forced Relationships Method）
9. 集体笔记法（Collective Notebook Method）	10. 启发法（Heuristics Method）
11. 科学法（Scientific Method）	12. Kepner-Tregoe 法
13. 价值分析法（Value Analysis Method）	14. 矩阵图表法（Matrix Charting Method）
15. 顺序-属性/修改矩阵（Sequence-attribute/Modification Matrix）	
16. 灵感激励（梦想）法（Inspired（big-dream）Approach）	
17. 参数分析法（Parameter Analysis Method）	

本书重点介绍四种比较常用的方法。

（一）头脑风暴法

头脑风暴法是现代创造学的创始人、美国学者阿历克斯·奥斯本于 1938 年首次提出的，是一种集体开发创造性思维的方法。头脑风暴法的核心是使人的大脑处于一种自由奔放的气氛之中，把人的想象力激发到最活跃的状态，并围绕着某一个问题激励与会人员提出尽可能多的创意。头脑风暴法是开发创造力最早的方法，也是应用最广泛的方法。

头脑风暴法的实施原则：①小组成员思想不受约束，自由畅想，尽可能标新立异、与众不同；②在讨论时，不对任何想法进行评价和判断，尽量多地产生不同的创意和想法；③小组成员之间不允许对别人的想法或设想提出批评性意见；④鼓励对构思进行整合和再改进，通过其他人的创意产生新的创意。

（二）聚点小组法

聚点小组法是以小组为单位就某一个问题进行讨论，主持人则以直接或间接的方式对小组的讨论加以集中。小组每个成员都会接受其他小组成员的评论，依次激励其创造性地产生新产品的创意。

（三）综合法

不同事物属性之间的关系虽然很复杂，但是可以综合它们之间的相似特征。综合法就是把不同事物的优点都提取出来,创造出一个新的想法或创意。

（四）戈登法

戈登法是由美国阿哈德·里特尔公司从事新产品开发的专家威廉·戈登提出来的。戈登法就是把需要解决问题的本质抽象出来以后进行比拟的一种办法。在使用戈登法时,参加讨论的小组成员不知道问题的意图和目的,这样就可以保证问题的解决不受先入之见和固有行为模式的影响。戈登法的一般操作过程为：首先由创业者提出与问题有关的概念,小组成员提出自己的创意;然后在创业者的引导下,原先的概念被进一步发展并提出其他相关的概念,使得实质问题被提出;最后提出各自的建议,对最终方案进行改进。

二、创业机会的来源

要想抓住创业机会,就要对创业机会进行识别和评价,首先就需要了解创业机会的来源。对于创业机会的来源,国内外学者都有一些比较系统的研究成果。霍尔库姆提出创业机会的来源可以归纳为三种：第一,打破市场平衡点的因素；第二,提高产量可能性的因素；第三,来源于其他创业活动。创业者在进行创业活动的过程中创造出新产品或服务,在资源整合的过程中同时创造了更多的创业机会,因此霍尔库姆认为创业互动本身创造了更多的创业机会。刘常勇指出创业机会的来源有四个：一是对现有产品和服务的设计改良；二是追随新趋势潮流,如电子商务与互联网；三是时机合适；四是通过系统研究来发现机会。由于创业者个人的特质、信念、信息拥有量等不同,对于不同的创业者来说,创业机会的来源也可能不同。丁栋虹在《创业管理》里将这些成果进行了整合,将创业机会分了两大方面：外在配合条件和个人能力条件,其中外在配合条件又分为存在市场不均衡、环境变动、提供新技术或新服务等,个人能力条件又分为相关领域的知识、先前的工作经验和创业警觉等,如表3-2所示。

表3-2 创业机会的来源研究

机会来源		德鲁克	熊彼特	蒂蒙斯
外在配合条件	存在市场不均衡		打开新市场创造或获取供应的新来源	忽视下一波客户需求
	环境变动	基于产业获取市场结构的改变	引入生产或营销的新方法	
	提供新技术或新服务	基于程序需要的创新	现有产品品质明显的改善	现有管理或投资者的不良管理
	现有厂商效率不佳		产业内组织的新形态	
	其他	新知识（包括科学的与非科学的）		

续表

机会来源		德鲁克	熊彼特	蒂蒙斯
个人能力条件	相关领域的知识	意料之外的事件		
	先前的工作经验			
	创业警觉	意料之外的事件,不一般的状况认识,情绪及意义上的改变		
	社会网络			
	其他		具有创业精神的领导	

管理大师德鲁克在《创新与企业家精神》一书中提出七种创新机会的来源,这些来源也同样给我们提供不同的思路。

(一) 意外之事

意外之事是指意料之外的成功、意料之外的失败、意料之外的外部事件等。许多研究表明,意外事件所能提供的成功创新创业机遇是无论什么都比不上的。同时,意外事件的创新机遇风险最小,求索过程的艰辛程度也最小。但是,无论是意外的成功还是意外的失败几乎完全受到忽视,很多企业管理人员往往主动将其拒之门外,把意外的成功和意外的失败视为"偶然结果"而不予重视。在他们看来,已经存在相当长时间的事件必定是"正常的",且还会保持下去,而与过去经验相抵触的事情则是不妥当的、不正常的。但是德鲁克认为意外的失败或成功往往表明一种潜在的变化,并且也预示着机会的存在。

(二) 不一致性

与意外情况一样,实际与设想之间的不一致也是创新机会的一个先兆。也许很多人对出现不一致性的原因并不了解,也无法解释这些现象。但是,与意外的成功或失败一样,不一致性是变化的一个征兆,预示着一个新的机遇将要出现。隐藏在不一致性下面的变化是发生在产业市场或程序内部的变化,如果能够积极把握这些不一致性所带来的创新变化,就能够充分了解创业机会潜在价值之后的逻辑,所阐释的创业举动也更加有价值。

(三) 流程需要

这一要素可能存在于一个企业、一个产业、一个流程或一个领域中。管理人员可能认为前面所谈到的意外之事或者不一致性是管理实践中常常出现的,而流程结构则是相对稳定的。但是实际上,这些流程结构可能在一夜之间发生巨变,而这种变化则为创新提供了巨大的机会。为了满足流程变化的需要,革新者总是在力图解决某一个瓶颈,利用新的知识技术或者更好的流程代替原来的流程,这些都带来了众多的创新机遇。

（四）行业市场结构的变化

尽管在一些传统的行业中，行业和市场结构有时可持续很多年，似乎较为稳定。实际上行业和市场结构都相当脆弱，在受到冲击后会以相当快的速度瓦解。行业市场结构的变动，对行业内的企业及其管理者提出了新的挑战，要求他们实施创新以适应新的环境。这些变动为行业之外的成员创造了显而易见的巨大机遇，也对行业内部的成员构成威胁。为了预见行业结构的变化，可以分析这一行业是否出现快速增长、行业内现有的经营者的战略是否合理、技术领域是否有新的进展等。

（五）社会人口的变化

社会人口的变化也是创新机会的重要来源。一般来说，不同年龄、不同性别、不同区域的人群对特定产品的消费偏好是不同的。因此，如果社会人口结构发生了变动，也会带来不少商机。例如，伴随着中国社会即将进入老龄化阶段，很多企业纷纷提出了针对老年人的消费品种，这些新的机遇将会带来巨大的市场。

（六）观念和认识的变化

人类的观念是相对稳定但又在持续变化的，因而利用观念进行创新是最困难的。但一旦看准时机、抓住机会，将取得引人注目的成就。只要感受、情绪、理解等意识形态发生变化，无论是什么原因促使其发生变化，都将创造大量创新机遇。例如，随着人们生活水平的提高，消费观念也会持续发生变化。这种变化表现在从满足基本生存需求向追求个人的全面发展转变，时尚、环保、节能、精神文化产品将成为消费时尚。如果能够充分把握这一点，那么针对新的观念和认识之下的产品就大有市场。

（七）创新知识

德鲁克将这一革新来源列于最后，是因为它难以管理、无法预见，而且成本也比较高。然而，目前创新知识的重要性已经得到了前所未有的关注。由于创新知识通常不是基于一门知识，而是几类不同知识的融合，需要科学、技术和管理的综合运用，并且要求在技术和社会各领域都与其协调一致。因此，以创新知识为基础的革新需要有系统化的知识储备以及多方位的资源支持。以创新知识带动的创业机会数不胜数，从美国硅谷的高科技创业浪潮中就可以清楚地看到创新知识对于创业活动的推动作用。以创新知识为基础的革新不仅给企业带来了巨大的利润，同时也带来了响亮的名声，成为企业精神的巨大载体。

三、创业机会的识别

创业过程开始于创业者对创业机会的把握。大学生创业者从众多的创意中选择了理想的创业机会，随之不断持续开发这一机会，使之成为真正的企业，直至最终收获成功。这一过程中，机会的潜在预期价值以及创业者的自身能力得到反复的权衡，创业者对创业机会的战略定位也越来越明确，这一过程称为机会的识别过程，也称为机会的开发过程或机会的规划过程。一些学者认为机会的识别和开发是创业的基础，应该是这个领域研究的焦点。一部分学者认为创业过程的核心部分是机会的创造及识别。机会识别是创业者机敏发现的结果，这是因为获得创业利润的机会是可能存在的，但是只有在认识到机会的存在，并且机会具有价值时创业者才可能获得利润，因此对机会的发现和开发的解释是创业的一个关键内容，识别和选择正确的机会是创业者成功开办企业的重要能力之一。

（一）创业机会识别的影响因素

创业机会识别的因素很多，主要包括创业愿景、先前知识、社会关系网络、创业洞察力四类主要因素。

1. 创业愿景

创业愿景是创业者的源动力，只有明确创业愿景的人才会主动去发现和识别创业机会。大多数创业者希望通过创业实现自我价值，或者通过创业创造财富。詹姆斯认为，某一活动对某人的激励力量取决于他所能得到结果的全部预期价值乘以他认为达成该结果的期望概率，用公式表示为：$M = V \times E$，其中 M 表示激励力量，指调动一个人的积极性，激发出潜力的强度；V 表示目标效价，指目标对主体满足个人需要的价值大小；E 表示期望值，指根据以往的经验进行主观判断，达成目标并能导致某种结果的概率。

2. 先前知识

在特定产业中的先前经验有助于创业者认识到有价值的新信息或机会。创业者一旦有了一定的创业经验，就很容易发现新的创业机会，这一现象被称为"走廊原理"。走廊原理指创业者一旦创建企业，他就开始了一段旅程，在这段旅程中，通向创业机会的"走廊"将变得清晰可见。这个原理就是说，某个人一旦投身于某产业创业，将比那些从产业外观察的人，更容易看到产业内的新机会。因此先前知识对创业者感知创业机会有极其重要的作用。有两类先前知识与机会感知过程有关，第一类是创业者在某领域内有特殊兴趣，受兴趣的驱动花大量的时间和精力来提升自我创业能力，通过获得领域内深厚的知识积累，很容易识别潜在的创业机会。第二类知识涉及不同的领域，主要是在日常的工作生活中积累的经验。通过这两类先前知识的积累就能比较容易识别新机会，降低机会识别的成本和风险程度。

3. 社会关系网络

创业者的人际关系网络对机会感知至关重要，个人社会关系网络的深度和广度也极大地影响着机会识别。建立了大量社会与专家联系网络的人，比那些拥有少量网络的人容易得到更多的机会和创意。在社会关系网络中，按照关系的亲疏远近，可以将各种关系划分为强关系和弱关系。强关系主要来源于亲戚、密友和配偶之间；弱关系形成于同事、同学和一般朋友之间。研究显示，创业机会或创意并非必定存在于强关系中，因为大多数人的弱关系数量远远大于强关系数量，好多创业者的创意直接来自同学或朋友的建议。总体来说，具备更多网络关系的创业者能更好地识别和利用创业机会，社会关系网络作为创业者的重要隐形资源，对创业者的生存和发展具有重要的推动和促进作用。

4. 创业洞察力

创业机会识别很大程度上也取决于创业者的个人或团队能力。柯兹纳用洞察力来解释创业机会的感知过程。柯兹纳着眼于市场过程的观察，指出由于经济中的当事人并不能掌握所有"信息"，市场的常态不是一个均衡状态，有的地方购买价格较高，而另一些地方卖价较低，因此存在着大量低买高卖的市场机会。企业家就是那些对变化着的环境或被普通人忽视了的机会保持警觉的人。柯兹纳还指出，企业家不仅对那些已被开发的机会保持警觉，也针对那些根据未来条件创造的机会保持警觉，任何潜在创业者的机会识别都来自对信息洞察力状态的提升。

（二）创业机会识别的过程

创业机会识别是创业者与外部环境（机会来源）互动的过程。在这个过程中，创业者利用各种渠道和方式掌握并获取有关环境变化的信息，从而发现在现实世界中产品、服务、原材料和组织方式等方面存在的差距或缺陷，找出改进或创造的可能性，最终识别出可能带来新产品、新服务、新原料和新组织方式的创业机会。这一过程可以概括为机会发现、机会识别和机会评价三个阶段。

1. 机会发现

创业最开始来源于新商品或服务的创意，而创意主要来源于创业者对市场机会、技术机会、政策变化等的分析和敏感度。如果创业者意识到某创意可能存在商业机会，具有创办企业的价值，就将进入机会识别阶段。

2. 机会识别

相对整体意义上的机会识别过程，这里的机会识别应当是狭义上的识别，即从创意中筛选合适的机会，甄别创意是否能成为商业机会。在这一过程中，首先是通过对整体的市场环境，以及一般的行业分析来判断该机会是否在广泛意义上属于有利的商业机会，即机会的标准化识别阶段；其次是考察对于特定的创业者和投资者来说，这一机会是否有价值，也就是个性化的机会识别阶段。

3. 机会评价

这里的机会评价已经带有部分"尽职调查"的含义，相对比较正式，考察的内容主要是各项财务指标、创业团队的构成等。通过机会的评价，创业者决定是否正式组建企业。

实际上，机会识别和机会评价是共同存在的，创业者在对创业机会识别时也在有意无意地进行评价活动。创业者在机会开发中的每一步都需要进行评估，也就是说，机会评价伴随于整个机会识别的过程中。在机会识别的初始阶段，创业者可以非正式地调查市场的需求、资源的需要，直到判定这个机会值得考虑或是进一步深入开发；在机会开发的后期，就需要较为规范的评价，并且主要集中于考察这些资源的特定组合是否能够创造出足够的商业价值。

（三）创业机会识别的方法

对于创业机会的识别可以采用多种多样的方法，这里主要介绍四种常用的方法。

1. "新眼光"调查

"新眼光"调查可以提供很多看问题的新方法，训练自己的大脑，接受新的想法、新的信息、新的统计数据等。一是注重二级调查。当阅读出版作品时，实际上就是在进行二级调查。利用互联网搜索数据、寻找包含所需信息的报纸文章等都是二级调查的形式。进行全面的二级调查会明确应该注意哪些问题、如何更加快速地切入问题的核心,为进行初级调查做好准备。同时,通过不断获取信息,开始建立自己的直觉,"新眼光"也将不断发展,当通过二级调查对行业、顾客、供应商和竞争对手有了基本的了解后,就可以开始进行初级调查了。二是开展初级调查。与消费者交谈,不要把自己的意识强加在他们身上,学会问问题,如希望本地的音像店卖什么?会选择网上购物吗?每个月花在快餐上的钱有多少?向销售商和供应商询问如下问题:我们这样的业务需要什么样的广告?什么产品比较热门?向小企业主询问如下问题:银行往来对象是谁?第一笔融资来自哪里?广告花费占销售额的百分比?等等。

最后是观察一切,记录想法,想法越多,就越有可能找到最适合的业务和目标市场。

2. 通过系统分析发现机会

实际上,绝大多数的机会可以通过系统分析发现,人们可以从企业的宏观环境(政治、法律、技术、人口等)和微观环境(顾客、竞争对手、供应商等)的变化中发现机会。借助市场调研,从环境变化中发现机会,是机会发现的一般规律。日本汽车公司识别和把握美国汽车市场机会就是一个很好的案例。20 世纪 60 年代初,日本汽车公司利用政府、综合贸易商社、企业职能部门,甚至美国市场研究公司广泛收集信息。通过市场调研,他们发现有机可乘:美国人把汽车作为身份或地位象征的传统观念正在削弱,汽车作为一种交通工具更重视其实用性、舒适性、经济性和便利性,美国的家庭规模正在变小,核心家庭大量出现,美国汽车制造商无视环境变化,因循守旧,继续大批量生产大型豪华车,因此存在一个小型车空白市场,于是,日本汽车制造商设计出满足美国顾客需求的美式小汽车,以外形小巧、价格低、舒适平稳、耗油量低、驾驶灵活、维修方便等优势敲开了美国市场大门。

3. 通过问题分析和顾客建议发现机会

问题分析从一开始就要找出个人或组织的需求以及面临的问题,这些需求和问题可能很明确,也可能不明确,创业者可能识别它们,也可能忽略它们。顾客的建议多种多样,通过全面分析可了解顾客的需求,也可通过各种方式来满足这种需求。无论何种方式,一个讲究实效的创业者总是渴望从顾客那里征求想法。一个新的机会可能会由顾客识别出来,因为他们知道自己究竟需要什么,然后顾客就会为创业者提供机会。

4. 通过创造获得机会

这种方法在新技术行业中最为常见,它可能始于明确需要满足的市场需求,从而积极探索相应的新技术和新知识;也可能始于一项新技术发明,进而积极探索新技术的商业价值。通过创造获得机会比其他方式的难度都大,风险也更高;然而,如果能够成功,其收益回报率也更高。通过创造而获得的创业机会往往能给相关行业带来改革性的变化。

(四)创业机会识别的内容

机会的识别首先是从对信息的识别开始。有效的信息便于认知机会或实现创意,而对信息的更好利用则会发现被他人忽视的机会。创业者要充分了解和把握市场,就必须对信息进行仔细收集和认真研究,通过信息的收集和研究了解谁是顾客、潜在市场规模、竞争对手有哪些及其实力情况、供应商和分销商的情况、进入和退出壁垒、行业特征、行业结构、定价策略、分销策略等，以便做出科学的决策。要对某些创业机会进行识别，通常需要对五个方面的内容做出分析。

1. 创业机会的原始市场规模

创业机会的原始市场规模是指创业机会形成之初的市场规模。原始市场规模决定了创业企业在创业初期可能销售的规模，也决定了利润的多少，因此，分析创业机会的原始市场规模十分重要。一般而言，原始市场规模越大越好，因为创业企业只要占有极少的市场份额就会拥有较大的销售规模，这样就保证创业企业生存下去了。

2. 创业机会存在的时间跨度

任何创业机会都有时限，超过这个时限，创业机会也将不存在。不同行业的创业机会存在的时间跨度是不一样的，同一行业不同时期的创业机会存在的时间跨度也不一样。时间跨度越长，创业企业用于抓住机会、调整自身发展的时间就越长；相反，时间跨度越短，创业企业抓住机会的可能性就越小。

3. 创业机会的市场规模随时间增长的速度

创业机会的市场规模随时间增长的速度决定着创业企业的成长速度。一般情况下，它们之间成正比，也就是市场规模增长得越大、速度越快，相应的创业企业的销售量和销售量增长的速度也越快。创业机会带来的市场规模总是随时间变化而变化的，而随之带来的风险和利润也会随时间变化而变化。

4. 创业机会是否是好机会

即使创业机会有较大的原始市场规模，存在较大的时间跨度，市场规模也随着时间以较高的速度成长，创业者也要对该机会进行进一步的评价。杰弗里·A·蒂蒙斯认为，好的创业机会应具备以下四点：一是能吸引顾客；二是能在商业环境中行得通；三是必须在机会之窗存在期间被实施；四是必须拥有机会所需的资源和技能。

5. 创业机会是否具有可实现性

即使创业机会具备了上述四个条件，也要求该创业机会对创业者而言是可实现的，否则对创业者来说，只是可望而不可即的事。创业者是否能利用这一创业机会，要看创业者是否具备以下条件：拥有利用该创业机会所需要的关键资源；遇到较大的竞争力量，能与之对抗；能够创造新市场并占领大部分新市场；可以承担创业机会带来的风险等。

第三节　创业机会的评价

创业本身就是一种高风险的行为，即使失败也为下一次的创业成功打下坚实的基础，但调查发现，有些创业者创办企业不到一年就结束，不仅经济损失巨大，也带来极大的消极情绪，甚至以后永不再创业。对创业机会进行识别是开创企业的开端，创业机会是否有价值还要对其进行评价，这对于创业者或者是创业资本的提供者都极为重要。

一、蒂蒙斯创业机会评价指标

（一）评价的含义

创业机会识别后需要对其进行评价，从而决定是否进行创业的实施。"评价"通常与判断联系在一起,这一判断决定了正在开发的机会是否能得到物力、财力的支持,以进入下一阶段的发展。在整个机会开发过程中,对机会进行评价的人主要是创业者和投资人。一般来说,那些决定资源分配的人(投资者)会对创办企业的创业计划进行全面评价。而在开发过程的前期,创业者也可能会对预测的市场需求或资源进行非正式的研究,对机会做出多次评价,这些评价会使创业者识别出其他的新机会或调整其最初的看法,尽管这种评价可能是非正式的,甚至是不系统的。

创业机会评价一般从财务、顾客、内部因素和创新成长等方面对商业概念、市场价值进行综合评定。创业机会评价的目标是认识商业概念的价值、减少创业风险、吸引风险投资、规划创业战略。创业机会的评价无论是对创业者还是对风险投资者来说,都是挖掘商业概念价值的一个过程。一个创意概念能否飞速成功发展为商业模型,给创业者带来持续的商业价值决定了创意想法是否实施。创业是对机遇的把握,同时也面临着一系列风险,创业环境的不可控性、资源的紧缺等都会带来创业风险,因此如何有效规避创业风险是创业主体需要关注的问题。

另外,对于创业主体来说创业资金往往是有限的,因此吸引风险投资是促进创业实施的有效途径,而风险投资则需要对创业项目进行科学评估。创业机会的评价涉及财务、风险、市场、团队战略等方面,有助于规划新的企业战略。

(二)创业机会评价的准则

针对创业机会的市场与效益面,提出一套评估准则,并说明各准则因素的内涵,目的是为创业者提供评估。风险投资者和精明老练的企业家们在筛选创业机会时往往也会利用一系列的评价准则,如表 3-3 所示。这些准则是以成功的企业家、私人投资者和风险资本家们所拥有的良好的企业经营和市场竞争意识为基础的。

表 3-3 创业机会的评价准则

准则	吸引力	
	较高潜力	较低潜力
一、产业和市场		
1. 市场:		
需求	确定	不被注意
消费者	可接受	不易接受
对用户汇报	<1 年	>3 年
增加或创造的价值	高	低
产品生命	持久;超高投资加利润回收期	不能持久;比回收投资期短
2. 市场结构	不完全竞争或新兴产业	成熟产业或衰退产业
3. 市场规模	1 亿美元的销售额	不明确或<1 000 万美元
4. 市场增长率	以 30%~50% 或更高速度增长	很低或<10%
5. 市场份额	20% 或更多;领先者	<5%
6. 成本机会(5 年内)	低成本提供	成本下降

续表

准则	吸引力	
	较高潜力	较低潜力
二、资本和获利能力 1. 毛利 2. 税后利润 3. 所需要的时间： 　损益平衡点 　正现金流 4. 投资回报潜力 5. 价值 6. 资本需求 7. 退出机制	40%～50%或更高；持久 10%～15%或更高；持久 <2年 <2年 25%或更高/年；高价值 高战略价值 低到中等；有资助 现时或可望获得的其他选择	<20%；而且很脆弱 <5%，脆弱 >3年 >3年 15%～20%或更低/年；低价值 低战略价值 非常高；无融资 不确定；投资难以流动
三、竞争优势、管理班子、致命缺陷 1. 固定成本和可变成本： 　生产 　销售 　分配 2. 控制程度： 　价格 　成本 　供应渠道 　分配渠道 3. 进入市场的障碍： 　财产保障/法规中的有利因素 　对策/领先期 　技术、产品、市场创新、人员、位置、资源或生产能力的优势 　法律、合同优势 　合伙关系 　竞争者的倾向和战略 4. 管理团队 5. 致命缺陷	 最低 最低 最低 中到强 中到强 中到强 中到强 已获得或可以获得 具有弹性和相应对策 已有或能有 专利或独占的 已实现，高质量，易进入 竞争性的，有一些，非自毁性的 没有	 最高 最高 最高 弱 弱 弱 弱 无 无 无 无 粗糙，有限，不易进入或仅创办者1人 麻木不仁 一个或几个

表3-3显示的评价准则主要分为产业和市场、资本与获利能力、竞争优势、管理班子和致命缺陷方面，共16项指标，并对一些主要指标给出了定量的标准。一般来说，好的经营机会将在所列准则的大部分中表现出其巨大的潜力，或者将在一个或几个准则中拥有其竞争者望尘莫及的压倒性优势。

刘常勇教授主要针对创业机会的市场前景和可获效益方面提出了一套评价准则。

1. 市场评价准则

（1）市场定位

一个好的创业机会，必然具有特定市场定位，专注于满足顾客需求，同时能为顾客带来增值的效果。因此评价创业机会的时候，可由市场定位是否明确、顾客需求分析是否清晰、顾客接触通道是否流畅、产品是否持续衍生等，来判断创业机会可能创造的市场价值。创业带给顾客的价值越高，创业成功的概率也会越大。

（2）市场结构

针对创业机会的市场结构进行分析，包括供货商、顾客、经销商的谈判力量、替代性竞争产品的威胁以及市场内部竞争的激烈程度。由市场结构分析可以得知新企业未来在市场中的地位，以及可能遭遇竞争对手反击的程度。

（3）市场规模

市场规模大小与成长速度，也是影响新企业成败的重要因素。一般而言，市场规模大者，进入障碍相对较低，市场竞争激烈程度也会略为下降。如果要进入的是一个十分成熟的市场，那么纵然市场规模很大，由于已经不再成长，利润空间必然很小，因此这个新企业恐怕就不值得再投入。反之，一个正在成长中的市场，通常会充满商机，所谓水涨船高，只要进入时机正确，必然会有获利的空间。

（4）市场渗透力

对于一个具有巨大市场潜力的创业机会，市场渗透力（市场机会实现的过程）评估将会是一项非常重要的影响因素。创业者应选择在最佳时机，也就是市场需求正要大幅成长之际进入市场。

（5）市场占有率

从创业机会预期可取得的市场占有率目标，可以显示这家新创公司未来的市场竞争力。一般而言，成为市场的领导者，最少需要拥有20%的市场占有率。但如果低于5%的市场占有率，则这个新企业的市场竞争力自然不高，也会影响未来企业上市的价值，尤其处在具有"赢家通吃"特点的高科技产业，新企业必须拥有成为市场前几名的能力，才比较具有投资价值。

（6）产品的成本结构

产品的成本结构，也可以反映新企业的前景。例如，从物料成本与人的成本所占比重、变动成本与固定成本的比重，以及经济规模产量，可以判断该企业创造附加价值的幅度以及未来可能的获利空间。

2. 效益评价准则

（1）合理的税后净利

一般而言，具有吸引力的创业机会，至少需要创造15%的税后净利。如果创业预期的税后净利是在5%以下，那么这就不是一个好的投资机会。

（2）达到损益平衡所需的时间

合理的损益平衡时间应该在两年以内；如果超过三年，恐怕就不是一个值得投入的创业机会。不过有的创业机会确实需要经过比较长的耕耘时间，通过这些前期投入，保证后期的持续获利。在这种情况下，可以将前期投入视为一种投资，才能容忍较长的损益平衡时间。

（3）投资回投率

考虑到创业可能面临的各项风险，合理的投资回报率应该在25%以上。一般而言，15%以下的投资回报率，是不值得考虑的。

(4) 资本需求

资金需求量较低的创业机会，一般比较受投资者的欢迎。事实上，许多个案显示，资本额过高其实并不利于创业成功，有时还会带来稀释投资回报率的负面效果。通常，知识越密集的创业机会，对资金的需求量越低，投资回报反而会越高。因此在创业开始的时候，不要募集太多资金，最好通过盈余积累的方式来积累资金。而比较低的资本额，将有利于提高每股盈余，并且还可以进一步提高未来上市的价格。

(5) 毛利率

毛利率高的创业机会，相对风险较低，也比较容易取得损益平衡。反之，毛利率低的创业机会，风险则较高，遇到决策失误或市场产生较大变化的时候，企业很容易遭受损失。一般而言，理想的毛利率是40%。当毛利率低于20%的时候，这个创业机会就不值得再予以考虑。软件业的毛利率通常很高，所以只要能找到足够的业务量，从事软件创业在财务上遭受严重损失的风险就相对比较低。

(6) 策略性价值

能否创造新企业在市场上的策略性价值，也是一项重要的评价指标。一般而言，策略性价值与产业网络规模利益机制、竞争程度密切相关，而创业机会对于产业价值链所能创造的价值效果，也与它所采取的经营策略与经营模式密切相关。

(7) 资本市场活力

当新企业处于一个具有高度活力的资本市场时，它的获利机会相对比较高。不过资本市场的变化幅度极大，在市场高点时投入，资金成本较低，筹资相对容易。但在资本市场低点时，投资新企业开发的诱因则较低，好的创业机会也相对较少。对投资者而言，市场低点的成本较低，有的时候投资回报反而会更高。一般而言，新创企业的活跃的资本市场比较容易创造增值效果。因此资本市场活力是一项可以被用来评价创业机会的外部环境指标。

(8) 退出机制与策略

所有投资的目的都在于回收，因此退出机制与策略就成为一项评估创业机会的重要指标。企业的价值一般也要由具有客观评价能力的交易市场来决定，而这种交易机制的完善程度也会影响新企业退出机制的弹性。由于退出的难度普遍要高于进入，所以一个具有吸引力的创业机会，应该要为所有投资者考虑退出机制以及退出的策略规划。

(三) 创业机会评价的步骤

确定创业机会评价的目标是第一步，目标决定和影响着评价指标体系的建立、评级方法的选择、评价结果的反馈。

对创业机会的影响因素分析有利于构建全面的创业机会评价指标体系，包括对内外部环境因素、社会经济因素、市场因素的评价。

已有学者对创业机会评价指标体系进行了提炼，所以我们进行创业机会评价指标体系的构建可参考学者已提出的指标，结合创业机会评价目标和创业项目的具体情况进行指标体系的修正。

通过评价指标体系的概念化操作后，可咨询相关专家，对评价结果进行说明和反馈。创业机会评价步骤如图3-2所示。

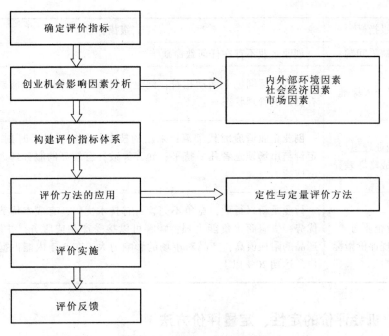

图3-2 创业机会评价步骤

(四) 蒂蒙斯创业机会评价指标体系

创业机会的有效识别依赖于两个方面,客观上良好的评价系统和评价指标,以及主观上创业者能够正确获得信息和感知机会的能力。但是,大部分的研究主要关注后者,主要分析创业者与创业机会识别的个人特征,如警觉性、风险、感知、自信、已有的知识、社会网络等,创业机会本身全面分析得比较少,蒂蒙斯构建了最全面的创业机会评价指标体系,该指标体系可用作创业机会评价指标库,涵盖8个一级指标、45个二级指标,如表3-4所示。

表3-4 蒂蒙斯创业机会评价指标体系

	一级指标	二级指标
创业机会评价指标体系	经济因素	创业企业达到盈亏平衡点的时间在1.5~2年;盈亏平衡点不会逐渐提高;企业投资回报率在25%以上;项目对资金的要求不是很大,能够获得融资;年销售额增长率高于15%;现金流能力,能占到销售额的20%以上;企业毛利润在40%以上;能获得持久的税后利润,税后利润在10%以上;资产集中程度低;运营资金不多;研究开发工作对资金的要求不高
创业机会评价指标体系	企业收获条件	项目附加值的战略意义较高;企业现有或可预料附加值的战略意义较高;企业存在现有或可预料的退出方式
	企业竞争优势	成本优势;专利权优势;关系网络优势;杰出管理团队;竞争对手尚未觉醒,竞争较弱
	创业企业管理团队指标	优秀管理者的组合;管理者行业技术经验达到本行业内的最高水平;管理者正直、廉洁程度高;创业团队自我认知度高

续表

一级指标		二级指标
创业机会评价指标体系	致命缺陷问题	创业企业不存在任何致命缺陷
	创业者个人标准	个人目标同创业活动相符；创业者可承担一定风险；能够面对压力；具有良好的管理状态
	创业企业理想与现实的战略性差异	创业企业适应时代潮流；采用的技术具备突破性；时刻寻找新的机会；定价与市场领先者几乎持平；允许失败；有较高的服务理念；具有灵活的适应能力
	创业企业与市场表现评价指标	行业是新兴行业，竞争不完善；有技术优势；有成本优势；有网络销售优势；供应商议价能力强；顾客可以接受产品或服务，并愿意为此付费；产品的附加值高；产品对市场的影响力大；在5年内能占据市场的领导地位，达到20%以上

二、创业机会评价的定性、定量评价方法

一般而言，对创业机会评价的方法可以选择定性、定量以及定性与定量相结合的方法。单纯的定性方法对评价结果的分析不够深入，而定性分析也是定量分析的前提条件，因此在对创业机会评价时需结合定性评价法和定量评价法。

（一）定性评价法

定性评价法是通过哲学思辨、逻辑分析的方式对评价对象进行分析，从而对评价对象进行主观的定性结论的价值判断。其依据主要是评价对象的表现现实、状态或者已有的文献资料。定性评价的方式主要是利用评价者的知识、经验，常见的定性评价法包括专家意见法、用户意见法等。

霍华德·史蒂文森等人认为充分评价创业机会，需要考虑以下几个重要问题：机会的大小，存在的时间跨度和随时间成长的速度如何；潜在的利润是否足够弥补资本、时间和机会成本的投资，带来令人满意的收益；机会是否开辟了额外的扩张、多样化或综合的商业机会选择；在可能的障碍面前，收益是否会持久；产品或服务是否真正满足了真实的需求。

隆杰内克等人提出了评价创业机会的五项基本标准：对产品有明确界定的市场需求，推出的时机也是恰当的；投资的项目必须能够维持持久的竞争优势；投资必须有一定程度的高回报，从而允许一些投资中的失误；创业者和机会之间必须互相匹配；机会中不存在致命的缺陷。

托马斯·W·齐曼拉和罗曼·M·斯卡伯勒提出了定性评价创业机会的流程，包括如下五大步骤。

① 判断新产品或服务将如何使购买者创造价值，判断新产品或服务使用的潜在障碍，如何克服这些障碍。根据对产品和市场认可度的分析，得出新产品的潜在需求、早期使用者的行为特征、产品达到创造收益的预期时间。

② 分析产品在目标市场投放的技术风险、财务风险和竞争风险，进行机会窗分析。

③ 在产品的制造过程中是否能保证足够的生产批量和可以接受的产品质量。
④ 估算新产品项目的初始投资额,判断使用何种融资渠道。
⑤ 在更大的范围内考虑风险的程度,以及如何控制和管理那些风险因素。

(二) 定量评价法

定量评价法是对统计数据经过数理模型的处理,用数理模型计算出的结果对评价对象进行说明和判定的一种方法。

1. 标准打分矩阵法

约翰·巴奇曾提出标准打分矩阵法,根据创业机会目标的测定,选择对创业机会成功具有较大影响的因素,构建评价指标体系,借助专家的经验和知识权威性,对每个因素进行最好(30%)、好(20%)、一般(10%)三个等级打分,然后计算每个因素在创业机会下的加权平均数,最后对不同的创业机会进行比较。标准打分矩阵法示例如表3-5所示。

表3-5 标准打分矩阵法

分

标准	专家评分			加权平均分
	最好(30%)	好(20%)	一般(10%)	
易操作性	8	2	0	2.8
质量和易维护性	6	2	2	2.4
市场接受程度	7	2	1	2.6
增加资本的能力	5	1	4	2.1
投资回报	6	3	1	2.5
市场的大小	8	1	1	2.7
制造的简单性	7	2	1	2.6
专利权状况	9	1	0	2.9
广告潜力	6	2	2	2.4
成长潜力	9	1	0	2.9

表3-5中仅给出了部分机会影响要素,在实际使用时根据创业机会具体情况进行要素补充和删减,再通过此方法进行标准打分。

2. 贝蒂选择因素法

贝蒂选择因素法,通过对11个选择因素的设定来对创业机会进行判断。如果某个创业机会只符合其中的6个或更少的因素,那么这个创业机会的成功率就较低,反之则较高。贝蒂选择因素法如表3-6所示。

3. 珀泰申米特法

珀泰申米特法可以通过让创业者填写针对不同因素、不同情况预先设定好权值的选择项问卷,快捷地得到创业机会的成功潜力指标。对于每个因素,不同的选项得分可以从 -2 分到 +2 分,通过对所有因素得分的相加得到最后的总分,总分越高说明特定创业机会成功的潜力越高。只有那些最后得分高于 15 分的创业机会才值得创业者进行下一步的策划,低于 15 分的都应被淘汰,珀泰申米特法如表 3-7 所示。

表 3-6 贝蒂选择因素法

因　素	符合项打"√"	
	是	否
这个创业机会在现阶段是否只有你一个人发现		
初始的产品生产成本是否可以承受		
初始的市场开发成本是否可以承受		
产品是否具有高利润回报的潜力		
是否可以预期产品回报市场和达到盈亏平衡点的时间		
潜在的市场是否巨大		
你的产品是否是一个高速成长的产品家族中的第一个成员		
你是否拥有一些现成的初始用户		
是否可以预期产品的开发成本和开发周期		
是否处于一个成长中的行业		
金融界是否能够理解你的产品和顾客对它的需求		

表 3-7 珀泰申米特法

因　素	得　分
对于税前投资回报率的贡献	
预期的年销售额	
生命周期中预期的成长阶段	
从创业到销售额高速增长的预期时间	
投资回报期	
占有领先者地位的潜力	
商业周期的影响	
为产品制定高价的潜力	
进入市场的容易程度	
市场试验的时间范围	
销售人员的要求	
总分	

4. 刘常勇的创业机会评价框架

中国台湾创业学教授刘常勇从市场评价和回报评价两个层面构建了创业机会评价框架，如表3-8所示。

表3-8 创业机会评价框架

评价分类	市场评价	回报评价
具体指标	是否具有市场定位，专注于具体顾客需求，能为顾客带来新的价值 依据波特的五力模型进行创业机会的市场结构评价 分析创业机会所面临市场的规模 评价创业机会的市场渗透力 预测可能取得的市场占有率 分析产品成本结构	税后利润至少5% 达到盈亏平衡的时间在2年以内，如果超过3年不能实现盈亏平衡，这样的创业机会便没有价值 投资回报率高于25% 资本需求量较低 毛利率高于40% 能否创造新企业在市场上的战略价值 资本市场的活跃程度 退出和收获回报的难易程度

课堂活动及实践拓展作业

商业模式

> 今天企业之间的竞争：已经不是产品和服务之间的竞争，而是商业模式之间的竞争！
>
> ——彼得·德鲁克

本章内容框架

商业模式

- F 实践拓展作业 · 制作自己的商业模式画布
- E 课堂活动
  - · 绘制商业模式画布
  - · "50+2"的商业模式设计
- D 商业模式的创新与设计
  - · 商业模式的创新
  - · 商业模式的设计
  - · 商业模式的设计方法
  - · 商业模式画布
- C 商业模式构成要素
  - · 核心战略
  - · 战略资源
  - · 伙伴网络
  - · 顾客界面
- B 商业模式的含义与作用
  - · 商业模式的含义
  - · 商业模式的特征和作用
  - · 新兴的商业模式
- A 引导案例 · 阿里巴巴的持续创新商业模式

引导案例

阿里巴巴的持续创新商业模式

从1999年创办"网上广交会"阿里巴巴B2B开始,到2003年为中小型卖家量身打造C2C平台"淘宝集市";从2008年推出旨在吸引优质商家与中高端消费者的B2C"品牌商城",到阿里巴巴相关网站上单击"团购"即可以选择实惠的餐饮、住宿等生活服务,这么多年,阿里巴巴的电子商务模式持续创新,改变了生产、批发、零售、消费等整个产业链,但阿里巴巴并没有停步……

2011年11月,阿里巴巴宣布"淘宝商城"独立,并使用中文新名"天猫"。

2012年,阿里巴巴旗下的淘宝和天猫实现了奇迹般的成长,创造了1 000万个创业机会,每天超过1亿人登录消费,全年交易额超过1万亿元,占到全国社会消费品零售总额的近5%。

2013年年初,阿里巴巴启动C2B(Customer to Busines,即消费者驱动)战略,推出大规模消费者定制平台"聚定制"……

"让设计师直接面对客户"(Designer to Customer,D2C)是淘宝推出的最新商业模式之一,变"商家驱动"为"客户驱动",阿里巴巴的"团设计"得到了年轻人的高度认可,一件标价680元的衣服,在高于淘宝女装平均2.5倍价格的情况下,销售出去两千两百多件且7天内完成下单、设计、生产、发货的全过程。

2012年9月,阿里巴巴旗下的"聚划算"联合家电巨头海尔发起了"双节买家电,定制最划算"活动,8天就有100多万消费者针对电视尺寸、清晰度、能耗、色彩、接口、边框6大定制点投票,海尔根据投票结果生产,最终成交。

2013年1月5日,阿里巴巴"聚划算事业群"宣布启动消费者驱动战略,针对家电、家居、旅游、电信等市场,推出大规模消费者定制平台"聚定制",阿里巴巴认为,在互联网时代中,大规模、标准化的制造将日薄西山,制造者将不得不以消费者的意志为标准进行定制化生产。阿里巴巴的使命之一,就是打造以消费者为开端,由消费者、渠道商、制造商、电子商务服务商(CBS)构成的商业生态链。

在阿里巴巴2012年"双11购物狂欢节"上,"淘宝"和"天猫"一天即完成了191亿元交易,超越美国的"网络星期一",成为国际最大的网上购物节。阿里巴巴创新不止,在随后举办的"双12购物节"上,淘宝和天猫又改变了玩法。阿里巴巴认为"双12购物节"的目标不是销量,而是要玩出小而美,即电子商务提供商退到后面,把运营权交给卖家,做何活动、折扣多少,完全通过卖家、买家的互动来决定。活动中,阿里巴巴更趋向于做电子商务企业基础设施的建设者,电子商务生态系统的核心是开放、协同和分享,要求运营上更多依靠卖家的创造力,进而把运营商的精力聚焦在生态系统、规则、平台、数据与信息共享等基础设施建设上。

2012年7月23日,阿里巴巴启动了"新七剑"架构调整计划,天猫、淘宝、一淘、聚划算、阿里巴巴B2B、阿里云6个子公司,调整为淘宝、一淘、天猫、聚划算、阿里国际业务、阿里小企业业务和阿里云7个事业群。阿里巴巴B2B上的中小企业,可通过淘宝、一淘、天猫、聚划算等与消费者衔接起来，阿里云则聚焦于打通底层数据。"新七剑架构"将阿里巴巴平台上诸多中小企业和淘宝市场有效结合起来，最终形成了从消费者到渠道商，再到制造商的 CBBS 市场体系。为满足淘宝客户对数据分析、挖掘、解读及相关信息的需求，2010 年 3 月，阿里巴巴将自己视为核心战略资源的"淘宝数据"正式向市场开放，以促使相关企业更好地运用数据。

2011 年"双 11 购物节"期间，阿里巴巴曾发生快递爆仓，但到了 2012 年，得益于"淘宝平台"推出的物流数据共享系统，2012 年"双 11 购物节"的包裹在一周左右即投递完毕。阿里巴巴打通了与淘宝卖家、主要快递公司之间的信息共享，哪条线路拥堵，系统就会提醒卖家晚些发货，或选择其他线路绕行。

打造物流信息共享平台后，阿里巴巴打造供应链协同平台。阿里巴巴认为，只有从网络零售走到供应链协同，电子商务价值链上的每个环节才不会是线上线下的孤岛，其价值才能在互联网上得以有效实现。

【讨论】
（1）阿里巴巴取得成功的原因是什么？
（2）阿里巴巴的商业模式是什么？有什么优势？
（3）阿里巴巴的模式创新有哪些？
（4）如何进行商业模式创新？

第一节 商业模式的含义与作用

一、商业模式的含义

商业模式在 20 世纪 50 年代首次提出，但很长时间没有流行，也不被人广为所知。直到 90 年代后才广为流行，到现在已成为创业者和风险投资者中最热门的词汇。几乎所有的人都确信，有了一个好的商业模式，成功就有了一半的保证。

当市场是卖方市场时，产品供不应求，此时，扩大产品生产规模，提高产品质量，提升运营效率，拓展渠道布局，很自然就能占有更多市场，从而获得更多利润。此时的商业经营逻辑简单、直接，只要在既定的发展轨道上，提高运营能力和市场拓展能力就可以获得更多的市场和更多的利润。然而，面对买方市场，面对激烈的竞争，企业经营者不得不思考用户为什么会购买、使用自己的产品或者服务？该以什么方式去满足客户的需求？如何占领市场？如何取得更大的利润？这些问题无疑就是商业模式的问题。

关于商业模式的定义，不同的专家学者给出了不同的定义。

哈佛商学院将商业模式定义为"企业盈利所需采用的核心业务决策与平衡"。

马哈迪温认为，商业模式是对企业至关重要的三种流量的唯一混合体，即价值流、收益流和物流。

泰·莫西将商业模式定义为：一个完整的产品、服务和信息流体系，包括每一个参与者及其起到的作用，以及每一个参与者的潜在利益和相应的受益来源和方式。

托马斯认为，商业模式是一项有利可图的业务所涉及的流程、客户、供应商、渠道、资源和能力的总体构造。

清华大学雷家骕教授认为商业模式是一个企业如何运用自身资源,在一个特定的包含了物流、信息流和资金流的商业流程中,将最终的商品和服务提供给客户,并收回投资、获取利润的解决方案。

罗珉、曾涛和周思伟等认为,商业模式是一个组织在明确外部条件、内部资源和能力的前提下,用于整合组织本身、顾客、供应链伙伴、员工、股东或利益相关者,进而获取超额利润的战略创新意图和可实现的结构体系以及制度安排的集合。

袁新龙、吴清烈等认为,商业模式是指企业为客户提供价值,同时使企业和其他参与者又能分享利益的有机体系。它包括产品及服务流、信息流和资金流的结构,对不同商业参与者及其角色的描述,还包括不同商业参与者收益及其分配的划分。

有学者将商业模式的定义为,一个组织在何时(When)、何地(Where)、为何(Why)、如何(How)和多大程度(How much)地为谁(Who)提供什么样(What)的产品和服务(即"5W2H"),并开发资源以持续这种组合。也有人将商业模式看作描述企业如何通过运作来实现其生存与发展的"故事"。在网络热潮时期,硅谷的许多创业者曾通过给投资者讲一个好的"故事"而获得了巨额融资。

尽管学界对商业模式的概念有不同解释,但在以下四点还是普遍认同的。

第一,商业模式的核心是价值创造和传递的逻辑,即商业模式的核心是企业在一定的价值链或价值网络中如何为客户提供产品和服务,并使企业自身获取利润的商业逻辑。

第二,商业模式的目的是实现客户价值的最大化和企业利润的最大化。

第三,商业模式的本质是一套完整、高效、具有独特竞争力的运营系统。

第四,商业模式运行的手段是把企业运行过程中的各种要素进行有机整合。

因此,商业模式就是指为实现客户价值最大化和企业价值最大化,把企业运行过程中的各种要素进行有机整合,形成的一个完整的、高效率的、具有独特核心竞争力的运行系统。

商业模式思维相对于传统的工业化思维最大的不同在于客户导向不同,这是一个比较大的思维突破。它不是简单地根据企业的能力生产产品或服务,而是企业生产产品或服务的时候,就想着如何给客户提供更好的价值,如何让客户更加满意,这就由以前的"我会做什么"变成了"我能更好地为客户做什么"。在源头上就想着客户的需求,自然就能更好地把握客户需求,让客户更加满意。

二、商业模式的特征和作用

管理学之父彼德·德鲁克曾说:"当今企业之间的竞争,已不再是产品之间的竞争,而是商业模式之间的竞争。"前时代华纳 CEO 迈克尔·邓恩曾说:"在经营企业过程当中,商业模式比高科技技术更重要,因为前者是企业能够立足的先决条件。"史玉柱说:"创业成功的关键是商业模式和激情。"马云也有言:"其实我不懂互联网,我思考的只是商业模式。"可见,商业模式在企业经营中扮演着重要的角色。

总体而言,一个成功的商业模式具有三个特征。

第一,成功的商业模式要能提供独特价值。有时候这个独特的价值可能是新的思想,而更多的时候,它往往是产品和服务独特性的组合。这种组合要么可以向客户提供额外的价值,要么使得客户能用更低的价格获得同样的利益,或者用同样的价格获得更多的利益。

第二,商业模式是难以模仿的。企业通过确立自己与众不同的经营模式,如对客户的悉心照顾、无与伦比的实施能力等,来提高行业的进入门槛,从而保证利润来源不受侵犯。比如"直销"模式(仅凭"直销"一点,还不能称其为一个商业模式),人人都知道其如何运作,也都知道戴尔公司是"直销"的标杆,但很难复制戴尔的模式,原因在于"直销"的背后,是一整套完整的、极难复制的资源和生产流程。

第三,成功的商业模式是脚踏实地的。企业要做到量入为出、收支平衡。这个看似不言而喻,可要想年复一年、日复一日地做到,却并不容易。现实当中的很多企业,不管是传统企业还是新型企业,对于自己的钱从何处赚、为什么客户看中自己企业的产品和服务,乃至有多少客户实际上不能为企业带来利润、反而在侵蚀企业的收入等关键问题,都不甚了解。

案例 一两银子

三个人拿同样的一两银子做生意,第一个人买来草绳做草鞋,赚了一钱银子;第二个人看到春天来临,买了纸和竹子做风筝,赚了十两银子;第三个人看到人参资源将慢慢枯竭,于是买了很多人参种子,走到人迹罕至的深山播下,七年后收获上好七年野山参,收获三十万两银子。

第一个人做的是衣食住行的生意,这是必需的,总会有市场,每个人都可以做,因此收获一分利,如同现在的很多人——靠产品与规模取胜。

第二个人做的是吃喝玩乐的生意,跟随的是潮流,目标客户范围扩大百倍,而收获十分利,如同现在的新浪——靠眼光取胜。

第三个人看的是未来的商机,敢做而善忍,最终创造了数百乃至数千的生意,靠的是格局取胜。格局不能决定一个企业现在能赚多少,却能决定未来能做多大和能走多远。所以在商界立于不败之地的是人的思维模式,沃尔玛之所以成为世界首富,阿里巴巴之所以日进斗金,其本身没有生产一样产品,但是它们却成功地创造了商业模式。

从本质上看,商业模式是一系列制度结构和制度安排的连续体,其核心直指企业组织的价值产生机制。一个不可争辩的事实是,企业必须选择一个适合自己的、有效的和成功的商业模式,并且随着客观情况的变化不断加以创新,才能获得持续的竞争力,从而保证自己的生存与发展。从这个角度讲,商业模式具有"点石成金"的功能。

总体而言,一个好的商业模式可以提高企业的盈利能力和盈利水平,形成企业的核心竞争力,使企业在竞争中赢得优势。它是企业成功的最关键因素,也是企业发展的重要保障。

三、新兴的商业模式

(一)B2B电子商务模式

代表:阿里巴巴。

关键词:在线贸易、信用分析、商务平台。

模式概述：阿里巴巴被誉为全球最大的网上贸易市场，不仅推动了中国商业信用的建立，也为广大的中小企业在激烈的国际竞争中带来更多的可能性。阿里巴巴汇聚了大量的市场供求信息，同时通过增值服务为会员提供市场服务。

难题：中国电子商务整体环境始终困扰着B2B电子商务模式的发展，信用管理问题也同样突出。

（二）娱乐经济新模式

代表：浙江卫视《中国好声音》。

关键词：娱乐营销、整合营销、事件营销。

模式概述：《中国好声音》构筑了独特的价值链条和品牌内涵。《中国好声音》通过全国海选的方式吸引能歌善舞、渴望创新的参赛者，突破了原有电视节目单纯依靠收视率和广告盈利的商业模式，植入了网络投票、短信、声信台电话投票等多个盈利点，并整合了大量媒体资源。赞助商、电信厂商和组织机构成为最大赢家。而在节目结束后，电视台所属的经纪公司又开始对部分选手进行一系列的包装、运作，进行品牌延伸营销。

难题：如同所有电视节目的规律一样，海选节目很容易进入疲劳区。消费者喜好的转移和市场的千变万化，是这类商业模式的"死穴"。

（三）新直销模式

代表：玫琳凯。

关键词：多层次直销。

模式概述：多层次人力直销网络是直销模式的根基，这张庞大的销售网上的每一个节点、每一个直销员，都具备经销商和消费者的双重身份。与面向终端消费者、以产品消费价值招揽顾客的常规企业不同，这种销售模式面向小型投资主体，招募他们为经销商，加入直销大军。

难题：政策约束和道德风险，是直销企业在中国发展的主要瓶颈。

（四）国美模式

代表：国美电器。

关键词：资本运作、专业连锁、低价取胜。

模式概述：家电在中国是成长性较好的商品之一，低价连锁的销售模式深得消费者的青睐。国美依靠资金的高周转率，以惊人的速度扩张，至今国美电器拥有几百家直营门店。国美的扩张速度是世界知名家电连锁百思买公司的4倍，利润主要来自供应商的返利和通道费。

难题：低价之外还需要更多的精细化管理，而凭借供应商的应收账款维持高速运转，不是长久之计。

（五）C2C电子商务模式

代表：淘宝网。

关键词：网上支付、安全交易、免费模式、网络营销。

模式概述：淘宝网以连续数年免费的模式，将最大的竞争对手置于被动地位，并吸引了众多网上交易的爱好者到淘宝开店。淘宝网还打造了国内先进的网上支付平台"支付宝"，其实质是以支付宝为信用中介,在买家确认收到商品前,由支付宝替买卖双方暂时保管货款的一种增值服务。

难题:消费环境尚不成熟,另外,网络支付的安全性也是挑战。

(六) 分众模式

代表:分众传媒。

关键词:新媒体、眼球经济。

模式概述:分众传媒商业价值来源于让等电梯的写字楼白领观看液晶屏广告,给广告主提供准确投递广告的新媒体。IZO 企业电视台有效地结合了网络、电视、视频通话技术,最先进的技术手段相互融合造就的高品质的即时互动多媒体整合平台,是架构在企业网站上最新的媒体广告方式。它能够在企业网站上将宣传片等内容透过视频窗口在线播放,让企业可以轻松透过声音、影像及文字随时随地享受与世界互动互通。网民通过搜索引擎寻找到企业网站,并观看企业电视,了解企业文化、产品介绍等资讯,受众完全是自主选择的,不带有任何强制性,这样的主动寻求而非被动接受使得受众更易产生兴趣及购买欲望。无论是对政府网站、城市门户网站还是数以千万的企业网站,IZO 企业电视台都是一个极佳的广告宣传平台,IZO 企业电视台被业内认为是唯一有望超越分众的网络新媒体。

(七) 虚拟经营模式

代表:耐克。

关键词:虚拟经营、外包。

模式概述:耐克公司把精力主要放在设计上,具体生产则承包给劳动力成本低廉的国家或地区的厂家,以此降低生产成本。这种虚拟制造模式使耐克得以迅速在全球拓展市场。近年来,耐克试图转变既有的产品驱动型的商业模式,进而发展成为通过全球核心业务部门的品类管理,推动利润增长的、以客户为中心的组织。

难题:由于中国各地 OEM(贴牌生产)厂商产能有限,供货商队伍过于庞大分散,品牌企业的经营和管理成本上升,对创业企业的管理能力也提出了挑战。

(八) 经济型连锁酒店模式

代表:如家。

关键词:酒店连锁、低价。

模式概述:如家未必是中国经济型酒店的"第一人",却是迅速地将连锁业态的模式运用于经济型酒店的革命者。由于快速地加盟、复制、扩张,如家快捷酒店及时地占据了区位优势,在众多的同行业竞争者中率先赢得华尔街的青睐,于 2006 年 10 月 26 日成功登陆纳斯达克。

难题:中国的不同城市差异巨大,难以在维持低成本运作的前提下,以相对统一的服务品质,保证在各个城市均获得成功;而众多的加盟店管理不善也会影响品牌形象。

(九) 网络搜索模式

代表:百度。

关键词:竞价排名、网络广告、搜索营销。

模式概述:搜索引擎彻底改变了人们的生活方式,其中竞价排名是搜索最主要的收入来源，百度的收入对竞价排名的依赖程度很高，实质类似于做广告，即客户通过购买关键词搜索排名来推广自己的网页，并按点击量进行付费。由于网页左右两边都包含有竞价排名的结果，搜索者很难清晰地辨别哪些搜索结果是付费的。

难题：单一搜索门户所采用的竞价排名商业模式，很容易影响搜索结果的客观性，造成用户的忠诚度下降。另外，如何识别无效点击或欺骗性点击，也是竞价排名搜索模式需要解决的问题。

第二节　商业模式构成要素

著名商学教授加里·哈默尔认为，商业模式具有四大关键要素，主要包括核心战略、战略资源、伙伴网络和顾客界面，如图4-1所示。

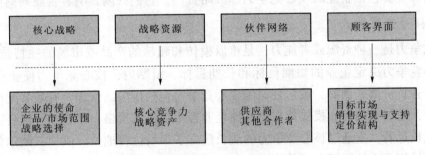

图4-1　商业模式的关键构成要素

一、核心战略

核心战略从企业的使命、产品/市场范围、战略选择等方面阐述如何与竞争对手进行竞争。

（一）*企业的使命*

企业的使命包括企业为什么存在、企业采用什么样的商业模式、企业需要实现的目标等。例如，成为世界上最成功的电脑公司是戴尔公司的使命，公司在其所服务的市场上传递最佳的顾客体验；把星巴克建成世界第一流的高品质咖啡店是美国星巴克公司的使命，公司成长的同时毫不妥协地维持企业利益；用热情、友善、自豪和充满企业精神的态度展现最高品质的顾客服务是美国西南航空公司的使命。在不同程度上，使命表达了企业优先考虑的事项，并设置了衡量企业绩效的标准。

（二）*产品/市场范围*

产品/市场范围定义了企业最为关注的产品和市场，也就是企业要确定自己的目标顾客群，并确定为顾客提供什么样的产品或服务。首先，产品的定位影响企业商业模式的选择。例如，亚马逊网站为网上书店而创建，现在已开始销售CD、DVD、珠宝盒、服装等其他产品，并且商业模式逐渐拓宽，涉及出版商之外的其他很多供应商和伙伴关系的管理。其次，市场范围也是核心战略的重要因素，例如，戴尔公司把企业客户与政府机构作为它的目标市场，Gateway电脑公司则把个人、小企业和首次购买电脑的客户看成目标顾客。

(三) 战略选择

企业选择的战略会对它的商业模式产生很大影响。成本领先战略要求商业模式专注于效率、成本最小化和大批量，强调以低单位成本为顾客提供标准化产品和服务，从而成为业内低成本经营企业。由于专注于低成本而非舒适性，成本领先的企业不会追求产品的新颖性。差异化战略要求商业模式集中于开发独特的产品和服务，满足顾客独特的需求，彰显其特色和优势，产品和服务的定价明显高于低成本战略。而且采用差异化战略的企业把大量精力和财力用于创造品牌忠诚度上，通过培养忠诚度而获得核心竞争力。目标集聚战略则要求企业选择业内一种或一组细分市场，并量体裁衣为这一细分市场服务，从而获得核心竞争力。

二、战略资源

战略资源主要包括企业的核心竞争力和战略资产，它们共同影响着企业的商业模式。

(一) 核心竞争力

核心竞争力是一种资源或者能力，是难以模仿和超越的产品或市场的独特技术或能力。企业的核心竞争力决定企业的短期目标和长期目标。短期内，核心竞争力使企业实现差异化，并创造独特价值。例如，戴尔公司的核心竞争力包括供应链管理、有效装配产品和服务于企业客户，所以它的商业模式使它能够向企业客户提供低价格、新技术、优良售后服务的计算机。从长远看，它通过核心竞争力的成长建立了市场优势地位。例如，戴尔公司已经建立了装配和销售个人计算机方面的核心竞争力，并开始将它们移向计算机服务和其他电子设备市场。

(二) 战略资产

战略资产是企业拥有的稀缺、有价值的事物，包括工厂和设备、位置、品牌、专利、顾客数据信息、高素质员工和独特的合作关系等。特别有价值的战略资产是企业的品牌，企业最终试图把自己的核心竞争力和战略资产综合起来创造可持续的竞争优势。

三、伙伴网络

资源短缺的新创企业更需要依赖其他合作伙伴才能发挥重要作用。戴尔公司利用自己装配计算机专业技术的差异化优势，从英特尔公司那里购买芯片，依靠联合包裹服务公司和联邦快递公司递送产品，在经营过程中寻找顶级的合作伙伴网络而取得成功。戴尔公司当然可以自己制造芯片，建立一个遍布全球的物流系统，但它在这方面不具有核心竞争力，不能实现利润的最大化，最佳选择是寻找一流的合作伙伴。企业的伙伴网络包括供应商和其他合作者。

(一) 供应商

供应商是向企业提供零部件或服务的企业。大部分企业有供应商，它们在企业商业模式的运作中起重要作用。传统企业一般有多个供应商，供应商之间是竞争关系，比谁的价格最优惠。如今，企业更多地将精力放在如何推动供应商高效率完成工作上。例如，戴尔公司使用高级软件保证与供应商的密切关系，以此来提高供应链的绩效。

（二）其他合作者

其他合作者包括合资企业、合作网络、社会团体、战略联盟和行业协会，它们都参与商业模式的有效运作。普华永道调查发现，美国超过半数的快速成长企业组建多元化的合作关系，保证自己的商业模式有效运作，给企业带来了更多的创新产品、更多有益的机会和高成长率。

虽然伙伴网络有诸多优点，但有研究发现，企业联盟的失败率比较高，多因计划设计不够完善、文化融合失败。合作关系也存在风险，也有潜在劣势，如专有信息丢失、管理复杂化、财务和组织风险、依赖伙伴的风险以及决策自主权部分丧失等。

四、顾客界面

顾客界面是指企业如何与顾客相互作用，与顾客相互作用的类型依赖于企业选择的竞争方式。表4-1列举了几家典型企业的顾客界面。

表4-1 企业采取的顾客界面

序号	公司名称	竞争方式
1	亚马逊	通过互联网销售书籍
2	巴诺书店	通过传统书店和网络两种途径来售书
3	戴尔公司	通过网络或电话直接销售计算机
4	惠普公司	通过零售商店销售产品
5	Gateway 电脑公司	通过网络和电话销售产品

对新创企业来说，顾客界面包括目标市场、销售实现与支持、定价结构三个因素。

（一）目标市场

著名的市场营销学者麦卡锡提出应当把消费者看作一个特定的群体，称为目标市场。营销大师科特勒给出的定义是：所谓目标市场，就是指企业在市场细分之后的若干"子市场"中，所运用的企业营销活动之"矢"而瞄准的市场方向之"的"的优选过程。因此，目标市场是企业在某个阶段追求或尽力吸引的个人或企业群体。目标市场将影响企业获得战略资产、培育合作关系以及开展推广活动等，使企业能够将营销和推广活动聚焦，并且能够专注于与特定市场匹配的核心竞争力。

由于企业能够生产的产品是有限的，产品一般也只能满足社会中一部分人的需求，而消费者的需求是无限的，所以，企业应该按消费者的特征把整个潜在市场细分成若干部分，根据产品本身的特性，在市场细分的基础上选择某部分或几部分消费者群体作为目标市场。例如，现阶段我国城乡居民对手机的需求，可分为高档、中档和普通三种。调查表明，33%的消费者需要物美价廉的普通手机，52%的消费者需要使用质量可靠、价格适中的中档手机，16%的消费者需要美观、轻巧、耐用、高档的手机。手机生产厂家中大都以中档、普通手机为生产营销的目标，因而市场出现供过于求。如果某一手机厂家选定16%的消费者目标，优先推出质优、价格合理的新型高级手机，就会受到部分消费者的欢迎，从而迅速提高市场占有率。企业目标市场选择的基本要求有三点。

第一，组成细分市场的消费者群体具有类似的消费特性。

第二，细分市场尚未被竞争者控制、垄断，企业能够占领市场。

第三，细分市场有一定的购买力，企业可以获得更多的利润。

通过市场细分，有利于明确目标市场；通过市场营销策略的应用，有利于满足目标市场的需要。即目标市场就是通过市场细分后，企业准备以相应的产品和服务满足其需要的一个或几个子市场。

（二）销售实现与支持

销售实现与支持即企业如何将产品或服务推入市场，如何送达顾客。它对企业商业模式的形式与特征影响重大。

假定有一家新创企业开发出一项移动电话技术，并为此申请了专利。企业在如何把该技术推向市场的问题上有三种选择。

第一，将技术以特许经营方式转让给现有移动电话企业，如苹果公司和三星公司。

第二，自己生产移动电话，并建立自己的销售渠道。

第三，与某个移动电话公司合作生产，并通过与移动电话服务提供商的合作关系来销售电话。

由此可见，企业销售实现与支持影响企业的商业模式。如果企业将技术进行特许经营，就需要建起"高研发支持"的商业模式，需要不断获得领先技术，并向移动电话制造商要求授予特许权；如果决定自产手机，就一方面需要加强制造和设计方面的核心竞争力，另一方面需要加强与手机零售商的合作关系，此外，还需要实现产品和服务差异化，通过高水平的服务和支持向顾客提供附加价值。

（三）定价结构

成功的企业需要计划周密地建立一个强有力的定价基础架构，它能支撑和维持卓越的定价职能。

第一，要建立一个最关键的定价流程。很多企业做出关键定价决策的流程是随意的，甚至是被动的，缺乏做出定价决策前期的基础分析，而导致定价决策缺少结构性和系统性。

第二，确定"拥有"和运行定价权的主体机构。这个机构要保持对绩效管理的持续关注，在考虑整个企业战略的情况下改进其定价绩效，同时负起达到或超过预期目标的责任。

第三，要有一套完善的定价系统和工具，使定价流程便于操作。按照流程、组织、绩效管理、系统和工具的先后顺序实施定价管理，增强了定价的科学性和合理性。

定价决策以及定价流程，会因为不同的企业和行业而大相径庭。例如，一家商业性化学制品企业会着重考虑行业的供需关系，使产品价格与市场水平保持一致。一个消费电子产品制造商会重点关注客户价值，利用焦点小组和其他最优选择的定价信息来制定和调整其价格表。一个工业零部件制造商会重点关注对不同的产品和批量给予价格折扣的管理规则和政策。

企业的定价结构随定价原则、目标市场的变化而变化。定价决策时，还要关注特殊的价格要求或例外情况，而这种定价管理往往容易失控。为了更有效地管理和控制易失控的例外定价，企业可以创建先进的流程来审核它们。利用积极有效的"价格审核组"，对要求实行例外价格的申请进行严格的评估把关,跟踪它们的频度和程度,分析交易的经济性,并向卖方提供符合现行价格水平的实际指导价。

总之,新创企业必须全面审视自己,重视商业模式的作用,根据自身核心战略及资源优势构建商业模式。

第三节 商业模式的创新与设计

一、商业模式的创新

(一)商业模式创新的概念

熊彼特认为创新包括产品创新、工艺创新、市场创新、供应链创新和组织管理创新等。其中市场创新、供应链创新和组织管理创新皆有可能纳入商业模式创新的范畴。

商业模式创新可以从不同的角度进行界定。

1. 从客户价值角度定义商业模式创新

米切尔认为,商业模式创新的目标是以最合适的方式提供给客户产品或服务,并剔除客户不需要的东西。该过程可以发生在各个经营环节,包括客户服务、市场营销、广告或公司与客户的交互方式等。

迈克尔·莫里斯等认为,商业模式具有生命周期,包括规范期、强化巩固期、适应期、修正期和再造期。企业的商业模式是从基础层向特有层、规则层演进,同时随着内外环境的变化,随时做出调整。

玛格瑞塔将商业模式创新与价值链理论相结合,认为新的商业模式都是对现有价值链的调整,也即对价值链中与制造有关的商业活动和与销售有关的商业活动的创新。

因此,从客户价值角度定义的商业模式创新是指推出新的或修改旧的为客户解决问题的方案,目的是实现在未来竞争环境下的工艺技术或产品创新,为客户创造更多的价值。

2. 从商业模式的构成要素来定义商业模式创新

米切尔和科尔斯从商业模式的基本构成要素"5W2H"等方面来论述商业模式创新,认为从商业模式的利益相关者(Who)、所提供的产品或服务(What)、何时提供(When)、哪里提供(Where)、企业存在原因(Why)、交易方式(How)及价格支付(How Much)七个方面界定商业模式创新。

根据商业模式构成要素变化的范围和程度,分为商业模式改进、商业模式变革和商业模式创新,如表4-2所示。

表4-2 按商业模式构成要素变化的范围和程度划分

根据商业模式构成要素变化的范围和程度划分	商业模式改进	七个要素中仅某一方面有变化且能提高公司当前的销售量、增加公司的利润
	商业模式变革	七个要素中至少有四个构成要素进行了改进
	商业模式创新	全新的或行业内未曾应用过的商业模式

尽管学者对商业模式改进、变革、创新进行了详细划分，但实际上，商业模式的改进、变革、创新的边界还是比较模糊的。米切尔等的划分实际上仅仅表明商业模式变革或创新涉及多个要素的协同变化。例如，米切尔等认为并非所有商业模式的变化都形成商业模式创新，如果新的商业模式能以前所未有的方式提供产品、服务给客户或最终的消费者，那么它才是真正意义上的商业模式创新。

所以，商业模式创新是指把新的商业模式投入企业的生产经营之中，进而为客户和企业创造新增价值。"新"的商业模式，在构成要素方面不同于已有的商业模式，也可能是在要素间关系或者机制方面不同于已有的商业模式。

例如，基于网络的市场、宜家家居自我组装家具的模式、戴尔的定制电脑服务、宝马 MINI Cooper 跑车的个人定制以及莎拉的持续产品线更新等都已跨越了单纯的产品和工艺创新，而是以一种持续的盈利方式，推动公司从一个或多个维度来创造新的价值。

（二）商业模式创新基本类型

德布林咨询公司在研究了近 2 000 个最佳创新案例后，得出以下 10 种基本创新类型。

1. 盈利模式创新

盈利模式创新指的是公司寻找全新的方式将产品和其他有价值的资源转变为现金。这种创新常常会挑战一个行业关于生产什么产品、确定怎样的价格、如何实现收入等问题的传统观念。溢价和竞拍是盈利模式创新的典型例子。

2. 网络创新

在当今高度互联的世界里，没有哪家公司能够独自高质量完成所有事情。网络创新让公司可以充分利用其他公司的流程、技术、产品、渠道和品牌。悬赏和众包等开放式创新方式是网络创新的典型例子。

3. 结构创新

结构创新是通过采用独特的方式组织公司的资产（包括硬件、人力或无形资产）来创造价值。它涉及从人才管理系统到重新固定设备配置的方方面面。结构创新的例子包括建立激励机制，鼓励员工朝某个特定目标努力；实现资产标准化，从而降低运营成本；创建企业大学以提供持续的高端培训等。

4. 流程创新

流程创新涉及公司主要产品或服务的各项生产活动和运营。这类创新需要彻底改变以往的业务经营方式，使公司具备独特的能力，高效运转，迅速适应新环境，并获得领先市场的利润率。

5. 产品性能创新

产品性能创新是公司在产品或服务的价值、特性和质量方面进行的创新。这类创新既涉及全新的产品，也包括能带来巨大增值的产品升级和产品线延伸。产品性能创新常常是竞争对手最容易效仿的一类。

6. 产品系统创新

产品系统创新是将单个产品和服务联系或捆绑起来创造出一个可扩展的强大系统。产品系统创新可以建立一个吸引并取悦顾客的生态环境，并且抵御竞争者的侵袭。典型案例是宝洁公司。

7. 服务创新

服务创新保证并提高了产品的功用、性能和价值。它使一个产品更容易被试用和享用，为顾客展现了他们可能会忽视的产品特性和功用，能够解决顾客遇到的问题并弥补产品体验中的不愉快。海底捞火锅是典型案例。

8. 渠道创新

渠道创新包含了将产品与用户联系在一起的所有手段。虽然电子商务在近年来成为主导力量，但实体店等传统渠道在创造身临其境的体验方面还是很重要的，充分利用渠道创新发掘多种互补方式将产品和服务呈现给顾客是非常必要的。

9. 品牌创新

品牌创新有助于保证顾客识别、记住企业的产品或服务，并在面对企业竞争对手的产品或替代品时选择该企业的产品或服务。好的品牌创新能够提炼一种"承诺"，吸引消费者并传递一种与众不同的身份感。

10. 顾客契合创新

顾客契合创新是要理解顾客和用户的深层愿望，并利用这些了解来发展顾客与企业之间富有意义的联系。顾客契合创新开辟了广阔的探索空间，帮助人们找到合适的方式把自己生活的一部分变得更加难忘、富有成效并充满喜悦。

通常情况下，只选择一两种创新类型的简单创新不足以获得持久成功，尤其只是产品性能创新，很容易被模仿和超越。因此，企业需要综合应用多种创新类型，才能打造可持续的竞争优势。

（三）商业模式创新的要点

在全球化、开放式网络背景条件下，创新商业模式越来越艰难，商业模式创新需要注意三个要点。

1. 理解商业模式的本质与具体内涵

商业模式本质上是企业为客户创造并传递价值，即企业在一定的价值链中如何为客户提供产品和服务，并使企业自身获取利润的"商业逻辑"。商业模式的具体内涵是"整体解决方案"；是企业为了实现客户价值的最大化和企业利润的最大化，把能使企业有效运行的各种要素整合起来，形成完整、高效、具有独特竞争力的运营系统，并通过提供产品和服务而使该系统持续实现盈利目标的一套"整体解决方案"。

只要从"商业逻辑"和"整体解决方案"出发，去思考具体业务的相关要素和需要解决的问题，创新创业者就有可能设计出可行的商业模式。

2. 善于把握"由简到繁"的设计过程

较为抽象地看，商业模式由四个部分构成：一是客户价值，即企业可能给客户创造和传递的价值；二是价值创造方式，即企业为客户创造价值的商业途径与方式；三是价值传递的商业途径与方式；四是企业通过为客户创造并传递价值而使自己获取利润的商业途径与方式。要使从这四个方面考虑设计的商业模式达到可以实施的程度，必须具体化为整体解决方案。

首先，客户价值即客户的需求和满意程度。企业在满足客户现在需求的同时还要激发客户的潜在需求，需要借助价值工程的方法将企业产品或服务的功能与客户的需求连接起来，并尽可能地创造"消费者剩余"。

其次,价值创造及价值传递的商业途径与方式的设计应为企业内部的价值链和外部价值网络。其中,企业内部价值链的设计是企业生产经营的各种要素的逻辑化配置;企业外部价值网络的设计是企业外部价值网络的各个节点及其与企业内部价值链的关系的逻辑化配置。

企业通过为客户创造并传递价值,而使自己获取利润的商业途径与方式,是商业模式设计的难点。不仅要考虑企业内部价值链的每个环节需要成本、效率和新增的价值,同时还要考虑企业外部价值网络的每个节点,其他利益相关者期望得到的利益,从各个节点上得到的利益综合之后,这才有可能获得期望的利润。

3. 适时根据商业模式的变化调整企业的价值链与价值网络

调整企业的商业模式,本质上是调整企业的商业逻辑,具体是调整企业内部价值链与企业外部的价值网络以及二者之间的关系。企业内部价值链既要调整基本价值创造活动,也需要相应调整辅助价值创造活动。企业外部价值网络的调整,除了调整外部价值网络上的节点,还需要调整各节点之间的关系。

二、商业模式的设计

(一) 商业模式的设计步骤

1. 界定和把握利润源(顾客)

界定和把握利润源(顾客)的需求后寻求产品在市场中的最佳定位,是设计商业模式的第一步工作。

企业利润源是购买企业商品或服务的顾客群。企业顾客群分为主要顾客群、辅助顾客群和潜在顾客群,是企业利润的唯一源泉。

设计商业模式的时候,首先需要分析利润源(顾客)的需求,为产品寻找能够比较容易呈现价值的顾客群,决定为谁创造价值。一般来说,企业盈利的难度并非技术与产品,而主要在顾客端,有时把握好企业顾客的一点点需求,也可能产生巨大的顾客价值。其次分析顾客群的规模,没有足够的顾客群规模,企业的业务规模必然受到局限。最后是对顾客群的需求和偏好变化做深入的跟踪、认识和了解,以保证顾客群的稳定。

2. 不断完善企业利润点

利润点是指企业可以从目标顾客购买的产品或服务中获取利润。利润点决定了企业为顾客创造的价值以及企业的主要收入及其结构。

好的利润点是顾客价值最大化与企业价值最大化的结合点。为了实现利润点的最大化,商业模式的设计一是要针对目标顾客的需求偏好,二是要为目标顾客创造价值,三是要为企业创造价值。企业产品和服务缺乏顾客针对性和不创造利润都不可能产生理想的利润点。

3. 构筑商业模式内部运作价值链

企业内部运作价值链是商业模式设计与完善的重要内容,它决定产品或服务是否为企业带来价值。构筑商业模式内部运作价值链通过企业利润杠杆来实现,主要包括组织与机制杠杆、技术与装备杠杆、生产运作杠杆、资本运作杠杆、供应与物流杠杆、信息杠杆、人力资源杠杆等。这些内部运作活动可以清楚界定企业内部运作的成本以及计划实现的利润目标。

目前很多企业意识到在企业内部价值链上,所有环节都具有竞争力是基本不可能的,也许只能在价值链的某一两个环节具有高度竞争力。企业要抓住这些优势环节，把企业定位在此环节，将其他部分以签约方式外包给更有优势的公司，从而使利润杠杆更加有力。同样，产品利润杠杆不同，产品的成本也各不相同，最终导致赚钱或亏损。

4. 疏通拓宽利润渠，构筑商业模式外部运作价值链

利润渠，即企业向顾客供应产品和传递产品信息的渠道，是商业模式得以正常运作必不可少的外部价值链。产品或服务的价值传递是企业把产品和服务传递给目标客户的分销和传播活动，目的是便于目标客户方便地了解和购买公司的产品或服务。

5. 建立有效的利润屏障

利润屏障是企业为防止竞争者掠夺本企业的目标客户，保护利润不流失而采取的战略控制手段。利润杠杆是撬动"奶酪"为我所有，利润屏障是保护"奶酪"不为他人所动。

比较有效的利润屏障主要有建立行业标准，控制价值链，树立行业领导地位，构建独特的企业文化，建立良好的客户关系、品牌、版权、专利等。

商业模式也是一种创造利润的思维方式，创造利润的方式很多，但企业的主导思维架构将决定最终的唯一商业模式。未来具有极不确定性，市场信息也无法全盘取得，因此没有一个商业模式能确保未来利润一定实现，也就是说，商业模式要随环境变动而适时调整，在执行时保持高度的弹性。

（二）商业模式的检验与评价

1. 商业模式的检验

成功的商业模式一定是一种有效的盈利模式，必须经受逻辑检验和盈利检验。

（1）逻辑检验

逻辑检验就是从直觉的角度考虑商业模式描述的逻辑性，判断其隐含的各种假设是否符合实际，重点在四个方面。

第一，谁是我们的顾客。

第二，顾客重视的价值是什么。

第三，商业参与各方的动机和目的是什么。

第四，我们商业模式的与众不同之处是什么。

通过分析以上商业模式的基本逻辑是否符合常识、商业模式的潜在优势和限制因素可以判断出商业模式的逻辑是否顺畅。

（2）盈利检验

第一，基于损益表的检验。

第二，基于资产负债表的检验。

第三，商业怎么实现良性循环。

第四，瓶颈在什么地方。

对市场的规模和盈利率、消费者的消费行为和心理、竞争者的战略和行动进行分析和假设，从而估计出关于成本、收入、利润等量化的数据，评价商业模式的经济可行性。当测算出的损益达不到要求时，则该商业模式不能通过盈利检验。

2. 商业模式的评价

一个具有吸引力、成功的商业模式，通常需要具备某些能够创造价值与竞争优势的特点,而这些特点往往影响着创业企业的成功与否,是商业模式评价不可忽略的重要因素。

(1) 商业模式的适用性

适用性是指商业模式的独特性,是商业模式的首要前提。由于企业自身情况千差万别,市场环境变幻莫测,商业模式必须突出一个企业不同于其他企业的独特性。这种独特性表现在它怎样为自己的企业赢得顾客、吸引投资者和创造利润。严格地说,一个企业的商业模式应当仅仅适用于自己的企业,而不可能为其他企业原封不动地搬过去。商业模式最终体现的是企业制度和最终实现方式。从这个意义上说,商业模式没有好坏之分,只有是否适用的区别。适用的就是好的,适用较长久的就是更好的。

(2) 商业模式的有效性

有效性是商业模式的关键要素。在经济全球化、信息化的今天,无论哪个行业或企业,都不可能有一个万能的、单一的、特定的商业模式,用来保证自己在各种条件下均产生优异的经营业绩。因此,评价商业模式的好坏,最根本的一条在于它的有效性。可以理解为,有效的商业模式是企业在一定时期、一定条件下,能够选择的为自己带来最佳效益的盈利战略组合。根据埃森哲咨询公司对七十家企业的商业模式所做的研究分析,有效的盈利战略组合应当具有三个共同特点。

第一,它必须能提供独特价值。在一些时候,这个独特价值可能是新的思想,而更多的时候,它往往是产品和服务独特性的组合。这种组合要么可以向客户提供额外的价值,要么使客户能用更低的价格获得同样的利益,或者是用同样的价格获得更多的利益。

第二,它必须难以模仿。企业通过确立自己与众不同的商业模式,如对客户的悉心照顾、无与伦比的实力等,使其他企业难以复制和模仿,从而构成企业的核心竞争力,形成企业的竞争优势。

第三,它必须脚踏实地。脚踏实地就是实事求是,就是把商业模式建立在对客户行为的准确理解和把握上。

所以,有效的商业模式是丰富和细致的,并且它的各个部分要互相支持和促进,改变任何一个部分,它就会变成另外一种模式,可能影响它的有效性。

(3) 商业模式的前瞻性

前瞻性是商业模式的灵魂所在。商业模式是与企业的经营目的相联系,一个好的商业模式要和企业战略目标相结合。商业模式实际上就是企业为达到自己的经营目的而选择的运营机制。企业的运营机制反映了企业持续达到其主要目标的最本质的内在联系,企业以营利为目的,它的运营机制必然突出确保其成功的独特能力和手段来吸引客户、雇员和投资者,在保证营利的前提下向市场提供产品和服务。但是,仅仅如此是不够的,因为这只是商业模式的"现在式",而商业模式的灵魂和活力则在于它的"将来式",即前瞻性。也就是说,企业必须在动态的环境中保持自身商业模式的灵活反应、及时修正、快速进步和快速适应。一句话,就是具有长久的适用性和有效性,以达到持续营利的目的。

(三) 商业模式七问

一般情况,可以参照以下七个问题,分析评估创业项目商业模式存在的问题与风险,并在此基础上对商业模式进行设计和完善。

1. 客户的"转移成本"有多高

转移成本是指客户从一个产品（或服务）转移到另一个产品（或服务）所需的时间、精力或者金钱。"转移成本"越高，客户就越忠实于某项产品（或服务），不会轻易去选择竞争对手的产品（或服务）。

2. 商业模式的扩展性怎样

扩展性是指在没有增加基本成本的情况下，能比较容易地拓展商业模式，赢得利润。一般而言，基于软件和互联网的商业模式有着天然的扩展性，但是即使如此，数字领域的商业模式仍然有很大的区别。

3. 能否产生可循环的经济价值

人类的一切活动在本质上都是价值的运动，都是价值不断转化、不断循环、不断增值的过程，商业活动更是如此。商业模式的设计本身就是一个创造价值、传递价值、获取价值，然后再创造、传递、获取更多价值的一个价值循环过程。也就是说，一个好的商业模式可以源源不断地创造价值、获取价值，实现价值循环。比如，买一个打印机，就需要持续购买墨盒。还有吉列的商业模式就是一个非常好地实现了价值循环的商业模式。

4. 是否可以在你投入之前就赚钱

毫无疑问，每个创业者都希望在投入之前就获得收入。戴尔就把这种模式运用到电脑硬件设备制造的市场上。通过直销建立的装配订单，避免硬件市场的库存积压成本。戴尔取得的商业业绩显示了其在投入之前就赚钱的力量。

5. 怎么样让用户为你工作

这可能是商业模式设计上最具有杀伤力的武器。在传统的市场上，宜家就让用户自己组装在它那里购买的家具，用户干活儿，他们赚钱。

6. 是否具有高壁垒，以防止竞争对手模仿

优秀的商业模式可以使企业保持长时间的竞争优势，而不仅仅是提供一个优秀的产品。苹果主要的竞争优势来自其商业模式而不是单纯的产品创新。

7. 是否建立在改变成本结构的基础上

降低成本是商业实践中的长期追求，有的商业模式不仅能降低成本，并且创造了一个与以往完全不同的成本结构。

当然没有一个商业模式设计能一一对应以上七个问题并且得到满分。对创业者而言，时刻用这七个问题提醒自己，无疑有助于让企业保持长久的竞争力。

三、商业模式的设计方法

（一）基于产品和服务的商业模式设计方法

基于产品和服务的商业模式，即企业通过向市场提供相应的产品和服务进而来获得竞争优势和企业利润。从产品和服务出发来设计企业的商业模式，根据行业、产品、顾客需求及企业的战略选择等不同切入点，商业模式有多种设计方法，诸如客户解决方案模式、独特产品模式、基础产品引领模式、定制模式、低成本模式等。

1. 客户解决方案模式

客户解决方案模式即企业以客户为出发点，以一整套的服务和解决方案而不是以单纯的产品来满足客户的需求，进而提升客户价值。对供应商来说，发展客户关系的初期是净投入，但后期利润较大。创业企业可以通过对客户的分析，了解到客户如何购买、使用产品和服务，以及客户在这一过程中所支付的经济成本、时间成本、所遇到的困扰，然后有针对性地设计个性化的客户解决方案，进而帮助客户克服遇到的困难，完成购买决策与购买过程。企业通过为客户提供相应的解决方案，就可能掌握大量客户的详细资料，并与客户建立友好的伙伴关系，同时更为迅速地满足客户的需求。

2. 独特产品模式

独特产品指企业具有非同一般的工艺流程、配方与原料，特别是核心技术能够提供市场长期需要的独特产品。独特产品模式也是差异化战略的实现形式。

鉴于该模式的独占性特点，掌握独特工艺流程、配方与原料、核心技术、产品的企业可能获得相当高的利润。例如，掌握祖传秘方、获得和使用难度很大的新产品的研发与设计技术等，都具备获得相当高的利润的机会。国内典型的例子是山东东阿集团，该企业依靠独特的熬制工艺技术，并运用现代科学工艺将古方予以改进，获得了较大的商业成功。

3. 基础产品引领模式

基础产品引领模式是企业推出一种基础产品之后，通过各种方式吸引最大顾客群，借助该产品带动后续产品，从后续产品中获取长期利润的经营模式。不少采取基础产品模式的企业，基础产品的销售额或利润并不高，但其后续产品的利润极为丰厚。例如，前些年一些企业以照相机为基础产品，尽管照相机并没有多少盈利，但照相机的销售带动了胶卷市场的发育。再如，已经破产的柯达公司原来的基础产品是冲印设备，其利润相当微薄，但后续相纸和冲印套装销售给公司带来了极为丰厚的利润。柯达曾实施过仅花99元就可以拥有一台相机的"相机播种计划"，但配套的单个MAX400胶卷的零售价达到了26元，套装的购买者让柯达得益无穷。又如，一些软件企业低价推出基础软件产品，带动了软件升级产品及维护服务市场的发育。吉列公司推出了刮胡刀架，以其带动了刀片市场的成长。

基础产品引领模式能否成功的关键，在于能否建立具有持久市场的基础产品，以便带来更多的后续产品的销售和更为丰厚的产品利润。

4. 定制模式

定制模式是一种针对不同的用户群提供不同的产品和服务的一种商业模式，是提升客户黏性的重要手段。在产品慢慢同质化的今天，提供定制化的产品和服务可以让客户对产品和服务产生不一样的感受。客户在购买产品和服务的同时，获得的不仅仅是一个产品和服务，而是私人定制后全方位的服务。

定制模式是经济发展到一定阶段必然出现的产物。因为随着用户基数的扩大，不同用户的需求也开始变得不同，只有针对不同的用户群提供不同的产品和服务，才能提升他们对产品和服务的忠诚度。定制模式可以通过大规模生产制造个性化定制产品来实现，也可以推出全私人化的定制。

5. 低成本模式

低成本模式就是通过批量化、精细化管理等多种途径，尽可能降低企业的生产运营成本，从而降低产品和服务的价格，获得市场占有率的商业模式。实施低成本模式，要注意不能因为低成本而降低产品和服务的质量，降低用户体验度，否则将得不偿失。

（二）基于品牌的商业模式设计方法

1. 品牌

品牌是人们对一个企业及其产品、售后服务、文化价值的一种评价认知，是一种信任。品牌也是企业的一种荣誉。品牌简单地讲是指消费者对某个企业的产品甚至企业的认知程度，如表4-3所示。

表4-3 品牌相关的概念

序号	名词	定义
1	品牌	含义和实质是其价值、文化和个性，也是一种商业用语。品牌注册后形成商标，企业即获得法律保护，拥有其专用权
2	知名品牌	是企业长期努力经营的结果，是企业的无形载体
3	品牌名	品牌中可以读出的部分，是词语、字母、数字或词组等的组合
4	品牌标志	品牌中不可以发声的部分，包括符号、图案或明显的色彩或字体

品牌的价值包括用户价值和自我价值两个部分，如表4-4所示。品牌的用户价值取决于内在三要素，品牌的自我价值则取决于外在三要素。

表4-4 品牌的价值

品牌的价值	用户价值要素	品牌的内在三要素	品牌的功能
			品牌的质量
			品牌的价值
	自我价值要素	品牌的外在三要素	品牌的知名度
			品牌的美誉度
			品牌的普及度

2. 品牌的分类

品牌可以依据不同的标准划分为不同的种类，如表4-5所示。

表4-5 品牌的划分

根据品牌的辐射区域划分	地区品牌	在一个较小的区域之内生产销售的品牌，这些产品多在一定范围内产销，辐射范围不大，主要受产品特性、地理条件或某些文化特性影响	地方戏和地方特色产品
	国内品牌	国内知名度较高、在全国销售的产品	海尔家电、红塔山香烟、娃哈哈饮料
	国际品牌	在国际上知名度、美誉度较高，辐射全球的品牌	可口可乐、麦当劳、万宝路、奔驰、微软

续表

根据品牌产品生产经营的环节划分	制造商品牌	制造商为生产制造产品而设计的品牌	索尼、奔驰、长虹
	专业经销商品牌	经销商根据自身发展需求创立的品牌	王府井百货
根据品牌来源划分	自有品牌	企业自己创立的品牌	苹果、永久、全聚德
	外来品牌	企业通过特许经营、兼并收购等取得的品牌	联合利华收购北京"京华"品牌，中国香港迪生集团收购法国品牌 S. T. Dupont
	嫁接品牌	通过合资、合作等形成的带有双方品牌特质的新品牌	海尔的"琴岛—利勃海尔"

3. 品牌引导的商业模式

品牌引导的商业模式，即紧紧围绕品牌塑造而设计的商业模式，主要途径是致力于提高本企业品牌的知名度、信誉度和顾客忠诚度。品牌模式能够提炼一种"承诺"，吸引消费者并传递一种与众不同的身份感，从而提升消费者的忠诚度和黏度。品牌模式有助于保证顾客和用户识别、记住企业的产品和服务，并在面对企业竞争对手的产品或替代品时始终如一地选择原来企业的产品和服务。

中国企业的品牌塑造起步较晚，但已给不少企业带来了广阔的市场和丰厚的利润。客户认可某个企业的产品后，用户使用"品牌"公司产品和服务的经历，可通过"口碑效应"影响更多的客户，从而进一步助推品牌企业的知名度。当更多客户愿意为该品牌的产品支付高价时，品牌效应即可能转化为品牌企业的丰厚利润。采用该模式的企业，需要重金投资于品牌营销，以增加公众对自己品牌、产品的了解，获得认同，赢得信任和信誉，增强客户对产品的信任和依赖程度。当然，前提是该企业的产品质量优异，否则，就可能使该企业的营销投资颗粒无收。例如，"脑白金"上市之初很不被看好。继"三株事件"之后，保健品市场一直萎靡不振，消费者信心受到重创。虽然如此，"脑白金"仍大把砸钱，从中央台到地方台，从楼宇海报到车载广告，无孔不入，对消费者进行狂轰滥炸式的宣传。可以说，"脑白金"推出之初一直亏损，但品牌的知名度短时间内迅速得到提升。最终在低迷的保健品市场杀出了一片天地，迅速提升了销售量，使投资迅速得到了回报。由此可见，着力于本企业的品牌塑造是企业成长的必由之路之一。

4. 品牌引导的商业模式设计的要点

（1）专注于少数品牌的塑造

品牌是用以识别生产或销售者的产品或服务。品牌的塑造是长期努力的结果过程。但因企业资源具有有限性，故在一定时期内，特别是初创企业只能专注于少数品牌的塑造。反之，如果企业力求塑造过多品牌，很可能无法实现知名品牌。烟草行业有两个典型的案例，云南玉溪烟厂聚焦于"红塔山""玉溪"等少数品牌的塑造，这些品牌在中国烟草市场如日中天。而另一家烟厂有120多个品牌，结果这家烟厂没有一个品牌成为知名品牌。

(2) 关注品牌塑造中的风险

企业创立品牌后,由于市场的不确定性,品牌的价值可能增加,也可能萎缩,甚至某些品牌还会因竞争而被挤出市场,所以品牌塑造过程具有一定风险性。企业必须定期评估品牌,对于市场价值萎缩的品牌,尽快发现市场价值萎缩的原因,积极采取措施加以调整;对于预期价值难以提升的品牌则应选择放弃,专心塑造市场价值正在提升的品牌。

(3) 加强品牌的无形资产管理

企业在凭借品牌的特定优势不断获取利益的同时,要持续拓展市场,加强品牌的无形资产管理。但企业专注于赚取利润,不能实现品牌无形资产的管理,品牌的诸多价值也无法实现。1994年,世界品牌排名第一的美国可口可乐,其品牌价值为359.5亿美元,相当于其销售额的4倍;1995年,可口可乐的品牌价值即上升到390.50亿美元;1996年又上升为434.27亿美元。这与可口可乐重视品牌的无形资产属性具有很大关系,他们采取了诸多有效的措施来管理品牌,从而在该品牌旗下产品的市场得以扩大的同时,也使可口可乐的品牌价值持续提升。

(4) 关注品牌的直接与间接载体

品牌不是独立的实体,不占有空间,必须有物质载体,并且需要通过一系列的物质载体来表现自己。品牌的直接载体主要是文字、图案和符号,间接载体是产品的质量以及相关服务、知名度、美誉度、市场占有率等。没有物质载体,品牌无法得以表现,更不可能达到品牌的传播效果。"可口可乐"的文字使人们联想到其饮料的饮后效果,红色图案及相应包装便于识别。"麦当劳"的黄色"M"给人独到的视觉效果。这些都是值得创业者借鉴的。

(5) 善于防范和抵御其他企业的侵权行为

品牌拥有者经过法律程序的认定,享有对本企业品牌的专有权,当其他企业或个人仿冒和伪造该企业的品牌、伤害该企业的市场利益时,品牌拥有者有权申请依法保护。近年来,我国不少企业的品牌在国外被抢注。例如,"红塔山"在菲律宾被抢注,国内100多个品牌在日本被抢注,180多个品牌在澳大利亚被抢注。这就提醒创业者,要善于防范和抵御其他企业的侵权行为。

(三) 基于价值链的商业模式设计方法

价值链分析是设计商业模式的重要方法。从价值链的基本思想出发,商业模式应该是企业价值链上某几个"战略环节"的组合。企业通过战略环节的创新和其他环节的衔接与配合,使自己所创造出的价值大于所耗费的成本,或大于企业的商业模式创新之前的价值。

1. 从价值链出发定位商业模式

从价值链出发定位企业的商业模式,是指企业从当前市场环境和自身优势出发,通过分析整个产业价值链上的价值创造活动,来确定自己在产业价值链中的有利位置,明确今后的发展方向和商业模式。

"外包"是价值链定位模式的一种,即企业将其非核心业务或职能活动进行分拆、剥离,进而外包交由合作企业来完成,而自己只保留那些核心价值活动,即保留具有竞争优势、难以被模仿的价值活动,保留自己具有相对优势的价值活动,以获得比单纯利用内部资源更多的竞争优势。该模式的原则,就是企业从事非核心价值活动的总成本高于其通过价值链分拆、职能外包的总成本。通过这种模式,企业可以与伙伴企业之间在资源、要素和能力等方面优势互补,提高企业的敏捷性和柔韧性,提升企业的利润水平。

典型的例子是著名鞋业公司"耐克",该公司分析了其产业价值链,随之重点定位于"产品设计"和"品牌营销推广"两个环节,而把产品生产进行外包,由此成为运动用品行业的佼佼者。无独有偶,知名汽车制造商劳斯莱斯,该企业1972年即将其汽车生产环节给了宝马公司,而自己专注于研发和服务,同时将涡轮发动机等动力系统的核心技术紧紧地握在自己手中,其品牌知名度和信誉度依旧保持。国内的知名服装企业杉杉集团,很早就不做生产了,而是专注于品牌经营和管理。目前该企业手中的品牌达十几种,不乏意大利、法国等国际知名大品牌。这种定位使杉杉集团从极为普通的服装生产企业,一跃成为高水准的专业服装研发和设计企业,在国际市场上也有了自己的地位。与前述业务外包相反的是OEM,即本企业专门接受别的企业发包的外包业务。

2. 通过价值链延展设计商业模式

通过价值链延展来设计企业的商业模式,即在本企业价值链的基础上,通过延伸其两端的价值活动,向上游供应商或下游销售商方向整合和延伸。这种商业模式设计方法,本质上是将原来在本企业之外的价值活动纳入本企业的经营范围,这不仅会增加本企业的价值活动,而且会扩大本企业与利益相关者的关系网络,包括企业间的合作关系,由此可节约大量的交易费用(诸如信息搜寻与谈判成本等),提高企业的整体反应能力与效率,增强企业的竞争实力和盈利能力,如表4-6所示。

表4-6 通过价值链延展设计商业模式方法

方法	内容	典型案例
前向一体化	将渠道价值链和顾客价值链上的价值活动纳入企业的价值链,成为企业内在的价值活动的一部分	可口可乐公司
后向一体化	将供应商的价值链纳入生产商的价值体系,实现原材料的自给自足,提高原材料的质量	麦当劳公司
混合一体化	同时向产业价值链的上端和下端延伸,以控制原材料的生产,控制核心技术的研发,控制产品或服务的分销网络。或者向旁侧方向扩展,进而成为行业领导者	长春一汽

前向一体化商业模式在可口可乐公司应用效果明显。当发现决定自身产品销售量的因素,不仅仅是零售商和最终消费者,分装商也起了很大作用时,可口可乐公司不断地收购国内外分装商,并帮助它们提高生产和销售效率。

后向一体化商业模式在快餐巨头麦当劳公司应用效果明显。快餐巨头麦当劳公司的连锁经营加盟店开遍全球,所需的原料全部自己生产,层层筛选、自产自用,既保证了统一的质量,又降低了成品的成本。

混合一体化商业模式在汽车制造商长春一汽得到应用。改革开放以来,长春一汽从早期的货车生产出发,前后向一体化重新构建自己的商业模式,在沿着货车产业链上下游延伸的同时,又扩张进入轻型车、轿车及汽车服务、汽车金融服务等领域。

四、商业模式画布

商业模式描述的是一个组织创造价值、传递价值以及获得价值的基本原理,商业模式画布就是描述这一基本原理的工具,是一种关于企业商业模式思想的表现方式,是一种能够帮助创业者催生创意、降低猜测,确保他们找到目标用户、合理解决问题的工具。它直观、简单、可操作性强,不仅能够提供更多灵活多变的计划,而且更容易满足用户的需求,直观地描述、评估并设计一个商业模式。更重要的是,它可以将商业模式中的元素标准化,并强调元素间的相互作用。在创业项目和大公司中,商业模式画布都起到了健全商业模式、将商业模式可视化以及寻找已有商业模式漏洞的作用,在项目运作前常通过头脑风暴避免错误,减少失误决策带来的损失。

商业模式画布按照一定的顺序被分成九个方格,分别是:VP(价值主张)、KR(核心资源)、CS(客户细分)、KA(关键业务)、CH(渠道通路)、CR(客户关系)、KP(重要伙伴)、CS(成本结构)、RS(收入来源)。每一个方格都代表着很多种可能性和替代方案,我们要做的就是找到最佳的那一个,如图4-2所示。

7. 重要伙伴（KP） 谁能帮助我	4. 关键业务（KA） 我要做什么	1. 价值主张（VP） 我们可以做什么？我能为客户带来什么价值	6. 客户关系（CR） 我需要和我的客户建立什么关系	3. 客户细分（CS） 我能帮助谁
	2. 核心资源（KR） 我是谁？我拥有什么		5. 渠道通路（CH） 通过什么途径将价值传递给我的客户	
8. 成本结构（CS） 我要付出什么			9. 收入来源（RS） 我能获得什么	

图4-2 商业模式画布

(一) VP(价值主张)

价值主张主要是指客户需要的产品或服务,用来描述能为不同客户群体创造什么样价值的产品和服务,是客户选择一家公司的核心原因,这些原因包括:创新、性能、定制、极致服务、设计、品牌、价格、减少成本(时间、金钱)、降低风险、便利性、可获得性等。

价值主张需要考虑的问题有:我们要向客户传递怎样的价值、在客户的问题中我们要帮助解决哪一个、我们需要满足客户哪些需求、面向不同的客户群体我们需要提供什么样的产品组合或服务等。

(二) KR(核心资源)

核心资源是指企业为了提供并销售自己的商品或服务必须拥有的资源,如资金、技术、人才。核心资源主要描述保证一个商业模式顺利运行所需要的最重要的资产,这些资源是企业创造并提供价值、获得市场、保持客户关系、建立客户渠道的核心资源。

核心资源主要考虑的问题有:价值主要需要哪些核心资源、分销渠道需要哪些核心资源、客户关系需要哪些核心资源、收入来源需要哪些核心资源。

核心资源主要分类:实物资源、知识性资源、人力资源、金融资源等。

(三) CS(客户细分)

客户细分主要描述企业想要获得和服务的目标人群或结构,也就是目标用户群。目标用户群可以是一个或多个集合。客户细分的主要方式有:大众市场、小众市场、求同存异的客户群(有部分区别需求的多个细分市场)、多元化的用户群(新的用户群体)、多边平台(两个或多个相互独立的客户群)等。

客户细分需要考虑的问题有:我们在为谁创造价值、谁才是我们最重要的客户。

细分客户群体的条件包括:新需求催生了新的供给、需要建立新的分销渠道、需要建立新的客户关系类型、产生的利润需要显著不同、新的客户群愿意为新的改进买单等。

(四) KA(关键业务)

关键业务是指企业必须做的具体业务,主要描述保障商业模式正常运作所需要做的最重要的事情。每一个商业模式都有一系列的关键业务,这些业务是一个企业成功运营所必需的重要行动。

关键业务主要考虑的问题有:价值主张需要哪些关键业务、分销渠道需要哪些关键业务、客户关系问题需要哪些关键业务、收入来源需要哪些关键业务。

关键业务主要分类:生产活动、解决方案、平台等。

(五) CH(渠道通路)

渠道通路是指企业和客户如何产生联系,主要描述公司如何与客户建立联系并将价值主张传递给客户。传递的作用主要包括:使客户更了解公司的产品或服务(提高知名度)、帮助客户评估公司的价值主张(通过评价获取信息优化业务)、使客户购买产品或服务(提高购买率)、向客户传递价值主张(传递)、向客户提供售后支持(售后)。

渠道通路需要考虑的问题有:我们的客户希望用何种方式与我们联系、我们如何去建立这种联系、我们的渠道(自由渠道、合作方渠道)如何构成、哪个渠道最有用、哪个渠道成本最低、我们如何将这些渠道与日常工作整合到一起等。

(六) CR(客户关系)

客户关系是指客户接触到企业的产品后,应建立怎样的关系——是一锤子买卖抑或长期合作。客户关系主要描述公司针对某一个客户群体所建立的客户关系的类型,从人员维护客户关系,到自动化设备与客户进行交互,都属于客户关系范畴。客户关系主要由以下动机驱动:开发新客户、留住老客户、增加销售量等。

客户关系需要考虑的问题有:我们的客户希望用何种方式与我们建立并保持何种类型的关系、我们已经建立了哪些关系、这些关系成本如何、这些类型与画布中的其他模块如何整合。

客户关系主要分类:私人服务、专属私人服务、资助服务、自动化服务、社区、与客户协作共同创造。

（七）KP（重要合作）

重要合作是指可以给予战略支持的人或机构，主要描述一个商业模式顺利运行所需要的供应商和合作伙伴网络。很多原因使得一家公司需要构建重要合作，而重要合作在许多商业模式中往往承担着基石的作用。建立合作伙伴的主要动机有：优化规模效应、降低风险和不确定性、获得特殊资源及活动。

重要合作主要考虑的问题有：谁是我们的关键合作伙伴、谁是我们的关键供应商、我们从合作伙伴哪里获得了哪些核心资源、我们的合作伙伴参与了哪些关键业务。

重要合作主要分类：非竞争者之间的战略联盟、竞争者之间的战略合作、为新业务建立合资公司、为保证可靠的供应而建立的供应商和采购商关系。

（八）CS（成本结构）

成本结构是指企业需要付出的成本及其构成，主要描述的是运营一个商业模式所发生的全部成本。成本结构主要包括固定成本、可变成本、规模经济和范围经济。通常，可以将成本结构分为成本导向（成本最小化）和价值导向（更少关注成本、更多关注价值）两种。诚然，成本最小化是企业的诉求，但是并不是唯一诉求，有时候，高价值追求在某些商业模式中会显得尤为重要，而追求高价值往往是以牺牲成本为代价的。

成本结构主要考虑的问题有：商业模式中最重要的固定成本是什么、最贵的核心资源是什么、成本最高的关键业务是什么。

（九）RS（收入来源）

收入来源是指企业怎样从其提供的产品服务中取得收益，主要描述企业如何从客户群体中获得现金收益。收入来源主要分为客户一次性支付和持续收入两种。

收入来源主要考虑的问题有：客户真正愿意买单的原因是什么、客户正在买单的原因是什么、客户目前使用的支付方式是什么、客户更愿意使用的支付方式是什么、每一个收入来源对于总体贡献的比例是多少。

创造收入来源的方式主要有：资产销售、使用费、会员费、租赁、许可使用费、经纪人佣金、广告费等。

课堂活动及实践拓展作业

第五章

创业资源与创业融资

创业者在企业成长的各个阶段都会努力争取用尽量少的资源来推进企业的发展,他们需要的不是拥有资源,而是要控制这些资源。

——霍华德·史蒂文森

本章内容框架

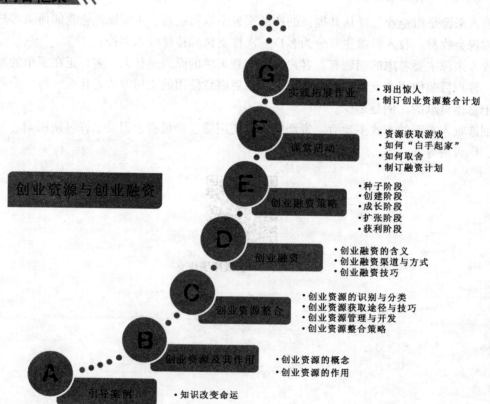

创业资源与创业融资

- G 实践拓展作业
  - 羽出惊人
  - 制订创业资源整合计划
- F 课堂活动
  - 资源获取游戏
  - 如何"白手起家"
  - 如何取舍
  - 制订融资计划
- E 创业融资策略
  - 种子阶段
  - 创建阶段
  - 成长阶段
  - 扩张阶段
  - 获利阶段
- D 创业融资
  - 创业融资的含义
  - 创业融资渠道与方式
  - 创业融资技巧
- C 创业资源整合
  - 创业资源的识别与分类
  - 创业资源获取途径与技巧
  - 创业资源管理与开发
  - 创业资源整合策略
- B 创业资源及其作用
  - 创业资源的概念
  - 创业资源的作用
- A 引导案例
  - 知识改变命运

引导案例

知识改变命运

2019年跨年夜,《时间的朋友》如约而至。这是罗振宇第四次举行跨年演讲,喜欢他的人为其欢呼喝彩,随口也能讲一段"大趋势里的小趋势",相信每天20分钟的学习可以迅速提升自己的眼界与格局,从而走向成功。

自2012年年底开始进入大众视野以来,6年的时间,罗振宇已成为身价十几亿的自媒体首富。1971年,罗振宇出生在安徽桐城一个普通的家庭,父母在罗振宇很小的时候就一直向他强调读书的重要性,只有读书好才能走出小城去看更大的世界。罗振宇拼命地学习,时光也从来不会辜负努力的人。2000年,博士毕业后的罗振宇进入中央电视台,从《中国房产报道》到《经济与法》再到《对话》,他做过不少节目的制片人。2008年,罗振宇离开了央视,受第一财经邀约,成为《中国经营者》的主持人。在《中国经营者》的录制中,罗振宇要求把节目结束语改为他的个人脱口秀,这样的内容表现方式,和后来的《罗辑思维》几乎一模一样。

2012年,新媒体的第一波浪潮来袭。40岁的罗振宇卖掉了自己在北京的房产,手握几百万开始了创业之旅。12月21日,《罗辑思维》诞生了。他开讲的第一课是《末日启示,向死而生》,当时视频网站上以说书为主要内容的脱口秀节目并不多,除了高晓松的《晓说》有一定热度,樊登的《读书会》也才刚刚开张。

而优酷与土豆合并,大力扶植内容创作者的政策无疑给《罗辑思维》带来了很多的流量。"有种、有趣、有料",罗振宇说历史、谈人文,"剩女、反腐、房价、中医、爱国",他指出事物多面性,撕扯逻辑性推理,辅以感性,深刻内涵,节目风格独树一帜,从开播到2017年3月份停止更新,累计播放量超过10亿次。

与此同时,罗振宇坚持每天早上六点半在微信公众号推送音频,粉丝蜂拥而至,他很快成了新媒体时代的KOL(关键意见领袖)。

粉丝经济随之而来,2013年8月9日,《罗辑思维》推出"史上最无理"的付费会员制,5 000个普通会员200元;500个铁杆会员1 200元。只用了半天便售罄,160万元入账,2013年年底,罗辑思维第二次会员招募,当天入账800万元。

2014年,随着订阅用户和会员数量的激增,《罗辑思维》开始组织一些"社群活动"。凭借《罗辑思维》的号召力,这些社群活动很快在大江南北蔓延开来。除了《罗辑思维》官方的会员活动,各省各市的《罗辑思维》粉丝,也自发组织了自己所在地的"罗辑思维朋友圈"——以信奉和热衷《罗辑思维》为名的线上和线下社区。

2015年10月20日,罗振宇发了篇文章《有奔头,一起过》。宣布暂停会员招募,但支持会员资格的转让。对《罗辑思维》的会员机制和会员社群可能带来的一些"意外"效应,《罗辑思维》官方开始有意控制。

于是"会员资格"成为一项可交易的标的物。那之后的几天,《罗辑思维》会员资格买卖交易在许多"罗友"的微信群里进行得如火如荼,最贵的时候一个会员资格的价格被炒到了6位数。甚至还有人每天统计普通会员和铁杆会员的价格波动,制作K线图。

2015年10月20日，《罗辑思维》正式对外宣布完成B轮融资，估值13.2亿元，风头一时无两，称自媒体老大也不为过。

"这个世界上，总有一些人把看事物更透彻作为自己的快乐本源。有需求，并且有为需求付费的意愿，这就是市场真实的起点。"罗振宇认为知识付费再正常不过，上一堂课也花钱，买一本书也花钱，只不过这种知识付费和中国20年来互联网免费的惯例不符。

"惯例不重要，事实才重要。"他不断地强调。这也符合他一直秉持的价值观：第一，永远看未来；第二，永远尊重事实；第三，始终关注自身。

从电视台到脱口秀，到自媒体，再到知识服务平台，罗振宇的确一直都在看未来。2015年11月，"得到"App上线，这款罗辑思维旗下的付费阅读产品提倡碎片化学习方式，让用户短时间内获得有效的知识。

广告语很诱惑，"每天20分钟，在这里学知识、长见识、扩展认知、终身成长"。除罗振宇本人之外，还吸引了李笑来、李翔、刘雪枫、万维钢等内容大咖入驻，并推出了"李翔商业内参""5分钟商学院"等按年付费产品。

通往知识殿堂的路径，从未如此轻易，无数人成为App的忠实用户。2017年2月，上线一年后，"得到"团队通过直播向外界公布了其运营数据：总用户529万人，日活跃用户42万人，订阅总数130万人，总人数超过79万人，营收或超2亿元。而如今的用户数，早已超过2 000万人。

罗振宇曾有一段关于新中产的观点，"不同于老中产，新中产面临的不确定性特别大。当前，一个人要在一个机构内获得稳定位置和上升通道，已经不可能了。想在岗位上做成任何事，都需要跨越组织边界，整合资源。对抗这种不确定性，需要终身学习。这对我们这些知识服务者来说，也是极大的机会。"

有人说罗振宇贩卖焦虑，也有人说他输出"鸡汤"，无论碎片化信息能否成为知识，不可否认的是，罗振宇都极为敏锐地洞察了这种社会不安，并巧妙地将其转化为知识付费的商机。他也许不是一个优秀的学者，却无疑是一个成功的商人，将有关知识的生意做到极致。

（所有资料均整理自网络上的公开资料。https：//www.toutiao.com/i6644076380495544840/）

【讨论】
1. 罗振宇如何利用自身资源？
2. 罗振宇是如何开发新资源的？
3. 创业者可以从何处获得资源？
4. 如何有效使用这些资源？
5. 资源整合有何重要作用？

第一节 创业资源及其作用

一、创业资源的概念

（一）资源

马克思在《资本论》中说："劳动和土地，是财富两个原始的形成要素。"恩格斯的定义是:"其实,劳动和自然界在一起它才是一切财富的源泉,自然界为劳动提供材料,劳动把材料转变为财富。"马克思、恩格斯的定义,既指出了自然资源的客观存在,又把人(包括劳动力和技术)的因素视为财富的另一不可或缺的来源。可见,资源不仅包括自然资源,也包括人类劳动的社会、经济、技术等因素,还包括人力、人才、智力(信息、知识)等资源。据此,所谓资源指的是一切可被人类开发和利用的物质、能量和信息的总称,它广泛地存在于自然界和人类社会中。

《经济学解说》将"资源"定义为"生产过程中所使用的投入",这一定义很好地反映了"资源"一词的经济学内涵,"资源"从本质上讲就是生产要素的代名词。

(二)创业资源

创业的过程是创业者识别、获取、利用、整合各种资源从而谋求机会进行价值创造的过程。因此资源是企业创立和成长的重要基础,创业资源的缺乏是很多创业者最头疼的一件事情。俗话说:"巧妇难为无米之炊。"如果没有资源,即使创业者再有能力,创业团队再强大,创业项目再有特色,创业者也只能望(商)机兴叹。

资源与创业者的关系,就如同食材、厨具与厨师的关系那样。作为创业的基础条件之一,资源指某个主体向社会提供产品或服务的过程中,所拥有或者能够支配的、用以实现自己目标的各种要素及要素组合。

所谓创业资源是企业创业以及成长过程中所需要的各种生产要素和支撑条件。创业资源包括有形与无形的资产,是新创企业创立和运营的必要条件,主要表现形式为创业人才、创业资本、创业机会、创业技术和创业管理等方面。需要注意的是,创业过程中对于创业资源的获取并非简单在资源量上的累积,而是通过各种复杂的程序,利用所掌控的资源获取企业竞争优势的过程。创业本身也是一种资源的组合及再造。

简单地说,创业资源就是创业者创业过程中所需具备的一些条件,也是新创企业在进行价值创造过程中所需要的特定资产。

二、创业资源的作用

创业者获取创业资源的最终目的是追逐并实现创业机会、提高创业绩效和获得创业的成功。无论何种资源,它们的存在都会对创业绩效产生积极的影响。

(一)创业资源促进新创企业成长的直接作用

资源是任何一个新创企业在成长过程中必需的,因其直接参与到企业日常的生产、经营活动,故对新创企业在场地、资金、人才、管理、科技等方面起到非常直接的促进作用,如表5-1所示。

表5-1 创业资源促进新创企业成长的直接作用

内容	作用
场地	任何企业都要有生产和经营的场所,高科技创业企业也不例外,这是企业存在的首要条件之一。如为科技人员提供舒适的研究开发环境和高速网络通信系统,为市场人员提供便捷的商务中心和配套设施等,将有助于新创企业更快更好地成长

续表

内容	作用
资金	充足的资金将有助于加速新创企业的发展。高科技新创企业无论是进行产品研发还是生产销售，都需要大量的资金。而且，新创企业往往由于资产不足而缺乏抵押能力，很难从银行得到足够的贷款。因此，如何有效地吸收资金资源则是企业高速发展的"助推器"
人才	人才对于高科技企业的成长和发展已经越来越重要了。事实上，当代企业管理中的人才已经由传统的"劳动力"概念转变为"人力资本"的概念。因此高素质人才的获取和开发，在帮助企业实现可持续发展中起到了关键作用
管理	高科技企业的创业者大多是科技人员出身，他们虽具备较强的科研能力，但是对于企业管理往往有所欠缺，很多高科技创业企业都败于管理不善，因此，拥有一套完整而高效的管理制度是新创企业的宝贵资源。专业的管理咨询策划将有助于提高新创企业的生产和运作效率
科技	高科技新创企业主要是研发和生产科技产品，科技资源的重要性不言而喻。积极引进寻找有商业价值的科技成果，加强和高校科研院所的产学研合作，将有助于加快产品研制和成型的速度，缩短产品进入市场的时间，为企业的市场竞争提供有力支持

（二）创业资源促进新创企业成长的间接作用

新创企业在其成长过程中，有些资源虽未参与到企业生产、经营活动的关键环节中，却在一定程度上间接地影响、促进了企业的运营效率，如表5-2所示。

表5-2　创业资源促进新创企业成长的间接作用

内容	作用
政策	从中国的创业环境看，发展高科技企业需要相应政策的扶持，在政策允许和鼓励的条件下，新创企业可以获得更多的国内外人才、贷款和投资、具有明确产权关系的科技成果、各种服务和帮助以及场地优惠等。当然，政策资源是公共资源，所有同质的高科技企业都可以享受，但新创企业更应该重视政策资源的获取与利用
信息	专业机构对信息的搜集、处理和传递，可以为创业者制定研发、采购、生产和销售的决策提供指导和参考。对于高科技新创企业来说，由于竞争十分激烈，其更加需要丰富、及时、准确的信息，以争取到更多的创业资源。这种信息如果由创业者通过市场调研分析获得，成本可能过高。因此，常常由专业机构提供
文化	文化是企业发展中重要的一环，对于新创企业来说，文化资源尤为珍贵。硅谷成功的一个很重要的原因是那里有浓厚的文化氛围，如鼓励冒险、容忍失败等。文化对于创业企业和创业者有着极大的精神激励作用，令新创企业以更强的动力和能力有效组合并创造价值
品牌	创业企业所置身的环境也具有一定的品牌效应。例如，优秀的孵化器能为高科技创业企业提供品牌保证，这可以提高政府、投资商和其他企业对在孵企业信誉度的估价，有助于新创企业获取资金、人才、科技、管理等资源。创业者要善于利用品牌资源，扩大新创企业和品牌之间的互动，以增强社会影响力

第二节 创业资源整合

一、创业资源的识别与分类

不同的分类方法可以帮助我们更好地识别创业资源。

1. 直接资源与间接资源

按照资源要素对企业战略规划过程的参与程度，创业资源有直接资源和间接资源之分。财务资源、经济管理资源、市场资源、人才资源是直接参与企业战略规划的资源要素，可以把它们定义为直接资源；政策资源、信息资源、科技资源这三类资源要素对于创业成长的影响更多的是提供便利和支持，而非直接参与创业战略的制定和执行，因此，对于创业战略的规划是一种间接作用，可以把它们定义为间接资源。创业资源的概念模型如图5-1所示。

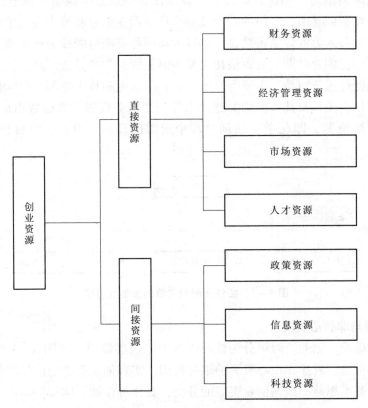

图5-1 按资源要素对企业战略规划过程的参与程度分类

财务资源：是否有足够的启动资金？是否有资金支持创业最初几个月的亏损？

经营管理资源：凭什么找到客户？凭什么应对变化？凭什么确保企业运营所需能够及时足量地得到？凭什么让创业企业内部能有效地按照最初设想运转起来？

市场资源：包括营销网络与客户资源、行业经验资源、人脉关系。凭什么进入这个行业？这个行业的特点是什么？盈利模式是什么？是否有起码的商业人脉？市场和客户在哪里？销售的途径有哪些？

人才资源：是否有合适的专业人才来完成所有的任务？

政策资源：可不可以有一个"助推器"或"孵化器"推进我们的创业，比如某些准入政策、鼓励政策、扶持政策或者优惠等。

信息资源：依靠什么来进行决策？从哪里获得决策所需的信息？从哪里获得有关创业资源的信息？

科技资源：创业企业凭什么在市场上去竞争，为社会提供什么样的产品和服务？大学生创业造就了惠普公司、英特尔公司等高科技企业，造就了硅谷神话，为美国创造了巨大的社会财富，首先依靠的就是核心的科技技术。

2. 人力和技术资源、财务资源、生产经营资源

按照创业时期资源的重要性来说，分别有：组织资源、人力资源、物质资源。由于企业新创，组织资源无疑是三类中较为薄弱的部分；而人力资源为创业时期中最为关键的因素，创业者及其团队的洞察力、知识、能力、经验及社会关系影响到整个创业过程的开始与成功；同时，在企业新创时期，专门的知识技能往往掌握在创业者等少数人手中，因为此时的技术资源在事实上和人力资源紧密结合，并且上述两种资源可能成为企业竞争优势的重要来源。在物质资源中，创业时期的资源最初主要为财务资源和少量的厂房、设备等。从而，细分后的创业资源经过重新归纳，主要为以下几种：①人力和技术资源，包括创业者及其团队的能力、经验、社会关系及其掌握的关键技术等；②财务资源，即以货币形式存在的资源；③其他生产经营性资源，即在企业新创过程中所需的厂房、设施、原材料等，如图5-2所示。

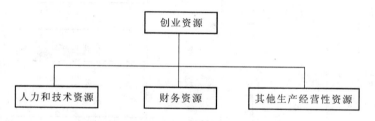

图5-2 按创业时期资源的重要性分类

3. 核心资源与非核心资源

根据资源基础论，创业资源可分为核心资源与非核心资源，如图5-3所示。识别核心资源，立足核心资源，发挥非核心资源的辐射作用，实现创业资源的最优组合，这就是创业资源运用机制的基本思路。根据创业资源的分类，具体可作如下解释：

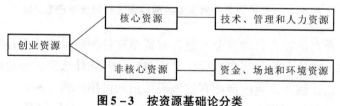

图5-3 按资源基础论分类

核心资源主要包括技术、管理和人力资源。这几类资源涉及创业企业有别于其他企业的核心竞争力，是创业机会识别、机会筛选和机会运用的主线。必须以这几类要素资源为基点，扩展创业企业发展外延。人力资源对于企业来说，主要是一种知识财富，是企业创新的源泉。高素质人才的获取和开发是现代企业可持续发展的关键。管理资源又可理解为创业者资源。创业者自身素质对创业企业的成长有至关重要的作用。创业者的个性，对机遇的识别和把握，对其他资源的整合能力，都直接影响着创业的成败。科技资源是一种积极的机会资源。对于新创企业来说，主动引进和寻找有商业价值的科技成果，是企业的立身之本和市场竞争之源。

非核心资源主要包括资金、场地和环境资源。如何有效地吸收资金资源，并保持稳定的资金周转率，实现预期盈利目标，是创业成功的瓶颈。场地资源指的是高科技企业用于研发、生产、经营的场所。良好的场地资源能够为企业大幅度降低运营成本，提供便利的生产经营环境，短期内累积更多的顾客或质优价廉的供应商。而环境资源作为一种外围资源影响着创业企业发展。例如，信息资源可以提供给创业者优厚的场地资金、管理团队等关键资源，文化资源可以促进管理资源的持续发展等。

4. 自有资源与外部资源

以上所有的资源，或者属于自有资源，或者属于外部资源，如图 5-4 所示。

图 5-4　按资源的来源分类

自有资源是来自内部资源的积累，是创业者自身所拥有的可用于创业的资源，如创业者拥有的可用于创业的自有资金，自己拥有的技术，自己所获得的创业机会信息，自建的营销网络，控制的物质资源或管理才能等，甚至有的时候，创业者所发现的创业机会就是其所拥有的唯一创业资源。

外部资源可以包括例如朋友、亲戚、商务伙伴或其他投资者、投资人资金，或者包括借到的人、空间、设备或其他原材料（有时是由客户或供应商免费或廉价提供的），或通过提供未来服务、机会等换取到的，有些还可能是社会团体或政府资助的管理帮助计划。外部资源更多地来自外部机会的发现，而外部机会的发现在创业初期起着决定性作用。创业者在创业的初期所面临的一个重要问题，即资源不足和资源供给缺乏。一方面，企业的创新和成长必须消耗大量资源；另一方面，企业自身还很弱小，无法实现资源自我积累和增值。所以，企业只有识别机会，从外部获取到充足的创业资源，才能实现快速成长，这也是创业资源有别于一般企业资源的独特之处。对创业者来说，运用外部资源，是一种非常重要的方法，在企业的创立和早期成长阶段尤其如此。其中关键是具有资源的使用权并能控制或影响资源部署。自有资源的拥有状况将在很大程度上影响甚至决定我们获取外部资源的结果。"打铁还要自身硬"，立志创业者首先致力于扩大、提升自有资源。自有资源的拥有状况（特别是技术和人力资源）可以帮助我们获得和运用外部资源。

5. 起码资源与差异性资源

还有两个概念可以帮助我们思考创业资源的准备问题，即起码资源和差异性资源。一般来说我们不可能拥有前述的所有资源，但进入创业阶段必须符合两个条件：一是要有进入一个行业的起码资源，另一方面是具备差异性资源，如图5-5所示。如果任何条件均不具备，创业成功的可能性就很小。对于准备创业的人来说，首先必须用书面的方式列出：进入这个行业的起码资源有哪些？已经具备哪些？尚未具备的如何获取？进入这个行业的差异性资源是什么？已经具备哪些？尚未具备的如何获取？

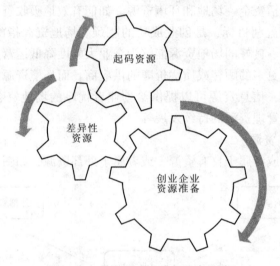

图5-5　按创业企业资源准备分类

二、创业资源获取途径与技巧

（一）创业资源获取途径

获取创业资源的途径一般来说可以分为市场途径和非市场途径两大类。通过市场途径获取资源的方式包括购买、联盟和并购等。非市场途径获取资源的方式主要有资源吸引和资源积累等。

具体而言，创业资源的获取途径主要有以下几点，如表5-3所示。

表5-3　创业资源获取途径

途　径	内　容
通过积极开拓社会资源获取创业资源	社会资源的形式多样，包括亲友、合作伙伴、创业联盟、代理、导师等。社会资源在某种程度上为创业者提供了一种较为廉价的资源获取途径
通过初创企业的初始资源获取资源	设立企业需要的是初始资源，企业后续的生存、发展需要运营资源。企业如果具有良好的初始资源，可以不断地吸引外界新的资源，并与初始资源结合
有效整合已有资源，最大限度地利用资源	创业者须利用自身资源整合能力，将从外部环境获得的资源与已获得的内部初始资源组合利用，从而提升创业绩效，使企业能够长期生存和发展

此外，资源管理和整合的过程也是创业者能力不断提升，并逐渐成长为成熟的创业型人才的过程。对资源的不断优化与整合，既可以提高创业者的素质和能力，又能够实现比市场更好的配置效率。

（二）创业资源获取的技能

为了获取创业者所需要的创业资源，创业者需要培养自身获取资源的技能，即创业者的软实力。在获取资源的过程中，沟通是必不可少的，创业者的沟通能力对于所有创业者而言都是至关重要的软实力。创业者不仅要与创业合作伙伴沟通，还要与其员工、投资者、客户等沟通。因此，创业者与其团队必须建立一个有效的沟通机制，在与外界交流获取资源的过程中，要派出具有一定沟通能力的成员负责，尽可能地获取资源。虽然具有良好的沟通技巧并不一定能够获取资源，但是缺乏沟通技巧的创业者很难获取资源。创业者获取资源的过程就是与资源提供者交流沟通的过程。在企业外部，创业者需要同外界投资者、媒体中介、消费者、供应商等建立有效沟通的渠道，消除利益分歧；在企业内部，创业者要同创业团队、员工进行沟通，留住优秀人才，合理利用现有资源，提升企业绩效。

三、创业资源管理与开发

新创企业要发展，就必须获得多要素资源，尤其是其所处环境中可以提供的资源。

首先是可以控制的资源。利用可控资源，通过资源整合和配置，进一步获得资源，就是资源的再生开发，也是新创企业发展的前提条件。新创企业对资源的管理和开发遵循以下规律：在识别阶段，新创企业通过对环境中的资源分析，挑选出具备适合本企业发展倾向的资源。创业资源环境提供可供筛选的资源越多，对新创企业发展就越有利，但过多的资源也容易导致新创企业识别能力下降。在获取阶段，新创企业通过识别，确定资源对企业发展至关重要的作用，通过对知识的学习和消化，使资源能为企业自身所控制，充分发挥资源的效能。在配置阶段，即新创企业在分配获取新的资源，和现有资源有效糅合、渗透的过程中，新获取的资源在新创企业资源体系中不应该是孤立的，而应该进行有效的资源渗透和资源整合，让整个资源体系联动起来，这对新创企业而言是具有挑战性的目标。在利用阶段，新创企业对汲取到的资源进行有效整合之后，在企业发展中充分发挥其最大效能，提升企业绩效及其核心竞争力，促进企业成长。

其次，既要整合管理好企业外部的资源，抓住好的发展机遇，又要整合管理好企业内部的信息资源，进行信息资源的规划。通过建立全企业的信息资源管理基础标准，根据需求分析建立集成化信息系统的功能模型、数据模型和系统体系结构模型，然后再实施通信计算机网路工程、数据库工程和应用软件工程的一个系统化的企业信息化解决方案，以使企业高质量、高效率地建立现代信息网络，实现信息化建设的跨越式发展。

具体而言，企业资源管理与开发的注意事项如表5-4所示。

表 5-4　企业资源管理与开发的注意事项

注意事项	具体内容
获取充足的资金	创业初期，由于新业务本身不但没有收益，反而必须投入大量的资金，因此，资金管理非常重要，解决这个问题的方法有：对新项目使用种子资助资金，采取内部风险投资的方式，或其他有偿使用资金的方法
人才分配适当	当创业项目处于种子阶段时，主要由少数几个人运作和管理，以精干原则为主。一旦进入了孵化发展阶段，就必须由得力的人才来进行规划管理，组织设计中应以垂直管理原则、独立性原则为主。企业必须注意在发展过程中培养新的人才，将人才配置到合适的部门当中
统筹安排工作时间	对初创企业而言，一个大问题是创业者的工作时间和精力难有保障。一般来说，创业者既要完成当前的工作，又要进行开发工作，工作时间分配经常顾此失彼。因此，必须在制度上统筹安排工作时间，才能保证工作的有效性
营销资源的合理分配及新市场的开拓	企业创业是一种以市场为导向的活动，市场对新产品的接受程度直接关系到创业成败，但开始时，新产品在市场中几乎不为人所知，因此，企业必须集中销售资源，致力于新产品的市场开拓。为了解决这个问题，企业必须加大营销投入
筛选有效信息资源	创业企业信息化的最高层次是具有前瞻性的决策。对创业者而言，信息是不对称的，只有了解分析包括竞争对手、政府、行业、合作伙伴、客户等变化的信息，才能做到知己知彼，百战不殆，才能做到有的放矢，抓住转瞬即逝的成功机遇

四、创业资源整合策略

创业是一种资源整合

北京理工科技园科技发展有限公司副总经理郑云，在从事园区工作多年之后，有一个切身体会——创业的本质是资源整合。

郑云分管园区科技成果转化和技术转移工作，他认为："科技成果转化能够以技术的形态转化，也能够以企业的形态转化，二者还可以融合在一起。"

北京理工科技园在科技成果转化方面有三种做法。

第一种做法，企业与学校合作，企业只是购买学校科研团队的一部分科技成果，用于企业的产品研制。

第二种做法，学校教师走出去，建立学科性公司，学校入股，教师持股，将科技成果产业化。

第三种做法，拥有前沿技术的留学生企业与学校合作，由企业投入资金，学校教师参与研发，最终企业将成果转化成产品，教师借助企业的先进技术，收获经济利益，也获得了前沿的科技成果。

十几年走过来，郑云看到了太多有关创业成功和失败的案例。大浪淘沙，每个成功的企业背后，都有一个资源整合能力强的掌舵人。

所谓的资源整合是指企业对不同来源、不同层次、不同结构、不同内容的资源进行选择、汲取、激活和有机融合，使之具有较强的柔性、条理性、系统性和价值性，并对原有的资源体系进行重构，摒弃无价值的资源，以形成新的核心资源体系。在资源整合中，主要是对政策资源、信息资源、资金资源、人才资源、管理资源、科技资源几种重点资源进行优化利用。

创业者能否成功地开发出机会，进而推动创业活动向前发展，通常取决于他们掌握和能整合到的资源，以及对资源的利用能力。许多创业者早期所能获取与利用的资源都相当匮乏，而优秀的创业者在创业过程中所体现出的卓越创业技能之一，就是创造性地整合和运用资源，尤其是那种能够创造竞争优势，并带来持续竞争优势的战略资源。

尽管与已存在的进入成熟发展期的大公司相比，创业型企业资源比较匮乏，但实际上创业者所拥有的创业精神、独特创意以及社会关系等资源，却同样具有战略性。因此，对创业者而言，一方面要借助自身的创造性，用有限的资源创造尽可能大的价值，另一方面更要设法获取和整合各类战略资源。

（一）重组和拼凑策略

创业总是和创新、创造及创意联系在一起。一位创业者结合自身创业经历提出了这样的观点：缺少资金、设备、雇员等资源，实际上是一个巨大的优势。为了确保公司持续发展，创业者在每个阶段都要问自己：怎样才能用有限的资源获得更多的价值创造？

有许多创业者都是拼凑的高手，通过加入一些新元素，与已有的元素进行重新组合，形成在资源利用方面的创新行为，进而带来意想不到的惊喜。创业者通常利用身边能够找到的一切资源进行创业活动，有些资源对他人来说也许是无用的、废弃的，但创业者可以通过自己的独有经验和技巧，加以整合创造。例如，很多高新技术企业的创业者并不是专业科班出身，可能是出于兴趣或其他原因，对某个领域的技术略知一二，但后来却凭借这个略知的"一二"敏锐地发现了机会，并能够迅速地将所掌握的资源进行有效利用和整合，最终获得创业的成功。

整合已有的资源，快速应对新情况，是创业的利器之一。善于用发现的眼光，洞悉身边各种资源的属性，将它们创造性地整合起来。这样的整合有时并非是有计划、有准备的，而是根据具体情况具体分析，是随机应变的结果。这体现了创业过程中的不确定性特点，也是对创业者资源整合能力的重要考验。

（二）步步为营策略

创业者分多个阶段投入资源并在每个阶段投入最有限的资源，这种做法被称为"步步为营"。步步为营的策略首先表现为节俭，设法降低资源的使用量，降低管理成本。但过分强调降低成本，会影响产品和服务质量，甚至会制约企业发展。比如，为了求生存和发展，有的创业者不注重环境保护，或者盗用别人的知识产权，甚至以次充好。这样的创业活动尽管短期可能赚取利润，但长期而言，发展潜力有限。所以，需要"有原则地保持节俭"。

步步为营策略表现为自力更生,减少对外部资源的依赖,目的是降低经营风险,加强对所创事业的控制。很多时候,步步为营不仅是一种做事最经济的方法,也是创业者在资源受限的情况下寻找实现企业理想目的和目标的途径,更是在有限资源的约束下获取满意收益的方法。习惯于步步为营的创业者会形成一种审慎控制和管理的价值理念,这对创业型企业向稳健成熟发展期的过渡,尤其重要。

(三) 发挥资源杠杆效应

尽管存在资源约束,但创业者并不会被当前控制或支配的资源限制,成功的创业者善于利用关键资源的杠杆效应,利用他人或者别的企业的资源来完成自己创业的目的,用一种资源补足另一种资源,产生更高的复合价值;或者利用一种资源撬动和获得其他资源。其实,大公司也不只是一味地积累资源,他们更擅长于资源互换,进行资源结构更新和调整,积累战略性资源,这是创业者需要学习的经验。

对创业者来说,容易产生杠杆效应的资源,主要包括人力资本和社会资本等非物质资源。创业者的人力资本由一般人力资本与特殊人力资本构成,一般人力资本包括受教育背景、以往的工作经验及个性品质特征等。特殊人力资本包括产业人力资本(与特定产业相关的知识、技能和经验)与创业人力资本(如先前的创业经验或创业背景)。调查显示,特殊人力资本会直接作用于资源获取,有产业相关经验和先前创业经验的创业者能够更快地整合资源,更快地实施市场交易行为。而一般人力资本使创业者具有知识、技能、资格认证、名誉等资源,也提供了同窗、校友、老师以及其他连带的社会资本。

相比之下,社会资本有别于物质资本、人力资本,是社会成员从各种不同的社会结构中获得的利益,是一种根植于社会关系网络的优势。在个体分析层面,社会资本是嵌入来自并浮现在个体关系网络之中的真实或潜在资源的总和,它有助于个体开展目的性行动,并为个体带来行为优势。外部联系人之间社会交往频繁的创业者所获取的相关商业信息更加丰裕,从而有助于提升创业者对特定商业活动的深入认识和理解,使创业者更容易识别出常规商业活动中难以被其他人发现的顾客需求,进而更容易获得财务和物质资源,这正是其杠杆的作用所在。

(四) 设置合理利益机制

资源通常与利益相关,创业者之所以能够从家庭成员那里获得支持,就是因为家庭成员之间不仅是利益相关者,更是利益整体。既然资源与利益相关,创业者在整合资源时,就一定要设计好有助于资源整合的利益机制,借助利益机制把潜在的和非直接的资源提供者整合起来,借力发展。因此,整合资源需要关注有利益关系的组织或个人,要尽可能多地找到利益相关者。同时,分析清楚这些组织或个体和自己以及自己想做的事情有何利益关系。利益关系越强、越直接,整合到资源的可能性就越大,这是资源整合的基本前提。

利益关系者之间的利益关系有时是直接的,有时是间接的;有时是显性的,有时是隐形的,有时甚至还需要在没有的情况下创造出来。另外,有利益关系也并不意味着能够实现资源整合,还需要找到或发展共同的利益,或者说利益共同点。为此,识别到利益相关者后,逐一认真分析每一个利益相关者所关注的利益非常重要,多数情况下,将相对弱的利益关系变强,更有利于资源整合。

然而,有了共同的利益或利益共同点,并不意味着就可以顺利实现资源整合。资源整合是多方面的合作，切实的合作需要有各方面利益真正能够实现的预期加以保证，这就要求寻找和设计出多方共赢的机制。对于在长期合作中获益、彼此建立起信任关系的合作，双赢和共赢的机制已经形成，进一步的合作并不很难。但对于首次合作，建立共赢机制尤其需要智慧，要让对方看到潜在的收益，为了获取收益而愿意投入资源。因此，创业者在设计共赢机制时，既要帮助对方扩大收益，也要帮助对方降低风险，降低风险本身也是扩大收益。在此基础上，还需要考虑如何建立稳定的信任关系，并加以维护、管理。

第三节 创业融资

对于多数创业者来说，资金仍然是稀缺的资源，获取资金的技能和有关知识是创业者需要学习的重要内容之一。

一、创业融资的含义

大多数人对"融资"并不陌生，企业经营离不开资金的投入。从狭义上讲，融资即是一个企业资金筹集的行为与过程，也就是说公司根据自身的生产经营状况、资金拥有的状况，以及公司未来经营发展的需要，通过科学的预测和决策，采用一定的方式，从一定的渠道向公司的投资者和债权人去筹集资金，组织资金的供应，以保证公司正常生产需要和经营管理活动需要的理财行为。从广义上讲，融资也叫金融，就是货币资金的融通，当事人通过各种方式到金融市场上筹措或贷放资金的行为。

创业融资是指创业者为了将某种创意转化为商业现实，通过不同渠道、采用不同方式筹集资金以建立企业的过程。创业融资与其他融资方式相比，其最大的优势就是减少了融资过程中的信息不对称，提高了融资效率。创业融资不是简单地以资金来维持技术，其更深层之处在于实现了资金、技术与管理的结合，建立了一套以绩效为标准的激励和约束机制。

二、创业融资渠道与方式

企业融资是指以企业为主体融通资金，使企业及其内部各环节之间的资金供求由不平衡到平衡的运用过程。当资金短缺时，以最小的代价筹措到适当期限、适当额度的资金；当资金盈余时，以最低的风险、适当的期限投放出去，以取得最大的收益，从而实现资金供求的平衡。

（一）创业融资渠道

融资渠道通常分为两大渠道：内部渠道和外部渠道。内部渠道通常是比较简单的融资方式，例如家人朋友的帮忙、企业内部员工的共同出资；外部融资渠道相对比较正规，有一定的社会约束力，例如银行贷款、民间借款、资产转让等涉及一定社会资金筹措的方法。另外对于大学生自主创业，政府部门给予的"贷免扶补"政策也是帮助大学生创业融资的好办法。

1. 内部渠道

（1）家人及朋友筹措资金

在创业的初期阶段特别是对于大学生创业，大多数的项目启动资金要求不会很多，在这种条件下家人朋友的帮助和自我资金筹措是创业启动金的最常见来源。

①该融资方式建立在良好的个人信用和人际关系上。俗话说得好，得人心者得天下，获得信任，得到家人朋友的资金帮助有可能成为创业成功的起始。所以在平日工作学习生活

中，我们就应该严格要求自己，成为一个讲信用、有原则的人。

②需要有一个良好的项目和一份令人信服的计划书。做好创业的前期规划和准备，把创业计划书完整地填写好，才能提高获得投资的概率。

（2）共同的创业伙伴，按照商量的份额金额出资

寻找良好的合作伙伴也是创业的关键，因为良师益友，拥有共同的目标才能互相促进，让创业项目发展走向成功。

2. 外部渠道

（1）政府扶持

政府机构也是自主创业者重要的融资来源，国家成立专项创业基金支持自主创业，国家以及各个省份都制定出来大量的优惠政策与扶持政策，以促进创业就业。目前，在国家的大力支持下，许多高校已经开设了创新创业课程与教育，并建设了创新创业基地、创客空间、孵化基地，为大学生自主创业提供了政策支持、资金支持等。

（2）银行贷款

银行一直是公司的忠实伙伴，是专门经营货币信用的特殊企业。它以一定的成本聚集了大量储户的巨额资金，就像一个资金"蓄水池"，随时准备向符合其条件的企业提供所需要的各种期限和数额的贷款。

（3）信用卡

信用卡是小企业一个重要的资金来源。尽管许多人都认为信用卡是非传统的融资渠道，但利用信用卡融通资金的做法已经日益普遍，广为接受，也最容易取得。

（4）民间借款

民间借款是指公民之间、公民与法人之间、公民与其他组织之间的借贷。在经济发展的快速阶段，多种金融方式在市场经济的作用下自然孕育而生，其作为较为新鲜的一种融资方式对于初来创业的大学生们来说有一定风险，需要多咨询和了解。

（5）其他金融机构

除银行外，信托投资公司、租赁公司、保险公司、证券公司、企业集团的财务公司等金融机构也可以成为创业企业筹集资金的重要渠道。这些金融机构相较银行灵活度更高，可以满足新创企业的多种需求，但财力方面相对银行较小。

（6）投机资本家

投机资本家为公司发展做出的贡献非同小可。投机资本家把资金投入前途看好的企业中，以换取产权，有时甚至是企业的控制权。有闲置资本的风险融资家有时也很愿意与有创意的创业者合作，即使存在风险，但是如果成功也会有高回报。

（7）供应商

能够从供应商那里取得的融资包括传统的商业贷款，比如卖主在你付款之前把货送到。高明的现金管理策略应该要求供应商提供赊销条件或者对即期会计款打折。供应商可以在企业创业之初，给予一些便利优惠。

（8）合资企业战略伙伴

建立合资企业不失为公司融资的有效途径。企业的规模如果很小，可以找到一个强大的同盟加入企业的运营中。但是一定要注意不可被强大的联盟企业吞并。

3. 互联网融资

随着互联网的普及与发展，网络金融正在迅猛发展，也创造出了新型的互联网融资渠道，如众筹、P2P融资等。

（1）众筹融资

众筹翻译自国外"Crowdfunding"一词，即大众筹资或群众筹资，由发起人、跟投人、平台构成，是指一种向群众募资，以支持发起的个人或组织的行为。一般而言是透过网络上的平台连接起赞助者与提案者。群众募资被用来支持各种活动，包含灾后重建、民间集资、竞选活动、创业募资、艺术创作、自由软件、设计发明、科学研究以及公共专案等。

现代众筹指通过互联网方式发布筹款项目并募集资金。相对于传统的融资，众筹更为开放，不再把项目的商业价值作为能否获得资金的参考标准。只要是网友喜欢的项目，都可以通过众筹方式获得项目启动的第一笔资金，这就为更多小本经营或创作的人提供了无限的可能。

众筹融资的规则、特征及优点如表5-5所示。

表5-5 众筹融资介绍

规则	1. 筹资项目必须在发起人预设的时间内达到或超过目标金额才算成功 2. 在设定天数内，达到或者超过目标金额，项目即成功，发起人可获得资金；筹资项目完成后，支持者将得到发起人预先承诺的回报，回报方式可以是实物，也可以是服务，如果项目筹资失败，那么已获资金全部退还支持者 3. 众筹不是捐款，支持者的所有支持一定要设有相应的回报
特征	1. 低门槛：无论身份、地位、职业、年龄、性别，只要有想法、有创造能力都可以发起项目 2. 多样性：众筹的方向具有多样性，在国内的众筹网站上的项目类别包括设计、科技、音乐、影视、食品、漫画、出版、游戏、摄影等 3. 依靠大众力量：支持者通常是普通民众，而非公司、企业或风险投资人 4. 注重创意：发起人必须先将自己的创意（设计图、成品、策划等）达到可展示的程度，才能通过平台的审核，而不单单是一个概念或者一个点子，要有可操作性
优点	1. 一般而言，传统的风投项目都来自关系网推荐，或各种网站提交的资料，而众筹平台则为风投公司带来了更多的项目，也拥有更高效的机制对项目进行审核，能更快地与企业家进行沟通，令投资决策过程更加合理 2. 风投可以利用众筹平台上的资料，决定一个项目是否值得花时间。由于日程安排有限，很多风投资本家都认为众筹平台有其价值，帮助节省了不少时间 3. 众筹平台也能让尽职审查过程变得更快。众筹平台会要求公司提供一些必要的数据，供投资者参考，帮助进行决策。标准化的项目呈现和商业计划节省了风投的时间，他们不必亲自搜索特定的信息，而这些信息往往会因格式不同，而难以查找 4. 众筹平台能帮助企业家了解如何准备及呈现自己的项目，从而吸引更多的投资人 5. 众筹平台还能提升信息分享、谈判及融资的速率，像AngelList，Fundable，Crowdfunder和EquityNet这样的众筹平台，都拥有自己的技术，帮助简化融资过程 6. 众筹平台有成千上万的投资者使用。投资者形成了一个群体，而众筹平台往往也能让他们相互交流，在尽职调查中提供投资帮助。借助集体的智慧，投资者也往往能做出更理性的决策 7. 众筹平台还能用来检验产品及服务的优劣。像Kickstarter这样的平台，其允许任何年满18岁的人参与，因而能让大批早期支持者帮助检验产品和服务，之后投资者可决定是否进一步参与

目前，众筹这一融资新形式已经得到了快速发展，也是许多年轻的创业者喜爱的获取创业资金的方式。

(2) P2P融资

P2P意为"个人对个人"。P2P融资即P2P网络信贷。网络信贷起源于英国,随后发展到美国、德国和其他国家,其典型的模式为:网络信贷公司提供平台,由借贷双方自由竞价,撮合成交。资金借出人获取利息收益,并承担风险;资金借入人到期偿还本金,网络信贷公司收取中介服务费。

在我国,最早的P2P网络信贷平台成立于2006年。在其后的几年间,国内的网络信贷平台还是凤毛麟角,鲜有创业人士涉足其中。直到2010年,网络信贷平台才被许多创业人士看中,开始陆续出现一些试水者。2011年,网络信贷平台进入快速发展期,一批网络信贷平台上线。2012年,我国网络信贷平台进入了爆发期,网络信贷平台如雨后春笋般成立,比较活跃的有400家左右。

由于P2P网络信贷在我国尚属新兴产业,创业者在选择利用P2P融资时,需对P2P网络信贷平台有全面的了解,以保证融资的可靠性与安全性。对P2P融资如何选择,如表5-6所示。

表5-6　P2P融资介绍

方法	内容
看网站	看运营P2P网络信贷平台的公司是否具备技术开发和金融背景
看资金	要了解一下P2P网络信贷平台是否具有信用担保功能。只有引入第三方资金托管,才能降低P2P资金流转中的风险
看保障	对于贷款人来说,P2P网站的本金保障计划需要提取1%~2%的保证金,虽然这部分成本会加在贷款人身上,会提高贷款人的成本,但是能够有效地保障投融资双方的利益

(二)创业融资方式

1. 抵押贷款与担保贷款

有抵押物或者能够获得贷款担保的情况下,企业会比较容易获得银行贷款。比较适合创业者的银行贷款形式主要有抵押贷款和担保贷款两种。

(1)抵押贷款

抵押贷款指借款人以其所拥有财产作抵押,作为获得银行贷款的担保。在抵押期间,借款人可以继续使用其用于抵押的财产,当借款人不按合同约定按时还款时,贷款人有权依照有关法规将该财产折价或者拍卖、变卖后,用所得钱款作为实物偿还。适合创业者的抵押贷款方式如表5-7所示。

表5-7　适合创业者的抵押贷款方式

方式	内容
不动产抵押贷款	创业者可以土地、房屋等不动产作抵押,向银行获取贷款
动产抵押贷款	创业者可以股票、国债、企业债券等获银行承认的有价证券,以及金银珠宝首饰等动产作抵押,向银行获取贷款
无形资产抵押贷款	一种创新的抵押贷款形式,适用于拥有专利技术、专利产品的创业者,创业者可以将专利权、著作权等无形资产向银行作抵押或质押,获取银行贷款

（2）担保贷款

担保贷款指借款方向银行提供符合法定条件的第三方保证人作为还款保证，借款方不能履行约定还款时，银行有权按照约定要求保证人履行或承担清偿贷款连带责任的借款方式。其中较适合创业者的担保贷款形式有自然人担保贷款、专业担保公司担保贷款、托管担保贷款等。

2. 股权融资

股权融资指资金不通过金融中介机构，融资方通过出让企业股权获取融资的一种方式。对于缺乏经验的创业者来说，选择股权融资这种方式，需要注意的是股权出让比例。股权出让比例过大，则可能失去对企业的控制权；股权出让比例不够，则又可能让资金提供方不满，导致融资失败，这个问题需要统筹考虑，平衡处理。大家所熟悉的通过发售企业股票获取融资只是股权融资中的一种。能够发行股票的企业一般经过了一定时间的发展，并且取得了优异的经营绩效，得到了资本市场投资人的关注。因此，发行股票仅适用于极少数的创业企业。

3. 债权融资

债权融资指企业通过举债筹措资金，资金供给者作为债权人享有到期收回本息的融资方式。发行债券是债权融资的一种重要形式，但《中华人民共和国公司法》（以下简称《公司法》）对发行债券有严格规定，新创企业往往不符合发行企业债券的规定，发行难度也会比成熟企业大很多。

4. 融资租赁

融资租赁也称金融租赁或资本性租赁，是以融通资金为目的的租赁。其一般操作程序是，由出租方融通资金，为承租方提供所需设备，在租赁期内，由承租方按合同规定分期向出租方支付租金。租赁期满，承租方按合同规定选择留购、续租或退回出租方。承租人采用融资租赁方式，可以通过融物而达到融资的目的。对于缺乏资金的新创企业来说，融资租赁的好处显而易见，其中最主要的是融资租赁灵活的付款安排，例如延期支付、递增或递减支付，使承租用户能够根据自己的资金安排来确定付款额。全部费用在租期内以租金方式逐期支付，减少一次性固定资产投资，大大简化了财务管理及支付手续，另外，承租方还可以享受由租赁所带来的税务上的好处。当然，融资租赁支付的租金一般高于一次性购买价格，如果创业者资金充裕，也可选择一次性购买。

5. 风险投资

所谓风险投资，是指由职业金融家投入新兴的、迅速发展的、有巨大竞争力的企业中的一种权益资本，或者说，凡是以高科技与知识为基础，生产与经营技术密集的创新产品或服务的投资都是风险投资。后者比前者定义更为宽泛，而且突出了创新。风险投资的动机是追求高额回报，但他们试图驾驭风险，即不是单纯给钱，还有创新的战略制定、技术评估、市场分析、风险及收益回收和评估以及先进管理人才的培养等。

6. 天使投资

天使投资是自由投资者或非正式风险投资机构对原创项目构思或小型初创企业进行的一次性的前期投资。"天使"最早是对19世纪早期美国纽约百老汇进行风险投资以支持歌剧创作的投资人的一种美称。现在，天使投资人特指用自有资金投资于早期创业企业的个人投资者。

天使投资是风险投资的一种，与其他风险投资一样，提供追加价值的长期权益投资，主要以高风险高收益、具有巨大增长潜力的科技型创业企业为投资对象，并在适当的时机以股权套现的形式退出投资，获得投资回报。但天使投资是一种非组织化的创业投资形式，投入资金金额一般较小，一次投入，不参与管理。风险投资是一种正规化、专业化、系统化的大商业行为，而天使投资则是一种个体或者小型商业行为。投资专家有个比喻，好比对一个学生投资，风险投资公司着眼于大学生，机构投资商青睐于中学生，而天使投资者则培育萌芽阶段的小学生。

除以上融资方式外，创业者还要善于利用政府扶持政策，从政府方面获得融资支持，如专门针对下岗失业人员的再就业小额担保贷款、专门针对科技型企业的科技型中小企业技术创新基金、专门为中小企业"走出去"准备的中小企业国际市场开拓资金等，还有众多的地方性优惠政策。巧妙地利用这些政策和政府扶持，可以达到事半功倍的效果。创业者还可以选择典当等方式筹措创业资金。总之，创业融资的方法多种多样，创业者需要灵活运用。

三、创业融资技巧

案例 北京数码视讯科技有限公司融资

在创业热潮高涨的今天，许多创业人士感到最困难的恐怕还是资金筹措问题。特别是在一些高新企业中，许多新技术、新产品都因缺乏资金支持而不能投入正常的生产、经营。而中关村科技园的北京数码视讯科技有限公司，作为一家成立于2000年的高新企业，在与国外大公司和华为等国内领先企业的竞争中，通过两次重要融资在3年的时间里取得迅猛的发展，2002年的销售收入甚至是2001年的2 000%。同样是创业者，同样是高新企业，成功融资的秘诀是什么呢？

在创业竞争愈发激烈的今天，融到自己第一笔钱，的确需要面对不少的困难和挑战。但是更加重要的是，在这个过程中能和该行业的研究者和投资者进行比较深入的交流，是很宝贵的机会，应全力准备，坦诚交流，把握时机，合理规划。

（一）商业计划

融资当然需要一份好的创业计划书，一份好的创业计划书只需要回答两个问题，其一，这个商业模式的价值在哪里？其二，为什么能干这件事？这是在创业的过程中作为 CEO 需要不断思考和琢磨的问题，也是关于是否能顺利融资的最关键因素。当然这两个问题其实涵盖了不少功课，包括市场调研、用户分析、发展规划、团队优势、资源需求、品牌价值、投资回报等。企业在发展初期可能因为理解和实际市场的偏差，需要改变发展方向，但是在融资的过程中，秉持对行业的深度理解，明确自己的优势和团队基因是非常必要的。

1. 所在的市场很大程度上决定了公司未来有多大

马克·安德森说，"企业的头号杀手是缺乏市场"。再聪明的创业者，再先进的技术，也无法抵挡一个错误的市场对企业的毁灭。保罗·葛兰姆也写道："在创业公司里，最后的赢家可能达到的规模会违反我们正常的认识。我不知道这些认识是天生的还是后天学习的，但无论如何，投资创业公司最后可能达到的1 000倍的效果是始料未及的。"对很多投资者来说，愿意选择市场规模较大的行业也是对投资风险的一种管控，这也是创业者需要思考的一个问题，如果你选择的是一个市场规模不大的行业，肯定会收到投资人关于市场规模的质疑。

2. 能够回答"为什么是现在"的问题

风险投资是对创业的资本助力，为什么在这个时间节点，创业者如何规划资本的杠杆作用，来帮助企业快速发展，是一个值得深入思考的问题，这也关系到 CEO 或团队对资本的运用和理解。

3. 专注于从用户取得反馈，而不是投资者

最需要的反馈来自享受产品和服务的人。他们是用户，而不是投资者。在融资的过程中，肯定会遇到不少投资人的问题和挑战，但是切记，你是离行业和用户更近的人，如果需要寻找答案，肯定要对行业进行研究或对用户进行访谈，而不是对投资人所说的人云亦云。

（二）互动交流

正式开启融资后，作为 CEO 肯定要开始和不同机构的投资人进行交流，交流的过程中需要注意六个要点。

① 只有当你做好融资准备时才找投资者聊，应该避免打没有准备的仗。

② 多展示，少说教。图表和数字要比话语更有表现力，尤其是在对投资者进行演说时。

③ 如果无法展示，你的阐述要很有效。如果你在向投资者演说的还只是一个概念或者想法，你如何对其进行阐述便显得至关重要。"偏重概念的演说要更依赖于未来的数据而不是当前的数据，这时要善用类比的方法。"

④ 在投资者面前要充满自信。融资是一个漫长的过程，其中难免会产生自我怀疑等负面情绪，很正常。在与投资人的交流中千万不要流露这样的情绪，如果一家公司的 CEO 自己都不自信，那试问还有谁敢投资你们呢？

⑤ 自信但不傲慢，在投资者面前不要太有侵略性。千万要有度，过度了就会留下过于激进、很难听取建议的印象。

⑥ 了解和你一起工作的投资者们。了解投资者的背景，关注他们在社交网络上的发言和文章。找到合适的投资人进行交流，不管对自己还是对项目的发展或融资都是有很大的益处的，反之则事倍功半。

（三）时机把控

对首次融资者来说，经验的缺乏可能导致融资进程的缓慢和低效，时机的把控可以帮助创业者提高效率，避免问题。

1. 让投资者容易在网上研究或找到你

投资者会在网上研究你的公司，所以你需要让他们能够轻松地找到你的信息。通过合理的曝光帮助行业投资者找到自己也是提高融资效率的一个好办法。

2. 融资需要冲劲

公司的冲劲和融资的冲劲，一个也不要丢。一般融资周期会在三个月到半年，保证不断地和投资人进行交流，对项目进行反思。融资事关早期创业的生死，千万要全力以赴，不能有丝毫懈怠。

3. 时机很重要

一般的经验是，尽量避免在 8 月和 12 月融资，因为很多风险资本和天使投资人都会在这段时间放假，这段时间肯定是没有什么效率的。当然也有例外，比如你是通过朋友或家人融资，或者在线上融资，又或者即将很有冲劲地完成某轮融资，那么你受到的影响较小。

市场变幻莫测，要尽快完成投资轮，某个大的机会的竞争者也不止一家。投资者的兴趣可能转瞬即逝。将这点牢记于心，创业者应该加快融资的速度。否则就有可能错失良机。

（四）心理准备

在融资过程中，要做好心理上的准备和预期，有些外部因素包括投资环境和投资人的理解的确会大大影响该行业项目的融资进度。创业者应正确看待这些现象，对项目进行合理的融资规划。

投资者也许会突然想投资某一创业公司。比如有些原本无人问津的公司，6 个月后却突然有很多投资人挤破脑袋想要加入某一轮投资。一是公司所在的领域突然很热门，每个投资者都想搭上顺风车。二是公司的发展挂上高速挡，成长迅速，使得投资人都想参与进来。三是公司得到某位很有市场导向性的投资人的投资，其他投资人便跟风而来。当然，三种情况也可能同时发生。

投资者的兴趣具有滞后性。这和上面一点有些相关。如果创业企业确实在从事一些全新领域的工作，很多人在最初都会把它当作笑话来看待。克里斯·狄克逊有句名言，"下一个大事物在最开始都会被误认为一个玩具"。大多数投资者都是滞后的。

（五）注意事项

1. 不平等条款

如果在投资协议中，出现超额股份、不正常对赌、各种严厉监管等条款，要么和投资方进行协商调整，要么可能就要考虑投资方是否合适。这种不平等条款可能会在中后期对企业产生非常致命的伤害。早期创业者还是必须对公司拥有彻底的控制权才能把握公司的发展方向。简单说，如果融资协议中存在早期投资超过 30% 股份、不切实际的对赌业绩或目标、委派财务等这些不平等条款，可能就需要特别当心了。

2. 借资源之名寻求折扣

有些投资方可能在投资前许诺种种资源，然后希望估值等打折，以极低的价格进入。可能这些资源非常可靠，公司非常需要这些资源。但是，建议在这些资源兑现之时再打折，否则一旦完成融资流程，就会处于一个很被动的位置。所谓的资源除非是承诺人自己个人的资源，如果只是公司的资源，还是应该慎重考虑未来能否兑现的问题。

3. 小股东的身份，大股东的权力

有些投资方虽是小股东的身份，但在公司决策、资金使用、人员任用等方面都是大股东的权力，甚至拥有一票否决权。那创业者可能就是一个类似打工的角色，对公司而言毫无益处。因为在很多投资协议里，会隐藏很多这样的条款，然后加上有些投资方以强势和霸道著称，可能面上是个小股东，但这些条款的存在会使整个团队特别难受。

4. 战略意图太明显

有些大公司，甚至行业领先公司经常进行一些早期投资，会有非常明显的战略意图，比

如不能和几个竞争对手合作，在某些业务上又必须和它们进行紧密合作。面对这种情况，创业者的决策比较困难，主要需考虑的还是自己公司的业务是否真需要这么一个"伙伴"。但在创业早期还是不建议战略投资，在需要一些战略资源的时候宁可用现金购买。比如：某知名搜索网站在投资公司时，都是签订框架协议保证未来 n 年带来多少流量，并将流量折价成为投资款。或者要求投出去的现金，必须有多少用来购买该搜索平台广告。因为一些去市场上也能购买到的资源而拿了战略投资的钱，最终使自己的公司失去了很多可能性和合作机会是得不偿失的，过早地站队会给早期创业公司带来发展上的掣肘。

第四节　创业融资策略

面对创业者的资本需求，创业者采取在创业企业生命周期的若干阶段分批注入的方式，以通过重复博弈，保留在任何阶段放弃投资和进行清算的期权。对于创业者来说，分阶段融资策略可以使其在创业企业中拥有较多的股份，维持发展任何阶段对创业企业的控制权。而且，创业企业有五个发展阶段，根据每个阶段的特征有不同的融资需求，创业者接受分阶段融资策略也是创业企业发展的一种客观需要。实际上，分阶段融资已经成为创业资本行业的重要特征，如图 5-6 所示。

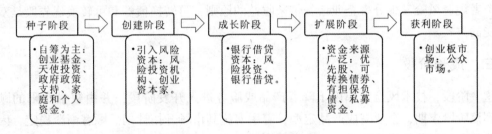

图 5-6　分阶段融资策略

一、种子阶段

该阶段基本上没有产品，创业者或者由于有了一笔资金，或者由于有了一个市场机会，又或者只是有一种创业的冲动而开始经营。在内部管理上，没有计划可言。由于管理人员很少，对企业一切问题都是直接控制指挥。在这个阶段，生存是企业的唯一目的，而生存的关键因素是创业者的意志和融资能力。种子阶段的创业成功率是最低的，平均不到10%。但单项资金要求最少，成功后的获利最高，呈现出"高风险、高收益"的特征。由于没有产品，企业也处于组建中，因而投资风险太高，风险投资商都会避开这一阶段，故该阶段的融资渠道多是家庭和个人的私人股权资本、创业基金、科技创新资金、非营利性的研究基金、社会捐赠和被称作"天使投资者"的个人创业投资者提供的小笔"种子资金"。种子阶段的创业企业无资产和信誉可言，因此，商业银行和公众化的证券市场不可能为创业企业提供资本，债务融资方式不可行，这一阶段的融资策略应该是股权融资方式。建议普通股融资作为主要融资方式，配合以适当的优先股融资。这种方式对融资方和投资方都具有许多好处。

① 对创业企业来说，具有和普通股权同样的长期承担风险的特征。

② 优先股股权没有投票权，但能起到较少干预创业企业经营决策的作用，与普通股相比，更受创业企业家的欢迎。

③ 在有税收优惠的情况下，融资成本比普通股低，可为融资企业节约成本。

④ 对于投资者来说，优先股投资方式所承担的风险比普通股低，但其回报要高于普通股，仅次于债权投资。

二、创建阶段

这一阶段，企业已经有了一个处于初级阶段的产品，收入低，开销也很低。据统计，创建阶段一般在一年左右。在这个阶段，生存仍是企业最主要的目的。创建阶段与种子阶段相比，技术风险有较大幅度下降，但投资成功率依然较低，平均不到20%。这一阶段，一方面，那些非营利性的投资，由于法律的限制将不再适宜，一些种子阶段的政策和基金也已利用不上；另一方面，创建阶段的企业几乎创造不出可以保证用以偿还短期债务的销售量、利润和现金；即使用作贷款抵押的企业资产所提供的保障也可能不足以获得银行贷款，债务融资不太可行，所以创业投资是企业筹集资金的主要形式。这一阶段创业企业的融资渠道多来自风险投资机构、创业资本家和风险投资者。考虑到创业企业不想失去对企业的控制权和风险投资者规避风险又想分享企业增长带来收益的原则，可转换债券和可转换优先股是双方最易接受的方式。

三、成长阶段

这一阶段，技术风险大幅度下降。产品或服务进入开发阶段，并由数量有限的顾客试用，到该阶段末期，企业完成产品定型，着手实施其市场开拓计划。顾客渐渐稳定，因此这时企业的主要问题是稳住顾客，争取发展资金。而发展的关键因素仍是资金和企业家的领导才能。成长阶段，资金需求量迅速上升。创业企业依靠自我累积仍不能解决这一阶段的资金需求，在初创期，企业的净现金流量通常为负，无法支付债务利息和本金，同时，企业可供抵押的东西又很少，银行提供贷款所冒的风险很大。这一切都决定了利用债务融资在那时是缺乏可行性的。然而，到了成长期，企业已经具备了一定的资产规模，在经营上也基本处于盈亏平衡状态，此时利用银行借贷款资本已成为可能。对于创业企业来说，乐于使用银行借款的理由不仅仅在于所需资金规模的庞大以及债务融资所特有的杠杆利益，更重要的是，债务融资不会像私人股权资本那样使创业家的权益大幅度稀释，更不易造成控制权的丧失。正是这一点，最终决定了创业家对债务融资趋之若鹜。当然，还应根据创业企业的具体资产负债情况和财务杠杆的作用，决定是否吸收风险投资商的资金。对于资金需求量较大的创业企业或上市前融资的创业企业，风险投资商通常采取联合投资的方式，这样做一方面分担风险，另一方面可以充分发挥多个风险投资商的不同作用。

四、扩张阶段

扩张阶段意味着无论从销售、财务方面，还是管理上，企业都承受着快速成长带来的压力。企业经过这个阶段，实现向专业化的转变，就能实现蜕变，发展壮大成为一个大企业或成熟企业。但不幸的是，有很多创业企业正是在这个阶段，由于无法适应快速扩张带来的变化而走向失败。为了扩大市场的影响，扩大规模，企业仍然需要大量的资金。由于享有一定的商誉，拥有一定的资产可以抵押或者关联企业的担保，在这个时期融资渠道相比而言较为通畅，除了股权融资也可以选择债务融资等，包括私募资金、有担保的负债、无担保的可转换债务以及优先股等。特别是这一阶段创业企业有了一定的业绩，风险性大大降低，企业的管理与运作基本到位，并接近于进入公开上市的飞跃，故而对创业投资者有一定的吸引力。公开上市后创业投资者便完成了自己的使命，从而撤出企业。因此，该阶段的投资对创业投资者来讲可以"快进、快出"，流动性较强。比较保守或规模较大的创业投资机构往往希望在这一阶段提供创业资本。

五、获利阶段

这一阶段，私人股权创业资本伺机套现退出，以寻觅新的投资机会，进入下一个循环过程。筹集资金的最佳方法之一是通过发行股票上市。由于企业的市场前景已相对明朗，专门为创业企业融资服务的创业板市场能够也愿意提供支持。创业板上市可以使企业更加容易地募集到新资金，同时也能为企业建立价值衡量标准，有利于企业规范运作，部分成功企业开始进入创业板市场，成为公众公司，在公众市场上筹集进一步发展所需的资金。成功上市得到的资金，一方面为企业发展增添了后劲，拓宽了运作的范围和规模，另一方面也为创业资本家的退出创造了条件。

特别应该注意的是，创业企业在融资过程中，要把握好五个基本原则：把握融资收益与融资成本的比较原则、把握融资机会的原则、制定最佳融资期限的原则、把握企业的控制权原则和寻求最佳资本结构的原则。要注意融资成本，获得的资金并不一定越多越好、越早越好。不同融资渠道的资金，融资成本也不一样，创业企业在融资过程中要做到在合适的时间、以合适的方式和融资结构寻找到高效、低成本的资金。

从创业企业融资策略的基本理论中不难看出，创业企业根据发展的五个阶段的不同特点，每一阶段需要开拓不同的融资渠道，并相应地采用适宜的融资方式，做到融资渠道和融资方式的合理配合。当然在这一过程中，要有完善的相关法律体系和成熟的资本市场的配套支持，要以创业者的个人素质和创业团队的团队水平为基础。每一方面都是整体运行中不可或缺的一环。

实践拓展作业

第六章

新企业的创办

创建活动不仅是导致新企业形成的条件,而且是新企业生成过程中的功能性要素。借助创建活动,创业者一方面创造出新企业实体,另一方面也在形成并塑造着新企业的竞争优势。

——斯科特·纽伯特

本章内容框架

新企业的创办

- F 实践拓展作业
  - 请你做参谋
- E 课堂活动
  - 猜企业
  - 企业登记注册模拟
- D 创办新企业的关键问题
  - 新企业的命名问题
  - 企业注册文件的编写问题
  - 创办新企业的法律问题
  - 创办新企业的伦理问题
- C 新企业的选址
  - 企业选址的重要性
  - 影响企业选址的因素
  - 与企业类型相关的选址因素
  - 企业选址的策略与技巧
  - 选址在企业孵化器中
- B 新企业的设立
  - 企业的含义
  - 企业组织形式的选择
  - 企业设立的方式
  - 企业登记注册的流程
  - 企业的变更
- A 引导案例
  - 小小袜子店

引导案例

小小袜子店

在珠海市前山明珠南路有一个只有 10 m² 的小店,卖的是袜子,而且是市面上不常见的品种——五趾袜。就是这样一个小店,只卖这样一个薄利的冷门商品,每个月带给店主的收益却超过万元,以至于周围很多精明的商人都大跌眼镜,感到不可思议。这个店的名字就叫"碧玉五趾袜子专卖店"。店主谭碧辉,是江西萍乡到珠海的一个打工妹。

1979 年,谭碧辉出生在江西萍乡一个农民家庭。高中毕业后,她来到广东珠海打工,应聘到一家公司跑业务。

一次,搞电器营销的男友阿刚利用到上海出差的机会,给谭碧辉买了两双精致漂亮的五趾丝袜,谭碧辉不仅为男友的这份体贴感动,而且还萌生了一个大胆的想法:这种袜子有一个好处,就是将脚趾分隔,不容易沤脚,犯脚气。广东这个地方温热潮湿,患脚气的人很多,这是一种迎合市场需求的产品,却因为没有人肯下力气去推广,以至于在偌大的珠海想找一双五趾袜简直比登天还难,如果自己开一家袜子专卖店,肯定不错!

有了明确的定位后,谭碧辉第一次就从浙江义乌进了 1 万双五趾袜。

2004 年年初,她大胆地在珠海市前山明珠南路租了一个 10 m² 左右的门面,很快,她的"碧玉五趾袜专卖店"在珠海开张了!然而,一开始生意却十分不景气,但谭碧辉坚持了下来。

2004 年 2 月,珠海的天气不冷也不热,但经常会下些小雨,这样的气候不适合穿露趾丝袜,也不适合穿很厚的天鹅绒或毛线五趾袜,而她进的五趾袜大都是纯棉或尼龙纱的薄五趾袜,这些袜子穿起来既时尚又保暖,深受户外运动一族或者喜欢逛街的白领一族的喜爱。这样,小店的生意慢慢好了起来。

后来,为了让生意更好,谭碧辉招聘了 3 名服务员,并在店门前打出脚趾美容的服务广告,就这样,在谭碧辉的店内,时尚袜子的万种风情和脚趾美容的独特服务相映成辉,小店的利润随之上涨,店还是原来的店,但利润却翻了一番。

谭碧辉靠脚趾美容赢得了一笔不菲的收入,同时也带动了五趾袜的销售。这时,人们见到这个行业有利可图,便纷纷仿效。

2004 年 9 月,谭碧辉在提高脚趾美容服务质量的前提下,大打价格战。一般的足浴中心美甲一次,少则几十元,多则上百元。可在谭碧辉的小店里,做一次脚趾美容只需十元左右,再加上买一双时尚的五趾袜,总共也不过三四十元钱。

结果,那些爱美的上班族和普通白领女性成了小店的常客,她们每星期都会来这里做一至两次脚趾美容。

2004 年 11 月,珠海的气温逐渐降低,于是,谭碧辉也跟着改变"战略方针":在袜子的选购上注重那种能保暖防寒的五趾袜。经过一番"战略调整"后,即使是在秋冬季节,谭碧辉的生意也依然火爆。

2005 年元旦前夕,谭碧辉每月就能盈利 1 万元左右。为了让小小"袜店"新年换新貌,谭碧辉在扩大店铺经营面积的同时,又重新换了一幅店面招牌,把原来的"碧玉五趾袜专卖店"改成了"恋上你的脚"。

类似谭碧辉这样的案例并非偶发,《科学投资》曾经报道过杭州下岗工人余根川创办的花嫁喜铺,经营结婚专用的喜糖,凭着几千元起家,不但摆脱了自身的生存困境,而且打出了一个新的天地。据《科学投资》了解,目前余根川仅雇用员工就100多人,下岗工人余根川经过几年的打拼已经成为一个真正的老板。

(资料来源于网络公开资料的整理。)

【讨论】
1. 谭碧辉的袜子店采用的是什么组织形式?
2. 企业的类型有哪些?
3. 作为创业者,你会选择何种企业类型?

第一节 新企业的设立

一、企业的含义

企业是社会发展的产物,随着社会分工的发展而不断壮大。现今,企业已经成为市场经济活动的主要参与者,构成了市场经济的微观基础。企业一般是指以营利为目的,以实现投资人、客户、员工、社会大众的利益最大化为使命,运用劳动力、资本、土地、信息技术等各种生产要素向市场提供商品或服务,实行自主经营、自负盈亏、独立核算的具有法人资格的社会经济组织。有关企业的含义十分丰富,不同学科对企业的内涵有着不同的认识。经济学认为,企业是创造经济利润的机器和工具;社会学认为,企业是人的集合;法学认为,企业是一组契约关系;商科和管理学则认为,企业是一类组织、一种商业模式。

在我国,按照投资人的出资方式和责任形式,企业主要存在三种常见组织形式:独资企业、合伙企业和公司。公司制企业是现代企业中最主要和最典型的组织形式。按照不同标准,企业还可分为其他的形式。例如,按所有制结构可分为全民所有制企业、集体所有制企业、私营企业、外资企业;按规模可分为特大型企业、大型企业、中型企业、小型企业和微型企业;按资源密集程度可分为劳动密集型企业、资金密集型企业和技术密集型企业;按经济部门可分为工业企业、商业企业、农业企业、金融保险企业、房地产开发企业、交通运输企业、旅游服务企业、餐饮娱乐企业、邮电企业、中介服务企业等。

根据企业的组织形式我们可以看出,企业并不等同于公司,在《现代汉语词典》(第6版)中,企业被解释为"从事生产、运输、贸易、服务等经济活动,在经济上独立核算的组织,如工厂、矿山、铁路等"。因此,凡公司均为企业,但企业未必都是公司。公司只是企业的一种组织形态,依照我国相关法律规定,公司是指有限责任公司和股份有限责任公司,具有企业的所有属性。

二、企业组织形式的选择

创业者具备了创业的素质和能力,发现创业机会,撰写创业计划书,寻求到创业的启动资金,就要开始创办企业了,在新企业创办之前,有必要对我们国家法律规定的企业组织形式进行了解和掌握,这样在注册企业时,才能有利于规避风险,找到符合自身现状和有利于将来发展的企业组织形式。

（一）企业的法律组织形式

根据统计局和工商局的《关于划分企业登记注册类型的规定》，将企业登记注册类型分为3个大类、18个中类和28个小类，其中3个大类分别指内资企业、港/澳/台商投资企业和外商投资企业。分类说明如表6-1、表6-2、表6-3所示。

表6-1 内资企业工商登记注册类型及代码

代码	企业类型	企业登记注册类型说明
100		内资企业
110	国有企业	企业全部资产归国家所有，并按《中华人民共和国企业法人登记管理条例》规定登记注册的非公司制的经济组织。不包括有限责任公司中的国有独资公司
120	集体企业	企业资产归集体所有，并按《中华人民共和国企业法人登记管理条例》规定登记注册的经济组织
130	股份合作企业	以合作制为基础，由企业职工共同出资入股，吸收一定比例的社会资产投资组建，实行自主经营，自负盈亏，共同劳动，民主管理，按劳分配与按股分红相结合的一种集体经济组织
140	联营企业	两个及两个以上相同或不同所有制性质的企业法人或事业单位法人，按自愿、平等、互利的原则，共同投资组成的经济组织。联营企业包括国有联营企业、集体联营企业、国有与集体联营企业和其他联营企业
141	国有联营企业	所有联营单位均为国有
142	集体联营企业	所有联营单位均为集体
143	国有与集体联营企业	联营单位既有国有也有集体
149	其他联营企业	上述三种联营企业之外的其他联营形式的企业
150	有限责任公司	根据《中华人民共和国公司登记管理条例》规定登记注册，由两个以上、五十个以下的股东共同出资，每个股东以其所认缴的出资额对公司承担有限责任，公司以其全部资产对其债务承担责任的经济组织。有限责任公司包括国有独资公司以及其他有限责任公司
151	国有独资公司	国家授权的投资机构或者国家授权的部门单独投资设立的有限责任公司
159	其他有限责任公司	国有独资公司以外的其他有限责任公司
160	股份有限公司	根据《中华人民共和国公司登记管理条例》规定登记注册，其全部注册资本由等额股份构成并通过发行股票筹集资本，股东以其认购的股份对公司承担有限责任，公司以其全部资产对其债务承担责任的经济组织
170	私营企业	由自然人投资设立或由自然人控股，以雇佣劳动为基础的营利性经济组织。包括按照《中华人民共和国公司法》《中华人民共和国合伙企业法》《中华人民共和国私营企业暂行条例》，以及《中华人民共和国个人独资企业法》规定登记注册的私营独资企业、私营合伙企业、私营有限责任公司和私营股份有限公司

续表

代码	企业类型	企业登记注册类型说明
171	私营独资企业	按《中华人民共和国私营企业暂行条例》的规定，由一名自然人投资经营，以雇佣劳动为基础，投资者对企业债务承担无限责任的企业
172	私营合伙企业	按《中华人民共和国合伙企业法》或《中华人民共和国私营企业暂行条例》的规定，由两个以上自然人按照协议共同投资、共同经营、共负盈亏，以雇佣劳动为基础，对债务承担无限责任的企业
173	私营有限责任公司	按《中华人民共和国公司法》《中华人民共和国私营企业暂行条例》的规定，由两个以上自然人投资或由单个自然人控股的有限责任公司
174	私营股份有限公司	按《中华人民共和国公司法》的规定，由五个以上自然人投资，或由单个自然人控股的股份有限公司
190	其他内资企业	上述企业类型之外的其他内资经济组织

表6-2　港/澳/台商投资企业工商登记注册类型及代码

代码	企业类型	企业登记注册类型说明
200		港/澳/台商投资企业
210	与港/澳/台商合资经营企业	港澳台地区投资者与内资企业按照《中华人民共和国中外合资经营企业法》及有关法律的规定，按合同规定的比例投资设立，分享利润和分担风险的企业
220	与港/澳/台商合作经营企业	港澳台地区投资者与内资企业按照《中华人民共和国中外合作经营企业法》及有关法律的规定，依照合作合同的约定进行投资或提供条件设立，分配利润、分担风险和亏损的企业
230	港/澳/台商独资经营企业	按照《中华人民共和国外资企业法》及有关法律的规定，在内地由港澳台地区投资者全额投资设立的企业
240	港/澳/台商投资股份有限公司	根据国家有关规定，经商务部（原外经贸部）批准设立，并且其中港/澳/台商的股本占公司注册资本的比例达25%的股份有限公司。凡其中港/澳/台商的股本占公司注册资本的比例小于25%的，属于内资企业中的股份有限公司
290	其他港/澳/台投资企业	在中国境内参照《外国企业或个人在中国境内设立合伙企业管理办法》和《外商投资合伙企业登记管理规定》，依法设立的港/澳/台商投资合伙企业

表6-3　外商投资企业工商登记注册类型及代码

代码	企业类型	企业登记注册类型说明
300		外商投资企业
310	中外合资经营企业	外国企业或外国人与中国内地企业依照《中华人民共和国中外合资经营企业法》及有关法律的规定，按合同规定的比例投资设立，分享利润和分担风险的企业

续表

代码	企业类型	企业登记注册类型说明
320	中外合作经营企业	外国企业或外国人与中国内地企业依照《中华人民共和国中外合作经营企业法》及有关法律的规定，依照合作合同的约定进行投资或提供条件设立，分配利润、分担风险和亏损的企业
330	外资企业	依照《中华人民共和国外资企业法》及有关法律的规定，在中国内地由外国投资者全额投资设立的企业
340	外商投资股份有限公司	根据国家有关规定，经商务部（原外经贸部）批准设立，并且其中外资的股本占公司注册资本的比例达25%的股份有限公司。凡其中外资股本占公司注册资本的比例小于25%的，属于内资企业中的股份有限公司
390	其他外商投资企业	在中国境内依照《外国企业或个人在中国境内设立合伙企业管理办法》和《外商投资合伙企业登记管理规定》，依法设立的外商投资合伙企业

（二）创办新企业常采用的组织形式

一般来讲，创业者常常采用个人独资企业和合伙企业的组织形式，而当企业发展到一定规模的时候，就有可能改组成为公司制企业。本节将着重详述个人独资企业、合伙企业、公司制企业三种组织形式。前两种属于自然人企业，出资者承担无限责任；后者属于法人企业，出资者承担有限责任。

1. 个人独资企业

个人独资企业是指依法设立，由一个自然人投资，财产为投资人个人所有，投资人以其个人财产对企业债务承担无限责任的经营实体。这是最简单的企业所有权形式，设立也较简单。根据法律规定，设立个人独资企业应具备下列条件：投资人为一个自然人；有合法的企业名称；有投资人申报的出资；有固定的生产经营场所和必要的生产经营条件；有必要的从业人员。

个人独资企业的优势有：

① 创办成本低，注册资金随意；

② 企业设立、转让和解散等行为的手续简单，仅需向登记机关登记即可；

③ 决策自由迅速，创业者完全控制企业的运营，做出所有决策；

④ 在技术和经营方面易于保密，保护其在市场竞争中的地位；

⑤ 创业者独享所有利润，且只需缴纳企业所得税而免征个人所得税；

⑥ 可满足创业者因企业成功而获得的个人成就感。

个人独资企业的劣势有：

① 创业者承担无限责任，当企业资产不足以清偿债务时，创业者不仅会失去全部投资，还必须以其个人的其他财产予以清偿，存在倾家荡产的风险；

② 创业者因注册资本金少，企业抗风险能力差，导致信贷信誉低，融资困难；

③ 创业者个人管理能力有限，面对不断变化的环境，容易陷入困境；

④ 企业寿命有限，可能因为一些原因而不复存在。

由于个人独资企业往往很难迅速成长起来，所以对于那些梦想开公司、当老板的大学生创业者来说这种形式不是创业最好的选择。

2. 合伙企业

合伙企业是指依法设立的，由各合伙人订立合伙协议，共同出资、合伙经营、共享收益、共担风险，并对合伙企业债务承担无限连带责任的经营性组织。根据法律规定，设立合伙企业，应当具备下列条件：有两个以上合伙人，并且都是依法承担无限责任者；有书面合伙协议；有各合伙人实际缴付的出资；有合法的企业名称；有固定的生产经营场所和从事合伙经营的必要条件。但是法律禁止从事经营性活动的人，如国家公务员及机关、学校、部队等机构的人员不得成为合伙企业的合伙人。合伙人可以用货币、实物、土地使用权、知识产权或者其他财产权利出资，对于货币以外的出资需要评估作价，可以由全体合伙人协商确定，也可以由合伙人委托法定评估机构进行评估。经全体合伙人协商一致，合伙人也可以用劳务出资，其评估办法由全体合伙人协商确定。

合伙企业的优势有：
① 设立比较容易且费用比较低；
② 如果合伙人具有互补性的知识、专长和经验，会有助于企业的经营；
③ 出资人较个人独资企业多，扩大了资金来源和信用能力；
④ 与个人独资企业一样，只需缴纳企业所得税，不需要缴纳个人所得税；

合伙企业的劣势有：
① 合伙人一般具有无限连带责任，合伙企业以其财产清偿企业债务时，其不足部分，由各合伙人用其在合伙企业出资以外的个人财产承担无限连带清偿责任；
② 产权转让困难，合伙人向合伙人以外的人转让其在合伙企业的全部或部分财产份额时，须经其他合伙人一致同意；
③ 合伙企业的规模仍因筹资能力有限而受到限制；
④ 合伙企业往往因为关键合伙人的死亡或退出而解散；
⑤ 合伙企业中各合伙人存在分歧时，容易产生内耗，决策困难。

3. 公司制企业

在《公司法》中，公司是指有限责任公司和股份有限公司，二者都是企业法人。对于有限责任公司，股东以其出资额为限对公司承担责任，公司以其全部资产对公司的债务承担责任。对于股份有限公司，其全部资产分为等额股份，股东以其所持股份为限对公司承担责任，公司以其全部资产对公司的债务承担责任。公司股东作为出资者按投入公司的资产额享有所有者的资产收益、重大决策和选择管理者等权利。公司享有股东投资形式的全部法人财产，依法享有民事权利，承担民事责任。这是股东与公司二者的重要区别。

有限责任公司由 50 个以下的股东出资设立，应具备下列条件：股东符合法定人数；股东出资达到法定资本最低限额；股东共同制定公司章程；有公司名称，建立符合有限责任公司要求的组织机构；有公司住所。需要注意的是，与以往《公司法》不同的是，2015 年 1 月 1 日起实施的《公司法》中，允许设立一人有限责任公司，即只有一个自然人股东或者一个法人股东的有限责任公司。

股份有限公司的设立，可以采取发起设立或者募集设立的方式。发起设立，是指由发起人认购公司应发行的全部股份而设立公司。募集设立，是指由发起人认购公司应发行股份的一部分，其余股份向社会公开募集或者向特定对象募集而设立公司。设立股份有限公司，应当具备下列条件：发起人符合法定人数；发起人认购和募集的股本达到法定资本最低限额；股份发行、筹办事项应符合法律规定；发起人制定公司章程，采用募集方式设立的经创立大会通过；有公司名称，建立符合股份有限公司要求的组织机构；有公司住所。股东可以用货币出资，也可以用实物、知识产权、土地使用权等可以用货币估价并可以依法转让的非货币财产作价出资；但是，法律、行政法规规定不得作为出资的财产除外。对作为出资的非货币资产应当评估作价，核实财产，不得高估或者低估作价。法律、行政法规对评估作价有规定的，从其规定。全体股东的货币出资金额不得低于有限责任公司注册资本的30%。

公司制企业的优势有：

① 股东承担有限责任，风降低；

② 筹资能力强，可以吸收大量资本；

③ 公司的寿命不再因个别股东或高层管理人员的死亡或离去等原因而终结；

④ 公司所有权和经营权分离，可以由职业经理人对企业进行管理，提高经营管理水平。

公司制企业的劣势有：

① 设立的程序复杂，费用高；

② 受政府的限制较多，要求比较严格；

③ 公司要定期报告公司的财务状况，公开自己的财务数据，容易造成商业机密泄露。

上述三种企业组织形式是创业者经常采用的，各有其优缺点。大多数创业者在选择组织形式时，会考虑所有者的责任、筹资能力、对企业的管理控制、所有权的转让、创办企业的成本和难易程度、税收负担等因素。表6-4概述了三种常见的企业组织形式的优缺点。

表6-4 三种常见的企业组织形式对比

项目	个人独资企业	合伙企业	公司制企业
法律依据	《中华人民共和国个人独资企业法》	《中华人民共和国合伙企业法》	《中华人民共和国公司法》
法律基础	无章程或协议	合伙协议	公司章程
法律地位	非法人经营主体	非法人营利性组织	企业法人
责任形式	无限责任	普通合伙人承担无限连带责任；有限合伙人以其认缴的出资额为限承担责任	以认缴的出资额（或认购的股份）为限对公司承担责任
投资人数	1个自然人	普通合伙人2人以上；有限合伙人2至50人	有限责任公司50人以下；股份有限公司发起人2至200人
注册资本	投资者申报	协议约定	在公司登记机关登记的金额

续表

项目	个人独资企业	合伙企业	公司制企业
出资	投资者申报	约定；货币、实物、土地使用权、知识产权或其他财产权利、劳务	法定；货币、实物、工业产权、非专利技术、土地使用权
出资评估	投资者决定	可协商确定或评估	必须委托评估机构
成立日期	营业执照签发日期	营业执照签发日期	营业执照签发日期
章程或协议生效条件	无	合伙人签章	公司成立
财产权性质	投资者个人所有	合伙人共同所有	法人财产权
出资转让	可继承	合伙人一致同意	股东过半数同意
经营主体	投资者及其委托人	合伙人共同经营	股东不一定参加经营
事务决定权	投资者个人	全体合伙人或从约定	股东会
利亏分担	投资者个人	约定，未约定则均分	投资比例
税负差异	不缴企业所得税，投资者个人比照"个体工商户的生产经营所得"适用5%~35%的五级超额累计税率计征个人所得税		公司缴纳25%企业所得税，个人股东分配利润后再按20%缴纳股息红利个人所得税
解散程序	注销	注销	注销并公告

三、企业设立的方式

对于创业者而言，企业设立的方式除了创办一个全新企业之外，还有收购现有企业和加盟特许经营等。

（一）创办全新企业

创办一个全新的企业是创业者进入市场时最常用的方式，具体又包括独创和合办两种形式，其中独创主要包括注册个人独资企业、注册一人有限责任公司；合办主要包括注册合伙企业、有限责任公司和股份有限公司。本章前面已经介绍了个人独资企业、合伙企业、股份有限公司和有限责任公司等企业组织形式的成立要求、优缺点、适宜的创业企业类型等，下面简单介绍创办全新企业的各种方式和必须具备的注册条件。

1. 个人独资企业的注册

注册个人独资企业，需要提交一系列文件，包括投资人签署个人独资企业设立申请书；投资人身份证明；企业住所证明和生产经营场所使用证明等文件，如土地使用证明、房屋产权证或租赁合同等。对于由委托代理人申请设立登记的，应当提交投资人的委托书和代理人的身份证明或者资格证明；国家工商行政管理局规定提交的其他文件。

2. 合伙企业的注册

注册合伙企业，应提交相关文件、证件，包括企业设立登记申请书（企业设立登记申请表、投资者名录、企业经营场所证明等表格）；公司章程（提交打印件一式两份，请全体股东亲笔签字；有法人股东的，要加盖该法人单位公章并由其法定代表人亲笔签字）；验资报告；出资权属证明；名称预先核准申请书及企业名称预先核准通知书；股东资格证明；指定（委托）书；经营范围涉及前置审批项目的，应提交有关审批部门的批准文件。然后，按照相应的步骤程序，递交申请材料，领取受理通知书、缴纳登记费并领取执照。

3. 有限责任公司（包括一人有限责任公司）和股份有限公司的注册

注册有限责任公司或股份有限公司，应提交的登记注册文件、证件，包括企业设立登记申请书（内含企业设立登记申请表，投资者名录，企业法定代表人登记表，董事会成员、经理、监事任职证明，企业住所证明等表格）；公司章程（提交打印件一式两份，请全体股东亲笔签字；有法人股东的，要加盖该法人单位公章并由其法定代表人亲笔签字）；验资报告；以非货币方式出资的，还应提交资产评估报告（涉及国有资产评估的，应提交国有资产管理部门的确认文件）；名称预先核准申请书及企业名称预先核准通知书；股东资格证明；指定（委托）书；经营范围涉及前置审批项目的，应提交有关审批部门的批准文件。除上述必备文件外，还应提交打印的股东名录和董事、经理、监事成员名录各一份。根据规定的步骤程序，递交申请材料，领取受理通知书、缴纳登记费并领取执照。

（二）收购现有企业

当创业者已看好并确定要进入某一市场，在有资金、无技术或有资金、有技术却无市场渠道时，通过收购一家运营中的公司，以其为创业平台，借助其在技术、市场、产品管理及企业文化等方面的特长，快速实现个人的创业梦想也是一种常见的市场进入方式。

收购是指买方从卖方企业购入资产或股票以获得对卖方企业的控制权，该公司的法人地位并不消失。收购是企业资本经营的一种形式，既有经济意义，又有法律意义。收购的经济意义是指一家企业的经营控制权易手，原来的投资者丧失了对该企业的经营控制权。从法律意义上讲，《中华人民共和国证券法》（简称《证券法》）规定，收购是指持有一家上市公司发行在外的股份的30%时发出要约收购该公司股票的行为，其实质是购买被收购企业的股权。收购的方式主要包括吸收式收购、控股式收购、购买式收购、公开收购和杠杆收购等。

创业者通过收购来开启新事业，一般需要8个程序。

① 制订切实可行的收购计划。

② 寻找合适的目标企业。

③ 针对目标企业进行初步谈判（通常以签订收购意向书为标志）。

④ 企业收购审查与决策，这是整个收购过程中最为关键的步骤，它关系到收购的成败和收购后企业的成长。

⑤ 确定收购价格并签订收购协议。

⑥ 对收购企业进行融资,主要包括内部融资、外部融资、卖方融资3种主要途径。
⑦ 交割并披露。
⑧ 收购企业的重整再造。

(三) 加盟特许经营

1. 特许经营的含义及特点

特许经营是一种商业组织形式,其中已经具有成功产品或服务的企业(特许授权商)将其商标和企业经营方法授权给其他企业(特许加盟商)使用,并由此换取加盟费和特许权使用费。具体是指特许授权商以合同约定的形式,允许特许加盟商有偿使用其名称、商标、专有技术、产品及运作管理经验等从事经营活动的商业经营模式。相对于创办全新企业和收购而言,取得某种商品或在某个市场进行经营的特许经营权是创业者进入市场的风险最小的方式。

特许经营是以特许经营权的转让为核心的一种经营方式,归纳起来,其特点如下。

① 特许经营可由一个特许人和多个受许人组成。各受许人彼此之间没有横向联系,只与特许人保持纵向联系;特许人与受许人之间既非隶属关系、控股公司与子公司关系,亦非代理关系、合伙人关系,而是一个商标、服务标志、经营管理与技术诀窍等知识产权所有人与希望在经营中使用这种产权的个人或企业之间的一种法律和商业关系,一种互利合作、共求发展的关系。在法律地位上是平等、自负盈亏的民事主体。

② 特许经营的基础是特许人和受许人建立在互惠互利基础上的契约关系。特许经营体系是通过特许人与受许人一对一地签订特许合同而形成的,双方的权利、义务在合同条款中有着明确的规定。例如,各受许人拥有财产所有权、享有人事和财务自主管理权,在经营业务上接受特许人的督导,并承担向特许人支付特许使用费、指导费的义务等。

③ 特许权的核心是特许人向受许人出售的技术专长、管理经验和经营之道。特许人为受许人所提供全方位的服务,包括选址、培训、帮助融资和提供产品及营销计划。特许人拥有商标、服务标志、独特概念、专利、商业秘密、经营诀窍等有形与无形资产的产权,并将部分产权(如使用权)转让给受许人以换取一定的收入。

④ 特许经营是特许人和受许人通过协议组成的分工合作体系。作为竞争核心的经营管理体系是一个有机的系统,它以特许经营理念为核心,包括一系列要素(如商标、商号、知识产权、营业场所和区域等)和过程(如采购、广告、定价等)。

2. 特许经营的类型

目前,主要存在产品与商标特许经营、经营模式特许经营两种特许经营类型。产品与商标特许经营是特许授权商授权给特许加盟商购买其产品和使用其商标名称的一种方式。这种方法往往能将单一制造商与零售商或分销商网络连接起来。例如,通用汽车公司建立了一个零售商网络,他们销售通用汽车,并可以在营销活动中使用通用的商标。产品与商标特许经营主要适于在相对自治的方式下经营。母公司(比如通用汽车公司和英国石油公司)一般更多地关注维持自己产品的完整,较少监控分销商和加油站所有者的日常活动。经营模式特许经营是更为流行的特许经营方法。在这类特许经营中,特许授权商通过培训、广告和其他帮助等形式将一种经营模式提供给特许加盟商。快餐业、便捷储物、网络服务提供和咨询服务是这类特许经营的主要例子。此外,按照不同的划分标准，特许经营还有许多种类型，而且不同的类型也往往意味着双方当事人不同的权利和义务，如表 6-5 所示。

表 6-5 特许经营类型

分类方式	类型	特点
按特许人和受许人身份分类	制造商和批发商	制造商指定受许人按要求分销最终产品
	制造商和零售商	制造商为解决销售问题而建立特许经销网
	批发商和零售商	与上一类型相似，制造商转换成了批发商
	零售商之间	业务模式特许经营
按特许权授予方式分类	一般特许经营	总部授予特许权，受许人交费使用
	委托特许经营	总部授予代理人特许权，由代理人负责某地区的特许权
	发展特许经营	加盟者在购买特许经营权时也购买了在一定区域内再建分部的特许权
	复合特许经营	加盟者取得一定区域内的独占特许权授予权
按特许内容分类	生产特许	受许人投资建厂，或通过代工生产的方式使用特许人的商标或标志、专利、技术、设计和生产标准来加工或制造取得特许权的产品，然后经过经销商或零售商出售，受许人不与最终用户（消费者）直接交易
	商品与商标特许经营	大型制造商为名牌化产品寻找销路，授权加盟者进行商业开发的权利
	经营模式特许经营	加盟者要按总部的全套经营模式进行经营
按业务内容分类	产品特许经营	受许人保持原有商号，单一销售或在销售其他商品时推销特许人所有的产品
	整体业务模式特许经营（又称"公司特许经营"或"交钥匙特许经营"）	受许人有权使用特许人的商标、商号等，受许人完全以特许人公司在公众中的形象出现
	制造加工特许经营	受许人自己投资建厂，加工或制造从特许人那里取得特许权的产品，不与消费者直接联系

3. 选择特许经营应该注意的问题

特许经营较创办全新企业或收购现有企业能为创业者提供更稳定的收入，且风险更低。一方面是由于特许经营协议一旦签订，创业者就获得一笔巨大的品牌资源，这是那些需要从零起步积累品牌优势的新建企业不能相提并论的，也是那些面临品牌资源流失威胁的被购企业不可企及的。另一方面是因为特许经营协议不仅授权受许人使用特许人的商标、服务标志、概念、专利、商业秘密、经营诀窍等有形与无形资产的产权，而且约束特许人向受许人提供各种经营诀窍和培训,并对其保持持续的关注。但目前特许经营允许创业者涉足的行业大部分还局限在零售业和服务业,这些行业要么是已经过了快速发展的"黄金时期",目前只是努力维持现况的成熟行业;要么是进入壁垒低,竞争非常激烈,趋近于完全竞争的行业,特许人从首先满足自身利益要求出发,不仅对受许内容进行了严格的定义,而且对受许人有相当大的控制权,如店面、服装、设备、经营方式、营业时间等,甚至供应商的选取往往也是由特许人选定的。与此同时,特许人在受许人不履行义务的情况下,享有非常广泛的合同解除权。因此对那些天生偏好高风险、高回报,决心为市场经济引航掌舵的弄潮儿而言,特许经营也许并不是一种理想的创业方式。

此外,在选择特许经营项目时,创业者还应该注意查阅特许经营公司的简历,了解公司进行特许经营的条款和过往业绩。潜在受许人只有在了解所有相关情况之后,才能决定是否加入一个特许经营系统。具体包括以下几个方面:良好业绩要素;实际的投资成本;董事和主要经理人的过往业绩;特许人提供的培训和支持水平;要求受许人承担的义务。

四、企业登记注册的流程

创业者根据自己的筹资能力、风险管控能力以及管理能力等,综合分析选择了新企业的法律组织形式,并为新企业设计了名称和选择经营场所,接下来就是到工商部门登记注册。下文将着重介绍新企业登记注册的流程。

（一）办理工商登记注册程序

办理工商登记注册程序因地而异,但总的来说,大致包括以下几个步骤。

① 咨询后领取并填写《名称（变更）预先核准申请书》,同时准备相关材料。

② 递交《名称（变更）预先核准申请书》及其相关材料,等待名称核准结果。

③ 领取《企业名称预先核准通知书》,同时领取《企业设立申请书》等相关表格;经营范围涉及前置许可的,办理相关审批手续;到经工商局确认的入资银行开立入资专户;办理入资手续并到法定验资机构办理验资手续（以非货币方式出资的,还应办理资产评估手续及财产转移手续）。

④ 递交申请材料,材料齐全,符合法定形式的,等候领取《准予设立登记通知书》。

⑤ 领取《准予设立登记通知书》后,按照《准予设立登记通知书》确定的日期到工商局交费并领取营业执照,具体工商登记程序如图6-1所示。

（二）办理工商登记注册提交的文件、证件

①《企业设立登记申请书》（内含《企业设立登记申请表》《单位投资者（单位股东、发起人）名录》《自然人股东（发起人）、个人独资企业投资人、合伙企业合伙人名录》《投资者注册资本（注册资金、出资额）缴付情况》《法定代表人登记表》《董事会成员、经理、监事任职证明》《企业住所证明》等表格）。

②公司章程（提交打印件一份,请全体股东亲笔签字;有法人股东的,要加盖该法人单位公章）。

③法定验资机构出具的验资报告。

④《企业名称预先核准通知书》及《预核准名称投资人名录表》。

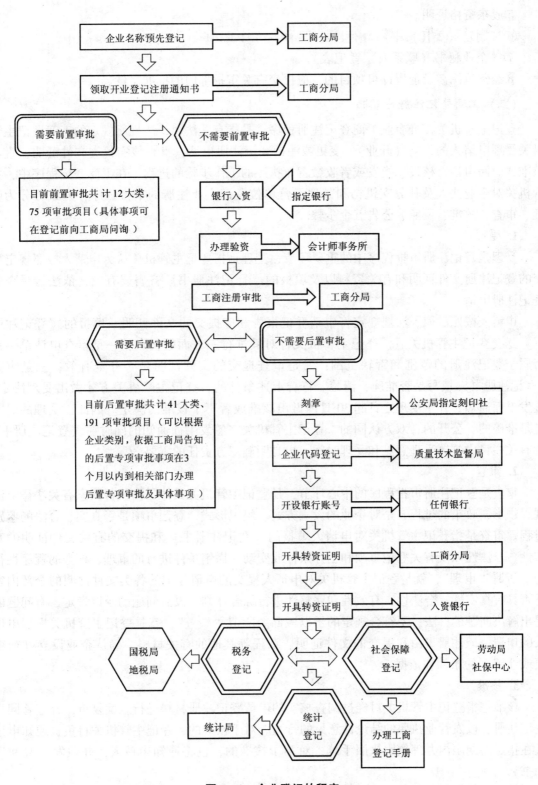

图 6-1 企业登记的程序

⑤股东资格证明。
⑥《制定（委托）书》。
⑦《企业秘书（联系人）登记表》。
⑧经营范围涉及前置许可项目的，应提交有关审批部门的批准文件。

(三) 工商登记注册的审批

登记主管机关核准企业工商登记注册程序，是指有关法律、法规所规定的工商登记主管机关受理申请人的设立（开业）、变更或注销登记注册申请，审查核实各类文件证明，直至核准或驳回申请，核发、换发或者收缴营业执照的工作步骤的过程，在工商登记程序中，主管机关对企业法人及其分支机构和其他经营单位登记企业注册的审批程序，大致可分为受理、审查、核准、发照、公告五个步骤。

1. 受理

受理是登记注册审批程序中的重要环节，受理是指登记主管机关认为申请人按照规定提交的登记注册文件证明和有关资料以及填报的《登记注册书》齐备、有效，依法接受企业登记注册申请。

申请人按照法律、法规规定将申请登记报告和应提交的文件证明及填报的《登记注册书》送交登记主管机关后，登记主管机关将对其进行三方面的初审：一是审查申请单位是否属于登记注册的范围和管辖范围；二是审查提交的文件证明是否齐全有效；三是审查《登记注册书》填写是否准确、清楚。符合上述条件的，登记主管机关方才做出受理决定，签发书面通知，并于受理之日起30日内做出核准或者不予核准的决定。因此，受理的时间应是准确的、公开的、双方认同的。登记主管机关在签发书面通知的同时在《登记注册书》的有关栏目中签署受理意见和受理时间，也是明确双方责任的需要。

2. 审查

审查是登记注册审批程序的中心环节，是登记主管机关具体贯彻执行国家有关法律、法规、规章、政策的过程，是对企业的设立方式、组织形式、登记事项是否真实、合法的鉴别过程。审查是指登记主管机关对申请人填报的《登记注册书》和提交的有关文件证明的真实性、合法性以及有关登记事项和创办条件或变动、撤销条件进行的审理、核查的程序性行为。所谓"审理"，就是登记主管机关对申请人提交的申请登记的各类文件证明的全部内容是否具有真实性、合法性、有效性和完整性进行综合评判，没有问题的予以肯定，有问题的提出解决问题的办法，不符合规定的予以驳回。所谓"核查"，就是登记主管机关根据申请人的申请登记注册事由和提交的文件证明、章程等其他的有关材料，确认企业设立（或变更或注销）的条件和依据。

3. 核准

核准是指登记主管机关对经过调查核实的申请登记注册材料进行全面复审，并签署同意登记注册、核发营业执照的结论性意见的行为。对于核准的，登记主管机关将负责通知申请人在指定的期限内办理领取执照手续；对不予核准的，也将通知申请人，并填发《驳回通知书》。

4. 发照

发照是指登记主管机关对核准登记的申请登记单位颁发企业法人营业执照或营业执照的

行为,在颁发执照前,登记主管机关将通知企业的法定代表人或负责人领取执照,企业的法定代表人或负责人应当办理签字备案手续。

5. 公告

公告是指登记主管机关以其名义向社会公众公开告知企业已依法成立的行为。

(四) 工商登记制度的改革

2016年6月30日国务院办公厅发布了《关于加快推进"五证合一、一照一码"登记制度改革的通知》(以下简称《通知》)。

《通知》规定,在全面实施工商营业执照、组织机构代码证、税务登记证"三证合一"登记制度改革的基础上,再整合社会保险登记证和统计登记证,实现"五证合一、一照一码"。

《通知》要求,从2016年10月1日起正式实施"五证合一、一照一码",在更大范围、更深层次实现信息共享和业务协同,巩固和扩大"三证合一"登记制度改革成果,进一步为企业创办和成长提供便利化服务,降低创业准入的制度性成本,激发企业活力,推进大众创业、万众创新,促进就业增加和经济社会持续健康发展。推进这项改革要遵循标准统一规范、信息共享互认、流程简化优化、服务便捷高效的指导原则。

2016年,"五证合一、一照一码"登记制度改革进展顺利,涉及企业证照的有关部门按照国务院的部署,把方便尽可能多地留给企业,让信息和数据多跑路,让企业少跑路,通过政府部门间的信息共享和业务协同,最终实现一张营业执照记录经营资格、资质类行政审批、登记备案证明或证明文件等各种信息,真正实现"一照走天下",给创业者提供最大的便利,调动越来越多年轻人的创业热情。

五、企业的变更

企业变更是指企业成立后,企业组织形式、企业登记事项的变化。引起企业变更的原因有以下三种:企业合并、企业分立和公司组织变更。

(一) 企业变更的内容

1. 企业名称变更

企业变更名称的,应当自变更决议或者决定作出之日起30日内申请变更登记。

2. 企业住所变更

企业变更住所的,应当在迁入新住所前申请变更登记,并提交新住所使用证明。

3. 企业法人变更

企业变更法定代表人的,应当自变更决议或者决定作出之日起30日内申请变更登记。

4. 企业注册资本变更

企业变更注册资本的,应当提交依法设立的验资机构出具的验资证明。

企业增加注册资本的,有限责任公司股东认缴新增资本的出资和股份有限公司的股东认购新股,应当分别依照《公司法》设立有限责任公司缴纳出资和设立股份有限公司缴纳股款的有关规定执行。股份有限公司以公开发行新股方式或者上市公司以非公开发行新股方式增加注册资本的,还应当提交国务院证券监督管理机构的核准文件。企业法定公积金转增为注册资本的,验资证明应当载明留存的该项公积金不少于转增前企业注册资本的 25%。

企业减少注册资本的，应当自公告之日起 45 日后申请变更登记，并应当提交企业在报纸上登载企业减少注册资本公告的有关证明和企业债务清偿或者债务担保情况的说明。

企业变更实收资本的，应当提交依法设立的验资机构出具的验资证明，并应当按照公司章程载明的出资时间、出资方式缴纳出资。企业应当自足额缴纳出资或者股款之日起 30 日内申请变更登记。

5. 公司经营范围变更

公司变更经营范围的，应当自变更决议或者决定作出之日起 30 日内申请变更登记；变更经营范围涉及法律、行政法规或者国务院决定规定在登记前须经批准的项目的，应当自国家有关部门批准之日起 30 日内申请变更登记。

企业的经营范围中属于法律、行政法规或者国务院决定规定须经批准的项目被吊销、撤销许可证或者其他批准文件，或者许可证、其他批准文件有效期届满的，应当自吊销、撤销许可证、其他批准文件或者许可证、其他批准文件有效期届满之日起 30 日内申请变更登记或者依照《中华人民共和国公司登记管理条例》第六章的规定办理注销登记。

6. 企业类型变更

企业变更类型的，应当按照拟变更的公司类型的设立条件，在规定的期限内向企业登记机关申请变更登记，并提交有关文件。

7. 股东和股权变更

有限责任公司股东转让股权的，应当自转让股权之日起 30 日内申请变更登记，并应当提交新股东的主体资格证明或者自然人身份证明。有限责任公司的自然人股东死亡后，其合法继承人继承股东资格的，企业应当依照前款规定申请变更登记。

有限责任公司的股东或者股份有限公司的发起人改变姓名或者名称的，应当自改变姓名或者名称之日起 30 日内申请变更登记。

8. 企业经营期限变更

企业经营期限变更是指企业在营业期限快到时，办理的执照有效期的一个续期（营业期限为长期的企业可不用办理该变更手续）。

9. 企业合并、分立变更

因合并、分立而存续的企业，其登记事项发生变化的，应当申请变更登记；因合并、分立而解散的公司，应当申请注销登记；因合并、分立而新设立的企业，应当申请设立登记。公司合并、分立的，应当自公告之日起 45 日后申请登记，提交合并协议和合并、分立决议，或者决定以及公司在报纸上登载公司合并、分立公告的有关证明和债务。

（二）企业变更所需资料

1. 变更注册资金

① 营业执照正副本原件；

② 公章、财务章、人名章；

③ 法人身份证原件；

④ 原公司章程；

⑤ 原验资报告复印件；

⑥ 开户许可证原件。

2. 变更公司名称
① 新公司名称变更核准通知书；
② 营业执照正副本原件；
③ 公章；
④ 法人身份证原件；
⑤ 原公司章程。

3. 变更股东或法人
① 营业执照正副本原件；
② 新旧法人股东身份证复印件；
③ 公章；
④ 新法人简历一份以及新法人签字；
⑤ 原公司章程；
⑥ 银行开户许可证。

4. 变更地址
① 营业执照正副本原件；
② 新的住所证明及租房协议；
③ 公章；
④ 原公司章程。

5. 变更经营范围
① 营业执照正副本原件；
② 新的经营范围；
③ 公章；
④ 原公司章程。

第二节　新企业的选址

企业选址是关系企业成败的重要因素，也是新企业创办初期就涉及的几个问题之一。创业者应该了解和掌握做出正确选址决策所需的信息和技能，不能只是就近寻找空闲的地方作为企业地点。

企业位置分析是一个贯穿企业生命周期全过程的事情。人口变化、消费者购买习惯变化、新的交通运输方式和社区扩展方向等因素，都决定着企业选址是否合适。

一、企业选址的重要性

对于新企业来说，选址的重要性不言而喻。选址是企业的一项长期投资，企业地址一旦确定，便很难发生变动。企业地址对新企业设备设施、经营成本及管理费用等都会产生长期影响。选址决定企业的成败，选择科学合理的地址，在与其他企业竞争时就会具有地理优势。

（一）企业选址是一项长期性投资

选址具有长期性和固定性，企业地址很难随外部环境的变化而变化，并且选址在一定程度上关系到企业各方面的成本，进而影响到企业的市场竞争力和盈利能力。因此，对企业地址的选择要做深入的调查和周密的考虑，妥善规划。

（二）地址是制定经营战略及目标的重要依据

经营战略及目标的确定，首先要考虑所在区域的社会环境、地理环境、人口、交通状况及市政规划等因素，而这些都与企业地址息息相关。依据这些因素明确目标市场，按目标顾客的构成及需求特点，确定经营战略及目标，制定包括广告宣传、服务措施在内的各项促销策略，企业才能发展得更为长久。

（三）企业选址对提升企业竞争力意义深远

新企业的竞争力具有复杂性与多层次性，企业地址所在地区的商业环境质量深刻地影响着新企业的持续竞争力，如投资需求、成本、人力资源、原材料等因素的投入或获取等。因此选址对企业竞争力具有深远的影响。

二、影响企业选址的因素

企业选址是一个比较复杂的决策过程，涉及的因素比较多，需要考虑经济、技术、政治、社会文化、自然等因素。

（一）经济因素

经济因素决定了新企业所在地区的购买力，即购买产品或服务的能力，当地的购买力状况表现在消费者收入水平、就业或失业趋势、银行存款、人均零售总额以及家庭数量和总人口等指标，这些数据一般与当地繁荣程度有关。很显然，创业者都希望企业所在地区的人们对他们提供的产品或服务的购买能力不断增加。

（二）技术因素

技术因素对新企业的成功是不可缺少的。及时了解和把握技术变化的新规律、新特点和新趋势，不仅能够避免技术进步的难以预测性以及技术变化带来的市场不确定性对企业的负面影响，还能够提升企业的竞争优势，推动企业的发展。因此，在新企业选址时可以考虑新技术信息传递迅速、频繁的地区。

（三）政治因素

政府对市场的影响也是值得创业者重视的一个方面，新企业选址时，创业者应重视政府在市场发展、产业发展等方面的相关规定。创业者选择在政府提供发展相关产业的优惠政策的地区创办新企业，可以获得政府支持，抢占市场先机。另外，当投资者去国外创办新企业时，更应该考虑不同国家的政治环境，如国家政策是否稳定、对外国人创办企业是否存在歧视等。

创业者还必须仔细研究各种法规、法令和行为限制，企业的建设和经营经常会受到国家和当地的法律以及私人行为的约束，比如，分区法令和细分管制确定了企业可以经营的地点和条件。为了获得相应的资格，企业还需要得到各种授权和许可，以及销售和其他税务的许可。

（四）社会文化因素

新企业选址时，创业者应考虑当地的居民生活习惯、文化水平等社会文化因素，分析企业目标消费群体的消费心理。因为人们生活背景和价值取向不同，对健康、营养、安全及环境的关注程度也会不同，这些都会直接影响创业者产品、服务的市场需求，特别是当创业者生产的产品与健康或环境质量等密切相关时，创业者应优先考虑将企业建在其企业文化与产品能得到较大认同的地区。

（五）自然因素

新企业选址时，创业者需要考虑地质状况、水资源的利用性、气候的变化等自然因素是否符合新企业生产发展的需要，如建在地质结构不良的地区，会存在企业安全生产的隐患。同时还应考虑地理环境对选址是否有利，交通条件便利、卫生环境与硬件设施状况良好或同一行业集中的区域，会给企业带来较大的地理优势。

此外，还要考虑的选址因素有：与市场的接近程度、劳动力的供应、租购期限或付款方式、停车场地和营运成本等。

三、与企业类型相关的选址因素

影响企业选址的因素很多，还有一些因素取决于企业类型，零售类企业、制造类企业、批发类企业、服务类企业要考虑的因素都是不同的。如制造业侧重考虑生产成本因素，而服务业则侧重考虑市场因素。

（一）零售类企业

对许多零售类企业而言，停车和交通是否便利是主要问题，但开在购物中心里的商店很少遇到这种问题。零售店还要考虑周围店铺的业务类型，有研究表明，服装店就不适合设在加油站旁边。

路过店铺的步行人数也是个重要因素。可以问问自己：路过这里的人是去公共汽车站还是去电影院？去看电影的人停下购买东西的可能性就不是很大。

（二）批发类企业

批发商从制造商那里大批量购进商品，然后再小批量地卖给零售商。批发类企业选择位置主要考虑两个问题：一个是要有良好的交通条件，像铁路、公路；另一个是要适当便利，如在建筑、设备、公共设施等方面。没有这些便利条件，批发类企业就很难处理大量的货物。有些地方对批发业务会有一些限制，要了解相关的规定。批发类企业也要尽可能地接近客户。

（三）服务类企业

服务类企业应尽可能靠近大型购物中心。但像电视维修店、干洗店、牙科诊所、修鞋店或者是儿童看护等业务，就没有必要设在高租金地段。为了得到较好的服务，消费者情愿多花些时间、多走点路，所以这类企业可以选择适当"偏僻"的位置。在服务类企业中，位置好坏还是会有很大的差别。如让干洗店靠近食品杂货店和药店就可能是个不错的选择，较大的客流和便利条件有利于干洗店取得成功；但类似的位置却不一定适合牙科诊所。

（四）制造类企业

制造类企业的选址不同于零售、批发及服务类企业。制造类企业选址时，要考虑交通状况和距离原材料的远近。其他要考虑的因素还有离客户远近、设施情况及当地的规定等。在研究企业选址一般性和特殊性因素的时候，既要考虑企业目前的需要，也要考虑将来的需要。

四、企业选址的策略与技巧

企业选址的成功需要科学且行之有效的策略与技巧，一般遵循市场信息的收集和研究、多地点多要素定性定量评价、综合分析、完成决策等步骤。

① 把创业者认为"必要"的条件列出来，同时列出希望的但并非必需的条件。
② 找出一定区域内符合创业者所列条件的所有位置。
③ 实地考察这些地方，根据初步印象剔除不合要求的选项，选择几处比较合适的。
④ 对剩下的几处再次进行考察，并逐一对照事先列出的条件。要特别注意那些关系生意成败的关键因素。
⑤ 每个地方在不同时间段多去几次，以便进一步了解其是否合适。
⑥ 做客流情况统计。计算每个地点每天各时段通过的人流、车流情况，以便推算潜在消费者数量。
⑦ 收集竞争者的相关信息，对竞争者进行研究。要知道有多少竞争者，他们都在哪里，还要知道过去两年内有多少跟创业者业务相似的企业开张和关闭了。对间接竞争者（产品或服务与创业者近似的企业）的情况也要做些研究。
⑧ 向有经验的企业家或相关人士征询意见。
⑨ 综合分析收集到的各种信息和意见，做出企业选址决策。

五、选址在企业孵化器中

近几年，企业孵化器（Business Incubator）在全国的很多地方都得到了发展。虽然企业孵化器的定义有很多，但基本一致的看法是：企业孵化器是指具有足够的空间，小企业可以以更低的租金灵活租用的地方。在企业孵化器中可以共享各种支持性的服务（财务方面、管理方面、技术方面和经营方面等），这取决于承租人需求的规模和需求的性质。绝大多数孵化器对小企业可以承租的时间进行了限制，一般为2~5年。公众、传媒和金融界都为企业孵化器提供了很多支持。特别是新企业在同一屋檐下共同定位，较低的租金和共享现场服务增加了创业成功的机会，也促进了当地经济的发展。

第三节　创办新企业的关键问题

创业者在创办新企业时，必须熟悉和掌握与创办企业相关的知识并处理好如企业命名、企业注册文件编写、法律及伦理等一些关键问题。

一、新企业的命名问题

企业及产品的名称对顾客的选择和企业竞争有直接影响，因此对新企业的发展也至关重要。所以，创办新企业前，需要精心设计企业的名称。一个响亮的企业名称，能够引起顾客美好的联想，对于提高产品的知名度与竞争力大有裨益。例如，"华为""格力""联想""新东方""阿里巴巴"等脍炙人口的企业名称都给消费者留下了深刻和美好的印象。

（一）企业命名的基本要求

企业名称是一个企业区别于其他企业或组织的特定标准。总体上来说，新企业的名称要有高度的概括力和强烈的吸引力，做到"名正言顺"。"名正"是指企业名称首先要合法，需要遵守《企业名称登记管理规定》和《企业名称登记管理实施办法》，到工商行政管理部门申请注册。"言顺"是指企业名称要顺口响亮，尽可能朗朗上口。具体来说，企业命名要符合以下要求。

① 企业名称具有唯一性、不可扩展性，所以企业名称应该强化标志性和识别功能，避免雷同。

② 企业名称重要的特点之一是可区别性，所以应该避免无特征的企业名称，要突出名称的"个性"。

③ 从广义上说，企业的名称系统既包括企业名称，也包括产品名称、企业域名、企业商标和品牌名称等，所以这些名称应该注意统一性。

④ 企业名称要注意天时、地利、人和。"天时"就是要注意挖掘企业名称的时代内涵，"地利"就是企业起名要拓展名称的历史潜能，"人和"就是企业起名要开发名称的文化底蕴。

⑤ 企业名称要尽量顺口、顺耳、顺眼、顺当。"顺口"就是易读易拼，"顺耳"要求名称易认易听，"顺眼"表现为易写易看，"顺当"则要求名称易记易传。

（二）企业命名的方法和技巧

企业命名常用的方法和技巧比较多，具体有六种。

1. 段式命名法

段式命名法具体包括"一段式命名法"（姓氏，如周记）、"二段式命名法"（姓氏+行业，如王氏车行）、"三段式命名法"（地名+序号+行业，如邯郸第二棉纺厂）和"四段式命名法"（地名+字号+行业+组织形式，如邯郸阳光百货集团）。

2. 吉利命名法

吉利命名法主要是用字图吉利、读音讨口彩，如兴隆有限公司、鑫盛车行等。

3. 幽默命名法

幽默命名法借用幽默的词汇或民间口语化用字作为名称，如傻子瓜子、大脚鞋店等。

4. 历史或人名命名法

历史或人名命名法主要是突出著名的历史事件，或者使用古人名、创始人名等名人效应命名，如孔府酒家、戴尔电脑、希尔顿饭店、李宁体育用品等。

5. 典故命名法

典故命名法即用各种典故来命名，如狗不理包子、全聚德饭庄、过桥米线等。

6. 价格命名法

价格命名法主要是暗示价格幅度，如十元店、一元店等。

此外，常用的企业命名法还有联想命名法、对象命名法、特征命名法、专用字命名法等。企业名称来源除了创业者自己命名外，还可以通过对外征求意见，借助广告公司、命名公司及电脑公司等途径实现。

（二）企业名称系统管理

企业名称系统包括企业名称、产品名称、企业域名、企业商标和品牌名称等。产品命名方法有效能命名法（如减肥茶）、成分命名法（如人参蜂王浆）、工艺命名法（如二锅头）、外形命名法（如蝙蝠衫）、比喻命名法（如长寿面）等。品牌名称是某一企业生产的产品中某一品种的名称，企业可以拥有多个品牌，如宝洁公司的海飞丝、飘柔和潘婷等。另外，知名度高的品牌还可以进行适当的扩展，如海尔的品牌已从冰箱、空调逐步扩充到了电视、手机、电脑甚至医药等多个领域。常用的品牌命名方法有象声命名法（如娃哈哈）、双关命名法（如富康汽车）、谐音命名法（如盖天力）、造词命名法（如京东）、数字命名法（如999感冒灵）等。此外，随着信息化的不断发展，企业网络域名也日趋重要，企业要注意域名的编码规则、域名的一般格式、域名的申请途径、域名的法律保护及域名的命名方法等。

二、企业注册文件的编写问题

新企业进行工商注册需要向所在地工商行政管理部门提交相关材料。创业者应根据所选择的企业组织形式，填写或提交法定的材料。如填写各种登记表，编写企业章程、合伙协议、发起人协议等文件。

（一）公司章程

公司章程是指公司依法制定的，规定公司名称、住所、经营范围、经营管理制度等重大事项的基本文件，是股东共同一致的意思表示，载明了公司组织和活动的基本准则，是公司的宪章。公司章程对公司的成立及运营具有十分重要的意义，它既是公司成立的基础，也是公司赖以生存的灵魂。

各国公司法对公司章程的内容都有明确的规定，这些规定主要体现在公司的记载事项上。公司章程的记载事项根据是否有法律明确规定，分为必要记载事项和任意记载事项。其中，必要记载事项分为绝对必要记载事项和相对必要记载事项。

绝对必要记载事项是每个公司章程必须记载、不可缺少的法定事项，缺少其中任何一项或任何一项记载不合法，整个章程即归无效。这些事项一般都是涉及公司根本性质的重大事项，其中有些事项是各种公司都必然具有的共同性问题。

有限责任公司的章程必须载明的事项有：公司名称和住所；公司经营范围；公司注册资本；股东的姓名或名称；股东的权利和义务；股东的出资方式和出资额、股东转让出资的条件；公司的机构及其产生办法、职权、议事规则；公司的法定代表人；公司的解散事由与清算办法；股东会认为需要记载的其他事项。

股份有限公司的章程必须载明的事项有：公司名称和住所；公司经营范围；公司设立方

式；公司股份总数、每股金额和注册资本；发起人的姓名、名称和认购的股份数；股东的权利和义务；董事会的组成、职权、任期和议事规则；公司法定代表人；监事会的组成、职权、任期和议事规则；公司利润分配办法；公司的解散事由与清算办法；公司的通知和公告办法；股东大会认为需要记载的其他事项。

相对必要记载事项是法律列举规定的一些事项，由章程制定人自行决定是否予以记载。如果予以记载，则该事项将发生法律效力，但如果记载违法，则仅该事项无效；如不予记载，也不影响整个章程的效力。确认相对必要记载的事项，目的在于使相关条款在公司与发起人、公司与认股人、公司与其他第三人之间发生拘束力。

（二）合伙协议

合伙协议是依法由全体合伙人协商一致、以书面形式订立的合伙企业的契约。根据《中华人民共和国合伙企业法》，订立合伙协议、设立合伙企业，应当遵循自愿、平等、公平、诚实守信原则。合伙协议经全体合伙人签名、盖章后生效，合伙人按照合伙协议享有权利，履行义务。

合伙协议应载明：合伙企业的名称和主要经营场所的地点；合伙目的和合伙企业经营范围；合伙人的姓名及其住所；合伙人出资的方式、数额和缴付出资的期限；利润分配和亏损分担办法；合伙企业事务的执行；入伙与退伙；合伙企业的解散与清算；违约责任。

（三）发起人协议

发起人协议是指股份有限公司的发起人就公司的宗旨、经营范围及应承担的责任等问题经认真协商讨论后所达成的协议书。

发起人协议应载明：公司名称和住所；公司的宗旨和经营范围；公司组织机构和经营管理；发起人认购股份金额和期限等。

三、创办新企业的法律问题

法律法规在一定程度上允许或禁止创业者所作的决策和采取的部分行动，对企业不仅存在约束作用，也对新企业的发展与运营起保护作用。遵纪守法的企业能够赢得政府的支持、员工的信赖、供应商的合作以及消费者的信任，甚至能够成为行业标杆，为企业营造良好的生存发展空间。

（一）商标专用权与商标法

商标是指商品生产者或经营者在其生产或经营的商品上所使用的，为区别市场中其他商业主体提供的同一种或类似商品的显著标记，通常由文字、图形、字母、数字或其组合等构成。商标是企业的无形资产，其价值体现在商标的独特性和为企业带来巨大的经济利益上。

商标权是商标专用权的简称，是指商标注册人依法支配其注册商标并禁止他人侵害的权利，包括商标注册人对其注册商标的排他使用权、收益权、处分权、续展权和禁止他人侵害的权利。

商标法是调整企业在商标注册与使用中出现各种问题的行为规范。《中华人民共和国商标法》规定，自然人、法人或者其他组织对其生产、制造、加工、拣选或者经销的商品

（或提供的服务），需要取得商标专用权的，应当向商标局申请商品商标注册，注册商标有效期为 10 年。

（二）专利权与专利法

专利权，简称"专利"，是权利人对其所获专利的发明创造，在法定期限内所享有的独占权或专有权。专利权是一种重要的知识产权，包括发明、实用新型和外观设计 3 种形式。

专利法是确认发明人（或其权利继受人）对其发明享有专有权，规定专利权的取得与消灭、专利权的实施与保护，以及其他专利权人的权利和义务的法律规范的总称。

我国专利的类型有发明专利、实用新型专利和外观设计专利。申请发明专利或者实用新型专利的，应当向国家专利局提交请求书、说明书及其摘要和权利要求等文件。申请外观设计专利应提交的文件比较简单，只需要提交请求书以及外观设计的图片或照片等，并写明使用该外观设计的产品及其所属类别。发明专利权的期限为 20 年，实用新型专利权和外观设计专利权的期限为 10 年，均自公告之日起生效。

（三）著作权与著作权法

著作权也称版权，是指作者对其创作的文学艺术和科学作品依法享有的权利。著作权包括发表权、署名权、修改权、保护作品完整权、复制权、发行权、出租权、展览权、表演权、放映权、广播权、信息网络传播权、摄制权、改编权、翻译权、汇编权以及应当由著作权人享有的其他权利等共 17 项。

著作权法是指国家制定或认可的，调整由文学、艺术和科学作品产生的社会关系的法律规范的总和。

我国实行作品自动保护原则和自愿登记原则，即作品一旦产生，作者便享有版权，无论登记与否都受到法律的保护。著作权的保护期限设定为：作品的作者是公民的，保护期限至作者死亡之后第 50 年的 12 月 31 日；作品的作者是法人、其他组织的，保护期限到作者首次发表后第 50 年的 12 月 31 日。

（四）商业秘密专有权

商业秘密对于企业来说是一种可以带来巨大经济效益的无形资产，更是某些高科技企业赖以生存发展的资本，因此对商业秘密的保护有极大的意义。商业秘密是指不为公众所知悉，能为权利人带来经济利益，具有实用性并经权利人采取保密措施的技术信息和经营信息。

作为一种无形财产权，商业秘密的权利人与有形财产所有权人一样，依法对商业秘密享有占有、使用、收益和处分的权利。商业秘密权不同于一般的知识产权，具有以下独有特征：商业秘密权的权利主体不是单一的；商业秘密权的客体——技术信息和经营信息，本身也具有其个性特征；商业秘密权的保护期限不具有确定性；商业秘密权的确立无须国家审批，自商业秘密产生之日自动取得。

（五）反不正当竞争法

反不正当竞争法是为保障社会主义市场经济健康发展，鼓励和保护公平竞争，制止不正当竞争行为，保护经营者和消费者的合法权益而制定的法律规范。

经营者在市场交易中，应当遵循自愿、平等、公平、诚实守信的原则，遵守公认的商业道德。若出现损害其他经营者合法权益、扰乱社会经济秩序的行为，则经营者违反了不正当竞争法的规定，构成了不正当竞争。

四、创办新企业的伦理问题

创业者在创办企业时，除了要遵守国家法律法规，还必须考虑商业伦理问题。商业伦理问题会影响新企业的整体形象与市场竞争力，忽视商业伦理问题，会给新企业的生存与发展造成不利影响。

商业伦理指组织处理与外界的关系、组织内部成员之间权利和义务的规则，以及在决策过程中所体现的人与人之间的关系和应用的价值观念。创办新企业应注意的伦理问题包括创业者与原雇主之间、创业者与创业团队之间、创业者与其他利益相关者之间的伦理问题。

（一）创业者与原雇主之间的伦理问题

创业者在创办新企业之前，在原雇主的企业当雇员，是原雇主企业经营管理团队中的一名成员。在辞职进行创业后，一些创业者发现，随着与原雇主的关系由利益共同体转变为竞争对手，自己与原雇主进入了一种敌对状态。因此，创业者辞职进行创业必须遵循两个重要原则。

1. 职业化行事

首先，恰当地表明自己的离职意图，在离职时能够处理完先前分配的工作并进行工作的交接，避免工作出现断层的现象。其次，在职期间，雇员可以利用下班时间策划如何与雇主竞争，但绝不允许窃取雇主机会，只有当雇佣关系解除之后，雇员才能说服其他同事到新企业进行工作，或创办新企业与原雇主进行竞争。

2. 尊重所有雇佣协议

对于创业者来说，尊重自己所签署的雇佣协议十分重要。一般情况下，关键雇员都会被要求签署保密协议和非竞争协议，这要求雇员在任职期间甚至离开公司以后，都必须严格遵守该协议，不得泄露企业的商业秘密。

（二）创业团队成员之间的伦理问题

创业团队建设的目的在于能够成功地创办新企业，因此团队成员之间就新企业的利益分配以及对新企业未来的信心达成一致非常重要。对创业团队来说，创业初期为了共同目的共享创业收益并共担创业风险，但是也容易沉迷于创办企业的兴奋之中而忘记订立有关企业所有权分配的最初协议。创业团队成员之间的伦理问题未妥善解决，会影响到企业的重大问题决策，甚至会影响到企业的生存。

（三）创业者和其他利益相关者之间的伦理问题

其他利益相关者是指与新企业经营管理有直接或间接利益关系的组合或个体，如企业员工、投资者、供应商、消费者、社区和政府等。新企业在创办过程中，与各种利益相关者形成连带关系。创业者和其他利益相关者之间涉及的伦理问题主要有三个方面。

1. 人事伦理

人事伦理问题与公平公正对待现有员工和未来员工有关，且涉及的范围非常广泛，从招聘面试中询问不恰当的问题到不公平对待员工、员工的合法权益得不到有效保障等方方面面。

2. 利益冲突

利益冲突问题与那些挑战雇员忠诚的情景相关。企业员工出于私人关系以非正当理由将合同交给其朋友或家庭成员，甚至进行内部交易，这都是不恰当的行为。

3. 欺诈顾客

欺诈顾客问题通常出现在企业忽视尊重顾客或者公众安全的时候，例如有意识地传播虚假信息、销售明知会造成不安全的产品等。

课堂活动及实践拓展作业

第七章

初创企业的管理

生存下来的第一个想法是做好,而不是做大。

——马云

本章内容框架

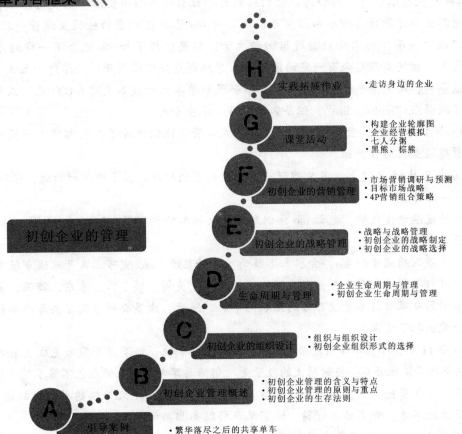

- H 实践拓展作业 · 走访身边的企业
- G 课堂活动 · 构建企业轮廓图 · 企业经营模拟 · 七人分粥 · 黑熊、棕熊
- F 初创企业的营销管理 · 市场营销调研与预测 · 目标市场战略 · 4P营销组合策略
- E 初创企业的战略管理 · 战略与战略管理 · 初创企业的战略制定 · 初创企业的战略选择
- D 生命周期与管理 · 企业生命周期与管理 · 初创企业生命周期与管理
- C 初创企业的组织设计 · 组织与组织设计 · 初创企业组织形式的选择
- B 初创企业管理概述 · 初创企业管理的含义与特点 · 初创企业管理的原则与重点 · 初创企业的生存法则
- A 引导案例 · 繁华落尽之后的共享单车

引导案例

繁华落尽之后的共享单车

2014年3月26日，北京，初春刚过，戴威等ofo五位创始人还没有脱离校园。他们提出"以共享经济+智能硬件，解决最后一公里出行问题"的经营理念，创立ofo共享单车项目，起先他们通过定制，将自行车通过车身号、机械锁绑定App，提供密码解锁用车的方式，在北京大学推出这一项目。

2015年6月，ofo共享计划推出，在北京大学成功获得2 000辆共享单车。从一开始，ofo的想法就是不生产单车，只连接。在北京大学的模式成功后，ofo把共享单车的理念推向了北京的其他院校。彼时，学院路上的其他学校内，也能看见小黄车的身影。那时的车分两种，一种可以骑出校园，一种只能在校内骑。

2015年10月，ofo完成了Pre-A轮融资。

2016年1月，ofo完成了A轮融资。5月，公开数据显示ofo共享单车总订单量突破200万个，单日服务校园出行近10万次。

就在这时，摩拜单车出现了。

2015年1月27日，做媒体出身的胡玮炜和运营大牛王晓峰，在北京成立了一家名为"北京摩拜科技有限公司"的公司，他们虽然有"让自行车回归生活"的美好愿景，但是还并不知道怎么样才能让自行车回归生活，彼时的ofo已经在北京的校园里运营一段时间了，他们决定以"共享"的名义让自行车回归生活，但是选择了和ofo完全不一样的方式，ofo的校园气息，注定商用起来有一定的困难，而摩拜则直接从商用开始。摩拜一上线，就是针对城市服务的，而且单车也是自主生产，第一代的单车据称成本高达6 000元。虽然随后不久推出了轻骑版"mobike lite"，但每辆单车造价也在千元。

2015年4月22日，世界地球日，摩拜正式运营，他们选择了在大都市上海投放第一批车辆，摩拜商业化运营开始。

2016年8月15日晚上，苏B牌照的货车把数百辆摩拜放在了中关村附近，摩拜打入ofo大本营——北京。

摩拜的发展速度之快，也让ofo意识到该加快行军的步伐了。2016年11月，ofo终于宣布正式开启城市服务。

晚了半年入局城市的ofo，会水土不服吗？资料显示，ofo宣布正式开启城市服务后不到两周内，日订单超过150万个，成为继淘宝、天猫、美团、饿了么、京东、滴滴、易到、口碑后，中国第9家日订单量过百万的互联网平台。随后，众多公司看到了共享单车行业的盛世，纷纷蒙头扎了进来。

2016年11月，小蓝单车首发落地深圳、酷奇单车创立、哈罗单车宣布完成A轮融资……一时间共享单车遍地开花，当时网上的段子是"留给共享单车企业的颜色不多了"。

随后，为了争抢市场，各家企业纷纷开启补贴模式。一轮又一轮的补贴大战轮番上演，用户也是乐此不疲，哪家单车好骑、哪家单车补贴高都熟记于心。

2017年6月，ofo则完成E轮融资，金额超7亿美元。这可能是ofo融资史上最后的风光时刻，它轻松地继续保有全球最高的共享单车平台估值，俨然资深独角兽、共享单车行业小巨头的模样。

不过好景不长，一直烧钱终究不是办法。2017年下半年开始，悟空单车、小鸣单车、町町单车、酷奇单车纷纷停止运营。

2017年9月7号，共享单车行业迎来了转折点。当天下午，北京市交通委宣布暂停新增投放共享自行车。至此，全国范围内发布共享单车"禁投令"的城市已达12座，分别为北京、上海、深圳、广州、福州、郑州、南京、南宁、扬州等。

然而，在共享单车行业哀鸿遍野，玩家接连出局的背景下，哈啰单车却异军突起，并在短短一年内连获融资。尤其是一个月内连续完成D1轮10亿元融资、D2轮3.5亿美元融资后，哈啰单车不但引入深创投、复星等投资机构和威马汽车、富士达等产业投资方，而且更重要的是引入了蚂蚁金服。

自2018年3月13日实施免押金战略到2018年5月13日的两个月内，哈啰单车注册用户就增长了70%，日骑行订单量翻倍。免除押金的模式，进一步降低了客户使用门槛，同时极大地刺激客户的需求，对于企业推广及运营而言，潜在市场及客户在原有基础上进一步扩大，直接体现在App下载量、新用户注册数及骑行时长、次数上。

避开一线城市的硝烟战火，选择从二三线甚至四线城市切入，是哈啰"破局入市"的另一个重要举措。在最火的2016年下半年、2017年，哈啰几乎绝迹于全国各一线城市，选择了一条"农村包围城市"的道路，深耕二线以下城市，扎扎实实地生根发芽，等待反攻时机。摩拜"被回收"及ofo发展困局，给了哈罗施展的机会，接入支付宝平台更是增加了大数据及信用体系的基石。蚂蚁金服在并购（或控股）ofo无望后，提供了哈罗反攻一线城市的弹药，资本只是企业发展的助推器，商业逻辑才是能破能立的手段。

随着一二线城市对共享单车准入政策的收紧，新建品牌扩张受到阻击。对于进击中的哈罗单车而言，"禁投令"的发布无疑让其梦碎了一地，截止到目前，哈罗单车一共进入了262个城市。

进入2018年，共享单车进入了收割期，互联网创业项目，依旧逃脱不了被投资方控制的命运，独立运营固然是所有创业人员梦寐以求的结局，但往往结局不尽如人意。

2018年，ofo战斗人员开始缩减。

2018年4月，美团以27亿美元的作价全资收购摩拜。

ofo虽然依旧"坚挺"不卖身，不过也抵挡不住资金匮乏。6月，ofo调整收费标准，用户仅骑行3分钟，就要收费2元。随后在7月份，ofo退出了一部分的国际市场，包括澳大利亚、德国以及欧洲多城，目前仅在巴黎、米兰和伦敦运营。

2018年8月31日，上海凤凰起诉ofo欠自行车货款6 815.11万元。此外据财经网报道：ofo还拖欠了云鸟、德邦等多家物流供应商数亿的欠款。

2018年10月，ofo运营主体东峡大通（北京）管理咨询有限公司已悄然更换了法人代表，ofo创始人戴威不再担任该公司的法人代表，由陈正江接替。

从2016年共享单车出现在大众视野到现在只有短短的2年。这两年里，从"风口起飞"到"千团大战"，从"共享神话"到"无奈停摆"，共享单车市场趋于稳定，人们对共享单车的看法也回归理性。人们现在提到共享单车，第一反应已经不再是服务人们的"新四大发明之一",而是"城市的蝗虫"。

共享单车自诞生起就背负了互联网、绿色出行等许多光环,短短两年就遍布了北上广深等大城市的大街小巷。然而,共享单车繁华落尽之后,也让人开始思考:共享单车本质还是租赁模式,而这种模式是真的用户痛点还是伪需求?共享单车会"凉凉"吗?到底这个行业应该如何发展?

其实,对于任何企业而言,稳步前行比什么都重要。

(资料来源于网络公开资料的整理。)

【讨论】
1. ofo、摩拜、哈罗三个共享单车企业有何不同?
2. 导致共享单车快速兴起、快速坠落的原因是什么?
3. 共享单车的兴衰给了我们什么启示?
4. 初创企业管理的首要目标是什么?
5. 如何对初创企业进行管理?

第一节 初创企业管理概述

一、初创企业管理的含义与特点

(一)初创企业管理的含义

如果说,创业是"无中生有",是实现"从0到1"的突破,那么初创企业管理就是要实现由小到大、由弱变强,完成从0到N的蜕变。

初创企业(Startup)是指白手起家,依靠自有资金或风险投资创办的新企业。初创企业管理(Startup Management)是指通过一定管理手段和管理策略,使新创企业开始盈利并进入正常运营的管理过程,是把握机会并创造新价值的行为过程。从初创企业管理的过程性内涵来讲,可大致划分为三个阶段。

第一阶段为企业创建阶段的管理。这涉及创业团队的管理、创业计划与决策、商业模式选择等问题。

第二阶段为企业成长阶段的管理。即新企业创建之后,如何在市场经济环境下存活。这涉及营销、策划、战略决策等方面的内容。

第三阶段为企业稳健发展阶段的管理。创建的新企业在市场生存下来以后,就转向一个靠组织化、制度化的措施促进其健康成长的阶段,这时,初创企业就面临一个制度化建设的问题。

有数据显示,在我国,民营企业的平均寿命不超过2.9年。每年有15万家民营企业诞生,同时有10万多家企业破产。60%的民营企业在5年内破产。85%的民营企业在10年内破产。可见,对于初创企业而言,面临的最大问题就是生存问题。因此,初创企业管理的首要目标就是运用各种手段,利用各种方法,整合并有效利用企业内外部的各种资源,使企业首先生存下来,然后再追求规模发展。

（二）初创企业管理的特点

初创企业管理要求创业者像企业家那样思考和行动，有着企业管理的特点，但又和通常的企业管理有所不同，表现出自身独有的特点。

1. 初创企业管理与传统企业管理的区别

创业管理属于企业管理活动的范畴，但又不同于传统企业管理。

（1）管理性质不同

传统企业管理是连续性的管理，创业管理则是非连续性的管理。创业企业发展的阶段性特征决定了创业管理者角色的变化和管理方法的变更。为了使企业快速地完成从种子期到成长期甚至成熟期的变化，在制定创业企业成长战略的基础上，管理者更应该适应这种阶段的变化，才能使管理与企业的发展同步，不会出现断层。

（2）管理任务不同

初创企业管理最重要的任务是通过整合创业企业的资源，让企业生存下来。企业创建之初，生存是唯一的目标，只有生存下来才能谈发展，而无论是生存还是发展，都需要企业将有限的资源用在最需要的地方。企业把所控资源很好地整合运用到生产、营销和财务管理上，才能达到事半功倍的效果，实现企业生存发展的目的。

（3）管理方式不同

传统的管理是通过决策、计划、组织、领导、控制、创新等管理的职能实现企业的经营管理，而创业企业则要迅速地对市场变化做出反应，很多情况下，并不会用到所有的管理职能和管理手段。创业团队在应对这些紧急情况时起到了关键作用。

（4）管理手段的不同

传统的管理大多是刚性管理，企业的既有规章制度对企业的管理起到了较强的约束作用，做到了规范化、制度化。而初创企业管理相对而言不那么规范，要在各个环节上激发员工的主动性和创造性，以适应瞬息万变的外部环境、推动企业的成长。

可见，初创企业管理与传统企业管理有着较大的差异。它是一种综合性、不确定性及动态的管理，是更加复杂的企业管理工作。

2. 初创企业管理的特点

初创企业管理具有五个具体特征。

（1）初创企业管理是"以生存为首要目标"的管理

初创企业的首要任务是从无到有，把自己的产品或服务卖出去，掘到第一桶金，从而在市场上找到立足点，生存下来。在创业阶段，生存是第一位的，一切都须围绕生存运作，一切危及生存的做法都应避免。因此，对于初创企业来说，最忌讳的是提出不切实际的扩张目标，盲目铺摊子、上规模，结果只能是"企者不立，跨者不行"。在创业阶段，亏损、盈利、再亏损、再盈利，可能要经历多次反复，直到最终持续稳定地盈利，并探索到了可靠的商业模式，才算是度过了创业的生存阶段，新企业也因此才有了追加投资的价值。

（2）初创企业管理是"主要依靠自有资金创造并保障自由现金流"的管理

现金对企业来说就像是人的血液，企业可以承受暂时的亏损，但不能承受现金流的中断，这也是初创企业以营利为目的的原因所在。企业的自由现金流就是不包括融资、资本支出以及纳税和利息支出的经营活动净现金流。自由现金流一旦出现赤字，企业将发生偿债危机,甚至可能导致破产。自由现金流直接反映初创企业的盈利能力,是初创企业管理的重点。由于融资条件苛刻,对创业管理来说,只能主要依靠自有资金运作来创造自由现金流,从而管理难度更大。创业管理要求创业者必须锱铢必较,千方百计增收节支,加速周转,控制发展节奏。

（3）初创企业管理是充分调动"所有的人做所有的事"的团队管理

新企业在初创时,组织结构并不健全,难以按正式组织方式运作。团队成员有着分工,但在实际的管理过程中,分工表现得又不明显,有时呈现出一种"混乱"的状态。在这种"混乱"的状态下,团队成员都清楚组织的目标和自己应当如何为组织目标做贡献,没有人计较得失,没有人计较越权和越级,相互之间只有角色的划分,没有职位的区别。这种运作方式就是充分调动"所有的人做所有的事"的团队管理。这种管理模式有利于培养团队精神、奉献精神和对企业的忠诚,最终内化为企业的文化。所以,初创企业管理实质上是一种高效有序的"混乱"状态。

（4）初创企业管理是一种"创业者亲自深入参与经营细节"的管理

创业者在创业初期,既是计划决策者又是执行者,既是员工又是管理者,很多事情必须事必躬亲,这就是创业。创业者需要全程参与企业经营的各个环节,关注企业经营的每个细节,对企业运行的全过程都了如指掌,从而使企业日渐强大。但有些创业者,在企业做大后,仍然对经营细节事必躬亲,不能有效地授权,这反而成为制约企业发展的一个因素。

（5）初创企业管理是奉行"顾客至上,诚信为本"的管理

创业的第一步,就是把企业的产品或服务销售给顾客,从而获得盈利。因此,如何将产品和服务成功推向市场是初创企业的管理重点。经历过创业艰难的企业家都会把顾客放在第一位,靠诚信去赢得顾客的认可,靠诚信去扩大市场。所以,一个初创企业的核心价值观不是人为杜撰的,而是在创业阶段自然形成的,初创企业管理实质是在塑造一个企业的未来。

案例 马化腾艰苦创业

OICQ（QQ的前身）一"出生"就很受欢迎,用户量呈几何级疯狂增长。但从商业上说,OICQ在相当长的时间内并不挣钱。因为采取免费模式,QQ用户的增长不但没能为公司带来收入,而且还不断加重其运营负担。当时,马化腾既没有意识到用户的商业价值,也没意识到融资的重要性。OICQ运行一段时间后,投资很快就花光了。被经费所困的马化腾四处借钱,但处处碰壁。当时,马化腾几乎向每一个债主提出过"以股还债",但是没人愿意要腾讯的股份。能借的钱都借了,有人建议腾讯应该去找风险投资者。

1999年8月,中共中央、国务院召开全国技术创新大会。之后,中央决定在深圳设立一个助推高新技术成果实现产业化的交易项目——中国国际高新技术成果交易会（以下简称"高交会"）。获知消息的马化腾决定把OICQ带去交易。

马化腾抱着改了66个版本、20多页的创业计划书跑遍高交会的展台,极力推销。最终,美国国际数据集团和我国香港盈科各投资110万美元,分别占了腾讯20%的股份。有了这笔钱,腾讯迈上了一个新的发展台阶,迎来了发展的新局面。随后,OICQ改名为QQ。2000年4月,QQ注册用户突破500万人；5月,用户同时在线人数首次突破10万人大关。

二、初创企业管理的原则与重点

（一）初创企业管理的基本原则

企业创办初期在管理上有其基本的原则以及独特之处，任何照搬成熟企业的管理经验和模式都可能违背创业期市场规律的基本原则，而导致企业经营失败。概括而言，创业管理应遵循四个基本原则。

1. 生存重于发展原则

初创企业相对而言，比较弱小，对来自企业内部、外部环境的风险抵御能力比较差，所以，创业期是企业的高风险期。这决定了企业在创业管理期的主要管理目标是降低经营风险，尽最大努力使企业在激烈的市场竞争中生存下来，同时进行经营管理经验、知识、资产、人力资源等的积累，形成自己的产业基础，为将来的发展奠定基础。

2. 重权威原则

初创企业管理的核心是创业者本人，创业者的能力对企业发展起着决定性作用。在这一特殊阶段，创业者身兼多职，凡事多亲自参与实施。此外，管理方式偏向于粗放型管理、集权化管理，注重创业者的权威，制度建立不完善、不规范，随意性比较强。管理重点较多专注企业关键职能的发挥，树立企业初创期的企业文化。

3. 利益分享、风险共担原则

初创企业管理的理念是利益共享、风险共担。利益分享、风险共担不仅局限于创业团队成员之间，初创企业与研究机构、供应商、经销商以及其他利益相关者都应该坚持这种理念，具有大局、共赢意识，具有长远的战略眼光，关注员工的需求，与相关企业组织建立长期战略伙伴关系。

4. 低成本原则

初创企业面临的最大问题就是资金、资源的整合问题。很多企业在创立之初，往往资金短缺，而在经营过程中，各种生产、销售、研发、办公等方面的投入又比较高，因此，必须坚持低成本经营，这就要求创业者事必躬亲、亲力亲为，压缩不必要的支出，这样的过程恰恰是创业者吸取管理经验、了解专业关键、增加经营阅历的自我丰富过程；是创业精神融入企业的方方面面，形成企业文化、价值观的过程。

（二）初创企业管理的重点要素

初创企业的管理过程其实就是创建企业的过程，其中包括了很多影响企业发展的要素，这些要素也就成为初创企业管理的基本要素，抓住了这些要素，就把握住了初创企业管理活动的关键。

1. 创业机会

创业机会是贯穿于初创企业管理活动的核心线索，从丰富的市场创意中寻找值得关注的机会，是创业者选择创业生涯，实施创业战略的第一步。当然，并非所有的机会都能转化为实实在在的企业，即使这种商业机会确实能满足某种市场需求，如果它不能为投资者带来可接受的回报，就没有投资的价值。因此，不管什么类型的企业，创业者都需要评估创业项目是否具备营利性，这一评价过程同样是审慎而必要的。

2. 创业资源

资源是创业成长的重要基础，无论是要素资源还是环境资源，无论是否直接参与企业的生产，它们的存在都会对创业企业产生很大的影响。因此，优秀的创业者需要了解创业资源的重要作用，并且能够不断开发、积累各种创业资源，要善于借助企业内外部的力量对各种创业资源进行组织和整合，这样才能实现机会的有效开发以及战略的有效执行。

3. 创业团队

优秀的创业团队是初创企业健康发展的基本前提。评价一个优秀的创业团队要看两个方面：一是创业团队的每个成员自身是否有一个适当的角色定位，是否有与之匹配的基本素质和专业技能；二是整个创业团队是否能够团结合作、优势互补，团队成员之间是否有一个统一的核心价值观，是否做到了责任和利益的合理分配。此外，在创业过程中，创业团队成员往往处于不断调整的状态之中。团队成员的调整是否合理、是否有利于企业的发展，同样一方面要看这种调整的方向是否有利于企业的竞争优势重构，是否有利于下一步战略的执行；另一方面也要看这一调整的过程是否顺利，如果调整方向是正确的，但是团队成员调整过程中发生倾轧，甚至引起企业的分裂，就会对企业造成极大损害。

4. 商业模式

企业不能脱离必要的商业模式的支撑而孤立发展。通过商业模式的构想，创业者能够全面思考企业创建过程中的诸多问题，对整个创业活动进行理性分析和定位。很多创业者在创立企业时，并没有对企业模式进行详细完备的设定，创业者的动力往往来自创业热情以及对目标市场的模糊设想。这样的创业活动带有很大的不确定性，市场环境的变化以及创业活动的实际推进过程与创业者的事先假设存在很大的落差，盲目的创业活动很容易陷入困境。因此，在创业活动的准备工作中缺乏商业模式设定会加大创业失败的风险。

同样，即使创业者设置了商业模式，但商业模式不清晰或是方向错误，对于初创企业而言也是致命的。所以，在初创企业经营过程中，一旦发现所设计的商业模式存在失误，创业者就应当尽快从错误的商业模式中走出来，调整发展方向，明确具备可行性的商业模式。因此，从某种意义上来说，商业模式不仅是企业创立之前的战略规划书，更是在企业创立之后经营管理的重要因素。

5. 战略规划

战略对于新创企业的成长非常重要。战略规划是企业的经营规划，也是公司经营的一种内在模式。企业可以依据这种规划有效应对市场环境的变化，及时制定行之有效的应对措施，以使战略行动具有时效性。

初创企业的战略关系到企业未来的发展方向，决定着企业发展的成败。在企业创立之前，创业者必须对企业未来的战略规划进行一个清晰的设想，而不能等到企业成立之后再根据市场环境变化进行调整。因为这种被动的模式往往会失去市场的先机。在制定战略方案时，创业者的重点应当放在战略位置的确立与战略资源的获取上。初创企业要想在市场竞争中取胜，应该主要抓住自己和市场上已有企业的差异性来做文章，形成自己独特的竞争优势，发展自己的核心竞争力。

当然，随着企业的不断成长，初创企业的战略也必须不断调整。在企业成长阶段，相对于创业之初的战略设想，这一阶段的战略是实实在在的市场竞争模式。这时，创业者需要在战略的执行和控制层面投入更多精力。

初创企业的发展面临着很多的不确定性，出现危机的可能性也大大高于一般的企业。合理的战略规划不仅有助于企业增强危机意识，降低失败风险，还可以未雨绸缪，防止危机出现，甚至在企业发生危机之后，也可将危机转化为企业发展的机遇。

6. 组织制度

当企业创立之后，组织制度也随即建立起来。由于新创企业通常规模较小，除了创业成员以外，雇员也不多，组织内部的管理事务并不复杂，组织制度建设通常被忽略。但是企业度过最为艰难的时期，初步获得成长之后，组织制度的重要性就日益凸显了。组织制度的意义体现在两个方面。

一是体现在人力资源管理方面。随着企业的成长，新员工不断补充进来，客观上需要建立健全的制度来保证员工各司其职，促进企业健康发展。缺乏规范的组织制度，员工在企业内部完成了什么工作任务，担负怎样的责任，企业用怎样的薪酬制度来激励员工，这些问题都没有明确的答案，势必造成组织难以吸引有能力的员工，对于已经加入组织的员工也难以实现有效的激励，从而降低企业经营效率。

二是体现在组织文化方面。随着企业的发展，需要新的价值观和发展理念来统一企业上下的认识，保证企业朝着有利的方向发展。良好的组织制度建设有利于形成良好的企业文化，引导企业内部员工的价值观念，使得企业上下形成一股合力，共同构建企业的竞争优势。

因此，组织制度建设也是初创企业朝着稳定发展的成熟企业蜕变的必要条件，唯有以规范的制度为基础保障，才能真正促进企业的发展。

三、初创企业的生存法则

造成企业短命的原因错综复杂，最重要的就是企业缺乏核心竞争力。世界上万事万物都遵循着"适者生存"的法则。企业同样必须适应生存的外部环境，必须有适合自己的生存方式和独特的生存方法，必须为适应环境打造企业生存核心竞争力。新创企业生存法则包括：顾客满意法则、成本领先法则、人本管理法则、社会责任法则、营销创新法则、博弈双赢法则、资源整合法则、资本回报法则、技术领先法则、和谐发展法则。

（一）顾客满意法则

顾客满意对于顾客来说就是客户接受产品或服务后感受到的需求满足感、价值实现感；对于企业来说就是努力为顾客提供产品和服务，使企业经营实现利润，使顾客实现价值。企业的顾客如果能够满意地、忠诚地、长期地与"产品服务"建立固定的联系，则企业经营就能够获得效益。

顾客对商品价值接受程度、需求满足感来源于产品质量、服务水平、企业形象及员工素质等方面的价值观；也取决于顾客为获得这种产品所支出的成本的总和，包括货币数量、时间长短、精力大小、心理感觉等方面的成本观。同时，顾客在建立自己期望值的过程中总是趋向于用最小的成本获取最大的价值。因此，企业在提供产品、服务的时候，要使顾客在降低期望值的同时增加感受值的比重，提高顾客对产品和服务的接受程度和满意程度。

（二）成本领先法则

初创企业经营管理的核心目标是实现利润，保证生存。所以，初创企业的管理还要坚持成本领先的法则。经营项目投资前要认真做好调查研究，分析成本、费用结构及价值规律。在测算成本和利润的时候留有一定的空间。只有在关键阶段、环节和价值链条中严格控制成本，才能合理定价，使产品和服务物美价廉。提高产品质量和服务品质，实现超时空的价值，才能牢牢把握市场，保证利润空间最大化，实现高经济效益。

（三）人本管理法则

"以人为本"的管理理念对于初创企业而言同样适用。"以人为本"的管理机制可以形成员工巨大的向心力和凝聚力，这种向心力和凝聚力必然会带来企业内部团结奋斗的好气势，增强企业的执行力，为企业生存发展增加活力。

企业生存的秘密武器是什么？是"以人为本"的管理机制形成的员工向心力，是建章立制和按规章制度办事形成的"组织执行力"。

人本管理重视人的作用，重视对员工的教育、培训。企业依靠员工可以提升生产效率，建设企业文化，使企业员工能力得到超常发挥，使员工的智力、知识、技术与资金有效结合，激励员工为企业创造价值而努力工作，促使企业经营的成功。同时，企业经营的成功意味着员工个人能力的充分发挥和职业生涯的辉煌业绩，即实现了企业和员工的双赢。

（四）社会责任法则

很多企业曾经辉煌一时，但随即销声匿迹。其原因错综复杂，其中有一个原因就是没有自觉地去建设责任文化，没有遵守企业道德，不懂得如何对社会负责任，不能创新守成。

追求道德、恪守责任的管理者通常为组织确立起较为崇高的价值观，以此来引导组织及其成员的一切行为。所以，对于初创企业而言，要做到以下几点：第一，不仅把遵守道德规范视作组织获取利益的一种手段，而且更把其视作组织的一种责任；第二，坚持以社会整体利益为重，做到自律，对行为进行自我调节，有时为了社会整体的利益，甚至不惜在短期内牺牲组织自身的利益；第三，重视利益相关者的利益，善于处理组织与利益相关者的关系，也善于处理管理者与一般员工及一般员工内部的关系。只有这样才能够有效激发成员去做出不平凡的贡献，从而给组织带来生机和活力。

（五）营销创新法则

营销是产品变成商品，实现价值转化、获取利润的过程。这一过程是决定企业经营成败的关键环节。营销创新包括战略创新、营销渠道创新、营销策略创新、营销组织创新，涉及人员、财务、组织、决策、宣传、促销等多方面的问题，需要初创企业管理者综合筹划，合理安排。

（六）博弈双赢法则

初创企业从开始就要面对内外部环境的变化、面对市场的竞争，这种竞争实质上是企业生命活动中的诸多方面的博弈，要么是零和，要么是双赢。因此，企业必须站在双赢的高度采用竞争策略，按合乎规范的要求进行商业化行动，适应环境变化，遵守商业道德，努力争取双赢。

现代市场是一个社会生态系统，商业活动是由市场生态链的相互依存关系构成的，其中的生产制造商、流动营销商、客户等，形成系列冲突、竞争，但并不是"你死我活"的关系，而是"你活我活，你死我死"的相互依赖的关系。随着全球经济一体化的日趋明显，国家、企业、企业内各部门以及客户大众之间的这种互为依存的关系更是表现无遗。任何企业都是市场经济生态系统中的一个环节或者是一个小节点，相互影响、相对独立、相互作用、相生相克，互利互惠、共同生存。

（七）资源整合法则

企业竞争最大的优势在于不可替代的资源优势。资源有两种，一是生产要素的硬件资源，如土地、资金、社区环境；另一种是软件资源，如技术、人才、人脉、企业文化等。企业硬件资源都是确定的、有限的，而软件资源却是不确定的，有巨大的潜力可以挖掘。有调查研究结果表明，一般来说，企业中的人力资源还有70%没有得到挖掘使用，优秀企业的人力资源效能使用率也只有50%。因此，企业必须努力探索有效措施，让有限的资源发挥最大的效用。

初创企业取得不可替代的资源优势就是要把握好"资源比较优势"的原则，根据自己的实际情况，选择有潜力、有资源优势的经营项目，把优势的硬件资源、软件资源进行充分有效整合，充分发挥资源优势功能，实现"资源富集"效应，使企业在竞争中取胜。

（八）资本回报法则

资本是企业的血液。创办企业需要投入大量资本，有有形资本，也有无形资本；有自有资本，也有融入资本；有人力资本，也有智力资本。企业经营的目的就是要让投入的资本获得回报，取得盈利，让企业生存发展下去，尤其是初创企业的融资部分，必须用经营效益给予投资者回报。因此，企业需要确定合理的回报比率，规定正确的投资回报期限。企业的经营者要意识到，市场的生存法则在于"百分之一百的风险意识与最积极的求生行动"，并且能够运用智慧与能力防范经营陷阱，实现投资回报高的经济效益。

（九）技术领先法则

随着新经济时代的到来和经济全球化步伐的加快，企业与世界经济的联系越来越紧密，市场竞争愈演愈烈，技术进步、技术创新正成为经济发展的原动力。技术包括专业技术、管理技术、信息技术等多方面内容，可以说，任何一个企业都要使用技术，任何企业都是一个多种技术的有机组合体系。"先进技术"是企业生存、发展最重要的支持力量。

技术发展能为企业的产品结构调整提供坚实的基础，使企业有能力按照市场需求不断开发新产品，提高产品的附加值，从而为企业带来良好的经济效益。反过来，企业经济效益增强后又有能力加大对技术发展的投入，继续强化企业的技术发展能力。企业竞争能力的根本保证是技术发展能力，技术能力的标志是产品的技术水平，而产品的技术水平又与产业结构、资源配置、市场开拓、人才培育等息息相关。因此，企业的技术发展不能孤立地、片面地只抓某个方面或者某个过程，而要建立其总揽全局的创新机制，使人、财、物在技术发展的链条上合理流动，有效配合。企业只有建立起以现代企业制度为目标、以技术发展为核心的企业管理机制，持久地、不断地大力开展技术研究和开发，才能在激烈的市场竞争中处于不败之地。

（十）和谐发展法则

和谐企业建设既是一项复杂的系统工程，又是一个长期的渐进过程，必须统筹兼顾，协调推进。从本质上讲，和谐的企业是不断发展和全面进步的企业。加快发展、全面发展、科学发展，就成为构建和谐企业的一条主线。

和谐企业应当是构成企业生态系统中的各个部分和各个要素之间和谐、稳定、有序的状态。它既包括企业的内部和谐,也包括企业与社会、企业与自然环境等的外部和谐。要实现企业内部的和谐,就必须坚持以人为本的管理理念,处理好资本与劳动、生产与安全、管理与被管理者之间的关系,做到分配公平、用人合理、制度合法、决策科学,实现企业与人的共同发展。要实现企业与社会和谐,必须树立以义取利、诚信守法、奉献社会、感恩回报、友善协作、竞合共赢等理念,统筹处理好企业与政府(包括公安、消防、税务、环保、质监、安监等部门)、企业与媒体、企业与供应方、顾客、协作商、竞争对手、企业与社区等方面的关系。要实现企业与自然环境和谐,就是要牢固树立清洁发展、节约发展、绿色发展的理念,着力发展低碳经济、循环经济,实现企业与自然环境、自然资源的和谐。

第二节 初创企业的组织设计

创业者一旦建立了企业,为了保证企业顺利发展壮大,必须设计合理的组织架构,整合这个架构中不同员工在不同时空的工作内容,并使之转换成为对组织有用的贡献,这就是组织设计的意义所在。

一、组织与组织设计

(一)组织的含义

什么是组织?我们可以从名词含义和动词含义两个方面来理解。

名词意义上的组织是指两个以上的人在一起为实现某个共同目标而协同行动的组合体。

动词意义上的组织是指组织工作,是一个过程,是为了实现组织共同目标而确定组织内各要素及其相互关系的活动过程。组织活动包括三个步骤。

1. 组织设计

组织设计是组织工作中最重要、最核心的一个环节。

2. 组织运作

组织运作使设计好的组织运行和运转起来。这不是一个孤立的过程,与管理工作的其他方面的职能密切地联系在一起。总的来讲,一是选好人;二是要有得力的保障措施。

3. 组织变革

组织变革就是对组织的调整、改革和再设计。它属于组织过程工作中的反馈与修正步骤,这一步骤主要是增强组织的适应性,以提高组织的效能。

(二)组织设计

简单而言,组织设计就是对组织的结构和活动进行创构、变革和再设计。在这个概念中,我们可以从以下五个方面理解组织设计的内涵。

① 组织设计的对象是组织的结构和活动,是一种结构的设置以及活动的计划与安排。

② 组织设计包括了三个重要环节,即创构、变革和再设计。

③ 创构是针对初创企业而言的,是指在本来不存在组织结构的情况下,设计、架构出一个崭新的组织结构,并进行相应的人员安排和资源分配。这是一个从无到有的过程。

④ 变革是指随着企业的发展，企业内部环境和外部环境也在不断发生变化，原有的组织结构不能适应新环境的需要，存在了各种各样的问题，因而需要对企业组织结构进行局部的、小范围的调整。

⑤ 再设计是指由于企业的发展，内部环境和外部环境发生较大变化，原有的组织结构已经完全不能适应新环境的需要，在这样的情况下，对组织机构进行重新设计、重组、重构。这种组织变动是全局性的、大范围的，必要的时候可以将企业机构彻底打乱，重新组织设计架构。

（三）组织的作用

组织是初创企业管理乃至整个企业管理的过程中不可或缺的手段。任何组织的管理者都必须有效地开展组织工作。不论什么性质的组织，都要追求一种产生最大效能的合理结构。同样的资源，由于组合形式不同、配置形式不同，结果可能相差悬殊。

个体劳动者和作坊式手工业组织不存在组织设计的问题。因为他们完全可以根据自己的情况来安排简单的生产服务活动。而现代企业组织，管理者由于能力和精力的有限性，根本无法直接安排组织内部所有的活动，无法安排组织中每一个人的每一项具体工作，需要进行细致的组织设计。

所以，组织设计的目的就是要通过创构柔性灵活的组织，动态地反映外在环境变化的要求，并且能够在组织演化成长的过程中，有效积聚新的组织资源，协调好组织中部门与部门之间、人员与任务之间的关系，使员工明确自己在组织中应有的权利和应担负的责任，有效地保证组织活动的开展，最终保证组织目标的实现。

（四）组织设计的任务和原则

1. 组织设计的任务

组织设计的任务是设计清晰的组织结构，规划和设计组织中各部门的职能和职权，确定组织中直线职权、参谋职权、职能职权的活动范围并编制职务说明书。也就是说，初创企业在进行组织设计时，除了要设计清晰的组织结构之外，还需要明确三种不同的职权，并编制职务说明书。

直线职权是遵循组织等级链发生的职权关系，是组织中最基本、最重要的一种职权。参谋职权是指某个职位所拥有的辅助性职权，处于从属地位，而且在形式上有个人与专业之分，在类型上可以分为建议权、强制协商权、共同决定权。职能职权是指某职位上所拥有的原属于直线主管的那部分权力。职能职权只能根据业务分工和授权范围以及一定的程序和规定来行使。在设计这三种职权时，注意要确立直线职权的主导地位，发挥参谋职权的作用，适当限制职能职权的范围。

职务说明书要求能简单而明确地指出：该管理职务的工作内容、职责与权利，组织中该职务与其他职务之间的区别与联系，职务当事人所应具备的专业背景、知识结构、工作经验、管理能力等基本条件。

此外，为了达到组织设计的理想效果，组织设计者还需要完成两项工作。首先是横向的部门设计，也就是部门化设计，即按照职能相似性、任务活动相似性或关系紧密性的原则把组织中的专业技能人员分类集合在各个部门内，然后配以专职的管理人员来协调领导，统一指挥。其次是纵向的层级设计，也就是层级化设计，是指组织在纵向结构设计中需要确定层级数目和有效的管理幅度，需要根据组织集权化的程度，规定纵向各层级之间的权责关系，最终形成一个能够对内外环境要求做出动态反应的有效组织结构形式。

总之，组织设计任务的实质就是按照劳动分工的原则将组织中的活动专业化，而劳动分工又要求组织活动保持高度的协调一致性。

2. 组织设计的原则

在组织设计的过程中还应该遵循一些基本的原则，这些原则都是在长期的管理实践过程中积累形成的，应该为初创企业管理者所重视。

（1）专业化分工原则

专业化分工原则是组织设计的基本原则。企业是两个以上的人员在一起进行分工劳动的集合体。因为不同的人在一起共同劳动，所以要做到专业分工，一是提高各职能机构的专业化程度，有利于提高工作效率；二是各种工作尽可能由专业人员专司其职，发挥其特长，从而提高工作水平。

（2）统一指挥原则

统一指挥原则就是要求每位下属应该有一个并且仅有一个上级，要求在上下级之间形成一条清晰的指挥链。如果出现多头领导，就会导致下属面对上级可能下达彼此不同甚至相互冲突的命令而无所适从的尴尬局面。虽然有时在例外场合必须打破统一指挥原则，但是为了避免多头领导和多头指挥，组织的各项活动应该有明确的区分，并且应该明确上下级的职权、职责以及沟通联系的具体方式。

（3）控制幅度原则

控制幅度也叫管理幅度或管理跨度，是指一个上级能够直接、有效地指挥和监督下属人员（包括机构）的数量。控制幅度原则是指一个上级直接领导与指挥下属的人数应该有一定的限度，并且应该是有效的。超越自己能力的管理幅度是无效的。法国管理学家格拉丘纳斯曾用一个数学公式说明了当上级的控制幅度超过7人时，其和下级的关系会越来越复杂，以至于最后使他无法驾驭。该公式为：

$$N = n \times (2^{n-1} + n - 1)$$

这个公式说明了一个上级的控制幅度与其和下级之间关系的复杂程度，其中 n 表示控制幅度，N 表示需要协调的人际关系数。表7-1列出了随 n 变化 N 的变化情况。

表7-1 控制幅度与需要协调的人际关系数之间的关系

n	N	n	N
1	1	6	222
2	6	7	490
3	18	8	1 080
4	44	9	2 376
5	100	…	…

从公式及表7-1可以看出，当 n 呈算术级数增加时，与上级形成互动关系的人数 N 会呈几何级数增加。这就意味着，管理幅度不能够无限度增加，毕竟每个人的知识水平、能力水平都是有限的。影响管理幅度的因素有多种，至今尚未形成一个可被普遍接受的有效管理幅度标准。值得注意的是，随着计算机技术的发展和信息时代的到来，运用信息技术处理信息的速度大大加快，每个管理者对知识和信息的掌握以及实际运用的能力都有普遍提高，这使得管理幅度有可能大量地增加，协调上下左右之间关系的能力也有可能大幅度提高。

（4）权责对等原则

整个管理组织中权责应该是对等的，要保证企业中每一职位拥有的权力与其承担的责任相称。企业中的每个部门和部门中的每个人员都有责任按照工作目标的要求保质保量地完成工作任务，同时也必须委之以自主完成任务所必需的权力，做到职权与职责对等。如果有责无权，或者权力范围过于狭小，责任方就有可能会因缺乏主动性、积极性而导致无法履行责任，甚至无法完成任务；如果有权无责，或者权力不明确，权力人就有可能不负责任地滥用权力，甚至助长官僚主义的习气，这势必会影响到整个企业的健康运行。

（5）柔性经济原则

柔性经济原则就是精简高效的原则。所谓组织的柔性，是指企业的各个部门、各个人员都是可以根据企业的内外环境的变化进行灵活调整和变化的。经济是指管理层次与幅度、人员结构以及部门工作流程必须设计合理，以达到管理的高效率。柔性与经济是相辅相成的，一个柔性的组织必须符合经济的原则，而一个经济的组织又必须使组织保持柔性。只有这样，才能保证组织机构既简单又高效，避免形式主义和官僚主义作风的滋长和蔓延。

二、初创企业组织形式的选择

（一）扁平型组织结构和锥型组织结构

初创企业在选择组织架构形式、进行组织设计时，除了要遵守因事设人与因人设职相结合、分工协作、精简高效等原则之外，还需要考虑企业组织的层级化问题，也就是合理确定企业的自上而下的层级。这就涉及扁平型组织结构和锥型组织结构的选择问题。

组织层级，是由于组织任务存在的递减性，从最高层的直接主管到最低的基层具体工作人员之间形成的一种层次。管理幅度的有限性决定了企业中会形成一定的组织层次。组织层级比管理层级数目多1。

在组织规模确定的条件下，组织层级与组织幅度呈反比，即上级直接领导的下属越多，组织层级就越少，反之则越多。

组织层级与组织幅度的反比关系决定了两种基本的组织结构形态，一种是扁平式的组织结构，即管理幅度越宽，层次越少，其管理组织呈扁平型。另一种是锥型式的组织结构形态，即管理幅度越窄，层次越多，其管理组织呈锥型。这两种组织结构在幅度与层级上的差别如图7-1所示。

锥型组织结构有优点也有缺点。优点表现在管理幅度窄，便于控制，使管理更为合理，也为下属提供了更多的提升机会。此外，层级之间的关系比较紧密，有利于工作的衔接。缺点是：第一，由于层次多，信息的传递速度慢，失真度高，影响组织活动的效率，增加了沟通协调成本，增加了工作的复杂性；第二，管理人员配备量多，管理费用大。

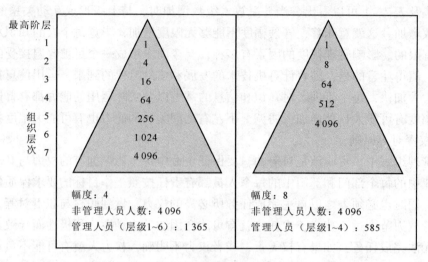

图 7-1 管理幅度与管理层次比较（单位：人）

扁平型组织结构同样有优点也有缺点。优点表现在管理幅度宽、管理层次少、管理费用低。由于管理的层级比较少，信息沟通和传递速度比较快，信息失真度比较低，减少了沟通协调成本，降低了工作的复杂性。缺点是：第一，管理者对下属不能进行密切监督和有效控制，降低了管理效能；第二，对管理者要求较高；第三，下属也缺少提升机会。

（二）初创企业可选择的组织结构模式

1. 职能部门化

职能部门化是一种传统而基本的组织形式。职能部门化就是按照生产、财务管理、营销、人事、研发等基本活动相似或技能相似的要求，分类设立专门的管理部门。它的基本特点是按专业分工设置管理职能部门，各职能部门在其业务范围内有权向下级直接发布命令。其组织结构如图 7-2 所示。

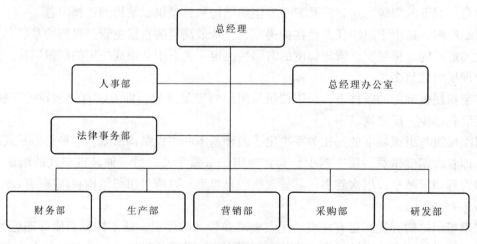

图 7-2 职能部门化结构

职能部门化的优点是：能够突出业务活动的重点，充分发挥专业职能，使创业者的注意力集中在企业的基本业务上，确保高层主管的权威性并能有效地管理企业的基本活动，易于取得高效率；符合活动专业化的分工要求，能够充分有效地发挥员工的才能，调动员工学习的积极性；简化了培训，强化了控制，避免了重叠，最终有利于企业目标的实现。

职能部门化的缺点是：易产生部门主义或本位主义，给部门之间的协调带来很大困难，使得部门之间难以协调配合，易导致"隧道视野"现象；部门利益高于企业整体利益的思想可能会影响到组织总目标的实现；此外，由于人、财、物等资源的过分集中，不利于开拓边远区域市场或按照目标顾客的需求组织分工；由于职权的过分集中，部门主管虽然容易得到锻炼，却不利于人员的全面培养和提高，不利于"多面手"式人才的成长。

2. 产品或服务部门化

在品种单一、规模较小的企业，按职能进行组织分工是理想的部门化划分形式。然而，随着企业的进一步成长与发展，企业面临着增加产品线和扩大生产规模以获取规模经济和范围经济的经营压力，企业的工作也将变得日益复杂。这时，就有必要以业务活动的结果为标准来重新划分企业的活动。按照产品或服务的要求对企业活动进行分组，即产品或服务部门化，就是一种典型的结果划分法。其典型特征是按照业务活动的结果来划分部门。其组织结构如图7-3所示。

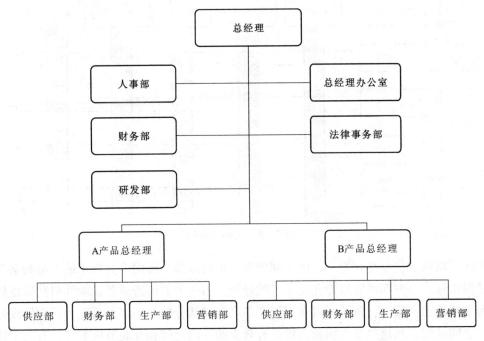

图7-3 产品或服务部门化结构

产品或服务部门化的优点是：各部门专注于产品的经营，并且充分合理地利用专有资产，提高专业化经营的效率水平，有助于促进不同产品和服务项目间的合理竞争，有助于比较不同部门对企业的贡献，有助于决策部门加强对企业产品与服务的指导和调整，也为

"多面手"式的管理人才提供了较好的成长条件。

产品或服务部门化的缺点是：企业需要更多的"多面手"式的人才去管理各个产品部门；各个部门同样有可能存在本位主义倾向，这势必会影响到企业总目标的实现；部门中某些职能管理机构的重复会导致管理费用的增加，同时也增加了对"多面手"级人才的监督成本。

3. 矩阵型结构

矩阵型结构是由纵横两套管理系统组成的矩形组织结构，一套是纵向的职能管理系统，另一套是为完成某项任务而组成的横向项目系统，横向和纵向的职权具有平衡对等性。矩阵型结构打破了统一指挥的传统原则，有多重指挥线。当组织面临较高的环境不确定性，组织目标需要同时反映技术和产品的双重要求时，矩阵型结构应该是一种理想的组织形式。其典型特征是把按职能划分的部门和按产品（按项目、按服务）划分的小组结合起来组成一个矩阵，职能部门是固定的组织，项目小组是临时性组织。其组织结构如图7-4所示。

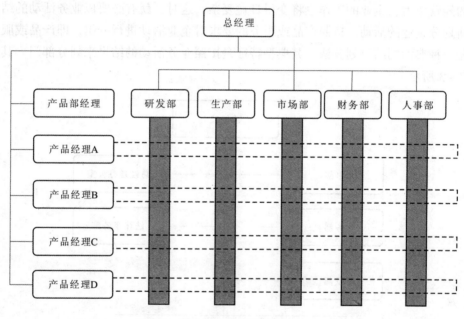

图7-4 矩阵型结构

矩阵型结构的优点是：第一，由不同背景、不同技能、不同专业知识的人员为某个特定项目共同工作，一方面可取得专业化分工的好处，另一方面可跨越各职能部门获取他们所需的各种支持活动；第二，资源可以在不同产品之间灵活分配，组织灵活性和适应性较强，不同部门之间的配合和信息交流畅通，可以有效克服部门之间相互脱节的弱点，有利于协作生产；第三，有利于提高项目完成的质量；第四，增强相关人员参与项目的积极性。

矩阵型结构的缺点是：第一，组织结构稳定性较差；第二，双重职权关系容易引发矛盾，组织中的信息和权力等资源一旦不能共享，项目经理与职能经理之间势必会为争取有限的资源或因权力不平衡而发生矛盾，这反而会产生适得其反的后果，协调处理这些矛盾必然要牵扯管理者更多的精力，并付出更多的组织成本；第三，项目经理过多，机构臃肿；第四，一些项目成员接受双重领导，他们要具备较好的人际沟通能力和平衡协调矛盾的技能。成员之间还可能会存在任务分配不明确、权责不统一的问题，影响到组织效率的发挥。因此，如何客观公正地评价其绩效，并在成本、时间、质量方面进行有效的控制将是此类组织机构正常运行的关键。

从实践中看，理想的双重平衡式矩阵结构的应用局限性还是比较明显的。实践中衍生了以职能职权为主的职能式矩阵结构和以项目职能为主的项目式矩阵结构。这两种矩阵结构都取得了明显的成效，应视企业具体情况采取不同的结构模式。

矩阵型结构适用于科研、设计、规划等创新性较强的企业。

4. 动态网络型结构

动态网络型结构是一种以项目为中心，通过与其他组织建立研发、生产制造、营销等业务合作网，有效发挥核心业务专长的协作型组织形式。动态网络型结构是企业基于日新月异的信息技术，为了应对更为激烈的市场竞争而发展起来的一种临时组织。它以市场的组合方式替代传统的纵向层级组织，实现了企业内在核心优势与市场外部资源优势的动态有机结合，进而更具有敏捷性和快速应变能力。其典型特征是一种以业务协作关系为基础，通过契约将一些企业联结到一起的新型组织结构形式，企业与企业之间没有正式的资本参与关系和行政隶属关系。其组织结构如图 7-5 所示。

图 7-5　动态网络型组织结构

动态网络型结构的优点是：组织结构具有更大的灵活性和柔性，以项目为中心的合作可以更好地结合市场需求来整合各项资源，而且容易操作，网络中的各个价值链部分也随时可以根据市场需求的变动情况增加、调整或撤并。另外，这种组织结构简单、精练，由于组织中的大多数活动都实现了外包，而这些活动更多地靠电子商务来协调处理，组织结构进一步扁平化，提高了效率。动态网络型结构可以使企业利用社会上的现有资源快速发展壮大起来。

动态网络型结构的缺点是可控性太差。这种组织的有效动作是通过与独立的供应商广泛而密切的合作来实现的，由于存在着道德风险和逆向选择性，一旦组织所依存的外部资源出现问题，如质量问题、提价问题、交货时间问题等，组织就将陷入非常被动的境地。此外，外部合作组织都是临时的，如果网络中的某一合作单位因故退出且具有不可替代性，那么，组织将面临解体的危险。动态网络组织还要建立较高的组织文化以保持组织的凝聚力。然而，由于项目是临时的、员工随时都有被解雇的可能，因而员工对组织的忠诚度也比较低，这些都不利于企业的发展。

第三节 生命周期与管理

一、企业生命周期与管理

正如人"三十而立,四十而不惑,五十而知天命"一样,企业也具有生命周期。企业在成长过程中,每个阶段都可能遭遇危机,就像任何人在其一生的任何阶段都可能生病一样,任何一个企业在其生命周期的任何阶段都有可能存在很多问题。因此,每个初创企业都需要根据不同发展阶段的特点进行管理,以便使管理做到有的放矢。

葛瑞纳最早提出企业生命周期理论,他认为企业的成长如同生物成长一样要经过诞生、成长和衰退几个过程。1983年,奎因和卡梅隆将组织的生命周期简化为创业阶段、集合阶段、正规化阶段及精细化阶段,并且分析了每个阶段企业的管理危机及促进企业成长的因素。他认为,企业的成长是一个由非正式到正式、低级到高级、简单到复杂、幼稚到成熟的阶段性发展过程,如图7-6所示。

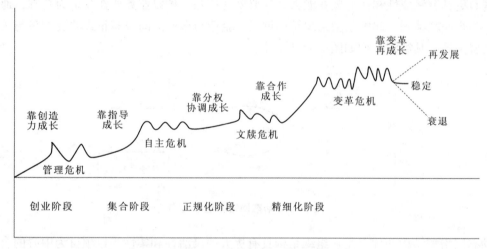

图7-6 奎因、卡梅隆的企业生命周期模型

综合来看,组织生命周期各个阶段的各有其特点。

(一)创业阶段

一般来说,在创业阶段,企业产品单一,销售额较小,具有小规模、非官僚制和非规范化等特征。企业管理者制定组织结构框架并控制整个运行系统,组织的精力放在生存和单一产品的生产和服务上。管理相对比较灵活、富有弹性。随着组织的成长,组织需要及时调整产品的结构,处理协调的各种事务也愈来愈复杂,这就必然会产生调整组织结构和调换更具能力的高层管理者的压力,缺少规范化的管理制度与管理机制必然会产生领导危机。所以,在创业阶段末期,创业者面对的主要问题是克服管理危机,完善规章制度,加强管理的规范化、制度化,使企业逐步走向正规。这个阶段大致要经历3~7年的时间。

（二）集合阶段

这是企业发展的成长期。一般情况下，组织在解决了领导危机之后，能够生存下来并获得一定的发展，便会明确新的目标和方向，此时便进入了迅速成长期。此时，企业规模及生产规模迅速扩张，产能大幅提高，销售额节节攀升，员工受到不断激励之后也开始与组织的使命保持一致，尽管某些职能部门已经建立或调整，可能也已开始程序化工作，组织结构逐步完善，中层管理者开始崛起，但组织结构可能仍然欠规范合理。一个突出的矛盾是，企业高层管理者尤其是企业的创立者往往居功自傲，迟迟不愿放权，而中层管理者、基层管理者在处理各种事务时迫切需要上级管理者放权，这时，企业面临的是自主危机，迫切需要解决的问题是如何使基层的管理者更好地开展工作，如何在放权之后协调和控制好各部门的工作。这一阶段大都会超过十年时间。

（三）规范化阶段

企业在解决好自主危机之后，便进入了成熟期，也就是规范化阶段。一般能进入成熟期的企业规模都较大，持续时间较长，少则十多年，多则数十年。这时企业进一步发展壮大，发展稳健，成长速度放缓，产品种类齐全，并开始向多元化方向发展。企业可能会大量增加人员，并通过建构清晰的层级制和专业化劳动分工进行规范化、程序化工作。规范化后可能就会出现官僚制特征，会议天天开、文件满天飞、制度很多，但执行力不够，机构臃肿，人浮于事现象比较严重，企业面临着文牍主义危机。企业的主要任务是要适当减少管理程序，提升企业的办事效率，同时提高企业内部的稳定性和扩大市场，通过建立独立的研究和开发部门来实现创新，这又使创新的范围受到了限制。因此，高层管理者不仅要懂得如何通过授权调动各个层级管理者的积极性，还要能够不失控制。

（四）精细阶段

企业解决好文牍危机之后，便进入了精细化阶段。这个阶段的企业更加成熟，规模巨大，呈现出了一定程度的官僚化，继续演化可能会使企业步入僵化的衰退期。这时的表现是随着诸多竞争者的加入及消费者需求的转移，产品的市场边界收缩，企业利润呈下降态势，由于企业老化而行动迟缓，财务状况不断恶化，人心涣散。这时，企业面对的是变革危机，企业必须通过创新、设计柔性化组织，必要时可增加虚拟化组织，尝试跨越部门界限组建团队来提高企业的效率，阻止进一步的官僚化。如果绩效仍不明显，必须考虑更换高层管理者并进行组织重构以重塑组织的形象，否则，组织的发展将会受到很大的限制。

企业生命周期理论的研究目的就在于试图为处于不同生命周期阶段的企业找到能够与其特点相适应，并能不断促其发展延续的特定组织结构形式，使企业可以找到一个相对较优的管理模式来保持发展能力，在每个生命周期阶段内充分发挥特色优势，进而延长企业的生命周期，帮助企业实现自身的可持续发展。

二、初创企业生命周期与管理

企业的成长是一个持续的过程，很难在时间上严格地区分各个阶段，也很难预测从创业到守业的转折点。上述企业生命周期的每个阶段又分成了若干小阶段，为了便于理解，我们将初创企业成长发展阶段也做了一个详细的生命周期分解，分成了种子期、启动期、成长期、成熟期四个小阶段，如图 7-7 所示。每个小阶段有着不同的特点，在对初创企业进行管理时，可以采取不同的管理策略和管理方式。

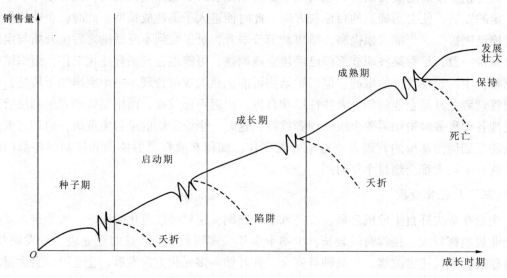

图 7-7 初创企业生命周期模型

可以看出，每个阶段有着不同的特点。

（一）第一阶段——种子期

种子期也就是初创企业的萌芽期，是创业者为成立企业做准备的阶段。这一阶段的主要特征有：企业的产品和服务的内容是作为"种子"的创意或意向，尚未形成明确的商业计划；产品（服务）、营销模式没有确定下来，创业资金也没有落实；创业者之间虽然已经形成了初步的合作意向，但并没有形成完善的商业创意。这时候创业者需要对商业可行性和风险进行充分的评估；确定产品和服务的市场定位；确定企业组织管理模式并组建管理团队；筹集资本以及准备企业注册设立等事宜，为企业创立做好充足的准备。如果做不好这些工作，会直接导致种子不能萌芽。

（二）第二阶段——启动期

初创企业成长的第二阶段为启动期，以完成注册登记为开始标志。在这一时期，企业已经确定业务内容，并按照创业计划向市场提供产品和服务，但是业务量较小，市场对产品和企业的认知程度较低。该时期创业活动的特征为：企业已经注册成立；产品和服务已经开发出来、处于试销阶段；商业计划已经完成，并开始进行融资；人员逐渐增多，创业团队的分工日益明确等。与上述特点相对应，新创企业在启动期的创业活动主要围绕以下方面进行：根据试销情况进一步完善产品和服务，确立市场营销管理模式；形成管理体系，扩充管理团队；筹集启动资本等。

（三）第三阶段——成长期

初创企业的成长期是指从完成启动到走向成熟的时期。成长期的特征主要表现在以下几个方面：产品进入市场并得到认可，生产和销售均呈现上升势头，产量提高使得生产成本下降，而市场对产品或服务的认可又能促进销售，从而形成良性循环；管理逐渐系统化，随着企业规模的扩大和人员的增加,各个部门之间的分工越来越明确;企业的研究开发和技术创新能力不断增强,部分企业开始实施多元化战略;企业的产品和服务形成系列,并逐渐形成品牌,企业的声誉和品牌价值得到了提升。该时期的创业活动主要涉及以下内容:根据市场开发情况,尽快确定相对成熟的市场营销模式;适应不断扩张的市场规模和生产规模的需要,进一步完善企业管理,并考虑企业系列产品的开发或进行新产品的开发;根据企业的实际情况,及时调整企业的经营战略;募集运营资本等。

(四) 第四阶段——成熟期

初创企业从启动到成熟不是一蹴而就的,而是一个逐步发展的过程。一般来说,当企业经过启动阶段之后,随着产品市场占有率的上升,会有一个快速成长的过程;但是快速成长并不会一直持续下去,当正现金流出现时企业会进入稳步增长时期;当企业成长开始稳定之后,产品在市场上的影响逐步扩大,产品品牌优势形成,业务逐步稳定,企业就开始走向成熟阶段。

进入成熟阶段,企业基本摆脱了生存问题并开始考虑如何盈利、整合各种资源实现企业的快速成长,开始各种形式的组织建设工作,旨在使企业的组织机体更加健康发育,从而能够应对各种变化。

上述四个阶段面临着不同的问题和危机,需要处理不同的问题,若处理不当即会导致企业的夭折。所以,每个阶段要采取不同的管理策略,表现出不同的管理特征,如表7-2所示。

表7-2 初创企业成长阶段的不同管理特征

区别要素	种子期	启动期	成长期	成熟期
利润	制订利润计划	把利润视为副产品	以业务增长为主导,利润为辅	以利润为导向,把利润作为明确目标
计划	无明确计划,只有初步的商业计划	不规范、非正式的计划	对计划开始重视,逐渐规范	规范、系统的计划过程,涵盖了战略规划、运营计划、应急计划
组织	尚未设立组织机构	机构简单,职位重叠,责任不明	机构增加、分工开始专业化,出现专业化部门	规范、明确的职位描述,分工专业化,中层崛起
控制	没有控制,处于论证时期	局部非正式的控制,很少使用规范性评估	开始关注对业务单元整体绩效的评估和控制	规范的、有计划的组织和控制系统,包括明确的目标、措施、评估和奖励
培训	没有培训,只是创业团队成员的学习,学习内容集中在创业知识等方面	非正式培训,主要是在岗培训	应急式培训,以应对业务增长的需要	有计划的培训,建立完善的培训体系

续表

区别要素	种子期	启动期	成长期	成熟期
创新	创新驱动	以重大创新为主,愿意承受中等风险	以局部创新为主,对风险的承受能力减弱	以局部创新为主,愿意承受适度风险
领导风格	相互吸引的团队成员,尚未形成统一的团队风格	创业团队个人风格开始彰显,出现碰撞	创业团队调整、磨合,在碰撞中有所趋同	伴随职业经理人的加盟,磋商式、参与式风格逐渐呈现
文化	互相吸引的创业团队文化	宽松自由的"家庭式"企业文化	个人行为习惯与组织要求剧烈碰撞、趋同,初步形成一致的价值观和理念	初步形成一致的价值观和理念,企业文化开始彰显作用

这四个阶段,构成了企业的成长发展期,代表了企业从萌芽到创立再到成熟企业之间的成长过程。在这样的一个过程中,企业的组织和管理系统日渐成熟化、系统化、规范化,组织文化逐渐形成,深入员工的行为和思想之中,并固化下来,形成企业的价值观和理念,业务领域的竞争优势也随之越来越明显。当然,管理不当,或出现其他意外情况,很多企业会在成长期夭折。

第四节 初创企业的战略管理

一、战略与战略管理

(一)战略及其特点

1. 战略的含义

"战略"一词最早源于军事,英文为"Strategy",来源于希腊语"Strategos",意思为将军,战略也被看作管理活动的至高水平。

巴纳德在其所著的《经理的职能》一书中,为了说明企业组织决策机制,从有关企业的各种要素中产生了"战略"因素的构想,但该词并未得到广泛的应用。

纽曼和摩根斯顿在《博弈理论与经济行为》中,把战略定义为:一个企业根据其所处特定的情形而选择的系列行为。

彼得·德鲁克在其经典著作《管理的实践》中指出:战略是管理者找出企业所拥有的资源并在此基础上决定企业应当做什么。

钱德勒在他的《战略与结构》一书中,将战略定义为:确定企业基本长期目标,选择行动途径和为实现这些目标进行资源分配。

安索夫在其所著的《公司雄略:面向增长与发展的经营政策的分析方法》一书中指出:战略是一条贯穿于企业活动与产品/市场之间的"连线"。这个"连线"由四个部分组成:

产品/市场范围、增长向量、竞争优势以及协同。战略就是将企业活动与这四个方面连接起来的决策规则。

安德鲁斯认为，企业总体战略是一种决策模式，它决定和揭示企业的目标，提出实现目标的重大方针与计划，确定企业应该从事的经营业务，明确企业的经济类型与人文组织类型，决定企业应对员工、顾客和社会做出的经济与非经济的贡献。因此，从本质上讲，安德鲁斯的战略定义是通过一种模式，把企业的目的、方针、政策和经营活动有机地结合起来，使企业形成自己的特殊战略属性和竞争优势，将不确定的环境具体化，以便较容易地着手解决这些问题。

奎因认为，战略是一种模式或计划，它将一个组织的主要目的、政策与活动按照一定的顺序结合成一个紧密的整体。一个完善的战略有助于企业组织根据自己的优势和劣势、环境中的预期变化以及竞争对手可能采取的行动合理地配置自己的资源。

迈克尔·波特在其所著的《竞争战略》一书中，以产业经济学理论为基础，对竞争战略进行了较为深入的研究，将战略定义为"公司为之奋斗的一些目标与公司为达到它们而寻求的方法（政策）的结合物"。

明茨伯格对企业战略的定义有独到之处。他指出，在生产经营活动中，人们在不同的场合以不同的方式赋予企业战略不同的内涵，说明人们可以根据需要接受各种不同的战略定义。在这种观点的基础上，他借鉴市场营销学中的4PS的提法，即产品（Product）、价格（Price）、地点（Place）、促销（Promotion），提出了企业战略是由五种规范的定义阐明的，即计划（Plan）、计策（Play）、模式（Pattern）、定位（Position）和观念（Perspective），构成了企业战略的5PS。

综上所述，战略就是企业为了生存、发展和收益制定的与组织使命与目标相一致的最高管理层的长远规划。

2. 战略的特点

概括起来，企业战略具有八个特点。

（1）全局性

战略是对企业的未来经营方向和目标的纲领性的规划和设计，是企业发展的蓝图，制约着企业经营管理的一切具体活动，对企业经营管理的所有方面都具有普遍的、全面的、权威的指导意义。

（2）长远性

企业战略考虑的是企业未来相当长一段时期内的总体发展问题，通常着眼于未来五年乃至更长远的目标。

（3）指导性

企业战略规定了企业在一定时期内基本的发展目标以及实现这一目标的基本途径，指导和激励着企业努力的方向。

（4）现实性

企业战略是建立在现有的主观因素和客观条件基础上的，一切从现有具体情况和实际出发。

(5) 竞争性

企业战略像军事战略一样,其目的也是克敌制胜,赢得市场竞争的胜利。

(6) 风险性

企业战略是对未来发展的规划,然而环境总是多变、充满不确定性的。任何企业的战略都伴随着一定风险。

(7) 创新性

企业战略的创新性源于企业内外部环境的发展变化,因循守旧的企业战略是无法适应时代发展的,只有适应环境的变化,锐意创新的战略才具有价值和意义。

(8) 相对稳定性

企业战略经制定后,在较长时期内要保持稳定(不排除局部调整),以利于企业各级单位、部门努力贯彻执行。

(二) 战略管理及其作用

1. 战略管理的含义

"运筹帷幄之中,决胜千里之外。"战略管理是组织未来创造和维持竞争优势而采取的分析、选择和实施。战略管理是指企业确定其使命,根据组织外部环境和内部环境的分析,制定其战略目标,为保证目标的正确落实和实现进行谋划,并依靠企业内部能力将这种谋划和决策付诸实施,以及在实施过程中进行控制的一个动态管理过程。

这里有两点要加以说明:第一,战略管理不仅涉及战略的制定和规划,而且也包含着将制定的战略付诸实施的管理,因此是一个全过程和全面的管理;第二,战略管理不是静态的、一次性的管理,而是一种循环的、往复性的动态管理过程。它需要根据外部环境的变化、企业内部条件的改变以及战略执行结果的反馈信息等,而重复进行新一轮战略管理过程,是不间断的管理。所以,战略管理具有五个特点。

(1) 战略管理具有全局性、综合性和系统性

企业的战略管理是以企业的全局为对象,根据企业总体发展的需要而制定的。它所管理的是企业的总体活动,所追求的是企业的总体效果。虽然这种管理也包括企业的局部活动,但是这种局部活动是作为总体活动的有机组成部分在战略管理中出现的。具体地说,战略管理不是强调企业某一事业部或某一职能部门的重要性,而是通过制定企业的使命、目标和战略来协调企业各部门的活动。在评价和控制过程中,战略管理重视的不是各个事业部或职能部门自身的表现,而是它们对实现企业使命、目标、战略的贡献。这样也就使战略管理具有综合性和系统性的特点。

(2) 战略管理的主体是企业的高层管理人员

由于战略决策涉及企业活动的各个方面,虽然它也需要企业中、下层管理者和全体员工的参与和支持,但企业的高层管理人员介入战略决策是必需而且非常重要的。这不仅是由于他们能够统观企业全局、了解企业的全面情况,而且更重要的是他们具有对战略实施所需资源进行分配的权利。

(3) 战略管理涉及企业资源的整合配置问题

企业的资源包括人力资源、财产和资金、无形资产等,创业之初,这些资源或者在企业内部进行调整,或者从企业外部筹集。在任何一种情况下战略决策都需要在相当长的一段时

间内致力于资源的融合、调整、配置等一系列活动，以保证企业顺利发展运行。因此，这就需要为保证战略目标的实现，对企业的资源进行统筹规划，合理配置。

(4) 战略管理从时间上来说具有长远性

战略管理中的战略决策是对企业未来较长时期（五年以上）内，就企业如何生存和发展等问题进行统筹规划。虽然这种决策以企业外部环境和内部环境的当前情况为出发点，并且对企业当前的生产经营活动有指导、限制作用，但是这一切是为了更长远的发展，是长期发展的起步。从这一点上来说战略管理也是面向未来的管理。在迅速变化和竞争性的环境中，企业要取得成功必须对未来的变化采取预应性的态势，这就需要企业做出长期性的战略计划。

(5) 战略管理需要考虑企业内外部环境中的诸多因素

现今的企业都存在于一个开放的系统中，它们影响着这些因素，也受这些因素的影响。因此在未来竞争性的环境中，企业要使自己占据有利地位并取得竞争优势就必须考虑与其相关的因素，这包括竞争者、顾客、资金供给者、政府等外部因素，也包括创业者自身、员工、自有资源、团队合作精神等内部因素，以使企业的行为适应不断变化中的内外部环境，使企业能够持续生存下去。

2. 战略管理的作用

初创企业的管理者必须决定企业如何进行竞争才能获得一定时期内可持续发展的优势。初创企业战略管理的任务就是通过战略制定、战略选择、战略实施和日常管理来实现企业的战略目标。战略管理对于初创企业而言，具有重要的作用，主要体现在：为初创企业指明了发展方向和发展目标，帮助企业熟悉了解环境，认识自身实力，并以此确定行业、市场、产品，从而通过自身努力协调整合分配各种资源，实现企业内外动态协调，促进企业的长远发展。具体包括五个方面。

(1) 有利于明确创业方向

战略就是选择做什么的艺术，"做什么"与"不做什么"是战略讨论的主题。相对于成熟企业，初创企业的资金、人力、合作伙伴、客户等资源都相对匮乏，因此，初创企业更应集中自己的力量做事。同时，与大型企业相比，初创企业抵御风险的能力更弱，任何一次方向性的错误都会导致初创企业生命的结束。从这一点上讲，初创企业更需要明确的方向和清晰的目标。

(2) 有利于吸引外部资源

与创业计划主要用来吸引投资人的投资有所不同，清晰的企业战略对潜在加盟者、客户以及合作伙伴都有很强的吸引力。愿意和创业者一起承担创业风险的员工，希望在实现企业目标的过程中达成自己的人生目标。所以，新创企业的美好愿景与清晰的发展目标能够为创业者带来更多志同道合的合作者、潜在的客户以及优秀的员工。

(3) 有利于制定管理政策

从某种意义上讲，企业战略是整个企业管理决策的前提，企业战略必须与企业管理模式相适应。企业战略不应脱离现实可行的管理模式，管理模式也必须调整以适应企业战略的要求。战略管理不只是停留在战略分析及战略制定上，还要把战略付诸实施，同日常的经营计划执行与控制结合在一起，成为企业管理的一部分，使企业的战略在日常生产经营活动中充分发挥其纲领性的作用。所以，管理政策的制定依据的就是战略，把近期目标（作业性目标）与长远目标（战略性目标）结合起来，把总体战略目标同局部的战术目标统一起来，有利于调动全体人员的积极性，有利于充分利用企业的各种资源。

（4）有利于形成完整的经营思路

彼得·德鲁克认为，战略管理的首要任务就是不停地思考三个问题：企业是个什么企业？企业将是个什么企业？企业应该是个什么企业？很多企业的失败都可以归因于对这三个问题的忽视。与大型企业的高层管理者相比，创业者的注意力更容易集中在客户、外部环境等战略要素方面。但是，创业者常常由于缺乏必要的商业经验与技能而没有形成完整的企业经营思路。

在创业阶段，直觉、天才、运气等能够帮助创业者完成公司的创建，也能够帮助创业者实现融资，但企业的持续经营必须依赖完整、清晰的战略规划。许多创业者由于没有形成完整的战略规划，要么将公司带向毁灭的深渊，要么将公司的控制权拱手让给他人。

（5）有利于提高企业业绩

克里斯多夫·奥彭通过对比高绩效初创企业与低绩效初创企业对制定长期计划（战略）的看法后发现，良好的长期计划能够帮助企业改善业绩，相比低绩效企业，高绩效企业更认可制订长期计划对于企业节约成本、准确预测、快速决策等方面的积极作用，如表7-3所示。

表7-3 战略（长期计划）对企业的作用

制定战略的作用表现	高绩效初创企业的作用	低绩效初创企业的作用
节约成本	52	50
更高效地配置资源	66	51
竞争地位得到改善	64	49
更实时的信息	42	31
更准确地预测	76	70
更良好的员工士气	31	32
提高探索代替方案的能力	72	47
减弱不确定感	42	30
更快速决策	49	46
更少的现金流问题	36	30
销售收入增加	65	50

二、初创企业的战略制定

（一）初创企业的战略制定的方法

企业战略是在分析内外部环境的基础上，采取一定的决策方法而制定的。目前，对于创业战略环境已形成一些相对成熟的分析技术，如"经校索算"分析、PEST 分析、SWOT 分析等，这些分析技术也是初创企业制定战略的常用方法。

1. "经校索算"分析

成大事者必三思而后行，举大兵者当先计而后动。《孙子兵法》提出了"经五事""校七计""知彼知己""知天知地""索其情"的战略环境分析模型。孙子认为决策应在"庙算"的基础上进行。庙算的步骤是"经五事""校七计""索其情"，即"经、校、索"三步，可简称为"经校索算"模型。该模型关于战略环境的分析堪称精华，且全面而细致，创业者在制定创业战略时可以借鉴。

(1) 经五事

孙子曰："兵者，国之大事，死生之地，存亡之道，不可不察也。故经之以五事，校之以计，而索其情：一曰道，二曰天，三曰地，四曰将，五曰法。"创业战略的制定可以参照孙子的"经五事"，形成以"道"为核心的战略环境分析模型，如图 7-8 所示。

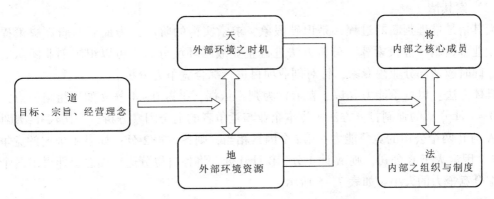

图 7-8 "经五事"战略分析模型

就创业而言，"五事"中的"道"体现的是创业者的创业目标、宗旨及经营理念，这是创业企业文化的核心，为新创企业形成强大的凝聚力奠定基础；"天"体现的是创业时机，即在新产品拥有巨大市场的时候抓紧进入，避免与巨头竞争，找准细分市场；"地"体现的是外部环境资源，即创业者能否依托独特的外部资源，如创业项目选择在中西部地区还是北上广地区，是选择一线城市，还是选择二、三线城市；"将"体现的是内部核心成员的素质，尤其是首席执行官（CEO）、首席技术官（CTO）、首席运营官（COO）等构成的核心团队是否拥有统一的信仰、丰富的经验，成员相互配合是否默契等；"法"体现的是创业企业内部组织与制度的完善性，如激励制度、授权制度、上下级汇报制度等。一个创业者在进行战略环境分析时，需要从这五个方面进行比较与分析，选择最佳的创业战略。

(2) 校七计

"故校之以计，而索其情，曰：主孰有道？将孰有能？天地孰得？法令孰行？兵众孰强？士卒孰练？赏罚孰明？吾以此知胜负矣。"校，即比较；计，即计量。就创业战略的谋划而言，"校之以计"就是比较、分析竞争双方的相关竞争因素的权重、胜利的筹码等，可以从七个方面对己彼双方做好定量比较，如表 7-4 所示。

表7-4 校七计：竞争因素比较

孙子兵法七校	企业竞争分析应用
主孰有道	企业目标、愿景
将孰有能	企业高级管理者和人才
天地孰得	企业发展的时机和资源
法令孰行	组织结构、管理制度、运营机制
兵众孰强	设备与技术资源配置
士卒孰练	整体人力资源素质与数量
赏罚孰明	激励机制

(3) 索其情

索其情是推理判断的过程，是识破假象、求索实情的阶段，为最后的庙算决策提供参考。创业者运用"经校索算"分析方法进行企业战略环境分析，可以组织创业团队的主要成员，同时邀请部分业内专家，针对创业项目进行综合竞争力分析。

具体方法：以竞争能力（以 J 表示）为判断依据，采取 0~4 分（如果粗略一点，也可采取 0~1 计分）的强制打分方法，将本企业与竞争者的七个因素分析一一比较并给出评分。如果 A 与 B 两个公司的竞争能力在第 i 个因素相当，则各自得 2 分；如果 A 公司的竞争能力在第 i 个因素大于 B 公司，则 A 计 4 分，B 计 0 分。将各自得分进行加总，即得出两个竞争者的综合竞争力的大小，如表7-5所示。

表7-5 "校七计"综合加权评分

项目	J_1	J_2	J_3	J_4	J_5	J_6	J_7	$\sum J_i$
A								
B								

通过加权得出的总分可以比较两家企业的综合竞争力，从而判断自身的综合竞争力；同时，通过比较单个因素的差异，可以判断出企业在某一方面的差距。这样就可以做到"知己知彼""知天知地"，并由此做出创业战略选择。

2. PEST 分析

公司战略的制定离不开宏观环境，PEST 分析就是基于公司战略的眼光来分析企业外部宏观环境的一种方法，它能从各个方面比较好地把握宏观环境的现状及变化的趋势，有利于企业对生存发展的机会加以利用，对环境可能带来的威胁及早发现避开。宏观环境又称一般环境，是指影响一切行业和企业的各种宏观力量。对宏观环境因素作分析，不同行业和企业根据自身特点和经营需要，分析的具体内容会有差异，但一般都应对政治（Political）、经济（Economic）、社会（Social）和技术（Technological）这四大类影响企业的主要外部环境因素进行分析，所以这种分析方法简称为 PEST 分析法。PEST 分析的内容如图7-9所示。

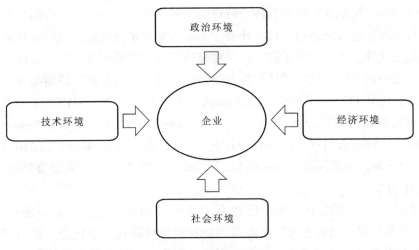

图 7-9 PEST 分析

(1) 政治环境

政治环境是指一个国家或地区的社会制度、政治制度、体制、方针政策、法律法规等方面。不同的国家有着不同的社会性质，不同的社会制度对组织活动有着不同的限制和要求。即使社会制度不变的同一国家，在不同时期，其政府的方针特点、政策倾向对组织活动的态度和影响也是不断变化的。这些因素常常影响着企业的经营行为，尤其是对企业长期的投资行为有着较大影响。创业者需要关注产品或服务所面临的政治环境，以及它是否得到政策支持。在产品的投入过程中，必须了解总体上的政策环境，在考虑产品的长期可持续发展时，必须对国际、国内相关政策、法律、法规做出全面、具体的分析。

(2) 经济环境

经济环境是指企业在制定战略过程中须考虑的国内外经济条件、宏观经济政策、经济发展水平等多种因素。经济环境主要包括宏观和微观两个方面的内容。宏观经济环境主要指一个国家（地区）的总体经济环境，包括人口数量及其增长趋势，国民收入、国民生产总值及其变化情况以及通过这些指标能够反映的国民经济发展水平和发展速度。微观经济环境主要指企业所在地区或所服务地区的消费者的收入水平、消费偏好、储蓄情况、就业程度等因素。这些因素直接决定着企业目前及未来市场的大小。

(3) 社会环境

社会环境主要是指组织所在社会中成员的民族特征、文化传统、价值观念、宗教信仰、教育程度和文化水平以及风俗习惯、审美观点、价值观念等因素。文化水平会影响居民的需求层次，宗教信仰和风俗习惯会禁止或抵制某些活动的进行，价值观念会影响居民对组织目标、组织活动以及组织存在本身的认可，审美观点则会影响人们对组织活动内容、活动方式以及活动成果的态度。此外，社会环境的变化也会导致创业机会、创业领域的变化。例如，我国已进入老龄化社会，适用于老年人的产品、行业在不断扩大；国家二孩政策的放开可能导致下一波"婴儿潮"的到来，幼教市场和奶粉市场有很大的发展空间。

(4) 技术环境

技术环境是指企业业务所涉及国家和地区的技术水平、技术政策、新产品开发能力以及技术发展的动态等。技术变革影响着各个行业的发展前景，往往催生一个新的行业，同时迫使一个旧的行业加速进入衰退期。技术环境除了要考察与企业所处领域的活动直接相关的技术手段的发展变化外，还应及时了解：国家对科技开发的投资和支持重点、该领域技术发展动态和研究开发费用总额、技术转移和技术商品化速度、专利及其保护情况等。

有时，亦会用到 PEST 分析的扩展变形形式，如 SLEPT 分析、STEEPLE 分析，STEEPLE 是以下因素英文单词的缩写，社会/人口（Social/Demographic）、技术（Technological）、经济（Economic）、环境/自然（Environmental/Natural）、政治（Political）、法律（Legal）、道德（Ethical）。此外，地理因素（Geographical Factor）有时也可能会有显著影响。

3. SWOT 分析

当创业者对一个（或几个）业务已经有了意向或初步设想后，需要进一步考察这个（或这些）业务领域是否适合进入、企业是否能在该领域形成竞争优势，此时可使用 SWOT 分析法。SWOT 分析法可以使企业发展最大限度地利用环境机会和内部优势，同时使自身的劣势和威胁降至最低限度。

SWOT 分析法也被称为道斯矩阵，SWOT 分别代表优势（Strengths）、劣势（Weakness）、机会（Opportunities）和威胁（Threats）。其中，优势与劣势是对企业内部环境的分析，主要分析企业自身的技术水平、经济实力、管理水平、营销、资金、机制、人才等，并与竞争对手或可能的竞争对手进行比较；机会与威胁分析则侧重于企业的外部环境，主要分析政治与经济环境、自然与社会环境等外部因素，如经济发展态势、经济政策、产业结构调整、国家技术发展动态、新技术的出现、进入壁垒、市场状况、替代产品等，分析它们的变化以及可能给企业带来的影响。SWOT 分析法的基本过程如图 7-10 所示。

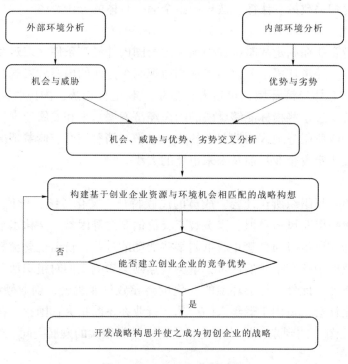

图 7-10　SWOT 分析过程

基于 SWOT 的战略组合分析可以为创业者提供 4 种可以选择的企业战略：SO 战略、WO 战略、ST 战略和 WT 战略（见表 7-6）。其中，SO 战略是最理想的选择，它可以将创业者的优势与环境给予的机会有机地结合起来。

表 7-6 SWOT 分析组合

内部因素＼外部因素	内部优势（S）	内部劣势（W）
外部机会（O）	SO 组合：增长型战略 最成功的战略组合，运用自己的优势，并充分利用环境带来的机会	WO 组合：扭转型战略 充分利用外部机会，并采取措施克服自身劣势的战略组合
外部威胁（T）	ST 组合：多种经营战略 用自身优势克服外部威胁的战略选择	WT 组合：防御型战略 面对自身劣势和来自外部的威胁，可以考虑放弃战略

4. 波特五力模型分析

波特五力模型是美国学者迈克尔·波特于 20 世纪 80 年代初提出的。他认为行业中存在着决定竞争规模和程度的五种力量，这五种力量综合起来影响着产业的吸引力以及现有企业的竞争战略决策。五种力量分别为同行业内现有企业的竞争、新进入者的威胁、替代品的替代能力、供应商的讨价还价能力、购买者的讨价还价能力，如图 7-11 所示。

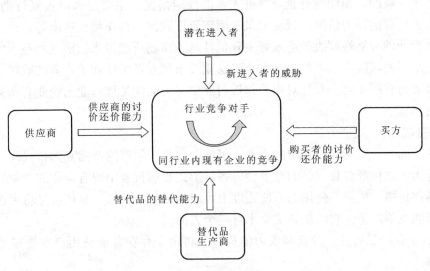

图 7-11 驱动行业竞争的五种力量

（1）同行业内现有企业的竞争

大部分行业中的企业相互之间的利益是紧密联系在一起的。作为企业整体战略一部分的竞争战略，其目标在于使自己的企业获得相对于竞争对手的优势。所以，在实施中必然会与其他企业发生冲突与对抗，这些冲突与对抗就构成了现有企业之间的竞争。现有企业之间的竞争常常表现在价格、广告、产品介绍、售后服务等方面，其竞争强度与许多因素有关。一般来说，出现下述情况将意味着行业中现有企业之间竞争的加剧：

① 行业进入障碍较低，势均力敌的竞争对手较多，竞争参与者范围广泛；

② 市场趋于成熟，产品需求增长缓慢；

③ 竞争者企图采用降价等手段促销；

④ 竞争者提供几乎相同的产品或服务，用户转换成本很低；

⑤ 一个战略行动如果取得成功，其收入相当可观；

⑥ 行业外部实力强大的公司在接收了行业中实力薄弱企业后，发起进攻性行动，结果使得刚被接收的企业成为市场的主要竞争者；

⑦ 退出障碍较高，即退出竞争要比继续参与竞争代价更高。在这里，退出障碍主要受经济、战略、感情以及社会政治关系等方面考虑的影响，具体包括资产的专用性、退出的固定费用、战略上的相互牵制、情绪上的难以接受、政府和社会的各种限制等。

(2) 新进入者的威胁

这是初创企业容易忽视的问题之一。新进入者在给行业带来新生产能力、新资源的同时，希望在现有市场中赢得一席之地，从而与现有企业发生原材料与市场份额的竞争，导致行业中现有企业盈利水平降低，严重的话还有可能危及这些企业的生存。新进入者威胁的严重程度取决于两方面的因素，即进入新领域的障碍大小与现有企业对进入者的反应。进入障碍主要包括规模经济、产品差异、资本需要、转换成本、销售渠道开拓、政府行为与政策、不受规模支配的成本劣势、自然资源、地理环境等方面，这其中有些障碍是很难借助复制或仿造的方式来突破的。预期现有企业对进入者的反应情况，主要是采取报复行动的可能性，则取决于有关厂商的财力情况、报复记录、固定资产规模、行业增长速度等。总之，新创企业进入一个行业的可能性取决于进入者主观估计进入市场所能带来的潜在利益、所需花费的代价与所要承担的风险这三者的相对大小。这就要求创业者关注新进入者的威胁，不仅对行业中的新兴势力有所了解，而且对相关邻近行业中有可能涉足该行业的企业有所关注，并准备相关应对措施。

(3) 替代品的替代能力

两个处于同行业或不同行业中的企业，可能会由于所生产的产品互为替代品，从而产生相互竞争行为，这种源自替代品的竞争会以各种形式影响行业中现有企业的竞争战略。互为替代的产品在价格、质量、使用的方便程度上可能构成竞争关系。替代品是将来进入目标市场的一个重要竞争对手，它的威胁主要来自三个方面。

① 现有企业产品售价以及获利潜力的提高，将由于存在着能被用户方便接受的替代品而受到限制。

② 由于替代品生产者的侵入，现有企业必须提高产品质量，或者通过降低成本来降低售价，或者使其产品具有特色，否则其销量与利润增长的目标就有可能受挫。

③ 源自替代品生产者的竞争强度，受产品买主转换成本高低的影响。

总之，替代品价格越低、质量越好、用户转换成本越低，其所产生的竞争压力就越强。而这种来自替代品生产者的竞争压力的强度，可以通过考察替代品销售增长率、厂家生产能力与盈利扩张情况来加以描述。

（4）购买者的讨价还价能力

购买者主要通过压价与要求提供较高的产品或服务质量的能力，来影响行业中现有企业的盈利能力。购买者的讨价还价能力主要取决于购买者对市场信息的掌握程度、购买者的有效需求量、市场上可供购买者选择的替代品数量和价格、购买者的集中程度等因素。其购买者议价能力影响主要有以下原因：

① 购买者的总数较少，而每个购买者的购买量较大，占了卖方销售量的很大比例；

② 卖方行业由大量相对来说规模较小的企业所组成；

③ 购买者所购买的基本上是一种标准化产品，同时向多个卖主购买产品在经济上也完全可行；

④ 购买者有能力实现后向一体化，而卖主不可能前向一体化。

创业者有时把产品的价格理想化，且根据成本计算定好了价格。但是，按照成本运算得到的价格，不一定与消费者可接受的价格相匹配。如果消费者的可接受价位低于成本价，就意味着企业亏本或破产。实际上，现实中常常可以看到定价太高的例子。定价高不一定是牟取暴利，相对于成本而言，这个价格是合理的，但可能是消费者不愿意接受的，他们宁愿选择别的替代品。

（5）供应商的讨价还价能力

供方主要通过提高投入要素价格与降低单位价值质量的方式，提高企业的盈利能力与产品竞争力。供方力量的强弱主要取决于他们所提供给买主的是什么投入要素，当供方所提供的投入要素的价值占据买主产品总成本的较大比例、对买主产品生产过程非常重要，或者严重影响买主产品的质量时，供方对买主的潜在讨价还价能力就大大增强。由于市场变动，供应商的成本可能提高，这导致企业产品成本提高。如果创业者不能在产品销售额上加价，就意味着利润空间减小，乃至出售的价格低于成本价，没有剩余价值，导致创业失败。一般来说，满足如下条件的供方集团会具有比较强大的讨价还价力量。

① 供方行业为一些具有比较稳固市场地位而不受市场激烈竞争困扰的企业所控制，其产品的买主很多，以致每一单个买主都不可能成为供方的重要客户。

② 供方各企业的产品各具一定特色，以致买主难以转换或转换成本太高，或者很难找到可与供方企业产品相竞争的替代品。

③ 供方能够方便地实行前向联合或一体化，而买主难以进行后向联合或一体化。

从一定意义上来说，波特五力模型隶属于外部环境分析方法中的微观分析，用于竞争战略的分析，可以有效地分析客户的竞争环境。它将大量不同的因素汇集在一个简便的模型中，以此分析一个行业的基本竞争态势，让战略制定更为理性和周全。通常，这种分析法可用于创业能力分析，以揭示本企业在本产业或行业中具有何种盈利空间。

（二）创业战略的制定步骤

初创企业战略的制定大致分为全面分析企业现状、制定战略规划、评估战略规划三个阶段。

1. 全面分析企业现状

全面分析是企业进行战略规划的必要前提。创业者可以通过业绩评估、行业分析、公司内部环境与外部环境分析等综合分析企业现状。

2. 制定战略规划

在全面分析企业内外部发展状况后，企业战略规划制定就要进入具体操作阶段。该阶段由五个步骤构成。

① 分析和预测战略环境。对战略环境的分析可从微观和宏观两个方面入手。微观分析是分析初创企业的经营特征，即回答一个问题：我们要做什么？宏观分析是对社会、经济、政治、文化、技术等各个领域的分析，保证企业对现在或将来可能发生的变化做到详细了解。

② 制定战略发展目标。这里的目标既包括定性的目标也包括量化的目标，既包括总体性目标也包括具体目标。总体目标是方向性的，是关于企业要创新、怎样创新以及想达到什么样的结果的描述，这些描述都是定性的，并不是量化的。具体目标则是可评估、可衡量、可操作、可量化的，是实现总体目标的基础。比如，对于企业来讲，它的市场份额要达到多少，销售额要达到多少，利润又要达到多少，何时实现这些目标等，都是对战略规划目标的量化。

③ 确定战略执行过程中的重点。所谓确定战略执行过程中的重点，就是确定企业使命，划分部门并确定关键部门的部门目标。根据战略的层次，一家企业的战略一般分为总体战略和职能（或部门）战略两个层次。总体战略是指企业在对内外部环境进行深入调查研究的基础上，对市场需求、竞争状况、资源供应、自身实力等主要因素进行综合分析后，所确定的指导企业长远发展的谋划与方略。职能（或部门）战略的重点是贯彻企业使命，进行环境分析，制定二级单位的目标及实现目标的具体措施。

④ 制订行动计划。在确定战略执行过程中的重点后，就要将上述决策细化为可操作的行动计划。行动计划要有阶段性，阶段计划是推进战略行动计划有条不紊地进行下去的保障。

⑤ 确立实施战略的具体措施。这是战略计划实施的关键。战略实施措施就是将抽象的战略落实到具体实践的行动手段。例如，制定资金和其他资源的分配方案，同时要选择执行过程的衡量、审查及控制方法，最后把选中的方案形成文件并提交给公司高层审查和批准。

3. 评估战略规划

对战略规划的评估是一项极为复杂的工作。初创企业由于经费及精力所限，对战略规划做出全面的评估几乎是不可能的，但是基本的评估是必不可少的。唯有经过评估的战略规划才更具科学性和操作性。

战略规划评估主要涉及企业的背景、商业机会、财务及规划的可操作性等方面。背景评估主要指对企业经营的历史、宏观环境等方面的评估。商业机会评估主要包括是否寻找到了最好的机会，所有的机会和风险是否都被识别出来等。企业制定的战略目标有时候看上去很完美，但是如果遗漏了对某些风险的考虑，最后可能导致很多目标无法实现。财务评估主要包括企业能否提供合理的资金保证，财务资料是否清晰而连贯。如果是中短期的战略规划，更有必要把财务情况写得详细些。可操作性的评估同样也是非常重要的，写得再好的企业战略规划如果不具备可操作性，也是纸上谈兵。对企业战略规划的可操作性进行评估时，应考虑是否有执行标准和控制方法，是否符合企业目标的要求；企业战略规划与员工的态度、兴趣与观念能否和谐共存；当意外情况发生的时候，企业战略规划是否具有防御能力等。

三、初创企业的战略选择

企业战略是企业行动的纲领，是企业发展的方向性定位。没有战略的企业就像一艘没有舵的船，不能前行。企业战略的制定和实施影响着企业的长远发展，谋划企业发展策略的首要问题是制定企业发展的战略规划。而战略选择对初创企业的发展具有更加重要的意义。初创企业可选择的基本竞争战略有三种：成本领先战略、特色优势战略和目标聚焦战略。

（一）成本领先战略

成本领先战略，又称为低成本战略，是指企业强调以低单位成本价格为顾客提供标准化产品，其目标是要成为其产业中的低成本生产厂商。成本是企业在生产过程中关注的焦点，也是一定程度上打动消费者的亮点。对于初创企业而言，成本领先战略的最终目标是要抢占市场份额。因此，初创企业可以多加设备投入以达到规格经济的生产能力，并在已有经验的基础上全力以赴降低成本。成本领先战略既是一种财力聚焦战略，也是一种低成本战略。格兰仕就是成功采用成本领先战略的典范。格兰仕自进入微波炉行业以来，从未游离于这一战略。为了使总成本绝对领先于竞争者，格兰仕先后卖掉年盈利上千万元的羽绒厂、毛纺厂，把资金全部投入微波炉的生产中。仅用了五年的时间，格兰仕就打败了所有竞争对手，成为世界第一。

但多数情况下，成本领先战略不能构成初创企业战略的全部，或者说不能单独成为创业战略。处于初创阶段的企业，其规模一般很难达到经济性的要求，只能通过成本管理和资源控制最大限度地减少研发、品牌塑造、营销等方面的费用，降低经营过程中各个中间环节的成本费用。因此，这种战略往往是伴随着其他战略的实施而同时执行的。

（二）特色优势战略

特色优势战略，又称为差异化战略，是指企业力求就顾客广泛重视的一些方面在产业内独树一帜、别具特色。为使自身产品与竞争对手的产品有明显的区别和形成与众不同的特点，企业必须采取特色优势战略。这种战略的重点是创造被全行业和消费者视为独特的产品、服务及企业形象。实现差异化的途径多种多样，包括产品设计、品牌形象、保持技术及性能特点、分销网络、消费者服务等多个方面。

农夫山泉"运动盖"是最典型的差异化战略制胜的案例。在"运动盖"横空出世之前，瓶装水制造厂家产品大多雷同，没有强烈的与众不同的诉求点。农夫山泉进行了长时间的市场调研，推出了运动型包装的产品，瓶盖的设计摆脱了以往的旋转开启方式，改用所谓"运动盖"，即直接拉起的开瓶法。瓶身采用显眼的红色，加印一张千岛湖的风景照片，这"水的纯净、亮眼红色的差异性"使农夫山泉在众多品牌饮用水中脱颖而出，抓住了消费者的目光，赢得了市场。

1. 改进价值/特性战略

采取改进价值/特性战略的初创企业需要对本行业的产品或服务进行功能分析，改进或重塑价值链结构，在行业内树立新的形象，着重于提高消费者的消费价值。这种战略的经济学意义是制造局部稀缺。也就是说，初创企业针对那些供求平衡或供大于求的产品或服务，创造产品性能的某一方面或经营过程中某一环节的有别于竞争对手的稀缺，从而建立差异化的竞争优势，获得超额利润。改进价值、实现差异化的具体方式有：产品差异化；服务差异化；人员差异化；渠道差异化；形象差异化，即围绕产品、服务、人员、渠道、形象改进价值。

2. 改变规则战略

差异化的另一重要途径是商业模式上的差异化或创新，即改变商业经营规则。很多公司在建立之初，就选择了改变游戏规则的战略。丰田改变了福特的批量生产系统，建立了有名的丰田生产系统。丰田采取不模仿竞争对手的运营方式，建立不同的游戏规则，不仅改变了企业的价值链，而且改变了行业的价值链。戴尔计算机在刚刚起步的时候，就意识到了想要在 PC（个人计算机）行业的销售领域内迅速崛起，必须依靠一种全新的销售模式，那就是后来成为戴尔计算机标志性战略的直销模式。这种战略创造了全新的 PC 行业营销模式。从戴尔的案例来看，改变市场规则的战略就是在产品或者服务的某一个环节采用与以往完全不同的方式，同时结合其他的方面，如制造能力、采购能力等，在整体上与竞争对手拉开差距。

这种战略对于那些有着根深蒂固的行业习惯的传统行业或是由卖方寡头任意分割的行业比较有效。因为在行业中典型的商业模式已经丧失了灵活性，创业者可以利用初创企业没有历史包袱、柔性强的优势，创造一种新的商业模式和行业规则。

（三）目标聚焦战略

目标聚焦战略，又称为聚焦或集中一点战略，是指企业从竞争态势和全局出发，把有限的人力、物力、财力等聚焦在某一方面，力求从某一局部、某一专业、某一行业进行渗透和突破，形成和凸现企业自身优势的一种竞争战略。它是一种避免全面出击、平均使用力量的创业战略，更是一种进行市场深度开发，促使企业获取超额利润的竞争战略。常用的聚焦战略有三种。

1. 市场细分战略

索尼公司创始人盛田昭夫提出的"圆圈理论"认为，在无数的大圆圈（指大企业占有的销售市场）与小圆圈（指小企业占有的销售市场）之间，必然存在一些空隙，即仍有一部分尚未被占领的市场。初创企业只要看准机会，立即"挤"占，将这些空隙组成联合销售网，必定会超过那些大圆圈市场。初创企业具有机动灵活、适应性强的优势，能够寻找到市场上的各种空隙并"钻进去"，从而形成独特的竞争优势。

2. 专门技术战略

对于初创企业，聚焦战略还常常体现在采取专门技术上。初创企业所采取的专门技术通常是其他企业产品或服务某个程序中绝对必要的部分，如果这些企业不使用这一专门产品，其承担的费用将超出产品本身的成本。这一产品可以是为一个行业提供配套服务，也可以是最终产品的零配件。初创企业具备独特的技术和产品，就能在专门技术领域获得并保持控制地位。例如，为名牌汽车提供电路和照明系统的公司，在汽车工业尚处于初创阶段时就已经获取了汽车配件市场的控制地位。需要注意的是，选择专门技术战略的初创企业要想取得并保持其控制和领先地位，首先要掌握时机，一定要在新行业、新客户、新市场或新趋势刚开始形成之际，立即采取行动；其次要拥有独特且不易被模仿的技术；最后要不断改进技术，以保持技术上的领先优势。

3. 集中营销战略

集中营销战略是指企业不面向整体市场，也不把力量分散使用于若干个细分市场，而只选择一个或少数几个细分市场作为目标市场。企业把营销的重点定位在某一特定的消费者群体，运用一定的营销策略为他们服务，建立企业的竞争优势及市场地位。资源有限的中小企业多采用这一战略，较为适合初创企业采用。例如，初创时期的山东九阳小家电有限公司，即运用集中营销战略，专注于豆浆机领域，取得巨大成功，现已发展为九阳股份有限公司。这种战略的优点是适应了本企业资源有限这一特点，可以集中力量迅速进入和占领某一特定细分市场。生产和营销的集中性，使企业经营成本降低。但该策略风险较大，如果目标市场突然变化，如价格猛跌或突然出现强有力的竞争者，企业就可能陷入困境。

第五节 初创企业的营销管理

一、市场营销调研与预测

（一）市场营销调研

1. 市场营销调研的含义与作用

市场营销调研（Marketing Research）就是运用科学的方法，有目的、有计划、系统地收集、整理和分析研究有关市场营销方面的信息，提出解决问题的建议，供营销管理人员了解营销环境，发现机会与问题，并将其作为市场预测和营销决策的依据。

市场营销调研是企业营销活动的出发点，其作用主要表现在三个方面：有利于制定科学的营销规划；有利于优化营销组合；有利于开拓新的市场。

2. 市场营销调研的内容

市场营销调研涉及企业营销活动过程的各个方面，其主要内容有产品调研、顾客调研、销售调研、促销调研等，如图 7 – 12 所示。

图 7 – 12 市场营销调研的主要内容

（1）产品调研

产品调研主要包括对现有产品进行改良，对目标顾客在产品质量、款式、性能、包装等方面的偏好，对新产品的设计、开发和试销等进行调查研究。

（2）顾客调研

顾客调研主要包括对消费心理、消费行为等的特征进行调查研究，分析政治、经济、技术、文化等因素对购买决策的影响，了解潜在顾客的需求状况以及消费者的消费偏好和满意程度等信息。

(3) 销售调研

销售调研主要包括对购买行为的调查，对企业销售活动的调查，对产品的市场潜量、销售潜量以及市场占有率的变化情况的调查，对本企业相对于竞争对手的优、劣势进行评价等。

(4) 促销调研

促销调研主要是对企业在产品或服务的促销活动中所采取的各种促销方法的有效性进行的测试和评价，如广告效果、媒体影响力、企业形象塑造等。

3. 市场营销调研的步骤

市场营销调研的过程通常包括以下五个步骤：确定问题与调研目标、拟定调研计划、收集信息、分析信息、提出结论，如图7-13所示。

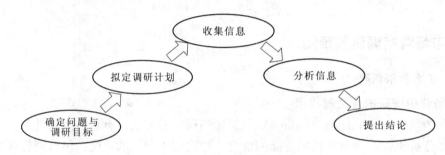

图 7-13　市场营销调研步骤

(1) 确定问题与调研目标

"良好的开端是成功的一半。"市场营销调研的第一步就是要确定问题和研究目标。营销研究人员要认真地确定问题和商定研究的目标。为节省调研费用，需要对调研问题做出清晰的界定。营销管理者必须把握好研究方向，对问题的定义既不要太宽，也不要太窄。

(2) 拟定调研计划

市场营销调研的第二步是拟定一份最为有效的收集所需信息的调研计划。调研计划一般包括信息来源、调研方法、调研工具、调研方式、调研对象、接触方法、经费预算、人员组织及时间安排等方面的内容。

(3) 收集信息

这是成本最高也最易出错的阶段。调研计划拟定后，就可以着手收集信息了。信息收集工作可由本企业调研人员自己承担，也可委托给专业调研公司来完成。调研计划要确定需要收集的信息是第二手资料，还是第一手资料，或者两类资料都需要收集。

(4) 分析信息

分析信息的主要任务是分析所收集信息的可靠性和准确性，并运用统计分析方法从已获取的信息中提炼出适合企业调研目标的调研结果，用有关统计图表表达调研主要变量的分布规律及相互关系。

(5) 提出结论

调研人员经研究后，向营销经理提交与营销决策有关的调研结论报告。调研结论应力求客观、准确、简明、完整,以便为科学决策提供依据。

4. 市场营销调研的方法

市场营销调研的方法主要有观察法、调查法、实验法等。

(1) 观察法

观察法是指由调研人员到现场对调查对象的有关情况进行的有目的、有针对性的观察、跟踪和记录,据此了解和研究被调查者的言行和心理。这种方法大多是在被调查者不知情的情况下进行的,所得资料比较客观,实用性较强;不足之处在于只能看到被调查现象的表面,往往不能说明原因,更不能说明购买动机和购买意向。观察法适宜于进行探测性研究。

(2) 调查法

调查法以询问被调查者为基础,向调查对象询问各种各样涉及他们行为、意向、态度、感知、动机以及生活方式等问题。这些问题可能会以口头或书面的形式提出,或通过电脑提出,回答问题也可能由上述任一种形式得到。典型的提问是结构化的,即对数据收集过程进行了一些标准化。

根据问卷的填写方式,调查法可以分为四类:面访调查、电话调查、邮寄调查和网上调查,如图7-14所示。

图7-14 调查法的分类

① 面访调查。利用这种方法可以直接与被调查者见面,听取意见并观察其反应,且形式较为灵活,可以一般地谈,也可以深入地详细谈,并能相互启发,得到的资料也比较真实。但这种方法成本高,调查结果受调研人员业务水平影响较大。面访调查时具体又可采取入户面访调查、街头/商场拦截式面访调查或电脑辅助面访调查等不同方式。

② 电话调查。这是调研人员根据抽样的要求,在样本范围内,用电话向被调查者提问,听取意见。这种方法收集资料的速度快,费用低,易于控制实施的质量,对于某些问题可能得到更为坦诚的回答,还有可能访问到不易接触的调查对象;缺点是只能对有电话的调查对象进行访问,调查的内容难以深入,访问的成功率可能较低。

③ 邮寄调查。邮寄调查也称通信调查,是将预先设计好的调查表格,邮寄给被调查者,请他们按表格要求填写后寄回。这种方法调查范围较广,保密性强,费用较低,被调查者有充足的时间来完成调查问题,且不受调研人员的影响,意见较为真实;缺点是回收率低,花费时间长,填答问卷的质量难以控制,受调查对象的限制等。

④ 网上调查。这是指使用网络工具对调查对象进行的调查,常用的有电子邮件调查、互联网页调查、微信调查等。网上调查具有成本较低、传播迅速、调查对象有局限性、回答率难以控制、整个调查较难控制等特点。

(3) 实验法

实验法是最科学、最正式的一种调研方法。实验法是通过小规模的实验来了解企业产品对社会需求的适应情况，以测定各种经营手段取得效果的市场调研方法。在实验法中，实验者控制一个或多个自变量（如价格、包装、广告等），研究在其他因素（如质量、服务、销售环境等）都不变或相同的情况下，这些自变量对因变量（如销售量）的影响或效果。实验法的目的是通过排除观察结果中的带有竞争性的解释来捕捉因果关系，如市场试销即为一种销售实验。这种方法取得的资料比较准确，但成本较高，费时也较多。

(二) 市场需求预测

企业一旦进入了市场，就需要对市场需求进行准确的测量和预测。如果市场需求预测与实际相去甚远，企业就将面临巨大的经营风险。

1. 市场需求测量的主要概念

(1) 不同层次的市场

市场是某一产品的实际购买者和潜在购买者的总和，是对该产品有兴趣的顾客群体，也称潜在市场。

市场营销人员通常将市场按层次分为潜在市场、有效市场、合格有效市场、目标市场（又称服务市场）、渗透市场，如图7-15所示。

① 潜在市场。这是指那些表明对某个市场上出售的商品有某种程度兴趣的顾客群体。潜在购买者有三个特征：兴趣、收入和购买途径。潜在市场的规模取决于现实购买者与潜在购买者的人数。

② 有效市场。这是由一群对某一产品有兴趣、有购买能力和购买途径的潜在市场顾客组成。

③ 合格有效市场。这是指在有效市场中具备某种条件、能够获取该商品的顾客群体。

④ 目标市场。这是企业决定要在合格有效市场上追求的那部分。

⑤ 渗透市场。这是指那些已经购买了企业某种产品的顾客群体。

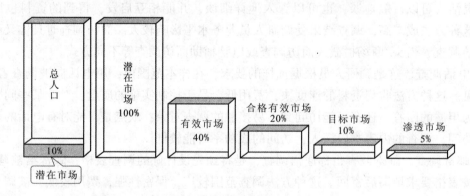

图7-15 不同层次的市场

图7-15中，潜在市场占总人口的10%，而有效市场仅占潜在市场的40%，合格有效市场又只占有效市场的50%，而企业选定的目标市场又占合格有效市场的50%，已经渗透的市场占目标市场的50%，总体算来，渗透市场只占潜在市场的5%。

(2) 市场需求

某一产品的市场需求是指在特定时期、特定地区、特定市场营销环境、特定营销努力水平下，特定顾客群体可能购买该种产品的总量。对市场需求的概念，可从产品、总量、购买、顾客群、地理区域、时期、营销环境、营销努力8个方面考察。

市场需求不是固定的数字，而是给定条件下的函数，因此，也称为市场需求函数。市场需求与行业营销费用的关系如图7-16所示。横轴表示特定时期内行业营销费用的可能水平，纵轴表示由此而产生的市场需求水平。曲线则表示市场需求与行业营销费用之间的关系。随着行业营销费用的增加，市场需求一般会随之增大，但增速逐渐减缓。当行业营销费用超过一定水平后，无论行业营销费用如何增加，市场需求均不再增大，此时市场需求达到极限，称为市场潜量。市场最低量与市场潜量之间的距离表示出市场需求的营销敏感性。

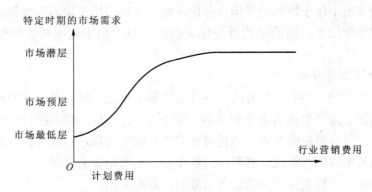

图7-16 市场需求与行业营销费用（一个特定的营销环境下）

(3) 企业需求

企业需求是指在市场需求总量中企业所占的份额。

$$Q_i = S_i \cdot Q \tag{7-1}$$

式中：Q_i——企业 i 的需求；
S_i——企业 i 的市场份额；
Q——市场总需求。

(4) 企业预测

企业预测指企业销售预测，是指企业在不同水平的市场营销努力下对销售情况的判断，即预期的企业销售水平。

(5) 企业潜量

企业潜量即企业销售潜量，是指企业的市场营销努力的增长高于竞争对手时，企业需求所能达到的极限。企业需求的绝对极限是市场潜量。当企业的市场占有率为100%时，企业潜量就是市场潜量，但这只是一种极端情况。

2. 估计目前市场需求

估计目前市场需求，包括估计总市场潜量、地区市场潜量、行业销售额和市场占有率。

(1) 估计总市场潜量

总市场潜量是指在一定的时期内，在一定的行业营销努力水平和一定的环境条件下，一个行业全部企业所能获得的最大销售量（或销售额）。一个常用的估算方法是：

$$Q = nqp \quad (7-2)$$

式中：Q——总市场潜量；

n——在一定的假设下，特定产品（市场）的购买者数量；

q——一个购买者的平均购买数量；

p——单位产品的平均价格。

由式（7-2）可以推导出另一种估计总市场潜量的方法，即连环比率法，简称连比法，它由一个基本数乘上几个修正比率组成。

例如，假设有一个白酒厂对估计一种新营养保健白酒的市场潜量有兴趣。它的估计可以从下面的计算中获得：

对新营养保健白酒的需求＝人口×每人可支配的个人收入×可支配收入用于食品的平均百分比×食品的支出中用于饮料的平均百分比×饮料支出中用于含酒精饮料的平均百分比×含酒精饮料的支出中用于白酒的平均百分比×白酒饮料支出中用于营养保健白酒的预计百分比

（2）估计地区市场潜量

估计地区市场潜量主要有两种方法：一种是市场累加法，另一种是多因素指数法。

①市场累加法。这主要由为企业服务的厂商所采用，市场累加法（业务市场）要求辨别在每个市场上的所有潜在购买者，并且对他们潜在的购买量进行估计。目前可以利用的资料，主要有全国或地方的各类统计资料、行业年鉴、工商企业名录等。

②多因素指数法。这主要由为消费者服务的厂商所采用。

一个著名的多因素指数是美国《销售和营销管理》杂志公布的"购买力度调查"，方程式如下：

$$B_i = 0.5 \times y_i + 0.3 \times r_i + 0.2 \times p_i \quad (7-3)$$

式中：B_i——地区的购买力占全国总购买力的百分比；

y_i——地区的个人可支配收入占全国的百分比；

r_i——地区的零售销货额占全国的百分比；

p_i——地区的居住人口占全国的百分比；

0.5、0.3、0.2——三个因素的权数，表明该因素对购买力的影响程度。

（3）估计行业销售额和市场占有率

企业一般可以通过国家统计部门公布的统计数据、新闻媒体公布的数字，也可以通过行业主管部门或行业协会收集和公布的数字，了解全行业的销售额。每个企业都可以对照整个行业的销售额来评价自己的绩效。假如企业销售额的年增长率为5%，而全行业和主要竞争对手的销售额年增长率为8%，则意味着企业实际上正在逐步丧失自己在行业中的相对竞争地位。

估计销售额的另一种办法是向市场调研公司购买调研报告，有的市场调研公司专门按产品种类来监测总销售量和品牌销售量，并向有兴趣的企业出售这些调研资料。

3. 市场需求预测方法

市场需求预测是指市场研究人员在营销调研的基础上，运用科学的理论和方法，对未来一定时期的市场需求量及其影响因素进行分析研究，探寻市场需求发展变化的规律，为营销管理人员提供未来市场需求的预测性信息，作为企业进行市场营销决策的参考和依据。市需求预测的方法,可以分为两大类:定性预测法和定量预测法。

(1) 定性预测法

常用的定性预测法有购买者意向调查法、综合销售人员意见法、专家意见法、市场试验法等。

① 购买者意向调查法。购买者意向调查法多用于工业用品和耐用消费品,适宜于进行短期预测。

例如,假设某个地区有 50 万具有购买能力的消费人口,对其中 1 000 人进行轿车意向调查的结果如表 7-7 所示,请进行销售预测。

表 7-7 消费者意向调查结果

量值	0	0.2	0.4	0.6	0.8	1
选择	肯定不买	略有可能	可能	很有可能	非常可能	肯定买
比率/%	30	24	20	12	8	6

购买期望值 = $0 \times 30\% + 0.2 \times 24\% + 0.4 \times 20\% + 0.6 \times 12\% + 0.8 \times 8\% + 1 \times 6\%$
　　　　　 = 0.324

市场潜量 = $50 \times 0.324 = 16.2$(万人)

② 综合销售人员意见法。综合销售人员意见法即分别收集销售人员对预测指标估计的最大值、最可能值及最低值及其发生的概率,集中所有参与预测者的意见,整理出最终预测值的一种预测方法,如表 7-8 所示。

表 7-8 销售人员预测意见综合统计

销售人员	预测项目	销售额/万元	概率/%	销售额×概率/万元
赵	最高销售额 最可能销售额 最低销售额	4 000 3 200 2 200	0.5 0.3 0.2	2 000 960 440
	期望值	—	—	3 400
钱	最高销售额 最可能销售额 最低销售额	3 500 3 000 2 000	0.4 0.4 0.2	1 400 1 200 400
	期望值	—	—	3 000
孙	最高销售额 最可能销售额 最低销售额	3 800 3 100 2 100	0.3 0.3 0.4	1 140 930 840
	期望值	—	—	2 910

如果三名销售人员的素质接近,权重相同,则可采用简单算术平均法计算销售额预测值为:

$$\overline{X} = \frac{3\,400 + 3\,000 + 2\,910}{3} = \frac{9\,310}{3} = 3\,103.3(万元)$$

如果三名销售人员的素质相差较大,假设三人的权重分别为3、2、1,则可采用加权算术平均法计算销售额预测值为:

$$\overline{X} = \frac{3\,400 \times 3 + 3\,000 \times 2 + 2\,910 \times 1}{3 + 2 + 1} = \frac{19\,110}{6} = 3\,185(万元)$$

③ 专家意见法。专家意见法指根据专家的经验和判断进行预测的方法。具体有单独预测集中法、集体讨论法、德尔菲法等。

单独预测集中法由每位专家单独提出预测意见,再由市场预测人员综合专家意见得出预测结论。

集体讨论法在个人独立判断的基础上,增加了集体讨论,有助于取长补短,发挥集体智慧进行预测,克服了个人判断信息不全面的缺点。

德尔菲法是充分发挥专家们的知识、经验和判断能力,并按照规定的工作程序来进行预测的方法。其基本做法是:先组成专家组,将预测问题提纲及背景资料提交给专家们,由专家们背靠背地提出自己的预测;然后由预测组织者收集专家们的预测结果并进行必要的统计整理,然后将第一轮的预测结果及补充资料再提交给专家们,由专家们进行第二轮预测;如此反复,经过3~5轮的信息传递与反馈后,最终将得到相对集中的预测结果。德尔菲法的优点是预测过程迅速,成本较低;预测专家们可以各抒己见,还可弥补缺乏基本数据的不足。

④ 市场试验法。市场试验法指在新产品投放市场或老产品开辟新市场、启用新分销渠道时,选择较小范围的市场推出产品,以观察消费者的反应,预测销售量。使用这种方法费用高、时间长,因此多用于投资大、风险高和有新奇特色产品的预测。

(2) 定量预测法

本节重点讲述时间序列分析法的应用。时间序列分析法,就是把某种经济统计指标的数值,按时间先后顺序排成时间序列,通过对时间序列的分析和研究,运用科学的方法建立预测模型,将此时间序列数值的变化加以延伸,进行推算,以预测未来发展趋势。因此,时间序列分析法也称历史延伸法或趋势外推法。常用的有简单平均法、加权平均法、平均增长量法、移动平均法、指数平滑法、趋势延伸法和季节变动预测法。下面列举3种常用方法的应用。

① 简单平均法。

【例7-1】 某电脑公司2018年下半年各月售出电脑数量分别为:100台、98台、110台、89台、96台、105台,试预测2019年1月的销售量。

$Y^* = (100 + 98 + 110 + 89 + 96 + 105)/6 = 99$(台)

② 加权平均法。

【例7-2(接例7-1)】 假设2018年7—12月份的权数分别为0.05,0.1,0.1,0.2,0.25,0.3,试预测2019年1月的销售量。

$Y^* = 100 \times 0.05 + 98 \times 0.1 + 110 \times 0.1 + 89 \times 0.2 + 96 \times 0.25 + 105 \times 0.3 \approx 99$(台)

③ 平均增长量法。

【例7-3】 某企业2012—2018年产品销售量如表7-9所示,试用平均增长量法预测2019年的销售量。

表7-9　某企业2012—2018年产品销售量　　　　　　　　单位：台

年份	年销售量	逐期增长量
2012	200	—
2013	250	50
2014	240	-10
2015	300	60
2016	372	72
2017	465	93
2018	550	95

$$Y^* = 550 + (50 - 10 + 60 + 72 + 93 + 95)/6 = 594.2（台）$$

二、目标市场战略

企业通过市场调研进一步掌握了市场需求和消费者的购买心理，接着是市场细分、目标市场选择和市场定位。目标市场战略是现代营销战略的核心，包括市场细分（Market Segmentation）、目标市场选择（Market Targeting）和市场定位（Market Positioning）三个环节，即STP战略，STP战略为企业在竞争激烈的市场上取得战略性的成功提供了更广阔的营销架构。

（一）市场细分

市场细分是选择目标市场的前提，是为了更加深入地研究消费需求，使企业所提供的产品和服务能更好地满足目标消费者的需求。

1. 市场细分的内涵及意义

市场细分是指根据消费者需求的差异性，把某一产品（或服务）的整体市场划分为在需求上大体相似的若干个市场部分，形成不同的细分市场（即子市场），从而有利于企业选择目标市场和制定营销策略的一切活动的总称。

市场细分的意义表现在：有利于企业发现市场机会，进而开拓市场；有利于充分利用现有资源，获取竞争优势；有利于了解细分市场特点，制定并调整营销策略。

2. 市场细分的原则

市场细分的原则主要有五点。

① 可衡量性，是指市场细分的标准和细分以后的市场可以确切衡量。

② 可进入性，是指企业在细分市场以后，有能力进入目标市场并能有效地提供产品和服务的程度，实际上就是考虑营销活动的可行性。

③ 实效性，是指细分市场的规模要大到能够使企业有足够的利润空间，使企业值得为其设计一套营销方案。

④ 稳定性，是指细分后的市场能否在一定时间内保持相对稳定，这直接关系到企业生产经营的稳定性。

⑤ 法规性，是指触犯法律或者为道德规范所不容的产品不能作为市场细分的依据，更不能选定为目标市场。

3. 市场细分的标准

形成需求差异的各种因素均可作为市场细分的标准。考虑到消费者市场与产业市场的细分标准的差异，在此分成两部分来讨论。

（1）消费者市场细分的标准

消费者市场细分的标准主要分为四大类，包括地理细分因素、人口细分因素、心理细分因素及行为细分因素，具体如下：

① 地理细分因素。地理细分的具体变量有国家、地区、城市、农村、人口密度、气候条件、地形及交通运输等，如表7-10所示。一般而言，地理细分因素比较容易辨别和分析，是进行市场细分时首先要考虑的因素。

表7-10 地理细分因素

地理因素	具体地理因素市场细分
地理区域	东北、华北、华南、华东、华中、西北、西南等
气候	南方、北方、热带、亚热带、寒带、温带等
人口密度	都市、郊区、乡村、偏远山区等
城市规模（人口）	特大城市，大、中、小城市等

② 人口细分因素。人口细分因素即人口统计变量因素，用途最广且最容易测量，因此一直是细分消费者市场的重要变量。人口细分因素如表7-11所示。

表7-11 人口细分因素

人口因素	具体人口因素市场细分
年龄	婴儿、学龄前儿童、少年、青年、中年、老年等
性别	男、女
民族	汉、满、苗、壮、维吾尔、彝、傣等
职业	公司职员、公务员、教师、科研人员、文艺工作者、企业管理人员、私营企业主、工人、离退休人员、学生、家庭主妇、失业者等
家庭收入（年）	5 000元以下、5 000~10 000元、10 000~20 000元、20 000~30 000元、30 000~50 000元、50 000元以上等
家庭人口	1~2人、3~4人、5人以上等
家庭生命周期	年轻单身、年轻已婚但无小孩、年轻已婚且小孩6岁以下、年轻已婚且小孩6岁以上、已婚且子女18岁以下、中年夫妇、老年夫妇、老年单身等
教育程度	小学程度以下、小学、初中、高中、本专科、研究生及以上等
宗教	佛教、道教、伊斯兰教、天主教、基督教等
种族	黄色人种、白色人种、黑色人种等
国籍	中国人、德国人、美国人、日本人、英国人、巴西人、瑞士人等

③ 心理细分因素。心理细分因素主要包括购买动机、生活方式、性格特征及社会阶层等，如表 7-12 所示。

表 7-12 心理细分因素

心理因素	具体心理因素市场细分
购买动机	求实动机、求名动机、求廉动机、求新动机、求美动机等
生活方式	俭朴型、时髦型、奢华型、守旧型、革新型、知识型、名士型等
性格特征	外向型或内向型、积极型或保守型、理智型或冲动型、独立型或依赖型等
社会阶层	中产阶层、工薪阶层等

④ 行为细分因素。行为细分因素是按照消费者在购买过程中对产品的认知、态度及使用状况等来进行市场细分。它主要包括追求的利益、使用者情况、忠诚程度、使用频率及购买态度等，如表 7-13 所示。

表 7-13 行为细分因素

行为因素	具体行为因素市场细分
购买时机与频率	日常购买、特别购买、节日购买、规则购买、不规则购买等
追求的利益	廉价、时髦、安全、刺激、新奇、豪华、健康等
使用者情况	从未使用者、曾经使用者、潜在使用者、初次使用者、经常使用者等
使用频率	很少使用者、中度使用者、大量使用者等
忠诚程度	绝对品牌忠诚者、多种品牌忠诚者、变换型忠诚者、非忠诚者等
购买态度	热情、肯定、无所谓、否定、敌视等

(2) 产业市场细分的标准

表 7-14 较系统地列举了产业市场细分的主要变量，并提出了企业在选择目标市场时应考虑的主要问题。

表 7-14 产业市场主要细分标准

人口变量	① 行业：我们应把重点放在购买这种产品的哪些行业上 ② 公司规模：我们应把重点放在多大规模的公司上 ③ 地理位置：我们应把重点放在哪些地区上
经营变量	① 技术：我们应把重点放在顾客所重视的哪些技术上 ② 使用者或非使用者情况：我们应把重点放在经常使用者、较少使用者、首次使用者或从未使用者身上 ③ 顾客能力：我们应把重点放在需要很多服务的顾客，还是只需少量服务的顾客上

续表

采购方法	① 采购职能组织：我们应将重点放在那些采购组织高度集中的公司，还是那些采购组织相对分散的公司上 ② 权力结构：我们应选择那些工程技术人员占主导地位的公司，还是财务人员占主导地位的公司 ③ 与用户的关系：我们应选择那些现在与我们有牢固关系的公司，还是追求最理想的公司 ④ 总的采购政策：我们应把重点放在乐于采用租赁、服务合同、系统采购的公司，还是采用密封投标等贸易方式的公司上 ⑤ 购买标准：我们是选择追求质量的公司、重视服务的公司，还是注重价格的公司
情境因素	① 紧急：我们是否应把重点放在那些要求迅速和突击交货或提供服务的公司上 ② 特别用途：我们应将力量集中于本公司产品的某些用途上，还是将力量平均花在各种用途上 ③ 订货量：我们应侧重于大宗订货的用户，还是少量订货者
个人特性	① 购销双方的相似性：我们是否应把重点放在那些其人员及其价值观念与本公司相似的公司上 ② 对待风险的态度：我们应把重点放在敢于冒风险的用户，还是不愿冒风险的用户上 ③ 忠诚度：我们是否应该选择那些对本公司产品非常忠诚的用户

（二）目标市场选择

市场经过细分之后，企业必须对细分市场进行综合分析和评价，以选择适合本企业的目标市场。目标市场是指企业准备用产品或服务以及相应的一套营销组合为之服务的特定市场，它是企业经过市场分析、比较和选择决定进入的细分市场。正确选择目标市场，是目标市场战略成败的关键步骤。

1. 选择目标市场

选择目标市场即市场覆盖模式的选择。市场覆盖模式是指企业根据自身实力选择若干个细分市场或整个市场作为目标市场的一种战略。根据所选的细分市场覆盖整个产品市场的范围，企业在选择目标市场时有五种模式可供参考，如图7-17所示。

（1）市场集中化

市场集中化是指企业只生产一种产品去满足一个细分市场的需求，即"单一产品针对单一市场"。这是一种最简单的目标市场模式，优点主要是能集中企业有限的资源，通过生产、销售和促销等专业化分工，提高经济效益，一般是中小企业经常选择的战略模式。

（2）选择专业化

选择专业化是指企业选择若干个互不相关的细分市场作为自己的目标市场，并根据每个目标市场消费者的需求，向其提供相应的产品，即"多种产品针对多个市场"。该模式有利于企业分散经营风险，即使在某个细分市场失利，也能得到较好的投资回报。它其实就是多样化战略，需要大量投资，是大企业经常采用的一种战略模式，但采用此模式的前提是每个细分市场都必须有较好的发展潜力和盈利能力。

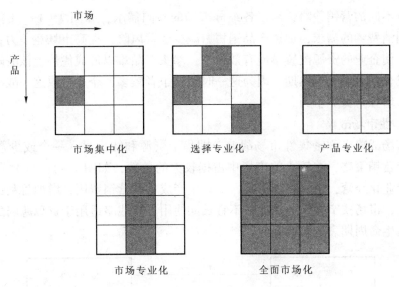

图 7-17 选择目标市场的五种模式

（3）产品专业化

产品专业化是指企业只生产一种产品来满足所有市场的需求，即"单一产品针对整个市场"。该模式有利于企业充分发挥生产和技术优势，降低成本，树立企业形象，提升品牌知名度，但是由于产品品种单一，一旦该行业出现新技术或替代品，将给企业造成很大威胁，风险较大。

（4）市场专业化

市场专业化是指企业专门生产经营满足某个细分市场需求的各种产品，即"多种产品针对单一市场"。企业提供一系列产品专门为某一目标市场服务，容易获得此消费群体的信赖，产生良好的声誉，打开产品销路。但如果该消费群体的购买力下降，就会减少购买产品的数量，企业盈利就会出现滑坡。

（5）全面市场化

全面市场化是指企业生产多种产品去满足整个市场的需求，即"多种产品针对整个市场"。这是实力雄厚的大企业经常采用的一种模式，如可口可乐在饮料市场、微软公司在计算机市场及海尔在家电市场等都是采取这种战略模式。

2. 目标市场战略

（1）无差异性市场战略

无差异性市场战略，即将产品的整个市场视为一个目标市场，只提供一种产品，运用单一的营销策略开拓市场，如图 7-18（a）所示。该战略的优点是使企业能够实现规模经营，节省费用，品牌影响大，这样企业能以物美价廉的产品迎合消费者的需求。但这种战略也有其不足，主要是市场适应性差，不能满足消费者的多种需求；容易引起竞争过度。该战略不宜长期使用。该战略适用于产品初上市，产品获得专利权，或生产规模庞大、实力雄厚的大企业。

（2）差异性市场战略

差异性市场战略，即将整体市场划分为若干个细分市场，针对每一个细分市场设计不同的产品,采取不同的营销策略,满足各细分市场的不同需求,如图 7-18（b）所示。其优点是适应不同消费者的需求,促进产品销售,减少经营风险,提高市场竞争力；缺点是增加了营销成本,使企业的资源配置不能有效集中,拳头产品难以形成优势。该战略适用于产品生命周期的成长期后期和成熟期,因为这一时期竞争者较多,企业采取这一战略可以获取市场竞争优势,增强自身竞争力。

（3）集中性市场战略

集中性市场战略也称密集性市场战略,即集中资源和能力进入一个或少数几个细分市场,制定一套营销策略,在较小的市场中占据较大的份额,如图 7-18（c）所示。其优点是可以实行专业化经营,树立品牌形象,节省生产成本和营销费用,增加盈利；缺点是市场经营风险较大,市场狭窄,因此该战略不宜长期使用。该战略适用于资源薄弱的中小型企业或是处于产品生命周期衰退期的企业。

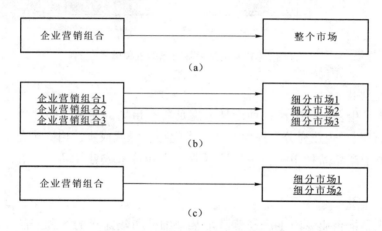

图 7-18　三种不同的目标市场战略
（a）无差异性市场战略；（b）差异性市场战略；（c）集中性市场战略

3. 影响目标市场战略选择的因素

前面所述的三种目标市场战略各有所长,在实际经营中企业应在对影响目标市场战略选择的各种因素综合分析的基础上进行选择。

（1）企业状况

企业状况主要指企业自身所拥有的资源情况,它主要包括企业的人力、财力、物力、信息及技术等方面。当企业资源较多、实力雄厚时,可运用无差异性市场战略或差异性市场战略；当企业资源较少、实力不足时,宜采用集中性市场战略。

（2）产品状况

产品状况主要从两方面来分析。一方面,产品的同质性,即产品差异性的大小。生产同质性较高的产品如大米、食盐等,可采用无差异性市场战略；生产同质性较低的产品如衣服、化妆品及汽车等,宜采用差异性市场战略或集中性市场战略。另一方面,产品所处的生命周期阶段。在产品的投入期和成长期前期,由于没有竞争对手或竞争对手较少,一般应采取无差异性市场战略；在成长期后期和成熟期,由于竞争对手较多,企业应采取差异性市场战略；在衰退期,可采用集中性市场战略,以便企业集中有限的资源最后一搏。

(3) 市场状况

市场状况主要指市场的同质性水平，如果市场是同质或相似的，宜采用无差异性市场战略；如果产品的市场同质性较低，应采用差异性市场战略或集中性市场战略。

(4) 竞争状况

竞争状况主要考虑三方面的因素。第一，竞争对手的数量。如果竞争对手数量较多，应采用差异性市场战略或集中性市场战略；如果竞争对手较少，则采用无差异性市场战略。第二，竞争对手采取的战略。如果竞争对手采用无差异性市场战略，企业可用差异性市场战略或集中性市场战略与之抗衡；如果竞争对手已选用差异性市场战略，企业应采用更有效、更深层次的市场细分或集中性市场战略，寻找新的市场机会。第三，竞争对手的实力。如果竞争对手实力较弱，企业也可实行无差异性市场战略；反之，则应采取差异性市场战略或集中性市场战略。

(三) 市场定位

企业进行市场细分并确定目标市场之后，紧接着应考虑目标市场的竞争状况。初创企业如何使自己的产品与现存竞争者的产品在市场形象上相区别，这就是市场定位所要考虑的问题。

1. 市场定位的内涵及作用

市场定位，亦称竞争性定位，是针对竞争者现有产品在市场上所处的位置，根据消费者对产品某一属性或特征的重视程度，为产品设计和塑造一定的个性或形象，并通过一系列的营销努力把这种个性或形象强有力地传递给消费者，从而适当地确定该产品在市场上的竞争地位。

市场定位的作用表现在三个方面。

① 有利于塑造企业独特的形象。例如，在品牌众多、竞争激烈的方便面市场上，五谷道场方便面冠以"非油炸"这一健康理念，不仅有利于树立其形象，而且使这个以往从没有听说过的方便面品牌迅速打动了消费者的心。

② 有利于适应细分市场消费者的特定要求。

③ 有利于企业形成竞争优势。例如，"可口可乐才是真正的可乐"，这一广告在消费者心目中确立了"可口可乐是唯一真正的可乐"这一独特的地位，于是其他可乐在消费者心目中只是其模仿品而已，尽管在品质或价格等方面几乎无差异。

2. 市场定位的步骤

市场定位是企业明确其潜在的竞争优势、选择相对的竞争优势、显示独特的竞争优势的过程，具体步骤可分为三步。

(1) 明确潜在竞争优势

适当的市场定位必须建立在市场营销调研的基础上，因此，必须首先了解有关影响市场定位的各种因素，它主要包括三方面因素。第一，竞争者的定位状况。了解竞争者的产品在消费者心目中的形象，衡量竞争者的竞争优势。第二，目标顾客对产品的评价标准。了解消费者对产品优劣的评价标准，如产品功能、质量、价格、款式及服务等。第三，企业在目标市场上的潜在竞争优势。企业的潜在竞争优势多与产品本身有关，如企业在产品的特色或价格等方面具有竞争优势。

(2) 选择相对竞争优势

相对竞争优势，是一个企业能够胜过竞争者的能力，这些能力有的是现有的，有的是具备发展潜力的，还有的是可以通过努力创造的。通过分析、比较企业与竞争者在生产、经营管理、技术开发、采购、市场营销、财务、产品等方面的优势与劣势，才能准确选择相对竞争优势，进行恰当的市场定位。

（3）显示独特竞争优势

选定的竞争优势不会自动地在市场上显示出来，企业要进行一系列的营销活动，使其独特的竞争优势进入目标顾客的脑海。企业要积极主动地通过广告宣传和各种促销活动与目标顾客沟通，引起顾客对企业及其产品的形象特征的注意和兴趣，使他们熟悉和了解企业的市场定位，取得他们的认同，使企业的竞争优势对其购买行为产生影响。在显示独特的竞争优势这一环节，通常需要建立与市场定位相一致的形象，巩固与市场定位相一致的形象，矫正与市场定位不一致的形象。

3. 市场定位战略

案例　　F 企业市场定位战略的选择

F 企业准备进入冰箱市场，通过市场调研分析，了解到消费者对产品最为关注的是功能和价格。而市场上已有 A、B、C 三个主要生产厂家，其产品市场定位如图 7-19 所示（图中圆圈的大小表示市场份额的大小）。分析 F 企业的竞争优势，根据市场定位战略来设计正确的定位方案，有三种方案备选。①可以采用"对抗定位" F1 方案。B 企业定位在"产品功能较多、价格较高"的区域，其产品属于高档产品，而 F 企业同样定位在此，与 B 企业对抗，拟取而代之。②可以采用"填补定位" F2 方案。A 企业定位在"产品功能较少、价格中等"的区域，而 F 企业定位在"产品功能较多、价格中等"的区域，拟通过弥补此处市场空白获取市场利润，提高市场占有率。③可以采用"并列定位" F3 方案。C 企业定位在"产品功能较少、价格较低"的区域，其产品属于低档产品，也有很大一部分市场空间，而 F 企业同样定位在此，拟与其共享利益。

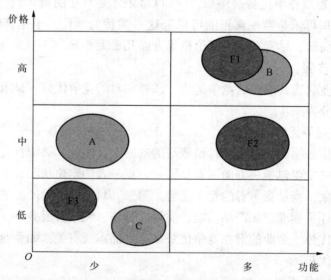

图 7-19　F 企业的市场定位战略

(1) 对抗定位战略

对抗定位战略是指企业要从市场上强大的竞争对手处抢夺市场份额，改变消费者原有的认识，抢占竞争对手原有的位置，自己取而代之。当企业准备扩大自己的市场份额，决心并且有能力击败竞争者时才运用此战略。此战略适用于：实力比竞争者雄厚；企业所选择的目标市场区域已经被竞争者占领，而且不存在与之并存的可能，并且企业有把握赢得市场。

(2) 填补定位战略

填补定位战略是指企业为避开强有力的竞争对手，将产品定位在目标市场的空白处或"缝隙处"。该战略可以避开激烈的市场竞争，迅速在市场上站稳脚跟，并能在消费者心目中迅速树立起一种形象，风险较小，成功率较高，常为多数企业所采用。但是运用此战略时要考虑三个问题：对市场空白处的调研；市场空白处的利润空间；企业自身的资源条件。

(3) 并列定位战略

并列定位战略是指企业将产品定位在现有竞争者的产品附近，服务于相近的顾客群，与同类同质产品满足同一个目标市场。该战略有一定的风险，但不少企业认为这是一种更可行的定位尝试，一旦成功就会取得巨大的市场优势，因为这部分市场肯定是最有利可图的。因此，在运用该战略时必须知己知彼，尤其应清醒估价自己的实力，只要能平分秋色就是巨大的成功。

(4) 重新定位战略

重新定位战略是指企业对过去的定位进行修正，以使企业拥有比过去更多的适应性和竞争力。此战略适用于：企业的经营战略和营销目标发生了变化；企业面临激烈的市场竞争；目标顾客消费需求的发展变化。

三、4P 营销组合策略

对于企业来说，宏观环境中的人口因素、经济因素、政治法律因素、自然因素等，微观环境中的供应商、竞争对手、消费者等各种外界因素是不可控制的，企业只能适应它们。如何适应？这就要求企业进行市场营销组合，即对自身可以控制的因素进行综合运用。这些因素包括产品（Product）、价格（Price）、（分销）渠道（Place）和促销（Promotion）。这就是被众多企业采用的 4P 营销组合策略。

初创企业在市场营销中，首先应具备产品；其次，制定有竞争力的价格策略；再次，建立分销渠道，通过产品运输、仓储完成产品销售的覆盖；最后，通过促销使潜在消费者了解产品的价值，促进产品销售量的增长。

（一）产品策略

产品是指能提供给市场的用于满足人们某种需要的任何事物，包括实物、服务、场所、思想、主意等。一般地，产品可以分为核心产品、形式产品和附加产品三个层次。核心产品是指顾客购买某种产品时所追求的基本效用和价值，是顾客真正要买的东西。例如，消费者购买轿车并不是为了购买这台机器本身，而是为了代步，满足其交通便利的需求。形式产品是核心产品实现的载体和形式。当形式产品为实体物品时，通常表现为产品的质量、外观、包装、品牌、商标等。附加产品则是顾客购买形式产品时所获得的全部附加服务和利益，包括提供信贷、免费送货与安装、培训、调试、维修、保养等。

1. 产品组合策略

产品组合是指一个企业提供给市场的产品线和产品项目的组合。产品组合包含三个变化因素，即宽度、长度和关联度，而这三个因素又与产品线或产品项目相关。

产品线又称产品大类，是指在技术上和结构上密切相关的具有相同使用功能的一组产品，它们的规格、款式、档次不同，但能满足同类需求。一个企业拥有产品线的数量反映了产品组合的宽度，产品线数量越多，产品组合的宽度就越广。产品项目是指每条产品线中不同规格、款式、档次的个别产品。一个企业的产品项目总数反映了产品组合的长度。各产品线在最终用途、生产条件、营销渠道等方面相互关联的程度反映了产品组合的关联度。如果一个企业产品线关联度高，就可提升该企业在某一地区或行业的声誉，巩固企业在市场上的地位。综上所述，产品组合的宽度、长度和关联度不同，就可构成不同的产品组合。产品组合策略主要有三种。

① 扩大产品组合策略，即扩大产品组合的宽度和长度。扩大产品组合可使企业充分地利用人、财、物力资源，分散风险，提高竞争力。

② 缩小产品组合策略，即缩小产品组合的宽度和长度。当市场不景气或原材料能源供应紧张时，从产品组合中剔除盈利较低甚至不盈利的产品大类和产品项目，可使企业集中力量发展盈利较高的产品大类或产品项目。

③ 产品延伸策略，即全部或部分地改变企业原有产品的市场定位。

具体做法有三种：向上延伸、向下延伸和双向延伸。向上延伸是指企业原来生产低档产品，后将产品线延伸至生产高档产品。向下延伸是指企业原先生产高档产品，后将产品线延伸至生产低档产品。双向延伸是指原定位于中档产品市场的企业占据市场优势后，将产品大类同时向高档和低档两个方向扩展，以扩大市场空间。

2. 品牌策略

品牌包括品牌名称、品牌标志、商标。品牌名称是指可以用语言称呼的部分，如海尔、格兰仕、格力、美的等。品牌标志是指品牌中可以被认知，但不能直接用语言称呼的部分，如符号、图案以及与众不同的颜色或字体。商标是商品的标志，一般由文字、图案、符号、标记等构成。品牌策略是指企业依据自身状况和市场情况，最合理、有效地运用品牌的策略。

初创企业常用的品牌策略主要有四种。

① 品牌建立策略，即是否使用品牌的问题。产品是否使用品牌，要依据产品自身的特点来确定。不易与其他同类产品相区别，消费者在购买该类产品时也无特别要求，如矿石、自来水等就没有必要使用品牌。一些生产简单、耗用量大的低值易耗品，一般也不需要建立品牌。而大多数产品就一定要建立品牌。

② 品牌归属策略，即品牌归谁所有的问题。企业有三种选择：一是使用自己的品牌；二是使用中间商的品牌；三是有的产品使用自己的品牌，有的产品使用中间商的品牌。企业想要创造出自己的名牌产品，就应尽可能使用自己的品牌。

③ 家族品牌策略，是指企业生产的全部产品均使用同一个品牌，或是不同产品使用不同的品牌。具体策略有四种。

第一，统一品牌策略，即企业所有系列的产品均使用同一个品牌。优点是有利于降低推广新产品的成本，节省大量广告费用。如果企业声誉良好，新产品销售必将强劲，利用统一品牌是推出新产品最简捷有效的方法。对企业的要求是必须对所有产品的质量严格控制，以维护品牌声誉。

第二，个别品牌策略，即企业对各种不同的产品分别使用不同的品牌。优点是可以把个别产品的成败同企业的声誉分开，不至于因个别产品信誉不佳而影响其他产品，不会对企业整体形象造成不良影响。缺点是企业的广告费用开支很大。最好先做强企业品牌，再以企业品牌带动个别品牌。

第三，分类品牌策略，即各大类产品分别使用不同的品牌。这种策略介于前面两种策略之间，有利于区分不同类别产品的技术水平和质量水平。

第四，企业名称加个别品牌策略，即企业各种不同的产品分别使用不同的品牌，且在各种品牌前冠以企业名称。

④ 扩展品牌策略，是指企业利用市场上已有一定声誉的品牌，推出改进型产品或新产品。优点是既能节省推广费用，又能迅速打开产品销路。实施的前提条件是扩展的品牌在市场上已有较高的声誉，扩展的产品也必须是与之相适应的优良产品。否则，会影响产品的销售或降低已有品牌的声誉。例如，宝洁公司的洗发水有潘婷、飘柔、海飞丝等多个品牌，多种不同的品牌可以满足不同消费群体的偏好，吸引更多的消费者，从而提高企业整体的市场占有率。

3. 包装策略

包装是指产品的容器或包扎物。其功能是保护产品，促进销售，增加商品价值。目前，包装已成为企业强有力的营销手段。企业要充分利用产品包装的功能，可选择六种策略。

① 相似包装策略，即企业生产的各种产品在包装上采用相似的图案、颜色，体现共同的特征。其优点是容易提高企业声誉，扩大企业影响，节省包装设计和印刷成本，特别是新产品上市时，采用这种策略比较容易进入市场。此策略适用于质量水平相近的产品。

② 差异包装策略，即企业的各种产品都有自己独特的包装，在设计上采用不同的风格、色调和材料。运用这一策略，可避免因某一产品营销失败而影响其他产品，但会相应增加包装设计费用和新产品促销费用。

③ 组合包装策略，即将多种相关的产品组合配套，放在同一包装物内出售，如针线盒、工具箱等，便于消费者购买和使用。

④ 再使用包装或双重用途包装策略，即包装的产品用过后，包装物本身可再移作他用，如杯装饮料的杯子可用作茶杯。该策略的最大优点是空包装物有广告宣传作用，能引发消费者的重复购买行为。

⑤ 等级包装策略，即将同一种商品分为若干等级，对高档优质产品采用精美包装，普通产品采用普通包装，使包装价值与产品质量水平相符，以适应不同的购买力水平。

⑥ 附赠品包装策略，即在产品包装物外或包装物内附赠奖券或实物。目前，在市场竞争中，这一策略较为流行。

4. 产品生命周期策略

产品在市场上销售的时间是有限的。任何产品从进入市场到被市场淘汰，就像生物的生命历程一样,都有诞生、成长、成熟到死亡的过程,这个过程就被称为产品生命周期。产品生命周期与产品使用寿命不同,前者是指产品的市场寿命,后者则是指产品的耐用时间或自然寿命。产品生命周期一般分为投入期、成长期、成熟期和衰退期四个阶段,如图7-20所示。每个阶段各有其不同的特征,这些特征直接影响到企业的营销策略。

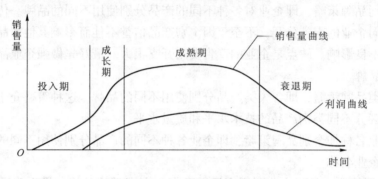

图7-20 典型的产品生命周期

① 投入期。在这一时期,新产品刚进入市场,消费者对产品还不了解,只有少数追求新奇的消费者可能购买,购买人数也不太多,产品销售增长缓慢;加上生产技术尚不够完善,产品生产尚不能迅速形成批量。因此,企业生产成本高,营销费用大,且前期研发成本尚未收回,因此常常会发生亏损。针对上述特点,企业应把销售力量直接投向最有可能购买此产品的消费者,根据市场接受能力,制定适宜的市场营销策略,如图7-21所示。

		促销水平	
		高	低
价格水平	高	快速撇脂策略	缓慢撇脂策略
	低	快速渗透策略	缓慢渗透策略

图7-21 投入期"促销—价格"策略组合

第一,快速撇脂策略。企业以高定价、高促销费用推销产品,以快速占领市场。企业采用这一策略的条件是市场具有潜力,产品具有特色,消费者具有支付能力。

第二,缓慢撇脂策略。企业以高定价、低促销费用推销产品,以获取更多的利润。这一策略要求产品独具特色,能填补市场空白。

第三,快速渗透策略。企业以低定价、高促销费用推销产品,以最快的速度进行市场渗透,提高市场占有率。这一策略的竞争力强,但风险大,企业获利少。

第四,缓慢渗透策略。企业以低定价、低促销费用推销产品,旨在以低价实惠吸引顾客。此策略适用于市场规模大、潜在竞争对手多、消费者对价格十分敏感的产品。

② 成长期。在这一时期,产品已被消费者认识和接受,市场迅速扩大,销售量迅速上升,企业利润明显增长,但同时竞争者相继加入市场,仿制产品逐渐增加。因此,企业在这个阶段的主要营销目标是保持较高的销售增长率和市场占有率,可以采取的主要策略有:提高产品质量,增加花色品种;探寻新的细分市场,发展新用户;改变广告宣传重点,从介绍

产品转向说服消费者接受并购买产品;扩大生产规模,通过降低成本适时降低产品价格等。

③ 成熟期。这一时期是产品生命周期中持续时间最长的时期。企业在产品成熟期的营销目标主要是保住市场占有率,防止和抵御竞争对手的蚕食与进攻,尽可能地延长这一阶段。企业可以采取灵活多变的营销策略:第一,产品改良,即通过改进产品的质量、特性、款式、包装与服务等,满足消费者的不同需求;第二,市场改良,即以现有产品为基础,或寻求新的细分市场,或刺激消费者提高产品使用频率,或开发产品的新用途;第三,市场营销组合改良,即对市场营销组合因素中产品、价格、渠道、促销进行调整,刺激消费者需求,尽量延长产品的成熟期。

④ 衰退期。步入衰退期后,随着需求的转移、竞争的加剧、产品售价的降低,产品销售额和利润迅速下降,同时老产品随新产品的出现而逐渐被淘汰。在此时期,企业要审时度势,果断决策,避免"仓促收兵"或"难以割爱"带来的损失。企业可以选择的主要策略有:第一,连续策略,即仍按原来的细分市场,继续使用相同的市场营销组合,直到该类产品完全退出市场为止;第二,集中策略,即逐渐减少研发费用和广告宣传费用,集中企业能力和资源,只生产、销售一种或少数几种产品;第三,撤退策略,即立即停止或逐步停止生产,转而生产新产品。

(二) 价格策略

价格是商品价值的货币表现形式。在确定了产品之后,就要为其定价。企业在制定产品价格时,必须了解本企业产品的成本、消费者购买该产品愿意支付的价格以及竞争对手同类产品的价格。

1. 定价目标

在市场营销活动中,由于企业所处的市场营销环境、自身条件和营销目标不同,定价目标亦有明显不同。一般地,企业定价目标可分为生存目标、利润最大化目标、市场占有率目标、适应竞争目标与稳定价格目标。生存目标是指以维持企业生存为主要目标进行价格决策。利润最大化目标是指企业以追求最大利润为目标进行价格决策。市场占有率目标是指企业以谋求最大市场占有率为目标进行价格决策。适应竞争目标是指当竞争双方势均力敌时,以适应竞争、维持现状为目标进行价格决策。稳定价格目标是指企业占有很大市场份额而成为行业领导者后,以谋求一种相对稳定的价格为目标进行价格决策。

2. 定价方法

定价方法是企业为实现定价目标而采取的具体方法。影响产品定价的最基本因素主要有成本、需求、竞争状况等,因此,具体的定价方法可分为成本导向定价、需求导向定价和竞争导向定价。其中,成本导向定价方法包括成本加成定价法、目标收益定价法、收支平衡定价法等;需求导向定价方法包括反向定价法、认知价值定价法等;竞争导向定价方法包括随行就市定价法、投标定价法等。这里仅介绍几种常用方法。

① 成本加成定价法。成本加成定价法是指产品单位成本加上一定百分比的加成确定产品单价的一种定价方法。其计算公式为:

$$产品单价 = 产品单位成本 \times (1 + 加成率)$$

其中,加成率为预期利润占产品单位成本的百分比。

成本加成定价法是一种较为通用的定价方法,尤其适用于服务业。

② 反向定价法。反向定价法是指按照消费者能够接受的价格确定产品出厂价的一种定价方法。具体做法为：以消费者对某种产品能够接受的价格为零售价，零售价减去商品在流通环节中的费用，余额即为产品的出厂价。其计算公式为：

出厂价 = 市场可销零售价 − 批零差价 − 进销差价

或者：

出厂价 = 市场可销零售价/[(1 + 批零差率) × (1 + 进销差率)]

③ 随行就市定价法。随行就市定价法是指企业按照本行业的平均现行价格水平定价的一种定价方法。这是一种比较稳妥的定价方法，不仅可以减少价格决策的风险，而且往往能获得可靠的利润。

3. 定价策略

由定价方法所确定的产品价格是一种基本价格，企业还应根据市场营销组合的差异和变化，运用各种定价策略对基本价格进行调整，以利于更好地实现价格决策目标。

① 新产品定价策略。新产品定价策略常见的有三种：一是在产品生命周期的投入期，有意将新产品价格定得很高，以获取最大利润；二是将新产品的价格定得相对较低，以吸引大量消费者，提高市场占有率；三是将新产品定价介于上述两种策略所确定的产品价格之间。

② 折扣定价策略。折扣定价策略是指在基本定价的基础上，给予购买者一定折扣的一种定价策略。常见的折扣形式有：第一，现金折扣，即对那些按约定日期付款或提前付款的消费者，给予一定比例的价格优惠；第二，数量折扣，即对那些大批量购货的顾客按一定折扣给予一定比例的价格优惠；第三，功能折扣，即对那些为企业提供某些营销功能（如推销、宣传、仓储、服务等）的中间商给予的价格优惠；第四，季节折扣，即给那些购买过时商品的消费者的一个价格优惠。

③ 心理定价策略。心理定价策略是指针对消费者的不同心理确定相应的商品价格，具体方式包括尾数定价、整数定价、声望定价、招徕定价、分级定价等。尾数定价是指企业利用消费者求廉、求实的心理，确定价格时有意将商品价格带有尾数。这种定价策略不仅可以给消费者以便宜的感觉，而且往往会使消费者认为有尾数的价格是经过认真测算的，是真实可靠的。这一策略尤其适用于零售业。声望定价是指利用消费者追求名牌商品或名店声望的心理，把价格定成整数或高价。它既可使消费者产生"一分价钱一分货"的感觉，又可使消费者从中得到荣誉感。招徕定价，即特价品定价，是指企业利用消费者求廉的心理，将少数商品降价销售，招徕消费者，以带动其他商品的销售。

④ 差别定价策略。差别定价策略是指企业根据产品、消费者、地理、时间等因素的差异，对基本价格进行调整。具体方法有：一是产品差别定价，即对不同型号或规格的产品分别确定不同的价格，且价格之间的差额与其成本费用之间的差额并不成比例；二是顾客差别定价，即对同一种产品以不同的价格销售给不同的消费者；三是地理差别定价，即对同一种产品因购买者地理位置不同而确定不同的价格；四是时间差别定价，即企业在不同季节、不同日期、不同时刻销售同一种产品而确定不同的价格。

（三）分销渠道策略

分销渠道解决通过产品运输、仓储完成产品销售的覆盖这一问题。分销渠道要考虑企业的地址，也要考虑产品的分销方式和运输问题。

1. 分销渠道的含义及类型

分销渠道是指当产品从生产者向消费者转移的过程中，取得这种产品所有权或帮助所有权转移的所有企业和个人。按照产品交易过程中是否有中间环节，分销渠道可以分为直接分销渠道和间接分销渠道两种模式。

所谓直接分销渠道，是指生产者将产品直接供应给消费者，没有中间环节，所以又称零级渠道。其主要方式有人员推销、开设自销门市部、联营分销、邮寄销售、电话订购、网上订购等。其特点是供需双方直接交流，减少了中间环节，有利于企业减少流通费用、直接了解市场行销，也有利于产品迅速打入市场。

所谓间接分销渠道，是指生产者利用中间商将商品供应给消费者。间接分销渠道至少包含一个的中间环节，可分为一级渠道、二级渠道、三级渠道三个层次。一级渠道，即在生产者与消费者之间只经过一个中间环节。这一中间环节在消费品市场中通常是零售商，在产业市场中通常是独家代理商或经纪人。二级渠道，即在生产者与消费者之间要经过两个中间环节。这两个中间环节在消费品市场中通常是批发商和零售商，在产业市场中通常是独家代理商和批发商。三级渠道，即在生产者与消费者之间需经过三个中间环节，即代理商、批发商、零售商。

2. 分销渠道的设计

分销渠道的设计就是根据包括产品、市场、企业自身和竞争对手在内的诸多因素的影响，对分销渠道的长度、分销渠道的宽度以及渠道成员彼此的权利和责任进行决策。

① 确定分销渠道的长度，即确定中间环节的数量。一般而言，企业通过一个中间环节销售商品的渠道称为短渠道；通过两个或两个以上中间环节销售商品的渠道称为长渠道。企业分销渠道的设计，首先要根据影响销售渠道设计的主要因素，决定采取何种类型的渠道，是进行直销还是通过中间环节分销。如果决定由中间商分销，还应进一步决定选用什么类型和规模的中间商。选择长渠道的主要条件是：市场潜力大；消费者分布不太集中；商品具有耐久性，且消费者购买频繁等。选择短渠道的主要条件是：生产者与消费者的距离很近；消费者分布较为集中，购买数量小而单价高的商品等。

② 确定分销渠道的宽度，即确定中间商的数目。有三种策略可供选择：一是普遍分销，即企业大量选择中间商，允许所有的中间商销售自己的产品，一般适用于日用消费品的分销。二是独家分销，即企业在一定地区只选择一家中间商经销或代销，这家中间商不能同时经营其他竞争性商品，适用于体积大、单位价值高或技术性强的产品。三是选择性分销，即企业在一定地区有条件地挑选几家中间商经销自己的产品。它是介于前两种形式之间的分销形式，比独家分销面宽，又比普遍分销节省费用，几乎适用于各种产品。

③ 规定渠道成员彼此的权利和责任。在分销渠道中，生产者与中间商之间必须以合约的形式对各方的权利和责任做出明确的规定。合约的主要内容包括质量保证的规定、联价保证的规定、价格折扣、交货和结算条件的规定、提供服务内容的标的预订等。

3. 分销渠道的管理

初创企业在对各种可供选择的分销渠道设计方案做出选择时，可从经济性、控制性、适应性三个方面对每一渠道设计方案进行评估，从中确定最佳分销渠道。选定渠道后，企业必须对其进行管理。

① 激励渠道成员。具体的激励方式可分为直接激励和间接激励两种。直接激励是指通过给予物质或金钱奖励来肯定经销商在销售量和市场规范操作方面的成绩。实践中，制造商多采用返利的形式。间接激励是指通过帮助渠道成员进行销售管理，以提高销售的效率和效果来激发渠道成员的积极性和销售热情的一种激励手段。例如，帮助经销商建立进销存报表，进行安全库存数和先进先出库存管理；帮助零售商进行销售终端管理；帮助经销商管理其客户网，来加强经销商的销售管理工作等。

② 评估渠道成员。评估内容包括销售定额完成程度、平均存货水平、付款情况、消费者反馈及发展计划等。

③ 分销渠道的调整。在渠道管理中，根据市场变化或中间商的具体表现或企业营销目标的改变，企业需要对分销渠道进行局部调整，必要时对其进行全面调整。

（四）促销策略

一个企业除了要有适销的产品、合理的定价、最佳的渠道，还需要适当的促销方式将产品及企业的有关信息及时传递给消费者。所谓促销，是指企业在营销活动中，为了引起消费者对商品和服务的兴趣，激发消费者的购买欲望，促进消费者产生购买行为所进行的说服沟通活动。促销方式一般分为人员促销和非人员促销两大类。人员促销是指由企业派出的或委托的人员亲自向目标消费者介绍、宣传产品，以诱导和促使其发生购买行为的活动。非人员促销是指人员促销以外的促销方式，主要包括广告、公共关系和销售促进。广告是指企业通过一定的媒体向消费者推销产品或服务而进行的宣传。公共关系是指企业为了增进社会各界的信任和支持，树立企业的良好信誉和形象而采取的一系列措施。销售促进是指企业运用各种短期诱因，鼓励购买和销售企业的产品或服务的促销活动。促销方式不同，其作用、效果亦各不相同，因此在实际的市场营销活动中，往往需要把各种促销方式结合起来运用，即促销组合。要实现促销方式的合理组合，须注意以下影响因素。

1. 促销目标

企业在不同时期、不同市场环境下，会有其特定的促销目标。促销目标不同，促销组合自然也会有差异。例如，在一定时期内，甲企业想以较快的速度推销产品，扩大市场占有率，而乙企业想在市场上树立企业形象，消除公众误解。在上述特定目标指引下，甲企业会更多地运用广告和销售促进方式，而乙企业则会在公共关系方式上做文章。

2. 产品性质

产品的性质不同，其所面对的消费者也就不同，采用的促销组合也应有所区别。例如工业品，特别是生产资料，由于它的技术性、专业性很强，购买的批量很大，因此宜采用人员促销方式，销售促进和广告方式只能作为补充。如果是日用消费品，由于它的市场分布范围广、购买频率高、品种多、替代性强，购买者对产品的性能、特点了解较少，宜采用广告方式，其他促销方式起辅助作用。

3. 产品生命周期

由于产品在生命周期的不同阶段表现出不同的市场特征，促销就应有特定的目标，须选择不同的促销组合。在投入期，应以尽快让消费者了解新产品为促销目标，以人员促销和广告方式为主；在成长期和成熟期，促销目标应放在激发消费者的购买兴趣甚至使其产生某种偏爱上，宜采用广告和公共关系方式；在衰退期，则宜以增强消费者对该产品的信任感并使其继续购买为促销目标，主要采用销售促进方式，其他方式作为补充形式。

4. 市场特点

市场的规模、类型不同，采用的促销方式也应有异。一般来讲，如果是规模大、地域广的市场，宜采用广告方式；如果是规模小而相对集中的市场，应以人员促销方式为主。如果是顾客数量大、市场又分散的消费品市场，宜采用广告、销售促进和公共关系方式；如果是购买者少、购买数量大、技术性强的产业市场，应以人员促销方式为主。对于其他市场，应根据产品性质和消费者特点等因素，采用合理的促销组合。

5. 促销费用

促销方式不同，促销费用也不同。企业应结合自身的经济实力选择适当的促销组合，力争达到促销效果最好、促销费用最少的目的。促销到底应投入多少资金，创业者必须精心策划，用好促销经费。对于经营多年的公司来说，有多种方法可以计算促销成本，但初次创业者往往没有什么经验。因此，初次创业者可视自身所持资金，预估一段时期的日常营运支出，其余的即可用作促销。对于资金并不充足的创业者而言，在创业之初不必投入过多的促销资金，应量力而行。

课堂活动及实践拓展作业

初创企业财务管理

业精于勤，荒于嬉。行成于思，毁于随。

——韩愈

本章内容框架

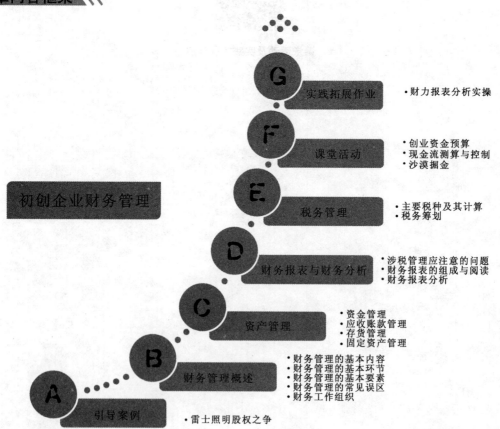

引导案例

雷士照明股权之争

创建于1998年的雷士照明，于2010年在香港联交所上市，发展至今逐步成为国内照明行业的领头羊。然而，雷士照明的创始人吴长江，在借助资本的力量解决了创业股东之间的纠纷后，又陷入了一场资本的"局中局"，前后历经了几次控制权之争。

1998年，吴长江出资45万元，他的两位同学杜刚、胡永宏各出资27.5万元，以100万元的注册资本在惠州创立了雷士照明。此时，从股权结构来看，吴长江是占比45%的单一大股东；而相对两位同学的合计持股，他又是小股东，如果吴长江一意孤行，另外两个人可以制约他。

2002年，三个合伙人逐渐出现分歧，核心的问题就在于赚的钱应该怎么用。吴长江一直主张扩张，赚了钱就要投入公司里，再发展；而其他两位股东希望赚了钱要分红。接着，雷士照明进行了一次股权调整，三人股份被均分成了33.3%的三份，而且工资、分红也完全均等。至此，雷士照明彻底变成了一个平均主义的公司，三个股东的裂隙也无法弥补。

2005年，三个创始人的矛盾激化到了极限。当年11月，公司股东彻底分家，关于分家的原因，雷士照明官方的描述是，三位股东在处理与经销商关系的问题上出现了严重分歧，销售渠道改革方案无法推进。吴长江被迫让出董事长职位。随后，戏剧性的一幕上演，全体经销商"倒戈"，要求吴长江重掌企业。经过投票，其余两位股东被迫各拿8 000万元离开。吴长江反败为胜，保住了自己对公司的控制权。

但是，当时的雷士照明拿不出1.6亿元的现金，两位股东各先拿5 000万元的现金，剩余款项半年内付清。此时，雷士的资金链极其脆弱，于是只好融资补足缺口。找钱成了吴长江最重要也最头疼的事情，账面上只有几十万元了，如果不能马上获得流动资金，雷士照明可能就会像爱多VCD一样，一旦供应商信心不足，公司就会倒闭。

由于经验不足，吴长江接受了毛区健丽以944万美元入股雷士、占股30%的条件，此次，毛区健丽运用精准的心理策略，以超低的估值获得大比例的股权。

2006年至2008年，为扩展业务和顺利上市，吴长江掌管的雷士照明不断募集资金，引入包括软银赛富、高盛等投资者的资金。吴长江的股权不断被冲淡，失去了第一大股东的地位，软银赛富成为最大股东。

吴长江虽然解决了创始股东的分歧问题并扩展了业务，但由于进入了更强势的投资人，也给雷士照明的未来埋下了隐患。

2010年5月20日，作为内地唯一与国际资本结合的照明企业，雷士照明以每股2.1港元的发行价格顺利在香港联交所挂牌交易，发行6.94亿股新股（占发行后总股本的23.85%），募集资金近14.57亿港元。软银赛富成为雷士照明第一大股东，股份比例为30.73%，超过吴长江29.33%的持股份额。此时，吴长江对资本的好感仍然溢于言表，也不怕失去控制权，因为他自认为会给投资机构赚钱，投资机构在公司经营上离不开他，可以安枕无忧。吴长江只知道资本的逐利性，单纯地认为投资者通过投资企业赚取企业股价价差获取利润，却不了解资本可以放弃"江湖道义"，将企业卖给产业大鳄，从而赚取更多的利润。

2011年7月，软银赛富建议引入法国施耐德作为策略性股东，由软银赛富、高盛联合吴长江等六大股东，共同向施耐德转让2.88亿股股票。施耐德股份占比9.22%，因而成为雷士照明第三大股东。而此时第一大股东软银赛富的持股在18%左右，而吴长江个人持股是15%。

不排除施耐德、软银赛富及高盛有某种程度"合谋"的嫌疑，只要施耐德达到了控制雷士照明的目的，实现企业间并购，软银赛富就可以将所持股权以更高价格转让给施耐德。吴长江的自信满满加上对资本的毫无防范，正中资本方软银赛富和高盛合谋的陷阱，让自己的局面更为不堪。

2011年9月起，施耐德与软银赛富携手控制雷士照明，吴长江意识到问题，开始在二级市场持续买入雷士的股份，希望能重新夺回控股权。通过这种杠杆式增持，吴长江股权占比超过了19%，高于软银赛富的18.48%，重新成为第一大股东，但董事会仍被控制。

2012年5月25日，吴长江被毫无征兆地"因个人原因"而辞去了雷士照明的一切职务，包括董事长、公司执行董事、CEO以及董事会所有委员会职务。而接替他出任董事长的则是软银赛富的阎焱，接替他出任CEO的则是来自施耐德并在施耐德工作了16年的张开鹏。据雷士照明内部人士透露，施耐德的张开鹏与软银赛富的阎焱是南京航空航天大学的校友。

在此次事件中，创业者与投资人在董事会的力量对比是2∶4。董事会一旦被投资人控制，就意味着企业的控制权落在了投资人手上。作为公司创始人也无可奈何，只能被迫接受辞职。

吴长江离开后，经销商和员工罢工对抗雷士照明新管理层，经过一年的抗争，2013年，吴长江重返雷士照明董事会。然而，吴长江将股份出售给德豪润达，德豪润达成为第一大股东，而吴长江在雷士照明的股权降到了历史最低的1.71%。

2014年8月8日，吴长江被董事会罢免，此次，36家雷士照明经销商中30家都表示支持董事会决议罢免吴长江。德豪润达的董事长王冬雷带人到重庆总部办公室，吴长江拒绝交出属于公司的营业执照、工商资料和财务印章，双方发生肢体冲突，雷士照明的股权之争了演化成一场闹剧。

2014年10月28日下午，雷士照明的官方微博晒出一张"立案告知书"，惠州市公安局向外界证实，吴长江因涉嫌挪用资金被惠州警方立案侦查。

2016年11月22日，吴长江被判刑14年，其中挪用公款近9亿，判刑9年；职位侵占370万元，判刑6年。

2017年2月13日，吴长江的股权被法院拍卖，合计7.8亿元。

兵败如山倒，吴长江终于失去了他的江湖，随着他的银铛入狱，雷士照明的"吴长江时代"彻底落下帷幕。

（所有资料均整理自网络上的公开资料。https://www.jianshu.com/p/dc38d38dd9df）

【讨论】
1. 创业者需要了解哪些财务知识？
2. 初创企业应该如何划分股权？
3. 雷士照明初创股东的分歧是否有避免的可能性？

4. 流动资金对雷士照明的走向起到了怎样的作用？
5. 如何避免企业中出现挪用公款的行为？

第一节 财务管理概述

财务管理是企业资源管理的重要组成部分，是根据财经法规制度，按照财务管理原则，组织企业财务活动、处理企业财务关系的一项经济管理工作。

初创企业经营规模较小，财务管理也就相对简单一些。但是，作为期望成功的创业者，仍然需要了解财务管理的基本知识，不仅要能看懂财务报表，理解财务原则，还要能分析财务数据，对财务进行规划和管理。良好的财务管理能力能让创业者及时发现企业在经营过程中存在的问题，从而更好地应对风险，实现企业的稳步发展。

一、财务管理的基本内容

财务管理主要包括投资管理、筹资管理、营运资金管理和利润分配管理四部分。

（一）投资管理

投资管理包括认识投资评价基本要素、把握投资机会及控制投资规模等内容。

1. 投资评价基本要素

投资评价基本要素是分析、评价企业投资方案的依据，是企业投资时应该考虑的基本方向，包含以下十个方面，如图 8-1 所示。

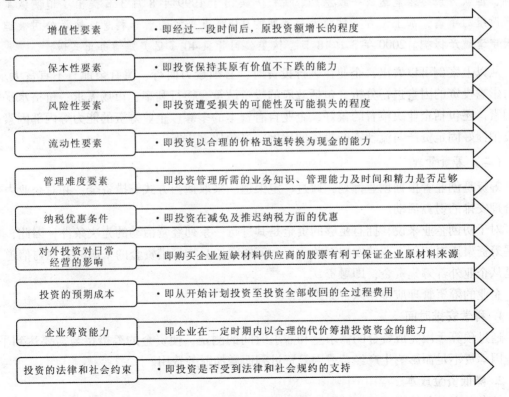

图 8-1 投资评价基本要素

2. 把握投资机会

投资机会是指由有利于企业投资的一系列因素所构成的良好投资环境和时机。能否把握投资机会决定了投资能否成功,切忌盲目、急于求成。在初步确立投资意向之后,要进行市场调查,对市场、投资、政策、企业等方面进行客观的机会分析,对投资环境和投资前景进行判断。在研究方法上,可以使用 PESTEL 法、价值链分析法、矩阵分析法、SWOT 分析法、波特五力模型等。

3. 控制投资规模

案例

铱星陨落

1997 年,摩托罗拉公司铱星移动通信网络投入商业运营,成为第一个真正能覆盖全球每个角落的通信网络系统。随之,公司股票大涨,股票价格从发行时的每股 20 美元飙升到每股 70 美元。崇尚科技的投资者尤其看好铱星系统。1998 年,美国《大众科学》杂志将其评为年度全球最佳产品之一。同年年底,在我国两院院士评选的年度十大科技成果中,它位列第二。

铱星系统开创了全球个人通信的新时代,使人类在地球上任何能到达的地方都可以相互联络。然而,价格不菲的铱星通信在市场上遭受到了冷遇,用户最多时才 5.5 万人。而据估算,用户必须发展到 50 万人时公司才能盈利。由于巨大的研发费用和系统建设费用,铱星背上了巨额债务,每月仅债务利息就 4 000 多万美元。

面对危机,铱星公司就一直在与银行和债券持有人等组成的债权方集团进行债务重组的谈判,但双方最终未能达成一致意见。债权方集团于 1999 年 8 月 3 日提出了迫使铱星公司破产改组的申请,加上无力支付两天后到期的 9 000 万美元的债券利息,铱星公司被迫于同一天申请破产保护。2000 年 3 月 18 日,铱星公司背负 40 多亿美元债务正式破产。

从以上案例可以看出,企业在进行投资时,必须量力而行、留有余地,不宜贪大求全,要对影响投资的因素进行分析,包括政府的投资政策、银行利率、市场需求、价格水平等外部因素,还包括企业决策者的偏好、企业自有资本的多寡、企业筹资的能力等内部因素,同时要把握好固定资产与流动资产投资的比例,避免比例失衡。

(二)筹资管理

筹资是创业者根据创业计划,通过一定渠道、采取适当方式筹措资金,并对企业内部资金合理安排的财务活动。

对于初创企业来说,拥有足够的资金是其进行一系列经营活动的先决条件,因此,如何拓展筹资渠道对初创企业的发展至关重要。筹资渠道是指筹措资金的来源的方向与信道,主要是从企业外部筹集资金,即融资。

企业的筹资管理应遵循以下原则。

1. 科学安排时间

通过预算手段完成资金的需求量和需求时间的测定,使资金的筹措量与需要达到平衡,防止因筹资不足而影响生产经营或因筹资过剩而增加财务费用。

2. 降低资金成本

综合考察各种筹资渠道和筹资方式的难易程度、资金成本和筹资风险,研究各种资金来源的构成,求得资金来源的最优组合,以降低筹资的综合成本。

3. 降低筹资风险

在筹资过程中合理选择和优化筹资结构,做到长、短资本,债务资本和自有资本的有机结合,有效地规避和降低筹资中各种不确定因素给企业带来损失的可能性。

4. 签订执行合同

在进行筹资成本、资本结构和投资效益可行性研究的基础上,拟好筹资方案,认真签订合同、协议等,明确各方的责任和义务,严格执行,恰当地支付出资人报酬,按期偿还借款,维护企业信誉。

（三）营运资金管理

一个企业要维持正常的运转就必须拥有适量的营运资金,因此,营运资金管理是企业财务管理的重要组成部分,是对企业流动资产及流动负债的管理,目标主要是扩大增量现金流。增量现金流是指企业在一定会计期间通过一定经济活动（包括经营活动、投资活动、筹资活动和非经常性项目）而产生的现金流入、现金流出及其总量情况的总称,简单来说,就是企业一定时期的现金和现金等价物的流入和流出的数量。

1. 营运资金的特点

为了有效地管理企业的营运资金,必须了解营运资金的特点。

① 周转时间短。运营资金的周转如图 8-2 所示,其中货币资金还可以通过短期筹资的方式加以解决。

② 非现金形态的运营资金,如存货、应收账款、短期有价证券容易变现。如果企业对资金有临时性需求,可将以上几类营运资金变现。

③ 数量具有波动性。流动资产或流动负债容易受内外条件的影响,数量的波动往往很大。

④ 来源具有多样性。营运资金的需求问题既可以通过长期筹资方式解决,也可以通过短期筹资方式解决。仅短期筹资就有银行短期借款、短期融资、商业信用、票据贴现等多种方式。

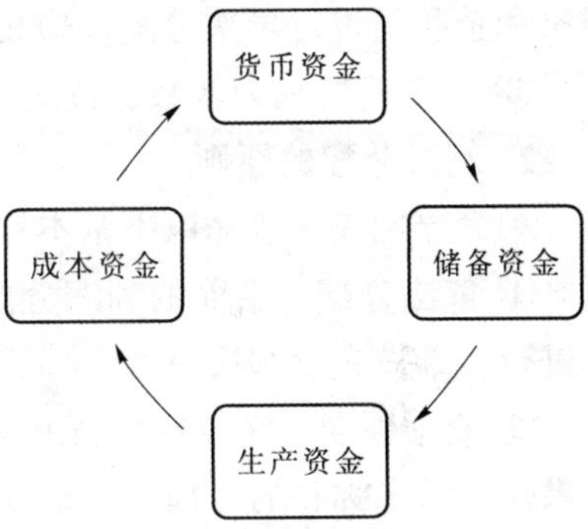

图 8-2 运营资金的周转

2. 营运资金的管理方法

加强营运资金的管理,就是加强对流动资产和流动负债的管理,加快现金、存货和应收账款的周转速度,尽量减少资金的过分占用,降低资金占用成本,并利用商业信用,解决资金短期周转困难,在适当时向银行借款,利用财务杠杆,提高权益资本报酬率。

① 保证合理资金需求。财务部门应该认真分析企业的生产经营状况,合理确定营运资金的需要数量。一般情况下,当企业产销两旺时,不但流动资产会增加,流动负债也会相应增加;而当企业销量不断减少时,流动资产和流动负债也会相应减少。

② 提高资金使用效率。加速资金周转是提高资金使用效率的主要手段,关键是缩短营业周期,加速变现过程,加速存货、应收账款等流动资产的周转,以便用有限的资金,服务于更大的产业规模,为企业取得更好的经济效益提供条件。

③ 节约资金使用成本。应该遵守勤俭节约的原则，在保证生产经营需要的前提下，尽可能地降低资金使用成本。一方面，要挖掘资金潜力，精打细算地使用资金；另一方面，要积极拓展融资渠道，筹措低成本资金，合理配置资源。

④ 保持短期偿债能力。偿债能力的高低是企业财务风险高低的标志之一，要合理安排流动资产与流动负债的比例关系，保持结构适配性。如果一个企业流动资产比较多，流动负债比较少，说明企业的短期偿债能力较强；反之，则说明短期偿债能力较弱。但如果企业的流动资产太多，流动负债太少，则说明流动资产闲置或利用不足，也不是正常现象。

（四）利润分配管理

利润分配是企业在一定时期内（通常为年度）对所实现的利润总额以及从联营单位分得的利润，按照法律法规及协议规定，在国家与企业、企业与企业、各个投资人之间的分配。

1. 利润分配的程序

利润分配的程序一般分为三个阶段。

① 以企业实现的总利润加上从联营单位分得的利润（即企业的全部所得额）为基数，在缴纳所得税和调节税前，按规定对企业的联营者、债权人和企业的免税项目，采取扣减的方法进行初次分配。全部所得额扣除初次分配后的余额，即为企业的应税所得额。

② 以企业的应税所得额为基数，按规定的所得税率和调节税率计算应缴纳的税额，在国家和企业间进行再次分配。应税所得额扣除应缴税额后的余额，即为企业留利。

③ 以企业留利为基数，按规定比率将企业留利转作各项专用基金，此为最终分配。

2. 利润分配的原则

利润分配应该遵循以下基本原则。

① 依法分配。企业的利润分配必须符合国家有关法律、法规的规定，依照企业章程有序进行，维护企业和所有者、债权人以及职工的合法权益。

② 资本保全。企业在分配中不能侵蚀资本，利润的分配是对经营中资本增额的分配，如果存在尚未弥补的亏损，一般要先弥补亏损，再进行其他分配。

③ 债权人优先。按照风险承担的顺序及合同契约的规定，企业必须在利润分配之前偿清所有债权人到期的债务。同时，在利润分配之后，还应保持一定的偿债能力，以免发生财务危机。此外，企业在与债权人签订某些长期债务契约的情况下，其利润的分配政策还应征得债权人的同意或审核方能执行。

④ 多方兼顾。利润分配涉及投资者、经营者、职工等多方面的利益，企业必须兼顾，保持稳定的利润分配，合理留用利润，积累优先，科学确定提取盈余比例，促进企业发展。

二、财务管理的基本环节

财务管理的基本环节是根据财务管理工作的程序和各部分间的内在关系划分的，分为财务预测、财务决策、财务计划、财务控制、财务监督和财务分析，各个环节相互连接，形成财务管理工作的完整过程。要做好财务管理工作，六个环节必须都落到实处，缺一不可。

(一) 财务预测

财务预测是根据财务活动的历史资料，考虑现实的要求和条件，对未来的财务活动和财务成果做出科学的预计和测算，其目的是测算企业投资、筹资各项方案的经济效益，为财务决策提供依据，预计财务收支的发展变化情况，以确定经营目标，测定各项定额和标准，为编制计划、分解计划指标服务。

财务预测，按预测对象可分为投资预测和筹资预测，按预测时期长短可分为长期预测和短期预测，按预测值多寡可分为单项预测和多项预测。常用方法主要有：时间序列法、相关因素预测法、概率分析预测法。主要环节为：明确预测目标，搜集相关资料，建立预测模型，确定财务预测结果。

(二) 财务决策

财务决策是对财务预测结果的分析与选择，是对财务方案、财务政策进行选择和决定的过程，其目的在于确定合理可行的财务方案，只有确定了效果好并切实可行的方案，财务活动才能取得好的效益，完成企业价值最大化的财务管理目标。所以，财务决策是整个财务管理的核心。

一般情况下，财务方案有投资方案、筹资方案，还有包含投资和筹资的综合方案，财务决策是一种多标准的综合决策，既有货币化、可计量的经济标准，又有非货币化、不可计量的非经济标准，因此，决策方案往往是多种因素综合平衡的结果。

(三) 财务计划

财务计划是以货币形式协调安排计划期内投资、筹资及财务成果的文件，其目的是为财务管理确定具体量化的奋斗目标。它是进行财务监督的主要依据。

财务计划既有长期计划，又有短期计划。长期计划是指一年以上的计划，通常情况下，企业以经营理念、业务领域、地域范围、战略目标为基础制订为期五年的长期计划，是实现公司战略的工具。短期计划是指一年一度的财务预算，财务预算是以货币表示的预期成果，是计划工作的终点，也是控制工作的起点，可以促使各级主管人员对自己的工作进行详细的思考和确切的计划。财务计划的编制有以下步骤。

① 企业最高管理层根据财务决策提出一定时期的经营目标，并向各级、各部门下达规划指标。

② 各级、各部门在规划指标范围内，编制本部门预算草案。

③ 财务部门或预算委员会对各部门预算草案进行审核、协调，汇总编制总预算并报企业负责人或董事会批准。

④ 将批准的预算下达各级、各部门执行。

初创企业的人员和部门都较少，可根据具体情况将以上步骤简化。

(四) 财务控制

财务控制是指运用特定方法、措施和程序，通过规范化的控制手段，对企业资金投入及收益过程和结果进行衡量与校正、控制与监督，其目的是确保企业目标以及财务计划得以实现。

初创企业经营规模较小，资本和技术构成较低，受自身体制和外部环境影响较大，因此，财务控制应当从建立严密的财务控制制度、现金流量预算、应收账款、实物资产、成本和财务风险控制等方面入手。其中，严密的财务控制制度是关键，具体包括以下方面。

① 不相容职务分离制度。明确职责权限，形成相互制衡机制，如有权批准采购的人员不能直接从事采购业务，从事采购业务的人员不得从事入库业务。

② 授权批准控制制度。各级管理层必须在授权范围内行使职权和承担责任，经办人员也必须在授权范围内办理业务，如采购人员必须在授权批准的金额内办理采购业务，超出此金额必须得到主管的审批。

③ 会计系统控制制度。依据国家的法律法规，制定适合本单位的会计制度，明确会计工作流程，建立岗位责任制，充分发挥会计的监督职能。具体包括企业核算规程、会计工作规程、会计人员岗位责任制、财务会计部门职责、会计档案管理制度等。

（五）财务监督

财务监督是运用单一或系统的财务指标对企业的生产经营活动或业务活动进行的观察、判断、建议和督促，其目的在于使财务活动符合国家有关政策、法规和企业经营章程，揭露财务活动中的弊端和违法行为，震慑和制约不法行为，保证财务活动的正轨运行，促进企业资源的合理配置和有效利用，实现企业经营目标。

进行财务监督，普遍采用调查询问有关人员、审阅财务文件、核对账簿和报表、统计分析财务数据等方法，一般分为三个阶段：准备阶段。主要工作包括确定检查对象、内容和任务，组织检察人员，安排检查时间。实施阶段。主要工作包括搜集资料、了解情况、检查取证。总结阶段。主要工作包括整理检查资料、编写检查报告。

按照不同的监督主体，财务监督可分为内部监督和外部监督两种。内部监督是指企业自行组织的、由内部机构人员对本单位的财务收支、经营管理活动及其经济效益进行监督，检查其真实性、正确性、合法性和有效性，从而提出意见建议。在初创企业中，内部监督常常由投资人本人完成，当投资人缺乏足够的财务专业知识时，内部监督就不能有效地进行。外部监督是指由企业外部有关机构和人员对企业的财务收支、资金使用情况进行监督，包括主管部门或者财政、审计等部门对企业的财务活动进行的监督、主管部门或财政部门组织的联审互查、中介组织（如会计师事务所）对企业活动所进行的监督。外部监督的目的在于监督企业财务活动的合法性和有效性，防止腐败行为滋生蔓延，确保财务活动在正常的轨道上运行。

（六）财务分析

财务分析是以会计核算、报表资料及其他相关资料为依据，对企业的筹资活动、投资活动、经营活动、分配活动、盈利能力、营运能力、偿债能力和增长能力等进行分析与评价的经济管理活动。它为企业的投资者、债权人、经营者及其他关心企业的组织或个人了解企业过去、评价企业现状、预测企业未来、做出正确决策提供准确的信息。其本质是搜集与决策有关的各种财务信息，并加以分析和解释的一种技术。

有效的财务分析必须包含五个相互关联的步骤。

① 确定企业所处特定产业（或行业）的经济特征。

② 确定企业为增强竞争优势而采取的战略。
③ 正确理解和净化企业的财务报表。
④ 运用财务比率和相关指标评估企业的盈利能力与风险。
⑤ 为管理决策做出相关的评价。

三、财务管理的基本要素

财务管理的基本要素分为六大类，即资产、负债、所有者权益、收入、费用和利润。其中，资产、负债和所有者权益这三项要素主要反映企业的财务状况，财务状况是指企业一定时期内的资产及权益状况，是资金运动相对静止状态时的表现；收入、费用和利润这三项要素主要反映企业的经营成果，经营成果是指企业在一定时期内从事生产经营活动所取得的最终成果。

（一）资产

1. 资产的概念

资产是指企业过去的交易或者事项形成的、由企业拥有或者控制的、预期会给企业带来经济利益的资源。企业过去的交易或者事项包括购买、生产、建造行为或者其他交易和事项。预期发生的交易或者事项不形成资产。由企业拥有或者控制是指企业享有某项资源的所有权，或者虽然不享有某项资源的所有权，但是该项资源能被企业控制。预期会给企业带来经济利益是指直接或者间接导致现金和现金等价物流入企业的潜力。具体来讲，企业从事生产经营活动必须具备一定的物质资源，如货币资金、厂房、场地、机器设备、原材料等，这些都是企业从事生产经营的物质基础，都属于企业的资产。另有专利权、商标权、商誉等虽不具有实物形态，却是有助于生产经营活动进行的无形资产。

2. 资产的特征

① 资产预期会给企业带来经济利益。例如，企业通过收回应收账款、出售库存商品等直接获得经济利益，也可通过对外投资以获得股利或参与分配利润的方式间接获得经济利益。按照这一特征，那些已经没有经济价值、不能给企业带来经济利益的项目，就不能继续确认为企业的资产。

② 资产为企业所拥有或控制。如果一项资源要作为企业资源予以确认，则企业应该拥有此项资源的所有权，即可以按照自己的意愿使用或处置资产。

③ 资产是由过去的交易或事项获得的。资产是过去已经发生的交易或事项所产生的结果，资产必须是现实的资产，而不能是预期的资产。未来交易或事项可能产生的结果不能作为资产确认。

3. 资产的分类

资产按其流动性不同，分为流动资产和非流动资产；按货币性不同，分为货币性资产和非货币性资产。

流动资产是指预计在一个正常营业周期中变现、出售以及耗用，或者主要为交易目的而持有，或者预计在资产负债表日起一年内（含一年）变现的资产以及自资产负债表日起一年内交换其他资产或者清偿负债的能力不受限制的现金或者现金等价物。流动资产的分类如图8-3所示。

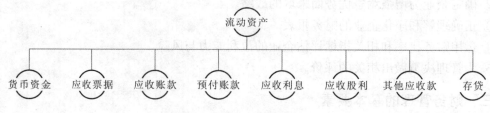

图8-3 流动资产的分类

非流动资产是指一年或一个营业周期以上变现的资产,即流动资产以外的资产。其分类如图8-4所示。

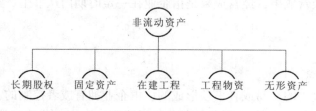

图8-4 非流动资产的分类

货币性资产的分类和非货币性资产的分类如图8-5、图8-6所示。

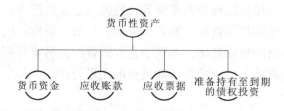

图8-5 货币性资产的分类

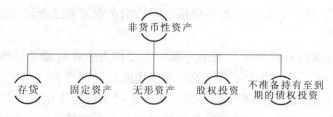

图8-6 非货币性资产的分类

(二) 负债

1. 负债的概念

负债是企业过去的交易或者事项形成的预期会导致经济利益流出的现时义务。现时义务是指企业在现行条件下已承担的义务。未来发生的交易或者事项形成的义务不属于现时义务,不应当确认为负债。

2. 负债的特征

① 负债是由企业过去的交易或者事项引起的、企业当前所承担的义务。例如,购置货

物或者使用劳务会产生应付账款（已经预付或是在交货时支付的款项除外），接受银行贷款则会产生偿还贷款的义务。只有已经发生的交易或者事项，才有可能确认为负债。

② 为了清偿债务，企业往往需要在未来转移资产。例如，企业赊购一批材料，该批材料已验收入库，但尚未付款，该笔业务所形成的应付账款就应该确认为企业的负债，企业需要在未来某一时期通过交付现金或银行存款来清偿。

3. 负债的分类

负债按其流动性不同分为流动负债和非流动负债。

流动负债是指预计在一个正常营业周期中清偿，或者主要为交易目的而持有，或者自资产负债表日起一年内（含一年）到期应予以清偿，或者企业无权自主地将清偿推迟至资产负债表日后一年以上的负债。流动负债的分类如图8-7所示。

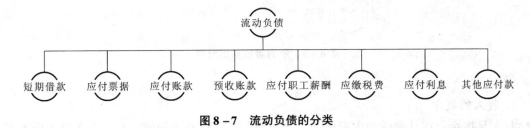

图 8-7 流动负债的分类

非流动负债是指流动负债以外的负债，其分类如图8-8所示。

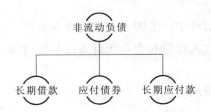

图 8-8 非流动负债的分类

（三）所有者权益

1. 所有者权益的概念

所有者权益是指企业资产扣除负债后由所有者享有的剩余权益。企业的所有者权益又称股东权益。所有者权益的来源包括所有者投入的资本、直接计入所有者权益的利得和损失、留存收益。对于任何企业来说，资产形成的资金来源主要有两个：一是债权人，二是所有者。债权人对企业资产的要求权形成企业的负债；所有者对企业资产的要求权形成企业的所有者权益。

2. 所有者权益的特征

除非发生减资、清算或分派现金股利，企业不需要偿还所有者权益；企业清算时，只有在清偿所有债务后，所有者权益才能返还给所有者；所有者凭借所有者权益能够参与企业利润分配。

3. 所有者权益的分类

所有者权益的分类如图8-9所示。

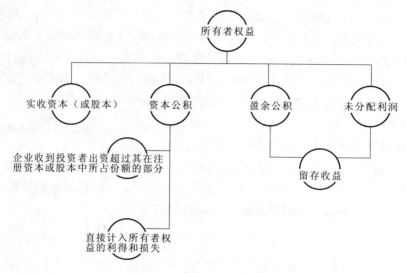

图 8-9 所有者权益的分类

(四) 收入

1. 收入的概念

收入是指企业在日常活动中形成的、会导致所有者权益增加的、与所有者投入资本无关的经济利益的总流入。

2. 收入的特征

企业的收入是从其日常活动中产生的，表现为企业资产的增加、负债的减少或同时引起资产的增加和负债的减少。收入将引起企业所有者权益的增加。

3. 收入的分类

收入的分类如图 8-10 所示。

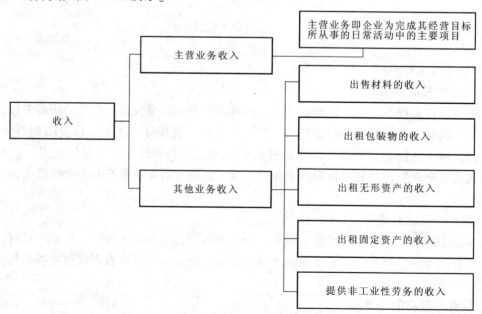

图 8-10 收入的分类

（五）费用

1. 费用的概念

费用是指企业在日常活动中发生的、会导致所有者权益减少的、与向所有者分配利润无关的经济利益的总流出。

2. 费用的特征

企业的费用是从其日常活动中产生的，表现为企业资产的减少、负债的增加或同时引起资产的减少和负债的增加。费用将引起所有者权益的减少。

3. 费用的分类

费用的分类如图8-11所示。

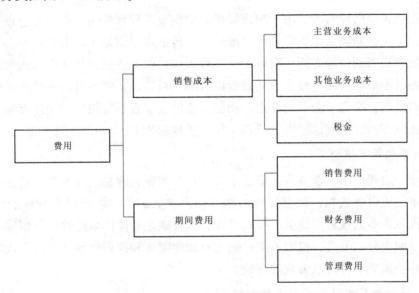

图8-11 费用的分类

（六）利润

1. 利润的概念

利润是指企业在一定会计期间的经营成果。关于利润构成项目，本书将在后面的利润表模块详细介绍。

2. 利润的分类

利润的分类如图8-12所示。

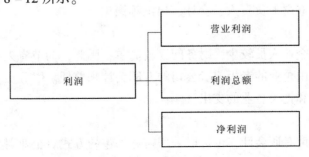

图8-12 利润的分类

四、财务管理的常见误区

(一) 创业者对财务管理的重要性认识不够

任何一个企业的创办都离不开财务管理。不管是路边小摊,还是大企业集团,财务管理都贯穿于经营活动的各个阶段。从启动资金预算到筹资渠道开发,从企业成本管理到财务风险控制,从会计制度建立到会计人员管理,整个过程都离不开财务管理。尤其是企业运营后的每一个部门、每一位员工、每一笔业务,都与财务部门存在着千丝万缕的联系。财务管理有条不紊地运行,是企业保持稳定发展、及时发现和解决企业运行中存在问题的重要保障。

然而,初创企业的经营者,由于缺乏经验,对创业的理解停留在有一个好点子就行,更关注创业的点子是否新颖,市场定位是否准确,宣传推广渠道是否畅通,原材料采购、产品生产、人员配置是否到位等方面,而对于财务管理往往较为忽视,从而形成较为粗放的管理模式,甚至混乱不堪,进而导致企业运营难以为继。可以说,财务管理水平的高低直接影响到企业未来的发展,决定了企业的存亡,初创企业的创业者不应该只把关注点集中在产品和业务发展等经营方面,而应该把财务管理工作也重视起来。

(二) 财务机构不健全

初创企业一般规模小,业务少,员工不多,身兼数职,容易出现业务不精、术业不专的现象,比如不设置财务机构,将会计和出纳工作由一人兼任,或者没有专职的财务管理人员,而是由投资者本人或者其他员工兼职管理。这种缺乏整体性系统性的计划安排,使得企业的财务人员职责分工不清,权责不明,缺乏有效的制衡和约束机制,难以形成有效的内部财务控制,亦会造成会计信息失真的现象。

(三) 对遇到的基本税务问题不知如何应对

初创企业一般缺少税务专才,对税务管理的认识不够透彻,不能进行合理合规的税务筹划。有的企业认为开出发票才要交税,不开发票无须交税;有些企业为了减少税费,制作两套账,使企业面临很大的税务风险。

五、财务工作组织

(一) 初创企业财务机构与岗位设置

初创企业主要设立财务负责人、会计、出纳等岗位。

1. 财务负责人

一般来讲,初创企业人员较少,财务问题较简单,因此,为节省人力成本,通常不单独设置财务总监,而是由企业的老板或者公司的专职会计来兼任。财务负责人主要负责的内容包括为企业筹措资金和把关企业的支出。

2. 会计

初创企业可以聘请专职会计,也可以采用财务外包的方式对企业财务状况进行管理,但建议在财务外包的同时储备财务人才,为今后企业的发展壮大做准备。

3. 出纳

初创企业应该至少有一名出纳人员，出纳的工作主要注意两点：一是不要付错钱；二是关注每笔付款支出是否符合公司的付款审批程序。

（二）初创企业财务制度的构建

一个企业在还没有形成完善的财务管理体系的情况下，必须先制定一些制度。主要有以下三类制度：一是保企业生存的制度，包括成本核算与控制制度、费用支出审批制度和还款计划制度；二是保现金安全的制度，包括现金保管制度、现金审批制度和现金使用制度；三是规避销售风险的制度，包括销售回款制度和赊销管理制度。

这些制度在制定时要注意切实可行，一旦完成，就要严格执行。

第二节 资产管理

一、资金管理

初创企业的资金管理主要包含两个方面：钱从哪里来？花到哪里去？

（一）钱从哪里来

创办企业需要的资金，其来源主要有以下几种，如图 8-13 所示。

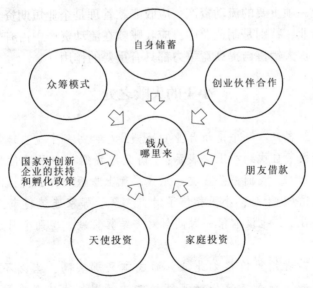

图 8-13 钱从哪里来

（二）花到哪里去

除了创办企业所必需的固定资产及流动资金的投入外，还有许多地方需要花钱，如图 8-14 所示。

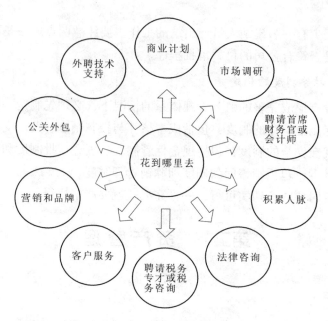

图 8-14 花到哪里去

二、应收账款管理

应收账款是企业一项重要的流动资产，应收账款管理是企业短期资金投放管理中的重要组成部分。在许多行业，特别是制造业中，应收账款在流动资产中占有较大比重。企业合理运用应收账款，对于扩大销售与提高竞争力都具有重要的作用。

案例　小王的失败之处

小王手上有两个新客户：一个是新开业的高档餐厅，另一个是当地第一富豪开办的连锁超市。高档餐厅的老板亲自找到小王，表示："请允许我们一个月后付款，你看，我们这里光装修就花了两百多万元。我们一条鱼卖一元钱，晚上吃饭还打五折，流水肯定能上去，我怎么会拖欠你的货款呢？"于是，小王相信了对方。至于那家连锁超市，由于是当地第一富豪的产业，小王更放心了，也没有第一时间与对方结算货款。但两个月过去了，小王仍没有收到这两家客户的货款。

在这个案例中，前者销售价格如此低，而成本又那么高，当然不会马上付给小王货款。而后者的资本累积可能是依靠压账来实现的，何况超市本身在现金管理上也比较严格，压账的事很容易发生。小王之所以没有收到货款，是因为没有具体分析两个客户的具体情况。

对于初创企业来说，为了适应市场环境，稳定自己的销售渠道，赊账在所难免，但需要明确的是赊账会增加企业的经营风险。因此，应收账款管理在于发挥应收账款的积极作用，限制其消极作用，最大限度地提高应收账款投资的使用效益。

（一）存在的主要问题

1. 风险防范意识不强

初创企业为了扩销，在事先未对付款人资信情况进行深入调查、未对应收账款风险进行正确评估的情况下，就盲目地采用赊销策略去争夺市场，采用较为宽松的信用政策，只重视账面的高利润，忽视了大量被客户拖欠占用的流动资金能否及时收回的问题。

2. 企业内部控制不严

有些企业对应收账款的日常管理工作不规范，缺乏规章制度，或有章不循，形同虚设。有关销售的考核制度不合理、约束机制不健全，销售部门与财务部门之间缺少信息交流，没有及时核对，销售与核算脱节，应收账款的账龄没有及时分析，给企业经营背上了沉重的包袱。

3. 催收应收账款的方法和程序不当，费用大量增加

一般说来，催收应收账款应从成本最小的方法开始，即首先从电话联系开始，到信函通知、派员面谈直至诉诸法律等，而有些企业在催收应收账款时，没有坚持效益优先的原则，直接派员面谈或直接诉诸法律，造成了催收费用的增加。

（二）主要对策

1. 加强应收账款的风险防范意识

① 在保证一定利润的前提下，尽可能不要赊账。初创企业对现金的依赖程度比较高，现金的断流和脱节会使企业陷入危险的境地。

② 如果要发生赊账，需要考察对方的信用品质、偿付能力、资本、抵押品、经济状况等，以评判对方赖账的可能性，定量分析坏账给自己带来的损失。

2. 加强应收账款的日常管理

① 实施具体的信用条件。

② 完善销售考核制度和约束制度。

③ 加强销售部门与财务部门的合作。

④ 定期与客户对账。

⑤ 建立客户信用档案，定期评价客户信用状况。

⑥ 加强应收账款的分析，分析有多少客户能提前还款、有多少客户能按时还款、有多少客户延期付款，还有多少应收账款拖欠太久。

3. 不断完善收账政策

① 当应收账款遭到客户拖欠或拒付时，企业应当首先分析现行的信用标准及信用审批制度是否存在纰漏，然后对违约客户的资信等级重新调查摸底，进行再认识。

② 对长期拖欠货款的客户，催收无果，可与其他经常被该客户拖欠或拒付账款的同伴企业联合向法院起诉，利用法律武器依法保护企业权益。

③ 对于信用记录一向良好的客户，在去电发函的基础上，再派人与其面对面地沟通协商、争取。

④ 可以利用信用条件，给不赊账或者提前付款的客户现金折扣，激发客户提前还款的动力。

三、存货管理

存货管理是企业经营活动的基本环节之一,除了服务性行业外,对所有企业来说,存货是流动资产的重要组成部分,也是许多企业投资总额中的重要组成部分。由于存货是企业流动资产中流动性最差的部分,一旦管理失误,就很难纠正,使企业付出高昂代价。因此,企业存货利用程度的好坏,对企业财务状况的影响极大。

什么是存货呢?存货一般是指在正常经营过程中为销售而持有的资产,为销售而处在生产过程中的资产,在生产或提供劳务过程中需要消耗的以原材料和物料形式存在的资产。对于商业企业而言,存货是指用于零售或批发的各种商品;对于制造业企业而言,存货则是指用于产品生产的各种原材料、辅助材料、半成品以及生产出来后待售的产成品。

(一)存在的主要问题

1. 存货比重过大,资金周转困难

有些初创企业,为抢占市场扩大销售,缺乏对市场的调研和认识,过高地预测市场需求,对存货积压的风险性认识不足,占用大量资金组织生产和采购,增大了企业的成本费用。一般情况下,初创企业的存货平均占用额为流动资产总额的40%~50%为合理状态,但企业往往从最初就忽略了对企业存货的管理,不在乎库存占用资金的多少,致使企业仓储费、保险费、维护费等各项开支增加,影响了其正常的生产经营活动,甚至导致无法维持正常的经营活动而破产。

2. 存货管理制度不健全,内部控制薄弱

初创企业往往制度不健全,不制定存货管理制度,或者制定了存货管理制度,但不完善,或仅仅流于形式,未予认真执行。有时材料采购、产品销售等环节都由一人完成收款付款、入库出库等全过程,增加了徇私舞弊的可能性。有些企业虽然意识到存货管理的重要性,但在存货管理中,计划、采购、保管和报废等环节存在着脱节现象,各部门管理职责划分不清晰,信息不能及时共享,交流不畅通。有些企业只顾眼前利益,忽略长远发展,账务处理不规范,销售不做销售收入,不按实际结转库存产成品,对回收货款不列账,形成资金体外循环,存货账面数大于实际库存数,账实不符。

(二)主要对策

1. 建立存货分类管理制度

在企业的存货中,有的价格昂贵,有的价格低廉,有的数量庞大,有的数量很少,如果不分主次,面面俱到,对每一种存货都进行周密的规划、严格的控制,就抓不住重点,把管理者累得直不起腰,还收效甚微,甚至可能出现混乱,进而造成重大损失。

为了有效管理存货,可以采用ABC分类控制法。这是意大利经济学家巴雷特于19世纪首创的,经过发展和完善,现在已经广泛被用于存货管理、成本管理和生产管理,使工作效率和效益大大提高,一般分为以下步骤。

① 计算每一种存货在一定时间内(一般为一年)的资金占用额。

② 计算每一种存货资金占用额占全部资金占用额的百分比,并编制表格,如表8-1所示,按大小顺序排列,计算累计比率。

③ 把占比最大的存货划为 A 类（累计比率 0~60%），把一般存货划为 B 类（60%~85%），把占比最小的存货划为 C 类（85%~100%）。

④ 对 A 类存货进行重点规划和控制，对 B 类存货进行次重点管理，对 C 类存货只进行一般管理。A 类存货种类虽然少，但占用的资金多，应集中主要力量管理，对其经济批量进行认真规划，对收入、发出要进行严格控制；C 类存货虽然种类繁多，但占用的资金不多，不必花费大量时间和精力去进行规划和控制；B 类存货介于 A 类和 C 类之间，也应给予相当的重视，但不必像 A 类那样进行非常严格的控制。

表 8-1 库存 ABC 分析表

材料名称	料号	年使用量	单价	使用金额	占总金额比率/%	累计比率/%	分类
A					40	40	A 类
B					20	60	
D					12	72	B 类
E					8	80	
F					5	85	
G					4.5	89.5	C 类
H					4	93.5	
I					3.5	97	
J					3	100	
合计					100		

2. 确立合理存货规模与结构

应当根据企业的实际生产能力和市场变化，对存货的数量、种类、价格等进行控制，保证合理的存货储备。首先，生产部门需要根据存货的管理流程和生产特点，进行种类、价格、产地、生产月份等信息的编制，进行总体规划，并将存货预算分解至每个季度甚至每个月，根据市场实际情况对预算指标进行适当调整；之后，由财务部门根据企业的整体经营计划和董事会要求进行核查，结合专业知识进行评价，再将初审信息反馈至生产部门进行修改，将修改后的数据报董事会相关领导审批；另外，财务部门需要不断关注执行情况，进行实时跟踪差异分析，及时调整。有能力的企业还可以建设存货信息平台，利用二维码等技术，将存货信息贯穿于进货入库、加工生产、产成品出库整个过程中，避免因人为操作出现的纰漏，提高存货管理水平，合理地将存货进行优化配置。

四、固定资产管理

固定资产在生产过程中可以长期发挥作用，长期保持原有的实物形态，但其价值则随着企业生产经营活动而逐渐地转移到产品成本中去，并构成产品价值的一个组成部分。根据重要原则，一个企业把劳动资料按照使用年限和原始价值划分为固定资产和低值易耗品。对于原始价值较大、使用年限较长的劳动资料，按照固定资产来进行核算；而对于原始价值较小、使用年限较短的劳动资料，按照低值易耗品来进行核算。

（一）存在的主要问题

1. 固定资产家底不清，账实不符

企业创立初期往往会投入大量的金钱来购置各种资产，但是随着时间的推移，很难及时、清楚地知道企业及其下属机构拥有多少固定资产，它们分布在哪些部门以及存放在何处、谁在使用、状况如何。有些企业根本没有进行登记，登记了的企业也可能漏记、错记，包括入账金额、数量、型号不准确，使用寿命登记错误，入账时间与实际归属的会计期间不一致，增减变化未及时记录，均可能导致账实不符。

2. 发挥财务部门监督作用

企业内部部门或人员调整，设备未及时进行转移或交接，使用人发生变更，却未及时告知财务人员，使财务部门失去了监督的作用。有时，财务人员出现调整时没有对固定资产做好移交工作，如仅有总账而无明细账，或总账与明细账金额对不上，账面数未及时依据实物变动而登记，连续多年保持不变。

3. 管理制度不完善，固定资产流失严重

初创企业人员不足，往往缺少专门机构和人员管理固定资产，缺乏对固定资产的监督管理意识，对固定资产管理制度的制定比较忽视，日常管理过于松懈，没有完善的管理制度，最终导致资产的流失现象严重。

（二）主要对策

1. 全员参与，建立健全固定资产管理绩效考核体系

① 在企业会议上做好资产管理的宣传工作，做到人人知晓资产管理，人人参与资产管理。

② 绩效考核要科学合理、规范可行、涵盖全面、重点突出、指标多元、方式多样，坚持分类考核与综合考核相结合、日常考核与年终考核相结合。

2. 建立健全固定资产管理制度与监督制度，发挥企业固定资产生产效益

① 建立权威、独立的固定资产管理机构。

② 使用计算机管理系统建立固定资产管理数据库。

③ 建立健全固定资产定期盘点制度，固定资产核销履行规定程序。

3. 加强会计核算，发挥财会部门对固定资产的监督作用

① 财会部门对资产形成、使用、报废的全过程进行合理的确认、计量和报告。

② 对固定资产定期计提折旧。

③ 充分发挥财会部门对固定资产的监督作用。

第三节 财务报表与财务分析

一、财务报表的组成与阅读

根据日常会计记录定期编制的综合反映企业财务状况与经营成果的会计文件，统称为财务报表。财务报表主要包括资产负债表、利润表、现金流量表、所有者权益变动表（或股东权益变动表)、财务报表附注(企业的基本情况、财务报表编制基础、遵循企业会计准则的声明、重要会计政策和会计估计、会计政策和会计估计变更及差错更正的说明、重要报表项目的说明、其他需要说明的事项)。其中,最重要的是资产负债表和利润表,作为初创企业的经营者,必须能看懂、会分析。

(一)资产负债表

1. 资产负债表的概念

资产负债表亦称财务状况表,是表示企业在会计期末的资产、负债及其所有者权益的状况的主要会计报表,在财务管理中有相当重要的地位,从整体上反映企业的经营状况。

就程序而言,资产负债表为簿记记账程序的末端,是集合了登录、分录、过账及试算调整后的最后结果与报表;就性质而言,资产负债表则表现了企业资产、负债与股东权益的对比关系,确切反映企业的营运状况。

2. 资产负债表的内容

资产负债表一般有表首、正表两部分。其中,表首说明报表名称、编制单位、编制日期、报表编号、货币名称、计量单位等;正表是资产负债表的主体,反映企业资产、负债和所有者权益的全貌,体现内部各项目的组成、增减状况。一般从以下几方面来分析资产负债表。

(1)分析企业资产的分布状态和来源、负债和所有者权益的构成情况

资产总额表明企业的资产规模,根据资产下列示的现金、银行存款、存货、各种应收应付款项等流动资产项目分析公司的变现能力,流动资产比以往提高,则证明公司的支付能力增强。负债模块列示筹资方式及负债金额,主要有长期借款和短期借款,选择的方式不同,对企业经营影响不同。长期借款期限长,相对于短期借款还款压力小,有利于提高企业的资金周转率。通过负债与资产的比例可以看出一个企业的资金结构及财务风险。企业的负债比例过高,会存在资不抵债的可能性。所有者权益列示股东的投资数额及未分配的利润,体现出企业的成长性。基本规律是:股东权益增长幅度大于资产总额增长,企业资金实力相对提高。资产总额增长大于股东权益增长幅度,企业资金实力相对下降。

(2)分析企业生产经营状况

资产分类项目表明资产的结构,通过对各个项目数据分析,可挖掘出企业存在的问题。如应收账款占总资产的比例过大,说明企业的资金被占用的情况较严重,账龄越长,坏账可能性越大;如预付账款金额居高不下,变动性小,则可能存在以货换货的情况;如固定资产和存货的占比过高,说明企业的销售情况不乐观,资产变现率低。

(3)发现企业有关税务方面的问题

不同行业的企业资产形式构成不同,例如,商品流通企业的流动资产在总资产中比重较大,生产制造企业的固定资产在总资产中比重较大等。可以通过查看企业的资产负债表所体现的资产结构和所处的行业特征是否相符,判断企业财务是否存在造假问题;通过对原材料的减少数量与库存商品的增加数量进行核查,判断是否存在视同销售的问题。有在建工程的,须分清楚该在建工程属于不动产工程还是自建固定资产,核查是否抵扣了依法不能抵扣的物资;应收账款、预付账款占流动资产较大比重的,应查明是否将销

售收入长期挂账。

3. 资产负债表的编制

(1) 原理

资产负债表一般有两种格式，即报告式资产负债表和账户式资产负债表。报告式资产负债表是上下结构，上半部列示资产，下半部列示负债和所有者权益；账户式资产负债表是左右结构，左边列示资产，右边列示负债和所有者权益。我国企业的资产负债表采用账户式结构，西方企业的资产负债表采用报告式结构。无论选用什么格式，计算公式不变，即：

$$资产 = 负债 + 所有者权益$$

根据这一公式，依照一定的分类标准和顺序，将企业在一定日期的全部资产、负债和所有者权益项目进行适当分类、汇总、排列后编制资产负债表。通过资产负债表，报表使用者可以全面了解企业的财务状况，分析企业的债务偿还能力，从而为未来的经济决策提供参考。

(2) 方法

资产负债表的编制，主要是通过对日常会计核算记录的数据加以归集、整理，使之成为有用的财务信息。资产负债表各项目的填列方法如下。

①资产项目的填列方法如表 8-2 所示。

表 8-2 资产负债表中资产项目的填列方法

项目	填列方法
货币资金	根据"现金""银行存款""其他货币资金"科目的期末余额合计填列
短期投资	根据"短期投资"科目的期末余额，减去"短期投资跌价准备"科目的期末余额后的金额填列。物流企业1年内到期的委托贷款，其本金和利息减去已计提的减值准备后的净额，也在本项目反映
应收票据	根据"应收票据"科目的期末余额填列。已向银行贴现和已背书转让的应收票据不包括在本项目内，其中已贴现的商业承兑汇票应在附注中单独披露
应收股利	根据"应收股利"科目的期末余额填列
应收利息	根据"应收利息"科目的期末余额填列
应收账款	根据"应收账款"科目所属各明细科目的期末借方余额合计，减去"坏账准备"科目中有关应收账款计提的坏账准备期末余额后的金额填列
其他应收款	根据"其他应收款"科目的期末余额，减去"坏账准备"科目中有关其他应收款计提的还账准备期末余额后的金额填列
预付账款	根据"预付账款"科目所属各明细科目的期末借方余额合计填列。若"应付账款"科目所属明细科目有借方余额的，也应包括在本项目内
应收补贴款	根据"应收补贴款"科目的期末余额填列

续表

项目	填列方法
存货	根据"物资采购""原材料""低值易耗品""自制半成品""库存商品""包装物""分期收款发出商品""委托加工物资""委托代销商品""受托代销商品""生产成本"等科目的期末余额合计,减去"代销商品款""存货跌价准备"科目期末余额后的金额填列
待摊费用	根据"待摊费用"科目的期末余额填列。"预提费用"科目期末如有借方余额,"长期待摊费用"科目中将于1年内到期的部分,也要在本项目内反映
其他流动资产	根据有关科目的期末余额填列。其他流动资产价值较大的,应在附注中披露其内容和金额
长期股权投资	根据"长期股权投资"科目的期末余额,减去"长期投资减值准备"科目中有关股权投资减值准备期末余额后的金额填列
长期债权投资	根据"长期债券投资"科目的期末余额,减去"长期投资减值准备"科目中有关债权投资减值准备期末余额和1年内到期的长期债权投资后的金额填列。物流企业超过1年到期的委托贷款,其本金和利息减去已计提的减值准备后的净额,也在本项目内反映
固定资产原价	根据"固定资产"科目的期末余额填列
累计折旧	根据"累计折旧"科目的期末余额填列
固定资产减值准备	根据"固定资产减值准备"科目的期末余额填列
工程物资	根据"工程物资"科目的期末余额填列
在建工程	根据"在建工程"科目的期末余额,减去"在建工程减值准备"科目期末余额后的金额填列
固定资产清理	根据"固定资产清理"科目的期末借方余额填列,如"固定资产清理"科目期末为贷方余额,以"-"号填列
无形资产	根据"无形资产"科目的期末余额,减去"无形资产减值准备"科目期末余额后的金额填列
长期待摊费用	根据"长期待摊费用"科目的期末余额减去1年以内(含1年)摊销的数额后的金额填列
其他长期资产	根据有关科目的期末余额填列。如果其他长期资产价值较大,则应在附注中披露其内容和金额
递延税款借项	根据"递延税款"科目的期末借方余额填列

②负债项目的填列方法如表8-3所示。

表8-3 资产负债表中负债项目的填列方法

项目	填列方法
短期借款	根据"短期借款"科目的期末余额填列
应付票据	根据"应付票据"科目的期末余额填列
应付账款	根据"应付账款"科目所属各类有关明细科目的期末贷方余额合计填列,如"应付账款"科目所属各明细科目期末有借方余额的,应在本表"预付账款"项目内填列
预收账款	根据"预收账款"科目所属各有关明细科目的期末贷方余额合计填列。如"预收账款"科目所属有关明细科目有借方余额的,应在本表"应收账款"项目内填列
应付工资	根据"应付工资"科目期末贷方余额填列,如"应付工资"科目期末为借方余额,以"-"号填列
应付福利费	根据"应付福利费"科目的期末余额填列
应付股利	根据"应付股利"科目的期末余额填列
应交税费	根据"应交税费"科目的期末贷方余额填列,如"应交税费"科目期末为借方余额,以"-"号填列
其他应交款	根据"其他应交款"科目的期末贷方余额填列,如"其他应交款"科目期末为借方余额,以"-"号填列
其他应付款	根据"其他应付款"科目的期末余额填列
预提费用	根据"预提费用"科目的期末贷方余额填列,如"预提费用"科目期末为借方余额,应合并在"待摊费用"项目内反映,不包括在本项目内
预计负债	根据"预计负债"科目的期末余额填列
其他流动负债	根据有关科目的期末余额填列。其他流动负债价值较大的,应在附注中披露其内容和金额
长期借款	根据"长期借款"科目的期末余额填列
应付债券	根据"应付债券"科目的期末余额填列
长期应付款	根据"长期应付款"科目的期末余额,减去"未确认融资费用"科目期末余额后的金额填列
专项应付款	根据"专项应付款"科目的期末余额填列
其他长期负债	根据有关科目的期末余额,减去将于1年内(含1年)到期的长期负债的金额填列
递延税款贷项	根据"递延税款贷项"科目的期末贷方余额填列

③所有者权益项目的填列方法如表8-4所示。

表8-4 资产负债表中所有者权益项目的填列方法

项目	填列方法
实收资本	根据"实收资本"（或"股本"）科目的期末余额填列
已归还投资	根据"已归还投资"科目的期末借方余额填列
资本公积	根据"资本公积"科目的期末余额填列
盈余公积	根据"盈余公积"科目的期末余额填列
未分配利润	根据"本年利润"科目的余额，减去"利润分配"科目的余额后的金额填列。未弥补的亏损，在本项目内以"-"号填列

(3) 举例

【例8-1】2018年，科信股份有限公司有关科目的余额如表8-5所示。

表8-5 科目余额表

编制单位：科信股份有限公司　　　　2018年12月31日　　　　　　　　单位：元

账户名称	借方余额	账户名称	贷方余额
现金	24 000	短期借款	1 260 000
银行存款	4 512 000	应付票据	431 100
其他货币资金	2 112 000	应付账款	1 861 200
应收票据	450 000	其他应付款	18 600
应收账款	3 300 000	应付工资	18 000
坏账准备	-18 000	应付福利费	96 000
预付账款	608 400	应交税费	612 000
其他应收款	42 000	其他应交款	138 300
物资采购	2 707 500	长期借款	15 000 000
原材料	3 600 000	股本	30 000 000
包装物	970 200	盈余公积	3 000 000
低值易耗品	770 400	未分配利润	1 420 500
库存商品	1 620 000		
长期股权投资	1 524 600		
固定资产	34 227 000		
累计折旧	-7 203 000		
在建工程	2 416 200		
无形资产	1 821 600		
长期待摊费用	370 800		
合计	53 855 700	合计	53 855 700

根据上述资料,编制科信股份有限公司 2018 年 12 月末的资产负债表,如表 8-6 所示。

表 8-6 资产负债表

编制单位:科信股份有限公司　　　　2018 年 12 月 31 日　　　　　　　　　　单位:元

资产	年初数	期末数	负债和所有者权益（或股东权益）	年初数	期末数
流动资产:			流动负债:		
货币资金		6 648 000	短期借款		1 260 000
短期投资			应付票据		431 100
应收票据		450 000	应付账款		1 861 200
应收股利			预收账款		
应收利息			应付工资		18 000
应收账款		3 282 000	应付福利费		96 000
其他应收款		42 000	应付股利		
预付账款		608 400	应交税费		612 000
应收补贴款			其他应交款		138 300
存货		9 668 100	其他应付款		18 600
待摊费用			预提费用		
一年内到期的长期债权投资			预计负债		
其他流动资产			一年内到期的长期负债		
流动资产合计		20 698 500	其他流动负债		
长期投资:			流动负债合计		4 435 200
长期股权投资		1 524 600	长期负债:		
长期债权投资			长期借款		15 000 000
长期投资合计		1 524 600	应付债券		
固定资产:			长期应付款		
固定资产原价		34 227 000	专项应付款		
减:累计折旧		7 203 000	其他长期负债		
固定资产净值		27 024 000	长期负债合计		15 000 000
减:固定资产减值准备			递延税项:		
固定资产净额			递延税款贷项		
工程物资			负债合计		19 435 200

续表

资产	年初数	期末数	负债和所有者权益（或股东权益）	年初数	期末数
在建工程		2 416 200			
固定资产清理			所有者权益（或股东权益）：		
固定资产合计		29 440 200	实收资本（或股本）		30 000 000
无形资产和其他资产：			减：已归还投资		
无形资产		1 821 600	实收资本（或股本）净额		30 000 000
长期待摊费用		370 800	资本公积		
其他长期资产			盈余公积		3 000 000
无形资产和其他资产合计		2 192 400	其中：法定公益金		
递延税项：			未分配利润		1 420 500
递延税款借项			所有者权益（或股本）合计		34 420 500
资产总计		53 855 700	负债和所有者权益（或股东权益）总计		53 855 700

（二）利润表

1. 利润表的概念

利润表也叫损益表，是用来反映公司在一定期间利润实现（或发生亏损）的财务报表，例如，反映1月1日至12月31日经营成果的利润表。由于反映的是某一期间的情况，所以利润表又称为动态报表。利润表上面反映的财务信息可以用来评价一个企业的经营效率和经营成果，评估投资的价值和报酬，进而衡量一个企业在经营管理上的成功程度。

从利润表中可以读出企业特定期间的经营成果，成果的形成过程，成果分配的内容、顺序及结果。

2. 利润表的内容

通常，利润表主要反映四方面的内容。

（1）构成主营业务利润的各项要素

从主营业务收入出发，减去为取得主营业务收入而发生的相关费用、税金后得出主营业务利润。

（2）构成营业利润的各项要素

营业利润在主营业务利润的基础上，加其他业务利润，减营业费用、管理费用、财务费用后得出。

（3）构成利润总额（或亏损总额）的各项要素

利润总额（或亏损总额）是在营业利润的基础上加（减）投资收益（损失）、补贴收入、营业外收支后得出。

（4）构成净利润（或净亏损）的各项要素

净利润（或净亏损）是在利润总额（或亏损总额）的基础上，减去本期计入损益的所得税费用后得出。

在利润表中，企业通常按各项收入、费用以及构成利润的各个项目分类分项列示。也就是说，收入按其重要性进行列示，主要包括主营业务收入、其他业务收入、投资收益、补贴收入、营业外收入；费用按其性质进行列示，主要包括主营业务成本、主营业务税金及附加、营业费用、管理费用、财务费用、其他业务支出、营业外支出、所得税等；利润按营业利润、利润总额和净利润等利润的构成分类分项列示。

利润表一般有表首、正表两部分。其中，表首说明报表名称、编制单位、编制日期、报表编号、货币名称、计量单位等；正表是利润表的主体，反映形成经营成果的各个项目和计算过程。

3. 利润表的编制

（1）原理

利润表编制的原理是"收入－费用＝利润"的会计平衡公式和收入与费用的配比原则。

在生产经营中企业不断地发生各种费用支出，同时取得各种收入，收入减去费用，剩余部分就是企业的盈利。取得的收入和发生的相关费用的对比情况就是企业的经营成果。如果企业经营不当，发生的生产经营费用超过取得的收入，则企业出现了亏损；反之，企业就能取得一定的利润。财务部门应该定期（一般按月份）核算企业的经营成果，并将核算结果编制成报表，这就形成了利润表。

（2）方法

计算利润时，企业应以收入为起点，计算出当期的利润总额和净利润。利润总额和净利润的计算步骤如下：

① 计算主营业务利润的目的是考核企业主营业务的获利能力。计算公式为：

主营业务利润＝主营业务净收入－主营业务成本－主营业务增值税金

其中：

主营业务净收入＝主营业务收入－销售退回－销售折让、折扣

② 计算营业利润的目的是考核企业生产经营活动的获利能力。计算公式为：

营业利润＝主营业务利润＋其他业务利润－管理费用－营业费用－财务费用

③ 计算当期利润总额的目的是考核企业的综合获利能力。计算公式为：

利润总额＝营业利润＋投资净收益＋营业外收支净额＋补贴收入

其中：

投资净收益＝投资收益－投资损失

营业外收支净额＝营业外收入－营业外支出

④ 在利润总额的基础上，减去所得税，计算出当期净利润，目的是考核企业最终获利能力。

(3) 举例

【例8-2】2019年,科信股份有限公司损益类科目本年累计发生净额如表8-7所示。

表8-7 累计发生净额表

编制单位:科信股份有限公司　　　　2019年　　　　　　　　　　单位:元

科目名称	借方发生额	贷方发生额
主营业务收入		1 250 000
主营业务成本	750 000	
增值税金	37 500	
销售费用	20 000	
管理费用	157 100	
财务费用	41 500	
资产减值损失	30 900	
投资收益		31 500
营业外收入		85 500
营业外支出	19 700	
所得税费用	31 030	

根据上述资料,编制科信股份有限公司2019年利润表,如表8-8所示。

表8-8 利润表

编制单位:科信股份有限公司　　　　2019年　　　　　　　　　　单位:元

项　目	本期金额	上期金额(略)
一、营业收入	1 250 000	
减:营业成本	750 000	
增值税金	37 500	
销售费用	20 000	
管理费用	157 100	
财务费用	41 500	
资产减值损失	30 900	
加:公允价值变动收益(损失以"-"号填列)	0	
投资收益(损失以"-"号填列)	31 500	
其中:对联营企业和合营企业的投资收益	0	
二、营业利润(亏损以"-"号填列)	244 500	

续表

项　　目	本期金额	上期金额（略）
加：营业外收入	85 500	
减：营业外支出	19 700	
其中：非流动资产处置损失	0	
三、利润总额（亏损以"-"号填列）	310 300	
减：所得税费用	31 030	
四、净利润（净亏损以"-"号填列）	279 270	

二、财务报表分析

（一）单项能力评价

1. 偿债能力评价

（1）短期偿债能力评价

短期偿债能力常以流动比率作为评价指标。其计算公式为：

$$流动比率 = 流动资产 \div 流动负债$$

一般以 2 为宜，但也应注意行业及债务结构的差异。

（2）长期偿债能力评价

长期偿债能力常以资产负债率作为评价指标。其计算公式为：

$$资产负债率 = 负债总额 \div 资产总额$$

数值越小说明偿债能力越强。

2. 营运能力评价

营运能力常以资产周转率和资产周转天数作为评价指标。资产周转率和资产周转天数的计算公式为：

$$资产周转率 = 销售收入净额 \div 平均资产余额$$

$$资产周转天数 = 计算日期 \div 总资产周转率$$

3. 盈利能力评价

盈利能力常以总资产报酬率作为评价指标。其计算公式为：

$$总资产报酬率 = 利润总额 \div 总资产平均占用额$$

（二）综合能力评价

杜邦财务分析体系是利用各种财务比率之间的内在联系，对公司财务状况和经济效益进行综合分析与评价的一种系统评价方法，是综合能力评价的常用方法。它的基本原理是将财务指标作为一个系统，将财务分析与评价作为一个系统工程，全面地评价企业的偿债能力、运营能力、获利能力及其相互之间的关系。其共同作用的结果是导致权益报酬率的变动，因此，权益报酬率是杜邦财务评价体系的核心，是一个综合性最强的指标，反映着企业财务管理目标的实现情况，其基本原理可以用"杜邦分析图"来表示，如图 8-15 所示。

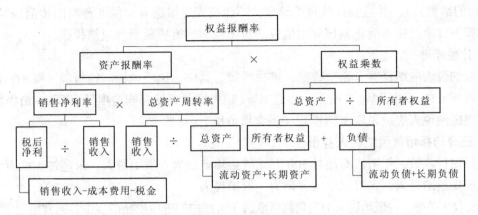

图 8-15　杜邦分析图

权益报酬率表明普通股投资者委托公司管理人员应用其资金所获得的投资报酬，所以数值越大越好。销售增加，则企业的净利润增加，但要使销售利润率提高，还必须从以下两方面入手：一是提高销售收入，二是降低各种成本费用。

第四节　税 务 管 理

一、主要税种及其计算

税收是我国政府财政收入的最主要来源，也是国家用以加强宏观调控的重要经济杠杆，对于我国的经济、社会发展具有十分重要的影响。经过1994年分税制改革和近几年来的逐步完善，我国已经初步建立了适应社会主义市场经济体制需要的税收制度。目前，我国共有增值税、消费税、企业所得税、个人所得税、资源税、城镇土地使用税、房产税、城市维护建设税、耕地占用税、土地增值税、车辆购置税、车船税、印花税、契税、烟叶税、关税、船舶吨税、环境保护税18个税种。

税率直接影响初创企业的利润，因此，充分了解相关的税收法律和政策，有助于实现利润的最大化。下面介绍三个常见税种：增值税、消费税、企业所得税。

（一）增值税

1. 纳税人

在我国境内销售、进口货物或提供加工、修理、修配劳务、交通运输业、邮政业、电信业、建筑业、金融业、现代服务和生活服务业等的单位和个人，为增值税的纳税人。按照经营规模的大小和会计核算健全与否等标准，增值税纳税人可分为一般纳税人和小规模纳税人。

一般纳税人是指年应征增值税销售额超过财政部规定的小规模纳税人标准的企业和企业性单位（即应税服务年应征增值税销售额超过500万元的纳税人）。一般纳税人的特点是增值税进项税额可以抵扣销项税额。

小规模纳税人是指年销售额在规定标准以下（即应税服务年应征增值税销售额未超过

500万元的纳税人），并且会计核算不健全，不能按规定报送有关税务资料的增值税纳税人。会计核算不健全是指不能正确核算增值税的销项税额、进项税额和应纳税额。

2. 计税原理

一般纳税人应纳税额＝销项税额－进项税额。其中，销项税额＝销售额×税率，进项税额＝销售额×（1－增值率）×税率，增值率＝（销售额－可抵扣购进项目金额）÷销售额。

小规模纳税人应纳税额＝销售额（不含增值税）×征收率。

3. 正确选择增值税纳税人身份

按照现行政策，年销售额超过500万元就必须登记为一般纳税人，未超过500万元可以登记为小规模纳税人，也可以申请登记为一般纳税人。

在税收实务中，一般纳税人的税负高低取决于可抵扣的进项税额的多少。通常情况下，若可抵扣的进项税额较多，则适宜做一般纳税人，反之则适宜做小规模纳税人。当抵扣额占销售额的比重达到某一数值时，两种纳税人的税负相等，称为无差别平衡点抵扣率。其计算公式为：

无差别平衡点抵扣率＝1－征收率÷税率

当征收率为3%，税率为16%时，无差别平衡点抵扣率＝1－3%÷16%＝81.25%

抵扣率＝1－增值率＝1－（销售额－可抵扣购进项目金额）÷销售额

当抵扣率为81.25%时，两种纳税人税负完全相同；当抵扣率高于81.25%时，一般纳税人税负轻于小规模纳税人，适宜选择做一般纳税人；当抵扣率低于81.25%时，则一般纳税人税负重于小规模纳税人，适宜选择做小规模纳税人。

（二）消费税

1. 纳税人

消费税的纳税人是指在我国境内生产、委托加工、进口应税消费品的单位和个人。

2. 种类

消费税的种类分为：烟、酒、（高档）化妆品、贵重首饰及珠宝玉石、焰火、成品油、摩托车、小汽车、高尔夫球及球具、高档手表、游艇、木制一次性筷子、实木地板、电池、涂料，共15种。

3. 计税原理

由于消费税适用两种性质的税率，所以应纳税额的计算办法不同。

① 实行从价定率办法计算的应纳税额＝应税消费品的销售额×比例税率。

② 实行从量定额办法计算的应纳税额＝应税消费品的销售数量×定额税额。

③ 实行复合计税办法计算的应纳税额＝应税消费品的销售数量×定额税率＋应税消费品的销售额×比例税率。

（三）企业所得税

1. 纳税人

在中华人民共和国境内，企业和其他取得收入的组织（以下统称企业）为企业所得税的纳税人，依照规定缴纳企业所得税。

企业分为居民企业和非居民企业。居民企业是指依照一国法律、法规在该国境内成立，或者实际管理机构、总机构在该国境内的企业。非居民企业是指依照外国（地区）法律、法规成立且实际管理机构不在中国境内,但在中国境内设立机构、场所的,或者在中国境内未设立机构场所,但有来源于中国境内所得的企业。

2. 计税原理

$$应纳税额 = 应纳税额所得额 \times 税率$$

应纳税额所得额等于企业每一纳税年度的收入总额,减除不征税收入、免税收入、各项扣除以及允许弥补的以前年度亏损后的余额。在实际中,应纳税额所得额 = 会计利润 ± 纳税调整项目金额。

一般企业所得税的法定税率是25%,对于符合税收减免政策的小微企业,减按20%的税率征收所得税;国家需要重点扶持的高新技术企业,减按15%的税率征收企业所得税;非居民企业适用税率为20%,现减按10%的优惠税率或协定税率征收企业所得税。

二、税务筹划

(一) 定义

税务筹划,是指在纳税行为发生之前,在不违反法律、法规的前提下,通过对纳税主体的经营活动或投资行为等涉税事项做出事先安排,以达到少缴税或递延纳税目标的一系列谋划活动。

(二) 主要思路

① 利用小微企业税收优惠。
② 恰当选择企业组织形式。
③ 正确选择纳税人身份。
④ 利用费用扣除减轻税收负担。
⑤ 用关联企业转移定价。
⑥ 正确选择创业产业及创业地点。

三、涉税管理应注意的问题

(一) 财会制度及核算软件备案

从事生产、经营的纳税人应当自首次办理涉税事宜之日起15日内,将其财务、会计制度或者财务、会计处理办法等信息报送税务机关备案。资料齐全、符合法定形式、填写内容完整的,税务机关受理后即时办结,反馈《财务会计制度及核算软件备案报告书》。

(二) 存款账户账号报告

从事生产、经营的纳税人应当按照国家有关规定,持税务登记证件,在银行或者其他金融机构开立基本存款账户和其他存款账户,15日内将其全部账号向税务机关报告;发生变化的,应当自变化之日起15日内向税务机关报告。

(三) 办理网上申报、签订三方协议

随着税收征管改革的不断深入和完善,采用信息化、现代化的管理方式已成为趋势,远程电子申报纳税是一种先进的申报方式。从事生产、经营的纳税人可以登录网上税务局,根

据引导,进行税务申报,并签订税库银三方协议。未开通网签功能的银行,需要选择纸质签订。

(四) 申领发票

从事生产、经营的纳税人在办理完税务登记的同时,应该到主管税务机关发票销售窗口领取发票领购簿,按照经营项目购买发票。现在,网上税务局已开通申领发票的服务,可以在网上申领,在就近的办税服务厅领票,或选择邮寄的方式。

(五) 纳税人身份认定申报

初创企业应该根据自己的规模和性质选择纳税人身份,不选择登记为一般纳税人的,税务机关暂时按小规模纳税人处理;超过小规模纳税人标准的,税务机关会强制登记为一般纳税人。一般在办理税务登记的同时进行纳税人身份认定申报。

(六) 纳税申报

新开企业如果没有发生经营业务,可以进行零申报。小规模纳税人可按季申报。定期定额纳税人可办理批量扣税。

(七) 两项费用抵减增值税

购买增值税税控系统专用设备的费用及缴纳的技术服务费可以抵减增值税。增值税纳税人2011年12月1日以后初次购买增值税税控系统专用设备(包括分开票机)支付的费用,可凭购买增值税税控系统专用设备取得的增值税专用发票,在增值税应纳税额中全额抵减(抵减额为价税合计额),不足抵减的可结转下期继续抵减。增值税纳税人2011年12月1日以后缴纳的技术服务费(不含补缴的2011年11月30日以前的技术维护费),可凭技术维护服务单位开具的技术服务费发票,在增值税应纳税额中全额抵减,不足抵减的可结转下期继续抵减。技术服务费按照价格主管部门核定的标准执行。

课堂活动及实践拓展作业

创业风险管理

除了死亡、税收之外，没有什么是确定的。对于创业者而言，除了风险外，没有什么是确定的。

——佚名

本章内容框架

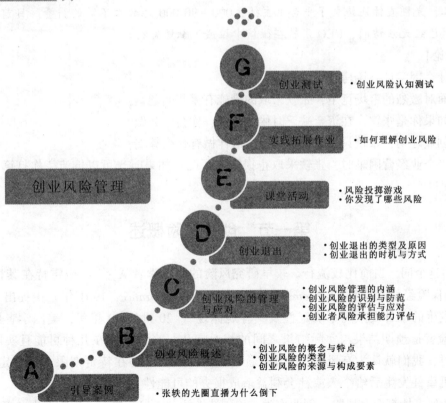

引导案例

张轶的光圈直播为什么倒下

清华大学历史系毕业的张轶2014年创办光圈直播,不过,刚投身创业大潮的张轶当初选择的创业方向是图片社交,他的目标是做中国的"Instagram"。

2015年9月,张轶发现图片流量的大头还是被微信收割,创业者很难有立足之地。后来看到美国移动端直播App——Periscope、Meerkat相继出现,这引起了张轶的兴趣。

于是,2015年10月,光圈转型为视频直播App,致力于打造互动手机全民直播平台,成为直播行业最早的创业者。

2016年年初,直播行业开始高速发展,短短3个月时间里,包括映客、花椒、一直播等超过100家直播平台拿到融资,而这一众直播平台背后也不乏腾讯、欢聚时代等上市公司的身影。

随后,为了在直播行业脱颖而出,光圈直播与旅游卫视联合举办了"光圈之星校花大赛",并一举成名。统计数据显示,彼时,光圈直播的用户数超过40万人,日收入突破800万元,俨然直播行业的独角兽。只是,一切高兴得有点太早。

2016年下半年,伴随着巨头入场,在激烈的烧钱竞争中,光圈直播尽管花光了所有的钱来获取流量,但始终无法获得投资人的投资。

2016年7月,光圈直播发放了6月份的薪水,其后员工就再也没拿到过一分钱工资。除了员工,光圈直播还拖欠了平台上主播5 000~90 000元数额不等的薪资。目前,光圈直播的官网已经无法访问,CEO张轶在微信中坦诚了融资失利。

【讨论】

1. 什么因素最终压垮了光圈直播?
2. 面对激烈的市场竞争,张轶采取的措施有哪些问题?
3. 如果你是张轶,在资金缺乏时候的时候,你会怎么做?
4. 创业之初,张轶只考虑创业痛点,这样做有什么弊端?
5. 当企业经营困难时,张轶采取止损措施了吗?如果时光可以倒流,你打算怎么帮助他全身而退?

第一节 创业风险概述

风险这个词,当前比较流行。较早研究风险的美国学者A·H·威雷特在其博士论文《风险与保险经济理论》(*Economic Theory of Risk and Insurance*,1901年)中提出"风险就是不愿发生的事件发生的不确定性及其客观体现"。20世纪90年代,美国学者斯凯柏提出"风险就是预期结果与实际结果之间的相对变化。当结果存在几种可能且实际结果不能预知时,我们就认为有风险"。国内通常认为,风险就是在特定期限内和特定环境下,某种随机事件发生后给个人或社会利益造成损失的可能性。

做任何事情都会有风险,创业作为一项创造性活动,参与要素、影响要素众多,风险是必然的。我们的任务在于如何在事件发生前能够最大可能地预知风险，并尽力采取措施去规避风险或者及时采取措施应对风险。

一、创业风险的概念与特点

（一）创业风险的概念

创业风险，从一般意义而言，包含着两方面的含义，一是就创业整体而言的，创业有可能遇到的失败，可以看作风险；二是指具体的创业过程中，某一要素或某一环节出现问题，导致创业出现危机甚至失败。这里的创业风险指的是第二种含义。

创业风险，就是指由于社会环境的快速变化，再加上创业机会受到多种因素干扰，同时可能由于创业主体自身能力的限制，创业活动偏离创业目标的可能性及后果。

（二）创业风险的特点

1. 客观性

创业风险的客观性，是指创业风险的存在是不以人的意志为转移的。首先，创业过程中，涉及要素众多，尤其是当今时代变化迅速，对一个具体的创业项目来说，创业的宏观环和微观环境，创业主体是难以完全掌控的。其次，创业不仅与技术打交道，还与各类人物打交道，有些事件属于"黑天鹅"或"灰犀牛"事件，是难以把握的。

2. 不确定性

创业风险的不确定性，同任何其他风险的不确定性是一致的。创业风险的不确定性是指创业风险的风险程度有多大、风险何时何地有可能转变为现实均是不确定的。这种不确定性，还指创业风险出现的时间、领域、事件都是难以确定的。创业风险可能是遭受到已有市场竞争对手的排斥，也可能是进入新市场面临着需求的不确定的情况，还可能是新技术难以转化为生产力等。

3. 相对性

相对性是指风险未必一定就是坏事情。因为这里的风险是与我们预期目标相比较而论的，创业风险的出现不意味着完全意义上的负面影响。在规避风险的基础上，还可以把握住风险，化危机为机遇，从而实现创业项目的脱胎换骨。

4. 可预期性

创业是创业主体判断创业环境，把握创业机会，运用创业资源，所进行的一种实践活动。创业主体凭借自身的能力，有对事情进行预判的可能。更为重要的是，不管是在外国还是在中国，学术界对创业活动研究较多，对具体的创业主体来说，可能风险是多种多样的，可在研究者看来对以往创业活动的经验总结，可以为创业主体提供一些经验参考，这也为创业风险的预期提供了一个基础。

5. 损益的双重性

风险带来的不只是损失，还有一定的收益。在创业活动中，对创业者来说风险和利益是必然同时存在的，即风险是利益的代价，利益是风险的报酬。风险的出现，可以及时帮助创业主体修正行为的方向，还可以帮助创业主体及时调整创业的策略。

二、创业风险的类型

从不同的角度,创业风险可以做出若干种分类:按风险来源的主客观性,可以把创业风险分为主观创业风险和客观创业风险;按创业的过程,可以把风险分为机会的识别和评估风险、准备和计划风险、获取经营资源风险、经营管理风险;按照经营技术和市场的关系,可以把风险分为改良型风险、杠杆型风险、跨越型风险和激进型风险;按风险对投资资金的影响,可以把风险分为安全性风险、收益性风险和流动性风险;按风险的内容,可以把风险分为资金风险、技术风险、管理风险、市场风险、生产风险、环境风险等。本书主要以内容作为分类依据,介绍新创企业最常见的创业风险。

(一)资金风险

资金风险就是新创企业资金不能适时供应(即通常说的资金链断裂)而导致新创企业倒闭的风险。和很多学者顺序不同,本书将资金风险列在新创企业所有风险的第一位,是因为对于新创企业而言,资金缺乏是一种常态和必然。所有的企业在创业之初都会面临一段亏损期,如果新创企业资金问题不能及时解决,企业倒闭是不可避免的。新创企业由于自身弱小,通常没有可抵押的资产,再加上创业团队个人信用也通常不足,融资比较困难。所以本书将资金风险列为新创企业面临的第一风险。

(二)技术风险

技术风险就是新创企业因技术因素而导致创业失败的风险。互联网时代的创业和以前的创业不同,很多初创企业由于研发了某种新技术而导致新的商业模式创新而获得成功。但注重新技术的创新也同时带来了大量的技术风险。大致而言,技术风险又分为技术是否成功的不确定性、技术前景的不确定性、技术效果的不确定性、技术寿命的不确定性和配套技术的不确定性等若干细分的技术风险,其中任何一个细分风险都可能导致新创企业经营失败。

(三)管理风险

管理风险就是新创企业在经营过程中因管理因素而导致新创企业失败的风险。泛泛地说管理风险范围实在太大,因为新创企业几乎所有的问题都可以归类到管理不足或失误上去,所以本书谈的管理风险,通常指新创企业仅仅在经营管理本身体现出来的突出问题。管理风险通常分为管理者素质风险、决策风险、组织和人力资源风险、管理团队组合风险等。

其中,管理者素质风险又突出表现在创业者是否具有创业精神,创业者是否具备技术、管理、财务、营销等综合专业能力或创业团队是否具备以上专业能力的组合,创业团队是否能够诚信经营,创业团队是否能够合法经营等因素。决策风险突出表现在新创企业是否能够避免出现战略决策失误、避免出现过度扩张、避免出现不恰当的多元化经营等。组织和人力资源风险突出表现在新创企业是否出现权责不清、用人失误、缺乏激励机制、关键员工流失等因素。管理团队组合风险突出表现在创业团队没有共同的创业愿景、团队成员角色配置不合理、没有内部冲突调节机制等。

凡客的兴起与衰落

成立于2007年的凡客诚品,曾经是互联网快时尚的典型样本。"我是凡客"等凡客体风靡之时,2009—2010年凡客迎来了疯狂扩张,但随之而来的是巨大的管控漏洞:数亿积压库存报损、被销毁或低价出售;由于过分扩张品类,凡客早期清晰的服装品牌定位逐渐模糊,供应商和质量管理出现失控;人员急剧增加,但很多员工无所事事……在获得雷军等投资人的新一轮资金后,凡客开始了一场"小米式的变革",但越来越多的迹象表明,凡客已经无法通过常规手段收复失地。此时公司人员极速扩张,素质却良莠不齐,迷信营销的力量而忽视更基本的质量问题。管理跟不上,再好的形势也容易丧失。

(四)市场风险

市场风险就是新创企业在经营过程中因市场的不确定性因素而导致新创企业失败的风险。大致而言,市场风险又分为市场需求量的不确定性、市场接受时间的不确定性、市场竞争价格的不确定性、销售模式效能的不确定性、市场危机后果的不确定性等若干细分表现因素。任何创业主体在创业之初,都必然对市场状况做出一定的分析判断,但市场的不确定性实在太高,市场风险是永远存在的。

开心网的"不开心"

当初开心网凭借"偷菜""争车位"游戏风靡全中国,成为SNS(社交网络服务)市场与人人网齐名的社交网站。但开心网蹿红后,遭遇了"真假开心网"之争和新浪微博上线两道坎。无论是山寨开心网的人气分流,还是新浪微博上线,都让开心网元气大伤。与此同时,开心网内部创新不足,在红极一时之后,没有超越2009年之前的创新。开心网因为面临市场的变化而没有做出及时调整,被用户抛弃。

(五)生产风险

生产风险就是新创企业所提供的产品或服务从小批试制到大批生产的风险。新创企业的产品可能在原材料、设备、技术人员、生产工艺及生产组织等方面有无法预料的障碍,由此可能导致创业失败;如果这个新创企业是以提供某种服务为业,可能会由于在服务组织供给方面产生脱节、所提供的服务品质无法保证等因素而导致创业失败。

(六)环境风险

环境风险是指创业活动所处的社会、政治、经济、法律环境等发生变化或意外灾害的发生导致创业者或企业蒙受损失的可能性。例如,战争、国际关系变化,有关国家政权更迭、政策改变,宏观经济环境发生大幅度波动或调整,法律法规的修改或者创业相关事项得不到政府许可,合作者违反契约等给创业活动带来的风险。

三、创业风险的来源与构成要素

(一)创业风险的主要来源

创业活动是围绕着创业项目所进行的特定活动,除了本身的特殊性,所有创业活动都有其共同的问题。研究表明，创业风险与影响创业活动成功的重要问题有关，这些也是创业风险多发的领域。

1. 融资问题

创业需要资金，融资是创业的基础。新创企业大多基于某一创意或某一技术而设立，如何将创意或技术转化为可以提供的产品或服务，则需要资金投入。

在现实的创业活动中，进一步地将创意或技术定型，需要研究基金的支持。资金支持一般来自个人、政府或者一些公司的研究机构，它们会支持创业主体提出自己的创意，也会支持创业主体进一步对创意进行可行性论证。

创业融资的另一问题是，如何引进投资，将创意或技术转化为市场需要的产品原型。如果没有足够的资金将创意或技术实现商品化，必然会给创业带来风险。

2. 创意（技术）转换为商品的问题

当一个创业者最初证明一个特定的科学突破或技术突破可以成为商业产品时，他仅仅停留在自己满意的论证程度上。然而，这种程度的论证转化为创业机会还不够，还需要面对大量艰巨的、耗资巨大的研究工作（有时需要几年时间），进而形成创业风险。

简而言之，这个问题就是创业主体判断与市场潜力的商业判断之间有一定距离，如何进一步将创意（技术）转化为商品，存在失败的风险。例如，将某项大学生"挑战杯"科研成果转化为商业产品，还需要深入研究。

案 例　　自己认为的痛点创业也会失败

曾经创办世纪佳缘网的龚海燕是资深创业者。10年前，龚海燕创办世纪佳缘的缘由是自己找不到对象，通过世纪佳缘，不仅她自己找到了幸福，也让千万世纪佳缘会员有情人终成眷属。

10年后，当龚海燕再用这种思维路径去思考下一个创业方向时，她想到了自己在英语上的痛点——口语不行，决定再次从自己的痛点着手创业进入外语培训市场。但这种从解决"自我需求"出发的二次创业失败了。

龚海燕起初想切入一个比婚恋市场经济效益更大的市场，去找一个更有可能突破的台风口。但是真正投入这个市场之后才发现困难重重，先是新东方的王强认为方向有问题，放弃投资，随后在产品设计、公司经营上遇到多重困难。此后龚海燕放弃了外教口语教育，转而选择了基础教育市场。这个案例告诉我们，创业者起步阶段的市场调研如果缺少严密的数据分析，而是凭直觉判断，甚至是从自身需求出发判断市场，很容易导致创业失败。

3. 创业合作者的信任问题

任何创业者，不可能同时是技术人员、管理者和投资者的角色。成功的创业团队，必然是三种角色的相互配合。这种情况下，必然会存在创业合作伙伴因信任产生的问题，从而形成创业风险。

创业团队中技术专家比较了解哪些内容在科学上是有趣的、哪些内容在技术层面上是可行的、哪些内容根本就无法实现。而管理者和投资者通常比较了解将新产品引入市场的程序，但当涉及具体项目的技术部分时，他们不得不相信技术专家。如果技术专家、管理者、投资者相互间不能充分信任，或者不能进行有效交流，那么这一问题将会变得更大，带来的风险也更大。

> **案例** **红孩子的变迁**
>
> 徐沛欣、李阳、杨涛和马建阳几个好兄弟一起创办了红孩子，形成了CEO+3的管理格局，四人性格互补，徐、李、杨、马四人组成的红孩子核心团队的协同作战能力也成为风险投资商相信红孩子的一个重要条件。在引入多轮融资之后，从2006年开始，红孩子创始人之间的矛盾开始发芽。在获得风险投资后，徐沛欣的话语权逐步加大。此时，李阳、徐沛欣的战略分歧也在日益凸显。是继续专注于母婴用品市场，还是引入化妆品、3C（China Compulsory Certification，中国强制性产品认证）等品类做综合B2C（Business to Customer），李阳坚持前者，徐沛欣坚持后者。
>
> 在二人矛盾无法调和后，风险投资方支持徐沛欣，杨涛也选择站在徐沛欣一方，董事会决定让李阳和妻子王爽离开。另外两位创始人也因为内部原因而离开后，创始人团队只剩下被认为代表资本意志的徐沛欣。2012年9月，苏宁宣布以6 600万美元收购红孩子，红孩子变成苏宁的母婴频道。创业公司获得风险投资的青睐无疑是获得认同的可喜的一步，但公司创始人、投资方和公司管理层的关系也变得更加复杂。投资人和管理层之间存在矛盾冲突，以及创始人内部的股权分配失衡，均会增加创业企业的不确定性。

4. 创业资源的聚合问题

资源与创业者之间的关系就如同颜料、画笔与艺术家的关系。没有颜料和画笔，艺术家的构思则无从实现。在大多数情况下，创业者不一定也不可能拥有所需的全部资源，如何聚合有效资源就会成为问题。如果创业者没有能力聚合相应的资源，要么创业无法起步，要么在创业中受制于人。

5. 企业管理问题

创业者并不一定是出色的企业家，不一定具备出色的管理才能，由此可能带来管理风险。如，创业者利用某一新技术进行创业，他可能是技术方面的专业人才，却不一定具备专业的管理才能，从而形成管理缺口。创业者往往有某一"奇思妙想"，可能是新的商业点子，但在战略规划上不具备出色的才能，或者也不擅长管理具体的事务。

（二）创业风险的构成要素

1. 风险因素

风险因素指能够引起或增加风险事件发生的机会或左右损失严重程度的因素，是风险事件发生的潜在条件，一般又称为风险条件。

创业风险因素从形态上可以分为人的因素和物的因素两个方面。人的因素方面包括创业者无创业风险意识、创业者心理素质不好、创业者不够敬业等，这些都可能为创业带来风险。物的因素方面包括技术研究不够成熟、预期的创业基金不到位等。

2. 风险事件

风险事件是指导致创业风险的可能性变成现实，以致引起损失后果的事件。如经济条件的恶化导致销售下降，产品被测试含有有害物质导致产品收回等。

风险事件是风险因素综合作用的结果，是风险损失产生的媒介物，这是产生风险的根本原因。之所以要区分风险要素和风险事件，是因为二者有着本质的不同，二者所起的作用完全不同。风险因素只是有产生风险的可能，风险事件是真实发生的，它必然会造成损失。

3. 风险损益

风险损益指由于风险事件的出现给创业者或创业企业带来的能够用货币计量的经济损失或收益，包括直接损益和间接损益。

需要注意的是，创业风险并不意味着创业一定会损失，风险只是意味着损失的可能性，如果能够及时地识别风险、防范风险，在风险事件出现时，采取恰当的措施，风险事件也可能会带来收益。比如由于产品研发失败引起的损失或由于无法及时将产品投放市场、又恰遇产品畅销带来的收益。

第二节　创业风险的管理与应对

创业风险是客观存在的，不以我们的意志为转移，这要求创业者要增强风险意识，在创业过程中加强对创业风险的管理与控制，从而促进创业的顺利进行。通过对创业风险的管理，一方面可以有效地帮助创业企业避免一些损失，另一方面可以促进创业者素质的提高。创业是一个从无到有的过程，各种因素都处在一种不确定的状态之中，如何认知并掌控复杂因素，需要创业者的综合素质。而创业者的综合素质，不是与生俱来的，可在创业过程中经历创业风险的考验来培养。

一、创业风险管理的内涵

风险管理指人们对各种风险的认识、控制和处理行为，它要求人们研究风险发生和变化的规律，估算风险对社会经济生活可能造成的损害程度，并选择有效的手段，有计划、有目的地进行风险处理，以期用最小的成本代价，获得最大的安全保障。

创业风险管理是指创业者在创业企业运行中，通过对资金、技术、市场、管理等风险因素的认知，识别可能出现的风险，并对相关风险要素、风险事件、风险损益及时采取应对措施的过程。

成熟企业一般会有专人负责风险问题的处理，创业之初，企业人员和部门的设立不会太齐全，创业企业的管理者承担着风险预防任务。由于创业初期事务繁杂，创业企业管理者很难把精力集中在风险预防方面，所以容易发生风险。

二、创业风险的识别与防范

(一) 创业风险的识别

1. 创业风险识别的内涵

创业风险识别指创业者依据创业活动中出现的问题，在各类风险事件发生之前或正在发生时，运用各种方法对风险进行辨认和鉴别。它是系统地、连续地发现风险和不确定性的过程。

由于创业的特殊性，企业除了要识别如国家经济政策的调整、市场需求的变化等显性风险，还要识别当某一形势变化引发连锁反应所可能带来的半显性风险，同时还要识别遭遇突发事件带来的隐性风险。

2. 创业风险识别的方法

（1）环境分析法

环境分析法指以环境为对象进行分析，发现机会和威胁，区别优势和劣势，把握不确定性和变动趋势，明确相互作用和影响，找出环境中可能引发风险的要素。

环境包括宏观环境和微观环境。宏观环境主要包括自然、经济、政治、社会、技术等，微观环境主要包括投资者、消费者、供应商、政府部门和竞争者等。例如，市场是否有新的竞争对手介入，竞争对手变动趋势是什么，市场需求对企业产品销售将产生什么影响等。

（2）组织结构分析法

组织结构分析法指利用组织结构图分析和描述风险发生的领域和环节。它可以描述企业活动性质和规模，反映企业各部门所承担的责任、面临的风险以及各部门之间的内在联系和相互依赖程度，揭示企业内部关键人物对本企业经营管理的影响，反映存在的可能使风险状况恶化的薄弱环节。

通过组织结构图，可以初步确定风险管理的重点。这对于组织结构复杂、分支机构众多的企业识别内在风险、估计风险严重程度有着重要意义。

（3）财务报表分析法

财务报表分析法指以企业的资产负债表、损益表和现金流量表为依据，通过采取水平分析法、垂直分析法、趋势分析法、比率分析法等，以发现其潜在风险。这些风险主要包括三种：资产本身可能遇到的风险、因遭受风险引起生产或业务中断可能带来的损失、造成人身伤害和财物损毁应支付的赔偿金。

（4）流程图分析法

流程图分析法指将生产、经营、管理过程按其内在逻辑联系绘成作业流程图，针对流程中的每一阶段、每一环节进行调查分析，以此识别风险。该方法便于发现容易引起风险和损失的环节和部门。

（5）事件树分析法

事件树分析法指选择某一风险作为开始事件，用逻辑推理的方法推论各种可能结果以及产生这些结果的途径，从而了解事故发生的原因和条件。

任何事故的发生都是一系列事件按时间顺序相继出现的结果，前一事件的出现是随后事件发生的条件，在事件的发展过程中，每一事件有两种可能的状态，即成功和失败。事件树分析法对掌握事故的发生规律、控制事故的发生是很有益的。

（6）故障树分析法

故障树分析法指以故障为分析对象，描述故障发生的因果关系，借此识别风险。它能对各种系统的危险性进行辨识和评价，不仅能分析出事故的直接原因，而且能深入揭示出事故的潜在原因。

（7）专家调查法

专家调查法指应用专家的经验、知识和能力，发挥专家的特长，对风险的可能性及其后果进行估计。

专家调查法的基本步骤是：选择主要的风险项目，选聘相关领域的专家；专家对各类可能出现的风险进行评估、打分；回收专家意见并整理分析，再将结果反馈给专家；把专家的第二轮结果汇总，直到比较满意为止。

（二）创业风险的防范

风险防范是在风险发生之前通过一定的手段预防和分散风险，以降低风险发生的概率和带来的损失。这些手段可以根据防范风险的需要分别或综合地加以运用。

1. 预防风险

创业企业面临着各种风险，经过学习认知创业风险，创业者可以提前采取措施以预防风险。例如，一个小企业可以加强管理，不断地建立健全各种规章制度，特别是合同管理、财务管理、知识产权保护等，在平时的业务来往中，要认真处理各类事情，不因为自身的失误而导致风险。

2. 自我保险

明智的财务计划可以为企业遇到风险时提供帮助，这种防范风险方式也被称为自我保险。虽然在商业运作中很难实施，但为了防范创业风险，还需要创业企业努力去做。

自我保险可以采用一般方式或特殊方式。在一般方式中，企业可以每年从营业利润中拿出一笔钱作为未来可能发生损失的基金，无论风险来源如何，其带来的损失都可以从这笔基金中得到补偿。在特殊方式中，自我保险的程序是指定基金的专门用途，用于某些特定的风险损失，如对职工医疗的补偿。

当然，自我保险计划并不是每个创业企业都可以做到的，因为创业企业的资金状况往往并不宽裕。根据美国学者的研究，一个小公司必须具有至少 25 万美元的净值，并至少 25 个人时，才有可能从事这方面的工作。当然，这不是绝对的条件。当面临较大的风险时，创业企业就应该创造条件进行自我保险。

3. 风险分担

随着科学技术的发展、市场竞争程度的加剧，产品的生产周期越来越短，市场对产品的要求不断提高，这对企业的研发能力和销售能力要求较高。但创业企业的规模、科研实力和财力总是有限的，在创业过程中，寻求多方面的协作和联合必不可少。现实情况之中，由于创新具有较大风险，为了弥补创业企业的薄弱环节和分散创新风险，与其他企业和科研单位共同研究的情况也屡见不鲜。因此，联合开发、共同营销策略不失为减少创业风险的有效途径。

三、创业风险的评估与应对

（一）创业风险的评估

风险评估是指在风险识别的基础上，通过所收集的大量详细资料对风险加以分析、评价。这一阶段可按照相关损失发生的概率进行分类，进行损失概率的评估，同时对损失的规模与幅度进行分析，从而使风险分析定量化。把风险发生的概率、损失的程度与其他综合因素结合起来考虑，确定系统发生风险的可能性及危害程度，通过比较管理风险所支付的费用，决定是否需要采取风险控制措施、控制措施采取到什么程度，从而为管理者进行风险决策、选择最佳风险管理技术提供可靠的科学依据。

风险评估方法一般采用定性和定量相结合的方法，具体分为四个步骤。

1. 可能性分析

可能性分析是指假定不采取任何措施去影响经营管理进程的情况下，对风险发生的概率进行的分析。

按照风险发生的概率将其分为五类："极高""高""中""低""极低"。

对于风险发生概率的估计，一般考虑三个因素。一是与风险相关的资产的变现能力（主要指变现难易程度）。如果资产变现能力越强，则风险发生的概率就低；反之，风险发生的概率就高。二是经营管理中人工参与的程度。人工参与程度越高，自动化程度越低，则风险发生的概率就越高；反之，风险发生的概率就低。三是经营管理中是否涉及大量的、繁杂的人工计算。凡是涉及大量的、繁杂的人工计算，风险发生的概率就高；反之，风险发生的概率就低。

2. 影响程度分析

风险评估中，除了进行风险发生可能性分析外，还要对风险影响程度进行分析。风险影响程度分析主要指风险对目标实现的负面影响程度。风险影响程度是相对某一个既定目标而言的，所以在进行影响程度分析前，必须明确风险分析相对应的目标。

风险对目标实现的影响程度也分为五类："极大""大""中""小""极小"。如果风险对于目标的实现，将会产生直接的、决定性的影响，风险影响程度就"大"；反之，如果风险对于目标的实现，只是产生间接的、非决定性的影响，风险影响程度就"小"。

3. 重要风险与一般风险的判断

经过上述风险评估后，确认哪些风险应当引起重视、哪些风险应予以一般关注；对于需要重视的风险，再进一步划分，分别确认为"重要风险"与"一般风险"，从而为风险对策奠定基础。风险重要程度的判断主要根据风险发生的可能性和影响程度来确定。判断标准为：一是如果风险发生的可能性属于"极小可能发生"的，该风险就可不被关注；二是如果风险发生的可能性高于或等于"可能发生"，且风险的影响程度小，就将该类风险确定为一般风险；三是如果风险发生的可能性等于或高于"风险可能发生"，且风险的影响程度大，就将该类风险确定为重要风险。

4. 绘制风险坐标图

对风险发生的可能性和风险对目标影响程度进行定性或定量评估后，依据评估结果绘制风险坐标图。绘制风险坐标图的目的在于对多项风险进行直观的比较，从而确定各风险管理的优先顺序和策略。风险坐标图如图9-1所示。风险坐标图分为A、B、C三个区域，对A区域中的各项风险不再增加控制措施；通过减少或分担风险严格控制B区域中的各项风险并且专门补充制定各项控制措施；确保规避和转移C区域中的各项风险并且优先安排实施各项具体防范措施。

（二）创业风险的应对策略

1. 应对项目选择风险

创业团队选择创业项目、制定商业模式、描绘事业前景，都是基于一定的业务经营环境及其业绩的假设。虽然在项目选择时创业者已经按照相应的标准进行了认真筛选，但由于创

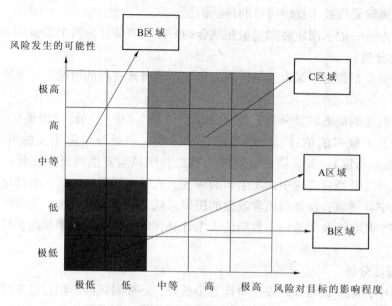

图 9-1 风险坐标图

业企业提供的产品或服务无论是根本性创新、改进性创新，还是模仿性创新，对市场而言都是陌生的，没有经验，所以创业企业可能发生实际经营业绩偏离预期目标的情况。应对项目选择风险可以采取两个措施。

（1）搭建策略调整机制

建立市场监测及策略调整机制，也就是在企业经营过程中，实行监测分析，保持对关键市场信号的敏感度，结合产品试销推广的阶段，调整先期制定的市场营销策略的机制。

（2）与强者联合

在创业过程中，可能会遇到一种情况，那就是短期内市场对企业提供的产品或服务的需求不够明显，但是经过一定时间的投入和培育，消费者需求会被唤出。由于创业企业资源和能力、实力有限，如果能够与行业中的强势企业合作，就可以快速实现规模的扩大。

2. 应对融资风险

创业活动往往需要融资。融资也有可能带来风险，创业者要对此有所警惕。融资风险分为三种情况：一类是融资规模不当；二是融资时机不当；三是融资成本不当。

融资规模无论是过大还是过小，都会有负面影响。针对融资规模问题，创业者除了自我评估外，应尽可能向专家进行咨询，确定合适的规模。

融资时机过早可能造成企业的负担，因为融资本身也是成本，此外融资也会稀释创业者的股权；如果融资过晚，就可能让企业陷入资金危机。融资时机的把握没有一定的定律，需要创业者综合创业各方面的情况及时判断。

融资成本分为两种，一种是看不见的机会成本，即融资需要时间，如果时间过长，可能导致创业企业的产品或服务上市受影响，进而影响企业的进一步发展；另一种就是融资的现实代价，即投资者不是慈善家，其最终目的是实现资本价值的最大化，这样投资者必然谋求控制创业企业，以确保自己的利益。因此融资协议有时候可能就比较苛刻。在这方面，创业者一定要记住不能不计成本地去融资,在融资之前要有所计划,要有自己的底线,以免最后比较被动。

3. 应对资金链断裂风险

创业者的关键目标是持续经营,保证资金链的畅通是确保这个目标的基础。

资金链是指维系企业正常生产经营活动所需要的循环资金链条,是企业现金流在某一时点上的静态反映。按照资金循环中所表现的形态可以把企业资金链分为三部分:资金投入链、资金运营链、资金回笼链。

资金投入链,主要指企业的筹资能力,对创业企业来说主要是融资能力。资金运营链是企业业务运营在资金链上的反映,如果资金运营链出现问题,如企业流动比率过低,营运资产不能满足企业经营发展的需要,则企业的资金链就会变得脆弱。资金回笼链反映的是"资产—现金(增值)"的现金流动,应收账款决定着企业资金回笼链的安全程度。

所谓资金链断裂,指企业发生债务危机,进而不能偿还到期债务。资金链断裂往往是一瞬间的事情,但是确保资金链安全需要做的工作却很多。

(1) 确定合适的债务规模

企业应当根据自身的经营战略合理安排资产结构和负债结构,最优的资本结构是指企业综合资金成本最低、股东投资利润率最高的资本结构,同时也是财务风险最小的结构。企业要根据自身生产经营发展状况来合理设计资本结构中各种比例关系,如负债和总资产的比例关系、负债中短期负债和长期负债的比例关系,通过对不同来源、不同时期、不同层次的各种资本要素进行有机协调,达到降低财务风险、确保资金链安全的目的。

(2) 做好现金预算

资金链中最关键环节是,现金的保有量是否能够维持企业运营。创业企业举债能力较弱,容易发生不能支付到期债务的危机。创业企业在借款时就应注意安排未来还本付息的资金,否则需要借新债还旧债。企业可以通过编制现金预算,合理调度资金,加强财务预算控制,避免资金链断裂的危险。

(3) 保持资产流动性

企业资金的流动性就是企业的生命。企业要加速存货周转,缩短应收账款周转期,同时努力降低整体资产中固定资产的比重,以此来降低资金链断裂的风险。

4. 应对技术风险

创业活动常常表现为将某一创新技术应用到实践,将其转化为产品或服务的过程。技术风险包括技术从发明到商品化、产业化过程中的各种不利的结果。

(1) 及时申报专利

知识产权对于创业公司来说,对于确保企业的成功经营或者融资都会是一大利器。因此,申请专利对于企业至关重要。知识产权包括商标、专利和商业秘密等,就像可口可乐的配方不公开一样。申请知识产权是讲究策略的,因为申请的专利每年都要支付一定的费用,所以专利申请地、专利范围以及客户所属地都要进行综合考虑。

案例 **万燕的兴衰**

1992 年 4 月,美国国际广播电视技术展览会在美国拉斯维加斯举办。这是当时世界上规模最大的电视技术博览会。时为安徽现代集团总经理的姜万勐带着自己的同事赴美观展。

展览会上,美国C-CUBE公司展出的一项不起眼的MPEG(图像解压缩)技术引起了姜万勐的兴趣,他凭直觉立刻想到,用这一技术可以把图像和声音同时存储在一张小光盘上。此后,姜万勐先后出资57万美元,于1993年9月,将MPEG技术成功地应用到音像视听产品上,研制出一种物美价廉的视听产品——VCD。同年12月,他又与美籍华人孙燕生(时为C-CUBE公司董事长)共同投资1700万美元成立公司,各取了姜万勐、孙燕生名字中的一个字作为公司名称:安徽省万燕电子系统有限公司(简称"万燕")。在成立不到一年的时间里,万燕倾其所有,开创了一个市场,确立了一个响当当的品牌,并形成了一整套成型的技术,独霸VCD市场。

万燕所面临的难题是软硬件要一齐开发。万燕在前期研究开发的投入是1 600万美元,广告投入是2 000万元人民币,中国百姓到了1994年年底才逐渐认识VCD,而在这一年,万燕生产了几万台VCD,结果只卖出了2万台。由于前期投入太多,早期产品成本高达每台360美元,再加广告费用,在市场上每台VCD卖四五千元,却基本无利可赚。

不仅如此,万燕还要开发碟片,万燕为此又向11家音像出版社购买版权,推出97种卡拉OK碟片。1995年,盗版CD和VCD大量在中国沿海城镇出现。中国消费者开始接受并熟悉VCD这一新生事物。万燕推出的第一批1 000台VCD机,几乎都被国内外各家电公司买去做了样机,成为解剖的对象。

1996年开始到1997年,中国的VCD市场每年以数倍的速度增长。从1995年的60万台猛增至1996年600多万台,1997年销售达到1 000万台。只用了短短5年,VCD影碟机累计销售已有5 000万台,并催生了爱多、步步高、新科等国内响当当的品牌。但万燕却在这个产业中,从"先驱"成为"先烈",其市场份额从100%跌到2%,也就在这一年,万燕被同省的美菱集团重组,成为美菱万燕公司。

万燕失败的原因有很多,但无疑没有申请专利技术是其中之一。万燕从始至终拿不出任何拥有自主知识产权的技术,在硬件或软件开发方面都没有任何开创性的创新。实际上,万燕只是利用当时已有的硬件集成在一起,组装了VCD,然后在软件方面做了一些应用开发,而这些应用开发是任何一家VCD企业都必须单独去做的,技术含量很低。

(2)组建技术研发联合体

现在很多政策鼓励创新创业,初创型或者中小型企业,单独开发技术风险太大,如果自身资金有限,就可以利用相关政策、寻找相关资源进行合作。比如为对口单位提供相应的技术支持,如果提供的技术与该单位的业绩相关,会受到热烈欢迎和大力支持。还可以建立技术研发联合体,获得符合本企业特点的新技术,并迅速将技术转化为新产品,有效避免企业与科研院所的体系脱节,从而在低风险的条件下,获取自主创新技术,形成企业的核心竞争力。

5. 应对市场风险

能够成功占领市场,是创业成功的关键所在。针对市场风险,可以从两个方面入手。

(1)以市场为导向整合营销理念

要在瞬息万变、竞争激烈的市场中生存,创业企业必须树立正确的市场营销观念,重视市场营销的作用。在进行产品规划、价格制定、渠道选择、促销策略制定时都要以市场为导向，从消费者角度出发，统筹生产研发部门与营销部门的工作，相互配合，响应市场要求，实现技术与市场的完美结合。

(2) 不断改进产品

面对消费者需求的不断变化，创业企业不能满足于初创产品的创新性，要加快原有产品的升级改造，同时加速新产品的研发储备。企业要根据市场需求和企业目标，对产品组合的宽度、深度和关联度进行决策，通过增加产品的差异性，适应不同层次消费者的需求，降低市场风险。

6. 应对管理风险

创业企业重心在创意或创新，创业者未必就是一个合格的管理者。应对管理风险，需要创业者从两个方面入手。

(1) 完善企业治理结构

建立科学的决策和监督机制是企业应对管理风险的前提。公司由谁投资、股东之间股份比例如何以及股东会、董事会和管理层之间的分工直接决定了企业是否有活力。为此，创业者要从创业之初就要按照现代企业制度，建立完善的法人治理结构。除了一般的常识性知识外，创业者尤其要注意三个方面：一是创业者要成为企业的所有者，要防止因融资造成所有权的转移；二是从治理结构入手，让管理层持股；三是从激励入手，设计好激励体系。

(2) 完善企业内部控制制度

完善企业内部控制制度的一个重要手段就是建立健全严密的内部控制系统。企业内部控制系统要覆盖到企业的各项业务、各个部门和各级人员，并渗透到投资决策、执行、监督、反馈等各个环节。同时，对掌握企业内幕信息的人员进行有效监督，防止商业秘密外泄。

四、创业者风险承担能力评估

不是每个创业者都会成功，潜在的损失或收益越大，风险就越大。面对创业风险，创业风险承担能力怎么样，往往会影响到创业者能否在遇到风险时成功应对。固然创业者的应对风险能力会随着实践而提升，然而毕竟创业不是在做实验，创业追求的就是成功，这必然需要创业者具备一定的综合素质。"知己知彼，百战不殆"，了解创业者的风险承担能力，对于促进创业成功意义重大。

每个人对风险的承担能力是不一样的，有的人有足够的能力和资源去驾驭风险，那么风险因素对他来说并不是最重要的考量指标；而有的人可能自身无法承受创业失败带来的损失，那么就应该在创业之前评估一下自身风险承担能力。因为风险承担能力不仅是对创业者心理素质的考察，还是对社会经验、知识储备等内容的评估。具体来说，可以通过四个方面进行综合评估风险承担能力。

(一) 创业项目与自身目标的符合程度

创业过程中遇到的困难和风险极大，因此有必要了解创业者的创业动机，以利于判断他愿意为创业活动付出代价的程度。一般认为，创业机会与个人目标的契合程度越高，则创业者投入意愿与风险承受意愿自然也会越大，创业最后成功的概率也越大。

(二) 机会成本

机会成本是指在面临多种方案选择其中之一时，被舍弃的方案中的最高价值者是本次决策的成本。一个人的一生，除去接受教育和年老丧失劳动能力的时间，黄金时间也就 30 年左右，创业需要时间，而为了这个创业机会，自己将会放弃什么？可以从其中获得什么？得失的评价如何？参与创业，需要仔细考虑创业所要付出的机会成本，经由机会成本的客观判断，可以得知新创业机会是否真的对于个人生涯发展具有吸引力。

（三）承受失败的底线

创业必然需要面对可能失败的风险，但创业者也不宜将个人声誉和全部资源压在一次创业活动上，也就是要有承认失败的勇气。理性的创业者必须设定创业失败的底线，以便有机会可以再次创业。换句话说，创业不是赌博，不是不留"本钱"的豪赌，没有考虑底线的创业，一旦遇到问题，给个人带来的风险必将十分巨大。

（四）个人风险偏好

风险偏好，是指个体承担风险的基本态度，是个人感知决策情景及制定风险决策的重要前导因素。创业有风险，人所共知，创业者自身对风险的感知以及接受程度，决定了他面对创业风险的态度。如果创业者从一开头就"输不起"，那这样的创业者在做决策时就会患得患失，一般而言就很难创业成功。再有，当创业风险出现时，如果创业者内心胆怯，或者心理素质不好，方寸大乱，那决策就容易保守，甚至容易失误。反之，当创业者喜欢冒险，面临同样风险时，他做决策时就会积极进取，往往能够险中求胜。当然，无论是过于喜欢冒险还是过于保守，都是不利于创业活动的，喜欢冒险的人，也可能会因为孤注一掷的举措，将企业带入困境。理想的创业者，需要不断提高自身修养，让自己在任何时候都能保持高度理性。

案 例　　**抗压能力也是创业者的必备素质**

茅侃侃出生于 1983 年，他 14 岁就在当时红极一时的计算机杂志《大众软件》中发表文章，同时也自行设计开发软件。虽然茅侃侃初中是在很有名的北京育英中学读，但他其实并没有把精力用在课业上，他成了计算机课代表，同时沉迷于计算机无法自拔。15 岁时，当选为瀛海威最年轻的 BBS 版主，想方设法维持论坛运营。在跟父母就是否该继续念高中的争执结束后，茅侃侃无奈之下被迫妥协。但高一，他没有通过地理会考，也丧失了参加高考的资格。后来，茅侃侃拿下微软和思科两项计算机认证资格，被称为计算机界的奇才，茅侃侃一心想投身社会去证明自己。

后来的茅侃侃 6 年间换了 6 份工作，直到 2006 年，茅侃侃开始自己创业，成为 Majoy（时代兆美）的 CEO，并且接受了媒体的采访。他与时任泡泡网 CEO 李想、主攻社交平台与服务的康盛创想 CEO 戴志康、提供影音文件的视音频娱乐网站 Mysee CEO 高燃三人一起，在经过央视《对话》等栏目报道后，被追捧成为四位"80 后"创业偶像。此后，茅侃侃又先后做了移动医疗领域的 App 以及提供实时路况信息的 App"哪儿堵"；2013 年，茅侃侃加入 GTV（八大电视股份有限公司），踏入电竞圈；茅侃侃创业公司的最后一站，公司全称为北京万好万家电子竞技传媒有限公司（以下简称"万家电竞"），这是 2015 年 9 月 30 日，茅侃侃与上市公司万家文化（后改名为"祥源文化"）共同出资成立的，茅侃侃出任 CEO，法人是当时万家文化的实际控制人孔德永。但他的"才运"在万家电竞上并没有得以延续。自成立之后，万家电竞就一直处于亏损状态。2016 年度财务报告显示，万家电竞的销售总额即为主营业务收入,为52.83万元,亏损1 381.9万元,负债总额4 314.5万元。大股东之一的祥源文化对万家电竞投入的资金包括460万元和债权3 590万元,祥源文化希望可以转让万家电竞的大部分股权,并称"后续达到一定条件,北京电竞分步归还祥源文化债权本息"。2017年11月,万家电竞被传"破产",原因是茅侃侃"融资失败"。当时,据媒体报道,万家电竞资金紧张,已经欠薪两月,打算破产清算。彼时,公司已拖欠员工两个月薪资,大约200万元,社保也都是由员工自行垫付。此前几天,60位万家电竞的员工,已经到北京市朝阳区劳动人事争议仲裁委员会申请劳动仲裁。2018年1月25日,茅侃侃在住所自杀身亡。

第三节 创业退出

一个创业者在创业之初,在考虑如何打开市场、如何改进技术、如何提升业绩的同时,还需要考虑一个重大问题,那就是创业退出。因为创业作为一种创新性较强的博弈活动,失败的概率始终存在。此外,随着创业活动的展开,创业者的想法也可能会发生转变——主动选择中止创业,达到自身利益的最大化,对于创业者也是不错的抉择。不论是创业失败,还是主动中止创业进程,都需要创业者在创业之初对创业退出问题有所思考,并有所准备,这样才能在创业退出时做到进退有据。

一、创业退出的类型及原因

根据创业退出的原因以及退出时企业经营的状况,本书将创业退出划分为正常退出和非正常退出。

(一)正常退出

所谓正常退出,就是企业经营正常,创业者在判断市场大环境以及企业发展的条件要素后,主动中止创业。创业者正常退出创业,原因主要有如下几种:一是创业者对本企业的市场预期有了清晰判断,认为企业未来无法持续经营,及时中止创业活动,进行经济核算;二是企业发展到一定规模,吸引投资人收购本企业,或主动抓住某一契机,寻求与其他大型企业的战略合作,从而形成企业的资产重组或并购;三是根据某些法律法规的规定,某些特殊行业或特殊组织,有一定的经营期限规定,企业经营到期,需要重新申请行政许可。

(二)非正常退出

所谓非正常退出,就是企业经营困难,创业者无力继续应对创业风险,主动结束创业。这种退出与创业风险密切相关,具体原因有很多,主要有以下几种:一是长期经营不善,管理混乱,亏损严重,无法持续经营;二是遇到突发的不可抗力因素,比如台风、地震、洪水等;三是由于经营违法引发严重的司法诉讼危机,或因工商、税务等违法行为引发的行政处罚等。

奥克斯汽车梦的破灭

跟随2003年民企进军汽车业的热潮,奥克斯集团斥资4 000万元买得一张汽车牌照,获得跨进汽车门槛的门票。2004年2月，奥克斯宣布正式进军汽车业，原动力、瑞途两款车也同时上市。当时奥克斯放言，将在将来5年内投入80亿元巨资，在宁波建立产能达45万台的汽车工业园。而在2005年3月，奥克斯的汽车梦就戛然而止了。

此后，沈阳奥克斯汽车有限公司开始与供货商清理债务，奥克斯则对其近3 000位用户的保修进行安排。据悉，奥克斯保留了部分原汽车相关人员、汽车网站和热线电话。尽管奥克斯已经不再生产部件，但因其销售车为常规车型，售后工作不难进行。沈阳奥克斯汽车有限公司之所以选择停产，是因为销量寥寥。早在2004年年初，奥克斯SUV原动力和双排座轿卡瑞途上市时，奥克斯将两款车的销售目标定在2万辆，尽管随后大幅降价2万多元，但2004年一年的销量总计只有2 000~3 000辆，与预想相差甚远。

奥克斯为了造车所耗费的时间和投入都已无法挽回，正式退出止损的策略明显。

二、创业退出的时机与方式

（一）创业退出的时机

与创业退出的类型相联系，创业退出的时机也要区分成功创业后退出的时机和创业失败后退出的时机。

1. 成功创业后退出的时机

创业成功意味着企业相对比较成熟，企业怎么才算成熟了呢？可以根据企业发展的阶段及特点了解一个企业的成熟度，并在此基础上了解成功创业后退出的时机。企业发展阶段及特点如表9-1所示。

表9-1 企业发展阶段及特点

发展阶段	企业特点
种子期	企业在建立过程中，产品还不成熟，机构尚不健全
初创期	企业未得到社会承认，实力较弱，努力方向是努力开拓市场，提高产品知名度
成长期	企业在生产、销售、服务等方面有了成功的把握，产品基本定型，具有了批量生产的能力
成熟期	企业规模、销量达到最高水平，制度完善并能充分发挥作用，企业进入黄金阶段

创业成功退出的主题包含两类，一类是创业者本人；一类是创业投资者。创业投资者一般会在创业种子期介入，在成熟期退出。

创业者主体判断企业是否处于成熟期，除了可以参考创业投资者的战略动向判定企业发展阶段，还可以把握如下企业发展特征：一是企业盈利能力持续增长，总资产周转率维持高位，净利润率提升；二是企业产品有了清晰的定位，这个时期的产品销量已经不再大幅增长了，大致和行业增长率基本持平；三是企业已经不再需要新投资，现金流源源不断。

2. 创业失败后退出的时机

因创业失败导致的创业退出，是迫不得已的选择，但如果能够未雨绸缪、积极谋划，选择恰当的时机，就可以有效降低甚至避免创业失败带来的损失。创业失败的具体原因多种多样，但如果能够及时观察到创业失败的指标性特征，及时采取应对措施，就可以有效止损。

第一，当市场上出现了多款同类商品，而且影响力大、用户多的时候，往往意味着产品已经进入了衰退期，那就要考虑放弃该产品，如果本企业没有研发新产品的能力，那就该考虑退出了；第二，企业盈利能力持续下降，经过多次改进后，仍不能阻止盈利规模的缩小，这一时间节点也要考虑退出；第三，当影响企业发展的关键性问题不能及时解决且没有解决的时间表，以及资金链断裂且无新投资者愿意继续注资时，创业者就需要创业退出。

总的来说，创业失败后的退出时机，就是盈利能力、盈利规模、盈利预期与投入成本之间失去平衡之时，即投入多产出少时。

（二）创业退出的方式

考虑创业退出，其本质就是如何最大限度维护自身的经济利益问题。把握退出的时机很重要，了解退出的方式、规避退出时的风险，同样重要。

1. 并购

当代社会资本运营比较成熟，当某一个企业所在行业有前途却遇到经营危机之时，投资者看到这一行业的发展前景，有可能会收购该企业。

当接受企业并购时，创业者需要考虑三个因素。一是被收购企业股东方的统一意见。比如有限责任公司股东对外转让股权的，要注意应当向公司和其他股东告知拟受让人和拟转让价格条件，并征求其是否同意转让的意见。公司和其他股东应于30日予以答复，逾期未答复者视为同意转让。有限责任公司股东未足额出资即转让股权的，公司或者其他股东可以请求转让人将转让股权价款用于补足出资。如果是合伙企业，就要征得合伙人的一致同意。二是被收购企业要委托律师进行法律形式审查。因为收购涉及的利益、风险较大，所以建议委托律师出具完整的解决方案提供帮助，以维护被收购公司最大的合法权益，减少被收购公司的法律风险和经济损失。三是被收购的企业要进行审计核算。被收购的公司在收购之前，要委托律师、会计师、评估师等专业人士组成项目小组对目标公司进行审计审查。了解公司的资产、经营、财务、债权债务、组织机构以及劳动人事等信息，公司资产、负债以及所有者权益等问题。这样先了解清楚，才能在后面的谈判中获取最大利润。

2. 破产清算

此类型创业退出是指创业者发现创业企业没有继续发展的可能，对资产进行清算，从而尽量挽回损失的做法。选择此种方式的创业退出，虽然属于迫不得已，但创业者一开始就要未雨绸缪，从企业形式的设立开始，就要按照法律规定做到产权明晰、权责分明。

为破产清算时的经济利益考虑，建议创业采取有限责任公司的形式，这种企业形式的好处是一旦创业失败，创业退出时，破产清算以公司资产为底线，对创业者个人生活影响有限。

3. 出售股份

出售股份指企业股份持有者，将股份出售给其他合伙人或其他投资者。创业企业的发展过程中总是会遇到核心人员的波动，特别是已经持有企业股权的合伙人退出团队，如何处理合伙人手里的股份，才能避免因合伙人股权问题影响企业正常经营。此时的创业退出，属于部分人员退出，解决好这个问题就要提前签署好相关协议，主要解决好如下问题。

（1）提前约定退出机制，管理好合伙人预期

提前设定好股权退出机制，约定好在不同阶段，合伙人退出企业后，要退回的股权和退

回形式。创业企业的股权价值是所有合伙人服务于公司赚取的,当合伙人退出企业后,其所持的股权应该按照一定的形式退出。一方面对于继续在企业里做事的其他合伙人更公平,另一方面也便于企业的持续稳定发展。

(2) 股东中途退出,股权溢价回购

退出的合伙人的股权回购方式是:通过提前的约定协议采取合理的方式退出。退出时,公司可以按照当时企业的估值对合伙人手里的股权进行回购,回购的价格可以按照当时企业估值价格适当溢价。

(3) 设定高额违约金条款

为了防止合伙人退出企业却不同意公司回购股权,可以在股东协议中设定高额的违约金条款。此外,为了防止合伙人退出后泄露本企业的商业秘密,还要签署专门的保密协议及竞业限制协议并约定惩罚条款。

测试活动及实践拓展作业

第十章

创业计划与路演

创业对大多数人而言是一件极具诱惑力的事情，同时也是一件极具挑战性的事。不是人人都能成功，也并非想象中那么困难。但任何一个梦想成功的人，倘若他知道创业需要策划、技术及创意的观念，那么成功已离他不远了。

——哈佛大学 拉克

本章内容框架

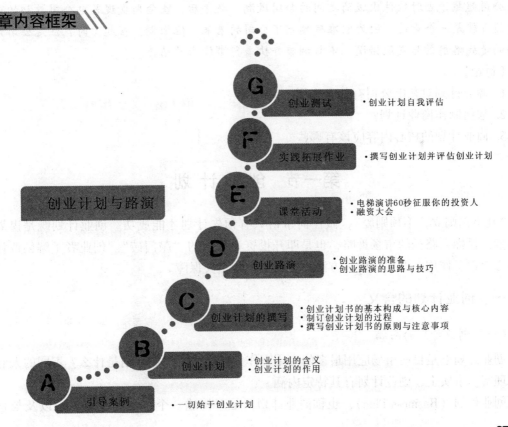

创业计划与路演

- A 引导案例 · 一切始于创业计划
- B 创业计划 · 创业计划的含义 · 创业计划的作用
- C 创业计划的撰写 · 创业计划书的基本构成与核心内容 · 制订创业计划的过程 · 撰写创业计划书的原则与注意事项
- D 创业路演 · 创业路演的准备 · 创业路演的思路与技巧
- E 课堂活动 · 电梯演讲60秒征服你的投资人 · 融资大会
- F 实践拓展作业 · 撰写创业计划并评估创业计划
- G 创业测试 · 创业计划自我评估

引导案例

一切始于创业计划

"疯狂橄榄球 2003"游戏出自美国艺电公司,艺电公司是全球最大的交互式电子游戏开发商。为了反映联赛各队球员名单的变化,该游戏每年都会更新,结果导致那些在"疯狂橄榄球 2003"游戏中努力赢取超级杯的宾夕法尼亚青少年,极可能继续购买"疯狂橄榄球 2004""疯狂橄榄球 2005"……

艺电公司还开发了许多大众游戏,包括模拟人生、哈利·波特、詹姆斯·邦德和 FIFA 足球等。仅在 2002 年,艺电公司销售量超过百万的游戏就有 16 种,公司年收入高达 17 亿美元,净利润超过 1.015 亿美元。艺电公司不仅开发电脑游戏,还为索尼公司 PS2、任天堂公司 GameCube 和微软公司 Xbox 等控制台系统开发游戏。

事实表明,艺电公司的成功始于一份商业计划和特里普·霍金斯的愿景,即创立一家新式的电子游戏公司。

1980 年,在经营第一家企业失败后,霍金斯进入苹果公司工作。在那里,他为个人电脑产业的兴起而兴奋不已。尽管在苹果公司工作很舒服,但他仍决定再次创业。不过,这次他更加谨慎小心。直到 1982 年,他才下决心创立一家电子游戏开发企业,并围绕创意制订了详细的商业计划。霍金斯认识到,他需要一个真正的"大创意",以便使新企业有别于电脑游戏产业中的其他公司。事实上,他找到了 3 个大创意,围绕这 3 个大创意的商业计划使艺电公司超越了当时软件出版商之间的趋同风潮。数年后,霍金斯发现艺电公司最初的商业计划简直就是一个奇迹,因为它准确预测了公司的未来。他强调,在起步时就注定公司走向成功的是战略愿景与发现错误、不断调整并执着行事能力的结合。

【讨论】
1. 商业计划对艺电公司有什么作用?
2. 如何制作商业计划?
3. 商业计划的核心内容应该有哪些?

第一节 创业计划

"凡事预则立,不预则废",做任何事情只有预先计划才能成功。创业计划既是谋划创业远景、目标、路径的市场策略,也是叩开投资者大门的"敲门砖"。创业者了解创业计划的核心要素、作用、框架及撰写方法,是其成功的重要保障。

一、创业计划的含义

(一)创业计划的内涵

创业计划书是目前市场应用最多的应用写作文体之一。创业计划是什么?不同的人有不同的理解。事实上,创业计划有其特定内涵。

创业计划(Business Plan),也称商业计划,是对构建一个企业的基本思想以及与企业创建有关的各种事项进行总体安排的文件,是在前期对项目进行科学调研分析、评价的基础上,根据一定的格式和内容的具体要求而编辑整理的一个全面展示项目现状、未来发展潜力的可行性分析报告。它从企业内部的人员、制度、管理以及企业的产品、营销、市场等各个方面对即将创建的企业进行可行性分析。所以,我们可以从四个方面详细了解创业计划的内涵。

① 创业计划不仅是一种业务构思策划、信息披露和吸引投资者的宣传书,更是以后企业运行的指导书。

② 创业计划是一份全方位描述企业发展的文件,是企业经营者素质的体现,是企业拥有良好融资能力、实现跨越式发展的重要条件之一。一份完备的创业计划书,不仅是企业能否成功融资的关键因素,也是企业发展的核心管理工具。

③ 商业计划是一份用于企业内外的文件。商业计划描述了新企业计划的目标,以及新企业如何实现这些目标。对企业内部而言,商业计划能帮助企业设计出实施其战略和计划的"路线图";对于企业外部来说,商业计划向潜在投资者及其他利益相关者汇报企业试图追求的商业计划以及如何把握机会的行动计划。

④ 创业计划既是一项创业活动前期工作的总结,也是一项创业活动新的开始。

(二) 创业计划的核心要素

在制订创业计划书时,创业者要顾及内外部要素,以某种思维方式、组织方式系统呈现。创业计划书的类型有多种,但核心要素有五个:消费者(Customers)、竞争者(Competitors)、能力(Capabilities)、资源(Resource)、可持续性(Continuation),可概括为"4C1R"。

1. 消费者

消费者也就是顾客,虽然有些商品或服务具有广泛的适用性,但一般来说,只有确定了一定范围的消费者群体,才能有的放矢地进行市场分析、消费者分析等。因此,创业计划书需要明确特定的消费者,如有的产品面向学龄儿童,有的产品只有女性才会用到,有的产品仅仅适用于中老年人。

2. 竞争者

市场的竞争者包括三个不同方面的竞争者:一是现有的竞争者,二是潜在的竞争者,三是替代品的竞争者。创业计划书要对这些竞争者的市场占有率、盈利能力、成长空间等方面进行综合分析,做到"知己知彼",以便使自己的企业在行业内进行恰当定位,从而最有效地抗击市场竞争并影响它们朝向自己有利的方向变化。

3. 能力

如果说消费者和竞争者强调的是对他人的分析,那么能力这一维度强调的是创业者的自我分析。例如,我们的创业团队是否有该领域的专业知识和技能,我们的创业团队是否有胜任力,我们的创业团队架构如何、管理机制如何、是否有战斗力和独特性,我们的资源如何等等。

4. 资源

资源是指创业者拥有的物力、财力、人力等各种物质要素的总称。资源不仅包括自然资源还包括社会资源,不仅包括有形资源也包括无形资源,不仅包括资本还包括信息、知识。对于创业者来说,资本是重要的资源,企业自有资本额度、资本获取途径、可获得资本额度等,在创业计划书中都要明晰地表述。

5. 可持续性

创业不是一朝一夕的事情,创业者要谋求可持续发展的经营,所以,创业计划书必须阐述创业者将来的愿景是什么、长期的规划是什么、如何实现企业的可持续发展。

二、创业计划的作用

案例　　　　　**创业计划书带来的新事业**

LiveHealthier.com 的创始人玛丽·莫斯兰德这样描述自己曾利用创业计划书获得创业资助的经历:"我出席了一次由地方商会组织的女性创业大会。在那里,我得知了马里兰州技术开发中心,这是一家专门为生物技术和 IT 产业服务的'孵化器'。我撰写了一份包含融资方案在内的创业计划书,并把它递交给了由 15 人组成的委员会。他们正在寻找有希望的新创企业,最终能够在马里兰州雇用员工,成为纳税的企业公民。我被接受了,并于 2005 年 5 月 9 日落户马里兰州技术开发中心孵化区内。我每月为 200 平方英尺(约为 18.58 平方米)的办事处支付 495 美元,如此低的价格在市场上是无法想象的。并且,我获得了处理事务过程中的必要资源,如集中化的接待员、会议室、产品和邮件空间,同时,借助马里兰州和知识产权法律资源中心,我还免费获得了关于知识产权事务的法律服务。"

(资料来源:[美]布鲁斯·R·巴林杰. 创业计划:从创意到执行方案. 陈忠卫,等,译. 北京:机械工业出版社,2009.)

(一)创业计划的目标

创业计划包含创业定位、营销计划、财务计划、组织管理等,用以描述创办一个新的风险企业时所有相关的外部及内部要素。创业计划可以是短期的,也可以是长期的;可以是战略性的,也可以是操作性的。尽管不同的计划服务于不同的职能,但所有的创业计划主要回答三个问题:我们现在在哪里?我们将去哪里?我们如何到达那里?所有的创业计划都有一个重要目的,即在快速变化的市场环境下为创业者提供指导准则和管理架构。制作创业计划的基本目标有四项。

① 分析和确定创业机遇与内容。
② 说明创业者计划利用这一机遇发展新的产品或服务所要采取的方法。
③ 分析和确定企业能否成功的关键因素。
④ 确定实现创业所需要的资源以及取得这些资源的方法。

(二)创业计划的作用

创业计划是确定目标和制订计划的很好的参考资料,是一个企业管理和操作的行为指南,所以,创业计划有时也叫行图。创业活动与出行有许多共同之处,出行是一件很需要系统规划的工作,需要研究行走路线及周边景点,从中确定自己的行程路线。然后以行路图为指导,筹集资金、购买用具、订购车票、预定住宿等。对于创业者来说,创业计划就是出行者的行路图。如果没有这张图,创业者可能就会因迷失方向而误入歧途。创业计划是整个创业过程的灵魂。

此外，创业计划还是一种吸引投资的工具，是风险投资者、员工、银行、供应商、顾客、顾问以及其他相关利益者了解企业的重要途径。不同的利益相关者对创业计划有不同的关注点。创业计划的作用主要体现在四个方面。

1. 有利于创业者整体地把握创业思路

硅谷著名的创业家和风险投资者盖伊·卡韦萨基曾经这样说过："一旦将创业计划书写到纸上，那些希望改变世界的天真想法就会变得实实在在而且冲突不断。"因此，文件本身的重要性远不如形成这个文件的过程。即使你并不试图去筹资，你也应当准备一份创业计划书。著名投资者克雷那也曾说："如果你想踏踏实实地做一份工作的话，写一份创业计划，它能迫使你进行系统的思考。有些创意可能听起来很棒，但是当你把所有细节和数据写下来的时候，它自己就崩溃了。"一个酝酿中的项目往往很模糊，通过制订创业计划书，逐条推敲，对项目的认识会更加清晰。

一般来讲，每位创业者或者潜在创业者在创业之初都会对拟创建企业的发展方向和经营思路有一个粗略的设想。创业者如果把设想细化成规范的创业计划，则会发现自己所要从事的事业原来并非如自己所设想的那样。创业计划可以帮助创业者客观、严格并且不带个人感情地从整体角度观察自己的创业思路、明确经营理念，以避免因创业失败而导致的巨大损失。另外，在研究和编写创业计划的过程中，经常会发现创业机会并不完全与期望的一样，但如果对创业活动做些调整，或根据实际情况采用不同的策略，创业成功的机会可能会更大。因此，创业计划的编写过程就是创业者进一步明确自己的创业思路的过程，也就是创业者从直观感受向理性运作过渡的过程。计划的过程，才是最有意义的。

创业计划的制订应基于有效的信息收集和分析。这些信息有利于确定商业机会的价值，有利于确定创业的宗旨、目标和方法，有利于明确创业的战略方向。分析商业机会的价值可以通过价值与风险的比较，明确创业的可行性，从而确定如何实现商业机会的价值，明确创业战略的内容和执行的过程。

2. 有利于融合创业资源

创业计划是创业企业的象征和代表，它使创业者与有关组织、人员进行良好的沟通，是企业获取人力资源和资本的有效工具，将新创企业的发展潜力、所面临的机会以及开发这个机会的方案以一种明确的、有效的方式与有关方面进行沟通，沟通的对象包括内部和外部的利益相关者，以便整合利用各种资源。

（1）寻求风险投资

资金是企业的血液，是创业的要素，是创业企业能够获得快速发展和崛起的前提。对于正在寻求资金的创业者来说，创业计划书的好坏往往决定了融资的成败。创业计划书通过说明创办企业的目的，创办企业所需的资金以及为什么投资人值得为此注入资金等一些问题，告知潜在的投资者新创的企业所具有的成长潜力和收益回报，达到帮助创业者把企业推销给风险投资者，争取创业资金支持的目的。因而创业者必须重视创业计划的制订，不能只走形式或存在侥幸心理，因为投资者都是这一领域的行家，有着丰富的经验。

此外，风险投资商都要求筹资企业在融资过程中提供创业计划，风险投资商根据创业计划对企业进行筛选，选择他们认为最有发展潜力的企业进行投资。

(2) 寻求战略性合作伙伴

战略性合作伙伴是指与创业企业有合作研究、合作市场开发及其他业务关系的各种企业及公司。对于创业公司来讲，获得战略同盟就意味着有了获得资金、市场以及其他领域的重要渠道。一般来讲，一个大企业在吸收一个小企业作为其战略性伙伴之前，都要详细阅读该企业的创业计划。同时，创业企业在向大企业承揽大的业务的时候，大企业的管理者一般也要求创业企业提供创业计划。

(3) 吸引高级管理人员

创业企业在招聘高级管理人员的时候，往往也需要创业计划。因为对于创业企业来讲，招聘管理人员实际上是双向选择的过程，公司想招聘到优秀的高级管理人才，应聘者也想知道在新的公司里自己能否发挥自己的才能、能否有所发展。

(4) 获得银行贷款

一份创业计划可以增加获得贷款的可能性，创业计划书会提供更多的信息，增强银行对企业成功和风险减少的信心，从而也就更有资格获得贷款。

3. 有利于提高创业的成功率

目前，大学生创业失败率高，影响因素有很多，其中一个重要原因是团队在创业之初没有对各要素进行系统、合理分析，对风险评估不足，对创业缺乏系统把握。因此，创业计划需要针对创业要素中的产品、市场、财务、管理、团队等进行系统分析，促使创业者前瞻性地考虑创业过程中可能遇到的风险，对创业活动的机遇和风险进行比较客观的评价，指导创业者有计划地开展创业活动，避免盲目投入，提高新创企业的风险防范能力，也可以增强新创企业在风险发生时的承受能力，有助于提高创业的成功率。

4. 有利于创业者有效管理企业

一个切实可行的创业计划书，是整个创业的行动纲领，是脚踏实地的行动计划，创业计划可以为企业的发展明确比较具体的方向和重点，从而使员工了解企业的经营目标，并激励他们为共同的目标而努力奋斗。它可以增加创业者的创业信心，创业者会明显感到对企业更容易进行控制、对经营更容易把握。这是因为创业计划提供了企业全部现状及其发展方向，同时创业计划又为企业提供了良好的效益评价体系及管理监控标准，创业者在管理企业的过程中对企业发展中的每一步都进行客观的评价，及时根据具体的经营情况调整经营目标，完善管理办法。

同时，在创业的过程中需要整合各种资源。通过创业计划的编写，梳理思路，进行调研，完善信息，最终把各种资源有序整合和调动起来，这种整合才能把各种分散的资源聚拢起来，形成一种增量资源，实现理想的企业业绩。

第二节　创业计划书的撰写

一、创业计划书的基本构成与核心内容

创业计划书无论是从创业者角度、消费者（市场）角度还是从投资者角度，无论出于什么目的，都具有一般的格式要求，形成特定的行业规范，尤其是出于融资目的考虑时，对

创业计划书的格式要求就要更加规范了。

(一) 创业计划书的基本构成

创业计划书通常包括封面、保密要求、目录、计划摘要、正文（综述）、附录几部分。

1. 封面

封面也就是标题页，封面设计要美观、有艺术性。一个好的封面会使投资者产生最初的好感，形成良好的第一印象。封面可以放一张企业的项目或产品彩图，但需留出足够的版面排列以下内容：创业计划书编号、公司名称、项目名称、项目单位、地址、电话、传真、电子邮件、联系人、公司网址、日期等。

2. 保密要求

保密要求可放在标题页，也可放在次页，主要是要求投资方项目经理妥善保管创业计划书，未经融资企业同意，不得向第三方公开创业计划书涉及的商业秘密。

3. 目录

目录标明各部分内容及页码，要注意确认目录页码同内容的一致性。

4. 计划摘要

计划摘要应从正文中摘录出投资者最关心的问题，一般简明而生动地概括公司的基本情况、产品背景、公司产品和业务范围、公司的能力以及局限性、公司的竞争对手、营销和财务战略、市场规模与预期占有率、公司的核心竞争优势、生产管理计划、财务计划、资金需求状况、公司的管理队伍等内容。如果公司是一本书，它就像是这本书的封面，做得好就可以把投资者吸引住。

5. 正文

正文是创业计划书的主体部分，要分别从公司基本情况、经营管理团队、产品/服务、技术研究与开发、行业及市场预测、营销策略、产品制造、经营管理、融资计划、财务预测、风险控制等方面对投资者关心的问题进行详细介绍，要求既要有丰富的数据资料，使人信服，又要突出重点，实事求是。

6. 附录

附录是对正文中涉及的相关数据、资料的补充，作为备查。

(二) 创业计划书的核心内容

创业计划书的核心内容与具体写作要求如下。

1. 计划摘要

计划摘要也称为执行总结，列在创业计划书的最前面。计划摘要浓缩了创业计划书的精华，是对整个创业计划书的概括和提炼，应用最简练的语言将计划书的核心、要点、特色展现出来，目的在于吸引阅读者。一定要简练，一目了然，不要长篇大论，一般要求在两页纸内完成，要把所创企业的不同之处和企业获取成功的市场因素充分展现出来。计划摘要十分重要，它是投资者首先要看的内容，因而必须能让投资者有兴趣并渴望得到更多的信息，给投资者留下深刻的印象，并让投资者在最短的时间内评审计划，做出判断。

计划摘要除公司介绍、主要产品和业务范围、市场概貌、营销计划、生产管理计划、管理者及其组织、财务计划等基本内容之外，还必须回答下列问题：企业所处的行业是什么？企业经营的性质和范围是什么？企业的亮点是什么？企业主要产品和服务的内容是什么？企业的商业模式是什么？企业的市场在哪里？谁是企业的顾客？他们有哪些需求？企业的合伙人是谁？企业的投资人是谁？企业的竞争对手是谁？企业的竞争对手对企业的发展有何影响？未来的财务预测是什么？撰写时要注意四点。

第一，撰写创业计划，一般最后完成创业计划书的摘要部分，这样在动笔写之前，就会对整个商业计划有一个更加清晰准确的理解，可以很好地把创业计划的主要结论性内容摘录于此。

第二，此部分要有针对性，不同投资者的兴趣和背景完全不同，他们看创业计划的侧重点也各不相同，要对投资者进行一番调查研究，在摘要部分突出投资者最感兴趣的方面。

第三，语言方面一定要文笔生动，风格要开门见山，内容浓缩整个创业计划书的精华，切忌烦琐冗长、行文含蓄晦涩。

第四，计划摘要如同推销产品的广告，编制人要反复推敲，力求精益求精，形式完美，语句清丽流畅而富有感染力，以引起投资人阅读创业计划书的兴趣。特别要详细说明自身企业的不同之处以及企业获取成功的市场因素。在写作完成之后，要反复检查直到确切无误为止。

2. 行业分析

行业分析是编制创业计划书的基础之一，要在充分调研的基础上，对企业所在行业的基本情况、基本特点、竞争状况以及未来的发展趋势进行充分分析，使潜在的投资者对本行业的状况有所了解，并清楚企业在什么行业内竞争。行业分析应该包括行业的发展趋势、国家政策、竞争分析、目标市场的识别等内容。关于行业的发展趋势，应该描述该行业的历史、现状以及将来的发展趋势，并分析行业发展中存在的问题；国家政策应阐述国家对该行业的支持力度和支持措施，行业或政府部门所做的预测，对自己创业的影响；关于竞争分析主要分析市场容量、市场竞争情况、行业主要盈利模式、市场策略等，需要识别每个主要的竞争对手，分析其优劣势，特别是分析竞争对手将如何影响该企业在市场上潜在的成功，自己采取的发展策略；关于目标市场的识别，应该对市场进行细分并识别目标市场，分析其进入障碍，自身如何克服障碍等。此外，创业者也应该提供对该行业新产品开发的看法。

一些值得创业者考虑的行业分析中的关键问题概括如下。

第一，在过去五年中，该行业的销售总额是多少？

第二，该行业预计的增长率如何？

第三，在过去三年中，该行业有多少新进入的公司？

第四，该行业最近有什么新产品上市？

第五，最接近的竞争者是谁？

第六，你的企业如何经营才能超过该竞争者？

第七，你的每个主要竞争者的销售额是在增长、减少还是保持稳定？

第八，你的每个竞争者的优势和劣势是什么？

第九，你的客户的特点是什么？

第十，你的客户与你的竞争者的客户有什么区别？

3. 企业介绍

这一部分是向战略合伙人或者风险投资人介绍融资企业或项目的基本情况。

如果企业处于种子期或创建期，现在也只有一个商业创意，那么，应重点介绍创业者的成长经历、求学过程，并突出其性格、兴趣爱好与特长，创业者的追求，独立创业的原因以及创意如何产生。

对新创企业（风险企业）的描述将使投资者明确企业经营的规模和范围。关键要素应包括产品和服务企业的地点和规模、所需人员和办公设备、创业者的背景等。创业者需要重点回答这些问题：你的产品或服务是什么；公司将位于何处；为什么该地点适合你的企业；企业的运营需要什么额外的技能和人员；需要什么办公设备；这些设备将购买还是租赁；你的商务背景是什么；你具有什么样的管理经验；叙述个人资料如教育程度、年龄、特长以及兴趣；你创办这个企业的原因是什么；为什么你会在这个风险企业中获得成功；到目前为止有什么开发工作已经完成等。

如果企业处于成长期，应简明扼要介绍公司过去的发展历史、现在的状况以及未来的规划。具体包括：公司概述，公司名称、地址、联系方法；公司的业务状况；公司的发展经历；对公司未来发展的详尽规划；本公司与众不同的竞争优势；公司的法律地位；公司的公共关系；公司的知识产权；公司的财务管理；公司的纳税情况；公司的涉诉情况等。重点在于企业理念和战略目标，主要包括四个方面。

第一，企业宗旨和理念。企业宗旨和理念即创办企业的出发点和归宿以及得到社会普遍认同的、体现企业自身个性特征并反映企业明确经营意识的价值体系。它能促进并保持企业正常运作和持续发展，主要包括企业目标、企业价值观念、企业精神、企业哲学、企业宗旨、企业作风等。

第二，企业基本情况。企业基本情况包括企业的名称、注册时间与地点、经营场所，企业的法律形式、法人代表、注册资本、主要股东以及股份比例等基本情况。重点介绍企业未来发展的详细计划，企业的发展方向和战略以及近、中、长期目标等。

第三，企业发展阶段。企业发展阶段介绍说明企业发展的不同时期，如企业创立期、早期、稳定发展期的情况（如开发新产品、提供新服务、建立新分支机构等）以及企业扩张期可能出现的企业合并、企业改产、企业重组或稳固地占领市场等情况。在描述公司发展历史时，正反面的经验都要写，特别是对以往的失误不要回避，要对失误进行客观的描述、中肯的分析，以诚信赢得投资者的信任。

第四，对于任何一个企业，其所处的地理区位可能是其成功的关键，特别是当企业从事零售业和服务业时。因此，商业计划中企业地点的选择与企业类型有关。在考察企业将占有的建筑和空间时，创业者需要对一些因素进行评价，如停车场，由公路到有关设施的路径，公司到客户、供应商、分销商的路径，送货率，法规或城市规划法律等。

4. 产品和服务介绍

在进行投资项目评估时，投资人最关心的问题之一就是企业的产品、技术或服务能否以及在多大程度上解决现实生活中的问题，顾客能从企业的产品中获得什么好处，企业的产品（服务）能否帮助顾客节约开支、增加收入，这是市场销售业绩的基础。

产品和服务介绍一般包括产品的名称、特性及性能用途，与竞争对手的产品相比有哪些优缺点,产品处于生命周期的哪一阶段、市场竞争力如何,产品的研究和开发过程,产品的技术改进、更新换代或新产品研发计划及相应的成本,产品的市场前景预测,产品的品牌和专利等。创业者要对产品(服务)做出详细的说明,说明要准确,通俗易懂,让不是专业人员的投资者也能明白。一般地,产品介绍都要附上产品原型、照片或其他介绍。

此外,对于一些以技术研发为重点的高新技术企业来说,还要对相关技术及其企业研发情况进行分析,包括企业技术来源、技术原理、技术先进性、技术可靠性;公司的技术研发力量和未来的技术发展趋势,公司研究开发新产品的成本预算及时间进度,技术的专利申请、权属及保护情况、发展后劲和储备等,以使投资者对公司技术研发队伍的实力、公司未来发展对技术研发的需要等有所了解。

在描述产品或服务的过程中,需注意五个方面。
① 清晰地介绍产品或服务的性质。
② 清楚地描述产品或服务的实用价值。
③ 说明这个产品能够为用户解决什么问题。
④ 说明市场上是否已经有同类的产品或者服务,如果有的话,说明本产品或服务的独特性是什么、优势是什么。
⑤ 说明涉及的一些知识产权问题。如果是知识创业的话,说明产权在谁手中,如果产权不在自己手中,说明将来的利益该如何分配。

产品(服务)介绍的内容比较具体,因而写起来相对容易。虽然夸赞自己的产品是推销所必需的,但应该注意,企业家和投资者所建立的是一种长期合作的伙伴关系,空口许诺只能得意一时。如果企业不能兑现承诺,自身的信誉必然要受到极大的损害。所以,产品(服务)介绍的内容必须客观。

5. 生产计划

如果新创企业属于制造业,则有必要制订一个生产计划。这个计划应该描述完整的制造过程,尽可能把新产品的生产制造及经营过程展示给投资者,使投资者了解产品的生产经营状况。生产制造计划这一部分应包括的主要内容是:
① 公司现有的生产技术能力,企业生产制造所需的厂房、设备情况。
② 质量控制和改进能力,产品在进入规模生产时的稳定性和可靠性。
③ 新产品的生产经营计划,改进或将要购置的生产设备及其成本。
④ 现有的生产工艺流程,生产周期标准的制订及生产作业计划的编制。
⑤ 物资需求计划及其保证措施,供货者的前置期和资源的需求量。
⑥ 劳动力和雇员的有关情况,同时,为了增大企业的评估价值,企业家应尽量使生产制造计划更加详细、可靠。

如果新创企业不是属于制造业,而是零售店或服务型的,则这一部分计划内容可以命名为"经营计划",其内容应包括对货物购买存贮控制系统以及库存需求等的具体描述。一般地,制订经营计划应回答以下问题:货物将从谁那里购买?存贮控制系统如何运营?存货需求怎样?存货如何促销?

6. 市场营销计划

企业的盈利和发展最终都要拿到市场上来检验,营销成败直接决定了企业的生存命运。市场营销计划主要描述产品或服务将如何被分销、定价以及促销，是商业计划中的一个重要组成部分。制订营销计划的宗旨是通过一系列的营销活动来增强产品对顾客的吸引力，找到销售和分销产品的途径，建立提高产品知名度的方案，以提高公司的盈利能力。它的作用在于让投资者相信创业企业的盈利能力，同时还可以为企业未来的营销活动提供指导。潜在的投资者通常认为营销计划是新的风险企业成功的关键。因此，创业者应该尽一切努力把该计划准备得尽可能全面而具体，以便投资者弄清新创企业的目标以及为了有效地实现这个目标将实施的战略。为了估计风险企业的盈利能力，需要对其产品或服务进行预测。

制订营销计划的总体思路是：了解环境信息，设定可达目标，制定可行策略，计划控制执行。一般来说，中小企业可选择的市场营销策略有集中性营销策略、差异性营销策略和无差异性营销策略等。在介绍市场营销策略时，创业者要讨论不同营销渠道的利弊，要明确哪些企业主管专门负责销售、主要使用哪些促销工具，以及促销目标的实现途径和具体经费的支出等。

7. 组织计划

组织设计的目的，就是发挥整体大于部分之和的优势，使有限的组织资源形成最佳的综合效果。一个优秀的组织结构，能够做到机构精简、高效，职能分工合理而明确，既发挥个人的积极性、创造性，又能保持高度的和谐和统一。反之，一个不良的组织结构会因为机构臃肿、人浮于事而消极怠工。组织计划主要介绍管理团队、组织结构及其相关的人力资源等内容。

（1）管理团队

"人"是创业中非常重要的一个资源要素，管理团队是投资者非常看重的，就像中经合总裁刘宇环先生曾经说过的："就像做房地产位置是最重要的一样，做 VC（风险投资，Venture Capital）的三个要素就是：People，People，People。"从某种意义上讲，创业者的创业能否成功，最终要取决于该企业是否拥有一个强有力的管理团队。企业团队的好坏，直接决定了企业经营风险的大小，高素质的创业人员和良好的组织结构是创业成功的重要保证。因此，管理团队的介绍也是创业计划书的重要内容。

一般来说，创业计划书在介绍管理团队的基本情况时，主要包括两个方面。

一是团队基本情况介绍。主要涉及企业的创业核心成员、创业顾问和主要投资人，介绍其教育、工作背景、职权分配等，注意重点介绍核心团队成员的详细经历、个人背景、专业特长等。这部分主要是向投资者展现企业管理团队的结构、管理水平和能力，管理团队的工作简历、取得的业绩，使投资者了解管理团队的能力，增强投资信心。

二是其他特殊情况介绍。可以对管理团队中需要特殊说明的进行重点介绍，可涉及团队的职业道德、能力与素质等，旨在突出管理团队人才济济且结构合理，具有与众不同的凝聚力和团结战斗精神，在产品设计与开发、财务管理、市场营销等各方面均具有独当一面的能力，足以保证企业以后成长发展的需要。

（2）组织结构

在这部分创业计划中，应对公司管理的主要情况进行一个全面介绍，并对公司组织结构做简要介绍，包括公司的组织结构图、各部门的功能与责任、各部门的负责人及主要成员、公司的薪酬体系、公司的股东名单、公司的董事会成员、各位董事的背景资料等。一般而言，初创企业的组织架构应该包括生产部门、研发部门、市场部门、销售部门、公关部门、财务部门、行政部门等。

此外，还要介绍企业目前的管理模式及战略决策。它对公司的可持续发展至关重要。战略管理包括总体战略和分步发展战略，长期战略和短期战略。一般而言，董事会在公司发展的基本定位、价值观、发展的总体战略和总体思路方面发挥重要的作用。在创业计划书中，公司管理所涉及的各个方面应加以认真考虑和清晰描述。

（3）人力资源

一个初创企业必须具备负责产品设计与开发、市场营销、生产作业管理、企业理财等方面的专门人才。企业管理的好坏，直接决定了企业经营风险的大小。而高素质的管理人员和良好的组织结构则是管理好企业的重要保证。因此，风险投资者会特别注重对管理队伍的评估。在大部分新创企业中，人才不足是其扩大经营规模、提高管理水平的主要制约因素。发展企业不仅需要金融、法律、财务技术、营销等方面的人才，更需要有战略思想和熟悉现代企业管理的经理人才。企业的管理人员应该是互补型的，而且要具有团队精神。在创业计划书中，必须对初创企业的人才需求计划、员工招聘计划等加以阐明。

8. 财务分析与预测

财务分析是指以会计核算、报表资料及其他相关资料为依据，采用一系列专门的分析技术和方法，对企业过去和现在有关的筹资活动、投资活动、经营活动、分配活动、盈利能力、营运能力、偿贷能力和增长能力等进行分析与评价的经济管理活动。

事实上，财务计划和企业的生产计划、人力资源计划、营销计划等都是密不可分的。创业计划书概括地提出了在创业过程中创业者需做的事情，而财务计划则是对创业计划书的支持和说明。因此，一份好的财务规划对评估风险企业所需的资金数量、提高风险企业取得资金的可能性是十分关键的。财务计划常常被认为是创业计划书的核心和灵魂，投资者通过财务计划可以看到一个好的创意终将转化为盈利。前面所说的各个部分，到这里将演化为现实的盈利。创业计划书中的此部分肩负两大使命：第一，通过财务分析进行财务预测，说明融资需求，以此为依托谈判融资的具体事宜；第二，通过此部分揭示的数据，向投资者展示创业企业未来的财务状况和获利能力。

财务计划一般要包括以下内容：创业计划的条件假设，初期投资和走向分析，现金收支分析，预计的资产负债表，预计的损益表，资金的来源和使用。

创业计划的条件假设是财务预测的依据和前提假设，是投资者判断企业财务预测准确性和财务管理水平的标尺，也是投资者关注的焦点，其主要依据和前提假设是企业的经营计划、市场分析。

初期投资和走向分析。创业初期，在将创意转化为实践的过程中，创业必须进行初期投资和走向分析。初期投资一般包括风险投资、人力资源投资、财力资产投资等。除了关注投资组成，创业者还应关注投资去向，如财政分配、用于设备与场地等各类项目的财产投入分配及有关产品宣传推广的财务支出等。

流动资金是企业的生命线，因此企业在初创或扩张时，对流动资金需要有预先周详的计划和进行过程中的严格控制；损益表反映的是企业的盈利状况，它是企业在一段时间运作后的经营结果；资产负债表则反映在某一时刻的企业状况，投资者可以用资产负债表中的数据得到的比率指标来衡量企业的经营状况以及可能的投资回报率。

资金的来源和使用主要涉及融资计划和资金使用计划。融资计划主要根据企业的经营计划提出企业资金需求数量，融资的方式、工具，投资者的权益、财务收益及其资金安全保证，投资退出方式等，是资金供求双方共同合作前景的计划分析。资金使用计划则要将计划融资金额做出大致的使用安排，合理的资金投向可以保证投资人对融资需求、用途的信服。

需要注意的是，财务分析在公司经营管理中具有重要地位，而且这部分是相当专业的，创业者必须了解财务计划需要传递的一切有关信息，需要花费较多的精力来做具体分析，必要时可以委托专业的机构和人员来完成。

9. 风险分析

这部分内容主要是向投资者分析企业可能面临的各种风险隐患，风险的大小以及融资者将采取何种措施来降低或防范风险、增加收益等。

创业风险主要包括市场风险、财务风险、法律与公共关系风险。风险分析主要分析创业风险的来源和风险控制。在某一特定的行业和竞争环境下，每个新创企业都将面临一些潜在的危险。新创企业的风险主要来自竞争者的反应，来自自身在市场营销、生产或管理方面的弱势，来自技术进步带来的其产品的过时等。创业者有必要进行风险估计以便制定有效的战略来对付这些威胁。企业应尽量扩大收集信息的范围，重视对环境的预测和采用科学的预测手段和方法，制定战略方案以应对风险的发生。这些应急计划和备选战略向潜在的投资者表明，创业者对经营中存在的风险是十分重视的，而且对这些可能发生的风险是有充分准备的。风险分析的具体内容包括：

① 企业自身各方面的限制，如资源限制、管理经验的限制和生产条件的限制等。
② 创业者自身的不足，包括技术上的、经验上的或者管理能力上的欠缺等。
③ 市场的不确定性。
④ 技术产品开发的不确定性。
⑤ 财务收益的不确定性。
⑥ 针对企业存在的每一种风险，企业进行风险控制与防范的对策或措施。

此外，投资者通常对创业投资的退出策略也极为重视。是否决定投资的主要因素是创业机会、市场前景和团队等，他们对投资退出的运作有着极为丰富的经验，但在创业计划书中最好考虑设计适当的退出路径。常见的创业投资退出方式主要包括公开上市、兼并收购和回购等，创业企业应该对三种退出方式的可能性进行可信的预测，任何一种可能性都要让投资者清楚知道投资的回报率。

对于企业可能面临的各种风险，创业者不能因为其产生的可能性小而忽略不计，也不能为了增加获得投资的机会而故意淡化、隐瞒风险因素，而应采取客观、实事求是的态度，对企业所面临的各种风险都认真加以分析，并针对每一种可能发生的风险给出相应的防范措施，这样才能取得投资者的信任，也有利于引入投资后双方的合作。

10. 附录

附录主要是对创业计划书中涉及的一些问题的细节和相关的证书、图表进行描述或证明，它与创业计划书主体部分一起装订成册。附录看上去不重要，但它作为整个创业计划书的支撑材料和必需的补充材料，能够增强创业计划书的科学性、可信度。附录应具有合理性、合法性、真实性，主要包括四部分内容。

① 市场调研。一个可落地的创业计划书应提供市场调研的有关材料，证明市场调研的可信度以及整个创业的设想、定位、策略不是凭空产生的，而是源于多方面的实际调研。

② 核心数据。所谓言之有据，"据"就是数据，包括市场数据、资金数据等。所有与创业计划有关的数据都应在附录中体现出来。但在大数据时代，核心数据更为重要，所以要从多个维度对核心数据进行深层次的挖掘、分析。

③ 专利证书。如果是技术产品，须提供专利证书、专利拥有权证明。

④ 其他证明材料。如企业的营业执照、公司章程、验资审计报告、项目证书、鉴定报告、场地租用证明、公司及其产品的介绍、工艺流程图、各种财务报表及财务预估表、专业术语说明等。

二、制订创业计划的过程

思考如何建立企业的过程远比最后创业计划的文字要重要。许多情况下，创业计划只是非正式的内部工作文件，只有当创业计划被用来获取外部融资时，它才是一份很详细的对外文件。

我们知道，创业计划像是一张行程图，而制订过程就是地图的绘制过程，思考并决定自己在哪里、要到哪里去、怎样去等一系列问题，然后制订计划路线。一张好的地图可以增加到达目的地的可能性。制订创业计划需要考虑创业现状的分析、创业目标分析和创业手段分析这三个基本问题。

（一）创业现状分析

① 分析自己将要提供的产品或服务现状，例如，怎样在价格、质量等方面与别人竞争；产品或服务是否在某些方面区别于他人的产品或服务；这种差异怎样能够加强；产品或服务是否容易被模仿；能否辨别成功或不成功竞争者的模式等。

② 分析顾客的需求，例如，能否辨别并正确地进入细分市场；现在的顾客对自己的产品或服务满意吗；市场组合有什么优点和缺点；能否找到和现在的顾客群相似的更多顾客；是否在向一个利基市场出售产品或服务等。

③ 分析自己的优势和劣势，例如，自己的目标是什么；自己的优势和劣势是什么；公司的员工和设备怎么样；自己善于领导和交流吗；对公司发展至关重要的东西是什么等。

④ 分析市场机会与威胁，例如，消费者的品位是否发生变化；市场是否成长；将来可能影响你的社会、法律、经济、政治和技术环境是否发生变化；竞争者进入公司所在的行业是否容易；自己是否有新产品或新的服务项目的想法等。

（二）创业目标分析

1. 确定自己和公司的创业宗旨

对于企业而言，宗旨就是企业追求的基本使命；对于创业者个人来说，宗旨就是创业者追求的理想和个人价值的实现方式。创业者必须明确是想要一种生活方式还是想努力获取企业成长。星巴克的创始人舒尔茨有非常远大的志向,那就是建立一家庞大、知名而又获利丰厚的企业,来改变美国人开始一天新生活的方式。为此,他为公司确立了明确的使命:成立一家能把意大利咖啡吧文化带到美国的公司;供应最优质的咖啡;经营一个重视员工的组织。因此,他并不认为简单地在西雅图开几家咖啡店就算创业成功,而是最终要成为全球连锁帝国。舒尔茨很好地实现了个人宗旨和公司宗旨的有机结合。

2. 根据宗旨确立一些具体的目标

创业计划中制定的目标必须遵循 SMART 原则,可将它们作为有效的判断标准来评价自己的表现。S 代表具体(Specific),指目标要切中特定的目标,必须是具体的,不能笼统;M 代表可度量的(Measurable),指目标是数量化或者行为化的,验证这些绩效指标的数据或者信息是可以获得的;A 代表可实现(Attainable),指目标在付出努力的情况下可以实现,避免设立过高或过低的目标;R 代表相关性(Relevant),指目标与工作的其他目标是相关联的,绩效指标是与本职工作相关联的;T 代表有时限(Time – bound),注重完成目标的特定期限。这五个原则缺一不可。

(三)创业手段分析

1. 制定实现创业目标需要的战略

战略就是描述怎样做。制定战略需要不同的管理职能部门,如营销、运营、人事和财务等部门的合作。

2. 制订一个营销计划

构造一个细致连贯的营销组合,以明确如何把产品或服务销售给不同的顾客。

3. 一个财务预算、利润和现金流量预测

创业者需要考虑:完成这个计划需要什么财务资源?需要吸引投资者吗?能够吸引投资者吗?如果不能,计划可能需要修改。

创业计划的制订过程如图 10 – 1 所示。它由创业者的个人目标或公司的使命开始,并明确具体的创业目标。第二个步骤是运用 SWOT 分析方法,它现实和简洁地评价了企业所面临的选择。SWOT 分析的结果可用于企业目标和顾客的分析中。接下来要针对具体的计划制定营销战略,它包括构造一个适合公司每一个不同目标市场的营销组合。它们被发展成针对每种产品或市场供给的详尽的营销计划:谁?做什么?什么时间做?接下来估计这些计划的成本并制定出详细预算。但是由于资源的限制,这些计划、战略甚至经营目标都可能会被反馈回来进行修改。

三、撰写创业计划书的原则与注意事项

(一)撰写创业计划书的原则

1. 市场导向的原则

在撰写创业计划书时,起导向作用的应该是市场。创业计划书应基于对市场的深入分析,没有市场认可的产品不是产品,只有得到市场认可的产品才可能成功。如果创业计划的实施没有市场调研或者市场调研不充分,将来创业失败的可能性就会很大。

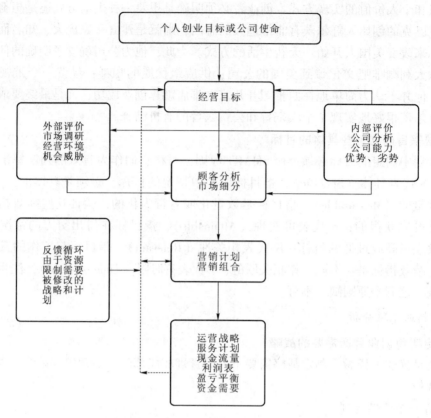

图 10-1 创业计划的制作过程

2. 开门见山的原则

创业计划书的撰写要开门见山,直奔主题。有些创业大赛参与者在演讲时能将创业想法论述清楚,但其创业计划书却观点不明确,原因在于计划书的重点不突出,主题被背景所湮没。因此,创业计划书在表述上,要尽量做到开门见山。

3. 简洁精练的原则

创业计划书的表述不仅要求语言简单、遣词造句谨慎,删除冗长句子,还要求观点明确、结构清晰、上下句逻辑连贯,同时准确运用形容词,在适当的地方运用表格说明,避免在一个句子里包含太多的抽象概念,留下精华信息,不需要深度描述。从大学生创业大赛的情况来看,有些创业计划书表述很清晰,让人容易理解;而有些创业计划书却很晦涩,甚至无法提炼观点,使人不清楚其创业计划。

4. 观点客观的原则

在表达想法、创意及创业计划书可行性的时候,观点要客观,尽量避免过多的个人主观色彩。如何避免主观性,这需要调查和分析,观点、结论来源于实践和实际,而非来源于想象和理论。在撰写创业计划书时,要实事求是地进行陈述,不能夸大事实和不确定性内容。

5. 通俗易懂的原则

通俗易懂是创业计划书撰写过程中非常重要的原则,技术性问题可以在附录中出现。在投资者的心中,他们更关注创业计划的价值创造,而非产品的技术过程。有些投资者价值多元，可能更关注社会价值的重要性。因此，关于产品理念、市场预测的表述应通俗易懂，使创业计划书具备可读性、可接受性。

6. 前后一致的原则

创业计划书应保持前后观点一致、数据一致、方法一致。前后一致既能赋予创业计划书可信度，也能赋予创业计划书可行性。此外，在陈述计划书的过程中，也应保持基本思路、方法的一致性，显示整个项目考虑的成熟度。

7. 突出优势的原则

创业计划书应清晰展示团队优势、技术优势、商业模式优势、市场优势等以及这些优势能否在实际操作中带来收益。有些投资者已经拥有某项技术，因此相比技术，他们更重视团队，创业计划书就应突出分析团队优势。有些投资者注重技术，创业计划就应更好地突出技术，或者更低的成本、更高的效率等。有些团队及其技术相差不大，创业计划书就可以彰显营销模式的特点，突出商业模式的创新。

8. 真实可信的原则

在创业计划书中，切忌表现得急功近利，或不切实际地夸夸其谈。创业的成功不是一蹴而就的，而是一个循序渐进的过程，且因人、因行业而异。有些大学生在制订创业计划书时好高骛远，总想着一步登天，所创产品与同类产品相差无异，销售额的预估却相差巨大，想象成分远高于科学评估，这样的创业计划书没有任何实用价值。

9. 数字说话的原则

数字说话可以增加创业计划的科学性、客观性和真实性。银行家或风险投资者阅读计划是习惯看数字的，也习惯按数字来思考。语句不能打动他们，除非有尽可能准确的数字支持。

（二）撰写创业计划书的注意事项

创业计划书的各个方面都会对筹资的成功与否产生重要影响。因此，在创业计划书完成之后，最好再对计划书进行检查：该计划书是否能准确回答投资者的疑问？争取增强投资者对本企业的信心。通常，撰写创业计划书要注意以下八点。

1. 是否显示出你已经进行过完整的市场分析

要让投资者坚信你在计划书中阐明的产品需求量是客观准确的，要明确强调目标市场，充分说明商业机会。

2. 是否显示出你具有管理公司的经验，是否对公司的企业文化和管理理念进行了解释

如果你自己缺乏能力去管理公司，那么一定要明确强调，已经聘请了专业管理人员来管理公司。投资者在审查创业计划书时，非常重视创业团队的人员构成。计划书中应提供团队认为关键的能力证明材料等。

3. 是否显示了你有能力偿还借款

要保证给预期的投资者提供一份完整的公司财务分析资料。

4. 是否容易被投资者所领会

创业计划书应该备有索引和目录，以便投资者可以比较容易地查阅各个章节。此外，还应保证目录中的信息流是有逻辑的，并且是现实的。

5. 结构是否一目了然

该说的东西都要说到，分清主次，并且各个部分的次序不要颠倒，让风险投资者记住你的框架。一般而言，创业计划书应该以"企业战略或企业文化"作为文本的主线，把文本的内容连贯起来，从而使文本的结构严谨。

6. 数字是否真实、客观

在计划书中，真实客观的数字胜过任何说理。有了数字的解释，计划书更有说服力，可让风险投资商增强对项目的信任感。计划书中的关键数据要面向未来，避免夸大。

7. 是否把计划摘要放在了最前面

计划摘要相当于公司创业计划书的封面，投资者首先会看它。为了保持投资者的兴趣，计划摘要是否写得引人入胜就显得非常重要。

8. 是否在文法上全部正确，结构是否具有逻辑性

计划书的文字错误和排印错误可能会使机会丧失。此外，所要表达的内容，不求多但求精。风险投资商关注的是字里行间有无经典的创造、有无崭新的商业模式。另外，创业计划书中无论使用何种称谓，都要避免使计划书带有个人色彩，努力做到内容客观、公正。

（三）创业计划书撰写的细节要求

1. 图表的处理

在编制创业计划书的过程中，有很多部分是文字的叙述，但同时也要使用一定的图表。这样创业者可以更简洁、客观地反映自身状况，也可以让投资者在较短的时间内充分了解企业的实力。

图表一般有两类。一类是与正在描述的内容关系密切，而自身内容较少。对于这样的图表，编制者可以将之直接插在相关正文中。另一类图表要么是自身内容过大，放在正文中影响整个计划书的连贯性，要么在计划书中起到的是备查的作用。例如企业的三大预测财务报表就属于后一类。对于这样的图表，可以将之集中列在正文之后的附录中，一方面可以缩短计划书正文的内容，另一方面方便投资者查询和使用。

2. 语言风格的选择

不论计划书的编制者采用何种语言风格、使用什么语言技巧，最关键的一点就是要避免使用行话、术语。不要使用读者看不懂的行话、符号、缩略语等，尽量使用简单的语言，清晰地解释外行人可能看不懂的概念，以免使人困惑不解。

3. 保密问题

保密常常是个重要问题，做法可有多种。

① 要求收件人在一份保密协议上签字。

② 在文件中添加一段，对读者提出保密约束。

③ 尽量不把敏感性信息写进文件，但是文件中必须包括充足的内容才能令人信服。保密协议的多寡和复杂程度随情况而异。如果保密协议属于创业计划书本身的一部分，那么应该把它放在首页并且说明：收件人一旦接受该文件，即视同收件人同意接受本协议的约束。

4. 充分利用附录

保证创业计划书的正文简明扼要，把必不可少的佐证资料放在附录里。这些附录可以做成另外一个文件，这样创业计划书就显得不那么又厚又长、令人望而生畏了。而且这些资料应只包括有用的、能用的相关信息，不要迫使读者在各页之间来回翻查。

第三节 创业路演

一、创业路演的准备

创业计划撰写完成之后，面临的就是创业计划的路演展示。创业路演展示之前，创业者要再一次论证完善创业计划，检测创业计划的科学性、合理性和可实现性。

（一）创业计划的致命缺陷

作为传统书面形式的创业计划，存在以下三方面致命缺陷。

1. 创业计划只反映某个时间点

初创企业充满了变数，而书面计划书却是静态的，如果创业计划仅仅反映某个时间点的状态，这对于初创企业来说无疑会加大生存的风险。有经验的投资者更关注企业过去的发展历程，而不是未来的预测。因此，创业计划不仅要预测未来，还要反映过去和现在。

2. 创业计划的内容纯属预测

大部分创业计划书中的财务数据，多为预测数据，只能证明起草人具备基本的商业知识，而不能有效规避风险。比数字本身更重要的，是获得这些数字的假设和方法。只有这样的假设才能产生真正能引起投资者兴趣的信息。

3. 创业计划理念的展示差强人意

大多数人是视觉学习者。书面形式的创业计划在介绍公司的价值定位和增长潜力时，不利于客户或投资者更好地理解公司的价值。

创业计划的结构标准、统一，对于创业新手而言，制订创业计划的过程有助于自己考虑公司的未来，是一次宝贵的经历。但对于已经具备创造奇迹的创意和动力，却因为缺少时间或技能，无法在格式化的书面计划书中清楚表达自己创意的人来说，创业计划便成了瓶颈。而实际上，创意与动力更加重要。

一位优秀的企业家应该更专注于自己的产品和最终的转折点，而不是死守一份书面计划书。要让投资者和客户知道自己有能力稳妥应对公司的发展变化。

（二）论证完善创业计划

1. 创业计划论证的标准

论证完善创业计划要遵循一定的标准，主要包括四个方面的标准：第一，是否具有可支持性，即创业的动机与理念是什么；第二，是否具有可操作性，即如何保证创业成功；第三，是否具有营利性，即创业能否带来预期的回报；第四，是否具有可持续性，即企业能生存多久。这四个标准要综合考虑，不可偏废。

2. 创业计划的效度考察

论证完善创业计划还需要考察创业计划的五个效度。

① 论证创业项目的真实效度。创业项目是否真实可信，是否有详细的市场调查数据，项目的各种信息的准确程度等。

② 论证创业项目的盈利效度。创业者一定要对项目的风险性、可行性进行充分的论证。论证内容包括选址、客户流量、营销周期、产品受欢迎程度、经营者的经营方式。此外还要

估算其成本和投入产出，对于风险承受能力不足的中小投资者来说，投资安全是第一位考虑的因素；同时还要考察项目方在知识产权方面和品牌方面是否存在纠纷，是否拥有完全的所有权。

③ 论证创业项目的行为效度。主要考察项目运作是否规范、操作流程是否规范、工艺流程是否规范、服务流程是否规范、章程是否规范等内容。

④ 论证创业项目的发展效度。从低层次看，考察项目在市场扩张上是否能够为投资者提供强有力的支持；从高层次看，考察项目是否拥有将事业做大的决心，项目是否拥有长期的战略规划，项目能否提供强有力的促销支持，项目能否持续提高自己品牌的价值，项目是否有足够的创新能力等。

⑤ 论证创业项目的人才效度。在对项目进行论证的时候，除了要论证项目主导人的人品、性格、经历、知识结构、拥有的企业资源和社会资源外，还要着重论证项目方的团队，包括成员的素质、从业经历、从业经验、既往业绩、圈内口碑；在性格和专业上的互补性；团队的稳定性等内容。

总的来说，创业者对创业项目方案的论证是一件非常细致的事情，需要创业者有很好的耐心，足够敏感。为了取得路演的成功，降低创业风险，就需要仔细推演和论证，在此基础上修正自己的创业计划。

（三）检测创业计划的常用方法

检测创业计划是否可行，常用的有以下方法。

1. "电梯"测验

在大约上一层电梯的时间里，用最多两个短句告诉投资人自己的项目如何获利。电梯测验是广为人知的电梯销售演讲的变本。通过电梯商业演讲可以使自己清楚地知道如何赚钱，这也意味着能向员工、顾客和利益相关者描述公司的目标。

2. "最多三件事情"测验

成功有赖于创业者将其能力集中在有限的几个关键领域的能力。审视一个商业计划时，需要问自己如下问题：决定自己成功的三件事是什么？自己具备在这个范围内成功的必备能力吗？如果没有，如何获得？

3. "假如你是顾客"测验

把自己放在潜在顾客的位置上，问自己一系列的问题：在已有选择的基础之上，自己会买这个公司的新产品和服务吗？如果是，为什么？作为一个潜在的买家，自己是独一无二的还是和很多人一样？自己会以现在的价格，即全价，购买产品和服务吗？购买服务有多快、多容易？自己会立刻购买，还是先了解一下？

4. "差异化和市场领导权"测验

成功需要自己的产品或服务与众不同并能统治一些东西。定义自己的市场，使自己有与众不同之处，进而统治这个领域。与众不同者必胜，千篇一律者必败。

5. "我会被包围吗"测验

在创业之前，必须估计很常见的现象带来的风险以及妨碍自己长期成功的可能性，考虑自己是否能有效构建公司。要让自己的公司有一些独特性，阻止他人复制自己向顾客提供的价值的企图，使他人难以竞争。

6. "成本翻番"测验

"成本翻番"的本质是自己预料到会出现问题,每件事都比预期的费用要高,通常需要更多的代价实现收益。这个测验可以有效地检查自己犯错误的回旋余地、自己的利润计划是否合理。问自己如下问题:如果成本翻番,这还是一份好的商业计划吗?如果第一年的收益只有预期收益的一半,成本又翻番,这还是一个好创意吗?

7. "犯错误试验的空间"测验

好的商业创意通常留给创业者很大的犯错误的空间。自己最后的盈利不一定来自原打算盈利的地方。在投入时间和精力检测自己的公司之前使用这个测验最有价值。

8. "依赖性"测验

任何公司的重要风险来源之一就是对某个供应商或者顾客的巨大依赖。首要法则是单一顾客不能占据一个公司销售额的35%。所以,问问自己:如果环顾四周,自己的公司是否严重依赖某个公司呢?如果答案是肯定的,有办法减少这种依赖性或者减轻潜在的损失吗?如果打算创立的公司严重依赖某个公司,要考虑如下两个问题:这种依赖性会榨取自己的利润吗?如果依赖的公司停业或者不再同自己做生意,将会发生什么事情?

9. "多股收入流"测验

这涉及公司的收入,是控制风险的传统方法,也就是要做到收入流的多样化,即公司要具备从多个来源获得收益的能力。

10. "脆弱性"测验

"脆弱性"测验是用来分析"最坏的情况"的方法。问自己这样一些问题:如果公司开业运转了,什么事情会让公司瞬间倒塌?如何预测现有的和潜在的竞争者对自己的公司做出的反应?是否有竞争者有能力将自己的公司立刻扫地出门?为什么现有竞争者不会对自己的进入做出反应?

11. "不只是一条路"测验

如果你的公司或者你将使用的技能能够灵活地朝多个方向发展,将更有可能获得成功。但是,如果你正在启动一个只有一条路可走的公司,那么你就必须停下来思考,因为你没有多少犯错误的机会。

二、创业路演的思路与技巧

(一)大学生创业路演的常见问题

大学生由于经验不足,在创业路演时常常容易出现以下七个问题。

1. 不知所云

这是最常见的问题,也是最严重的问题。具体表现是:在路演过程中以自我为中心,内容过多,面面俱到,分不清主次,演讲完后,投资者和评委还不知道你要干什么。

对策:尽量用简洁明了、通俗易懂的话语表达清楚,让普通人能听懂你要干的是什么。

2. 技术展示过多

很多大学生创业者讲起技术就滔滔不绝,很少涉及实际运作情况、商业模式和财务数据,导致投资人和评委无法做出判断。

对策:练习在1分钟之内,讲述技术实验的基本原理、研究成果和应用。

3. 盲目乐观

主要表现为创业者对未来市场盲目乐观，自身预期远大于实际情况，导致评委及投资者没有沟通的欲望。

对策：客观冷静地评判项目，建议路演之前对项目进行认真评价论证，去除不切实际的判断，客观公正地陈述路演。

4. 超出时间

路演的时间是严格控制的，务必在规定的时间内完成路演。通常，评委和投资人也认为不能严格把握时间的创业者，可能是存在准备不足等问题。

对策：精心提炼路演内容，多次练习，严格控制时间。

5. 弄虚作假

有的创业者为了吸引注意力，会编造数据或者提供假的证据，这是坚决不允许的。其实，造假行为很容易被发现，一经发现就严重影响信誉。

对策：实事求是，坦诚面对。

6. 答非所问

提问环节，需要准确作答。一部分创业者会出现答非所问、有意拖延的情况，这样的回答往往没有太大作用，影响团队印象。

对策：建议在30秒到1分钟的时间内，回答每个问题。一般来讲回答问题越多，越有利于展示团队形象，增进投资者和评委对其的了解。

7. 荣誉说明不恰当

参加路演的团队很多是已取得一定成绩和成就的。一般来讲，团队在介绍荣誉时点到即可，一切的路演论述，都需要以项目为核心。

对策：如实说明各个模块，荣誉不要喧宾夺主。

（二）创业路演的思路与技巧

1. 明确创业计划的展示对象

（1）企业内部（员工或股东）

表述清晰的书面商业计划，有助于澄清创业目标协调团队的各项工作，增强团队凝聚力和行动力，激发团队一致向目标前进。对于企业职能部门经理而言，通过分析商业计划的未来战略目标和各部分内容，能确保自己所做的工作与企业整体计划方向一致。

面对这部分展示对象，要客观真实地陈述，做好引导和激励。

（2）投资者和其他外部利益相关者

投资者、潜在商业伙伴、潜在客户、前来应聘的关键员工等外部利益相关者是创业计划的第二类读者。

要吸引这些人，创业路演不要过分乐观，过分乐观会破坏创业计划的信度。同时，路演展示要注意展现的事实，即用事实说话。明确阐述行之有效的商业模式和所处的竞争环境，说明商业创意切实可行。

2. 创业路演的陈述技巧

（1）路演准备

在项目路演之前，创业者一定要准备好幻灯片，而且内容要以预先安排的陈述时间为限。因为陈述的首要原则是严格遵守会议时间、地点安排，做好充分准备，如果需要视听设备，应事先准备好。注意确保幻灯片内容流畅，逻辑清晰，简洁扼要，通俗易懂，忌过多专业术语。重点陈述企业自身状况而非技术或产品细节。此外，带好所有的资料，不要遗忘重要的资料。

（2）路演的关键点

创业路演不追求全面，要抓重点，尤其是要抓住投资者和评委可能感兴趣的部分。一般而言准备10~15张幻灯片即可。各部分内容分配如下。

① 公司：用1张幻灯片迅速说明企业概况和目标市场。

② 机会（尚待解决的问题和未满足的需求）：这是陈述的核心内容，占2~3张幻灯片。

③ 解决方式：企业将如何解决问题或如何满足需求，该项内容需要1~2张幻灯片。

④ 管理团队：用1~2张幻灯片简要介绍每个管理者的资格和优势。

⑤ 产业、目标市场：用1~2张幻灯片介绍企业即将进入的产业及目标市场状况。

⑥ 竞争者：用1~2张幻灯片简要介绍直接和间接竞争者，并详细介绍企业如何与目标市场中的现有企业竞争。

⑦ 知识产权：用1张幻灯片介绍企业已有的或待批准的知识产权。

⑧ 财务：简要说明即可，强调企业何时盈利，为此要多少资本以及何时实现现金流持平，最好用2~3张幻灯片。

⑨ 需求、回购和退出战略：用1张幻灯片说明企业需求资金数目及设想的退出战略。

3. 现场答辩与反馈

创业者要敏锐预见投资者和评委可能会提出什么问题，做好准备。

投资者和评委可能会用很挑剔的眼光看创业计划，这时，创业者可能会很泄气。其实，投资者和评委仅仅是在做分内的事情，提出的问题可能会对创业有很大帮助，会给创业者很大启发。

回答问题阶段是非常重要的，此时投资者和评委往往考察创业者是否有挖掘问题本质的能力。现场回答投资者问题要注意以下原则。

① 对投资者问题的要点有准确理解，回答具有针对性而不是泛泛而谈。

② 能在投资者提问结束后迅速回答，回答内容连贯、条理清楚。

③ 回答问题准确可信，回答问题建立在准确的事实和可信的逻辑推理上。

④ 特定方面的充分阐述，对投资者特别指出的方面能进行充分的说明和解释。

⑤ 整体答辩的逻辑性要求，陈述和回答的内容有整体一致性。

⑥ 团队成员在回答时有较好的配合，能协调合作，彼此互补，对相关领域的问题能阐述清楚。

课堂活动、创业测试及实践拓展作业

参考文献

[1] 徐俊祥,徐焕然.创未来——大学生创业基础知能训练教程[M].北京:现代教育出版社,2017.

[2] 牛翔宇.大学生体验式创业教育教师教学手册[M].北京:现代教育出版社,2015.

[3] 吕爽.大学生创新创业实务指导[M].北京:中国铁道出版社,2017.

[4] 吕爽.创业管理[M].北京:中国铁道出版社,2017.

[5] 姬振旗,周峰.创业教育实务[M].北京:高等教育出版社,2014.

[6] 杨芳.大学生创新与创业教程[M].天津:南开大学出版社,2017.

[7] 徐小洲.创业概论[M].北京:教育科学出版社,2017.

[8] 郭占元.创业基础理论应用与实训实练[M].北京:北京大学出版社,2014.

[9] 王兵.创业基础课堂操作示范[M].北京:北京师范大学出版社,2014.

[10] 宋专茂,麦清华.创业教育实训教程[M].北京:中央广播电视大学出版社,2014.

[11] 赵金华.基于科技创新的理工院校创业教育理论研究与实践[M].合肥:合肥工业大学出版社,2014.

[12] 任映红,谢建芬.人的全面发展视阈中的温州大学生[M].杭州:浙江大学出版社,2014.

[13] 葛海燕.新时期大学生就业创业教育研究[M].北京:海洋出版社,2014.

[14] 陈龙春,杨敏.大学生创业基础[M].杭州:浙江大学出版社,2007.

[15] 孙昀.大学生创业教育[M].北京:高等教育出版社,2014.

[16] 马健生.创新与创业:21世纪教育的新常态[M].济南:山东教育出版社,2015.

[17] 贺尊.创业学概论[M].北京:中国人民大学出版社,2015.

[18] 忱凤池.网络创业[M].北京:高等教育出版社,2015.

[19] 张俊亮.创业教育[M].北京:科学出版社,2015.

[20] 白逸仙.创业教育与专业教育融合研究[M].北京:社会科学文献出版社,2015.

[21] 张琼,朱丽筠.加盟与创业[M].北京:高等教育出版社,2015.

[22] 宁红. 大学生就业与创业指导 [M]. 北京：清华大学出版社，2015.

[23] 申健强，王爱华. 大学生就业与创业指导教程 [M]. 北京：人民邮电出版社，2015.

[24] 李家华. 创业基础 [M]. 北京：清华大学出版社，2015.

[25] 张玉臣. 创业基础 [M]. 北京：清华大学出版社，2015.

[26] 蔡放明. 创业管理 [M]. 北京：机械工业出版社，2016.

[27] 张应辉. 大学生创业教育导论 [M]. 北京：清华大学出版社，2016.

[28] 马广水. 创新创业基础 [M]. 北京：高等教育出版社，2016.

[29] 孙洪义. 创新创业基础 [M]. 北京：机械工业出版社，2016.

[30] 何其华. 创业教育训练教程 [M]. 北京：高等教育出版社，2016.

[31] 吴伟伟. 大学生创新创业教育 [M]. 北京：经济科学出版社，2016.

[32] 杨筱玲. 大学生创新创业教育 [M]. 北京：电子工业出版社，2016.

[33] 邓汉慧. 创业基础 [M]. 北京：北京大学出版社，2016.

[34] 李肖鸣. 大学生创业基础 [M]. 北京：清华大学出版社，2016.

[35] 李莉. 创业基础实训教程 [M]. 北京：北京理工大学出版社，2016.

[36] 韩雪峰. 创业基础教程 [M]. 北京：北京大学出版社，2016.

[37] 高万里. 创业基础 [M]. 北京：中国人民大学出版社，2016.

[38] 陈工孟. 创业基础与实务 [M]. 北京：经济管理出版社，2016.

[39] 雷家骕，程源，杨湘玉. 技术经济学的基础理论与方法 [M]. 北京：高等教育出版社，2005.

[40] 张平，马骁. 标准化与知识产权战略 [M]. 北京：知识产权出版社，2002.

[41] 雷家骕. 中国技术创新学术研究 18 年述评（上）[J]. 中国青年科技杂志，2007（9）.

[42] 雷家骕. 中国技术创新学术研究 18 年述评（下）[J]. 中国青年科技杂志，2007（11）.

[43] 雷家骕. 从社会创业体系缺陷解读我国机会型创业缺失的成因 [J]. 中国青年科技志，2007（1）.

[44] 董炳和. 技术创新法律保障制度研究 [M]. 北京：知识产权出版社，2006.

[45] 雷家骕. 中国的自主创新：理论与案例 [M]. 北京：清华大学出版社，2012.

[46] 吴迪. 应对全球金融危机下的中国区域创新发展战略 [J]. 商情，2009（9）.

[47] 张玉利，陈寒松，薛红志，等. 创业管理 [M]. 北京：中国人民大学出版社，2017.

[48] 唐亚阳，陈伟. 创业学 [M]. 长沙：湖南大学出版社，2017.

[49] [美] 布鲁斯·R·巴林杰，[美] R·杜安·爱尔兰. 创业管理：成功创建新企业 [M]. 薛红志，译. 北京：机械工业出版社，2017.

[50] [美] 阿玛尔·毕海德. 新企业的起源于演进 [M]. 魏如山，译. 北京：中国人民大学出版社，2004.

[51] [美]埃里克·莱斯.精益创业：新创企业的成长思维[M].吴彤，译.北京：中信出版社，2012.

[52] [美]安德斯·埃里克森，[美]罗伯特·普尔.刻意练习[M].王正林，译.北京：机械工业出版社，2016.

[53] [美]杰弗里·蒂蒙斯，[美]小斯蒂芬·斯皮内利.创业学[M].周伟民，吕长春，译.北京：人民邮电出版社，2005.

[54] [美]克莱顿·克里斯滕森.创新者的窘境[M].胡建桥，译.北京：中信出版社，2010.

[55] [美]斯科特·A·沙恩.寻找创业沃土[M].奚玉芹，金永红，译.北京：中国人民大学出版社，2005.

[56] [美]史蒂夫·布兰克，[美]鲍勃·多夫.创业者手册——教你如何构建伟大的企业[M].新华都商学院，译.北京：机械工业出版社，2013.

[57] [美]伊查克·爱迪思.企业生命周期[M].赵睿，译.北京：中国社会科学出版社，1997.

[58] [美]唐纳德·库拉特科.公司创新与创业[M].李波，译.北京：机械工业出版社，2013.

[59] [美]斯图尔腾·瑞德，[美]萨阿斯·萨阿斯瓦斯.卓有成效的创业[M].新华都商学院，译.北京：北京师范大学出版社，2015.

[60] [美]戴维·伯恩斯坦.社会企业家与新思想的威力[M].吴士宏，译.北京：新星出版社，2006.

[61] [英]伊迪斯·彭罗斯.企业成长理论[M].赵晓，译.上海：上海三联书店，上海人民出版社，2007.

[62] 乔春华.财务管理[M].北京：中国时代经济出版社，2002.

[63] 张石森，欧阳云.哈佛MBA财务管理全书[M].呼和浩特：远方出版社，2003.

[64] 张超，赵志刚，周家祺.一本书学会做账[M].北京：人民邮电出版社，2011.

[65] 陈国欣.财务管理[M].天津：南开大学出版社，2004.

[66] [美]史蒂文·A·芬格乐.财务管理[M].张纯，译.上海：上海财经大学出版社，2004.

[67] 李志能，郁义鸿，等.创业学[M].上海：复旦大学出版社，2006.

[68] 共青团中央，中华全国青年联合会，国际劳工组织.大学生KAB创业基础[M].北京：高等教育出版社，2007.

[69] 辽宁省教育厅组.大学生创新与创业基础[M].大连：大连理工大学出版社，2010.

[70] 尹琦.大学生创业原理与实务[M].北京：高等教育出版社，2011.

[71] 刘平.大学生创业基础[M].北京：机械工业出版社，2013.

[72] 王杜春.大学生创业基础[M].北京：化学工业出版社，2013.

[73] 张耀辉,朱峰. 创业基础 [M]. 广州：暨南大学出版社，2013.

[74] 张玉利,李乾文,李剑力. 创业管理研究新观点综述 [J]. 外国经济与管理，2006（5）.

[75] 陈震红,刘国新. 国外创业研究的历程、动态与新趋势 [J]. 国外社会科学，2004（1）.

[76] 赵卫冲. 大学生创业风险规避 [J]. 经营管理者，2010（11）.

[77] 伍秋林. 新形势下大学生创业存在的问题及对策 [J]. 中国大学生就业，2008（14）.

[78] 傅强. 大学生创业风险及其防范对策研究 [J]. 辽宁行政学院学报，2011（2）.

[79] 郑子云,司徒永富. 企业风险管理 [M]. 北京：商务印书馆，2002.

[80] 熊晓云,张涛. 创业管理 [M]. 北京：清华大学出版社，2007.